火炬高新指数研究报告

科学技术部火炬高技术产业开发中心
中国科学院科技战略咨询研究院 著

·北京·

图书在版编目（CIP）数据

火炬高新指数研究报告 / 科学技术部火炬高技术产业开发中心，中国科学院科技战略咨询研究院著.—北京：科学技术文献出版社，2022.8
ISBN 978-7-5189-9515-8

Ⅰ.①火…　Ⅱ.①科…　②中…　Ⅲ.①高技术产业区—产业发展—研究报告—中国 Ⅳ.① F269.23

中国版本图书馆 CIP 数据核字（2022）第 152239 号

火炬高新指数研究报告

策划编辑：郝迎聪　　责任编辑：张　红　　责任校对：张永霞　　责任出版：张志平

出 版 者	科学技术文献出版社
地　　　址	北京市复兴路15号　邮编 100038
编 务 部	（010）58882938，58882087（传真）
发 行 部	（010）58882868，58882870（传真）
邮 购 部	（010）58882873
官 方 网 址	www.stdp.com.cn
发 行 者	科学技术文献出版社发行　全国各地新华书店经销
印 刷 者	北京时尚印佳彩色印刷有限公司
版　　　次	2022年8月第1版　2022年8月第1次印刷
开　　　本	889×1194　1/16
字　　　数	328千
印　　　张	20.5
书　　　号	ISBN 978-7-5189-9515-8
定　　　价	198.00元

版权所有　违法必究

购买本社图书，凡字迹不清、缺页、倒页、脱页者，本社发行部负责调换

《火炬高新指数研究报告》编辑委员会

主　　　任：贾敬敦　张卫星　王胜光

副　主　任：李有平　盛延林　徐　轶　刘会武

编写组组长：张　木　刘会武

编写组副组长：尚雁洁　安　磊　李　享　周　力
　　　　　　　庞鹏沙　赵祚翔　杨　斌　罗　璨

编写组成员：（按姓氏拼音排序）
　　　　　　陈宝新　陈籽铮　杜　琴　杜　洋
　　　　　　谷潇磊　韩　璐　何　燕　胡贝贝
　　　　　　胡建坤　胡一鸣　黄菊秀　姜　兵
　　　　　　李海泽　李淑怡　刘　洋　庞林花
　　　　　　邱继翔　任智智　王　琪　王晶晶
　　　　　　王胤杰　韦海洋　徐　钦　张　琳
　　　　　　张冲亚　张艳秋　郑晓龙　周道韫

前 言

火炬计划是1988年8月经党中央、国务院批准，由科技部（原国家科委）负责组织实施的一项推动我国高新技术产业的指导性计划。火炬计划以高新技术成果的商品化、高新技术商品的产业化、高新技术产业的国际化为宗旨，紧紧抓住科技成果转化这个关键环节，以市场为导向，深化改革，不断创新，积极探索，进行功能的建设和环境的营造，促进高等院校、科研院所和企业的高科技成果尽快开发，不断转化为现实生产力，在促进科技与经济结合、培育高科技产业、用高新技术改造传统产业方面进行了探索，从而有效地推动了我国高新技术产业的发展，在国民经济建设中发挥了日益重要的作用，成为推动我国高新技术产业化的一面旗帜，为我国知识经济的发展奠定了基础。火炬统计是我国高新技术产业化发展过程中的一项重要工作，经过30多年的不断发展与完善，已经形成了大量反映科技创新发展的资料数据，直观地反映了火炬计划的实施进程，是国家对创新环境建设和产业化工作进行调控的重要依据。

当前，国际发展与竞争环境正在发生巨大的变化。创新成为经济增长的主要驱动力，人才成为国家竞争力的核心要素。以人工智能、基因工程、量子技术为代表的第四次工业革命的到来，加速催生了新技术、新业态、新产业，中国第一次与发达国家站在同一起跑线上。"十四五"时期是我国全面建成小康社会、实现第一个百年奋斗目标之后，乘势而上开启全面建设社会主义现代化国家新征程、向第二个百年奋斗目标进军的首个5年。国家高新区要立足新发展阶段、贯彻新发展理念、构建新发展格局，继续高举"发展高科技，实现产业化"的旗帜，以创新驱动高质量发展为主线，以科技创新为核心驱动力，持续提升自主创新能力，增强产业链供应链自主可控能力，深化体制机制改革，推进高水平对外开放，优化高水平创新创业生态，打造绿色发展高地，全力建设成为创新驱动发展示范区和高质量发展先行区，成为引领和支撑我国高质量发展的核心载体和强大引擎。

30多年来，科技部火炬中心作为党中央、国务院推动创新环境建设和高新技术产业化的重要决策支撑部门和引领科技创新创业的专业化服务机构，坚持以"国家目标、地方组织、市场导向"为方针，以创新谋发展，创造性地丰富了火炬计划的内涵。通过国家高新技术产业开发区、科技型中小企业技术创新基金、科技企业孵化器等一系列政策工具的制定和实施，火炬中心在建设创新环境、集聚科技资源、促进成果转化、调整产业结构、加强科技与经济结合等方面取得了显著的成绩，极大地推动了高新技术的商品化、产业化和国际化，显著提升了区域创新能力。

中国火炬高新指数（简称火炬高新指数）是基于火炬统计数据所建立的综合性统计监测工具，尝试从引领新时期全国创新经济发展的视角出发，系统地反映科技创新创业的现状、趋势、问题。火炬高新指数评价指标体系包含"优化创业生态""营造创新环境""促进开放创新""推动创新发展""发挥示范作用"等5个一级指标，下设30个二级指标，所用数据主要来源于经国家统计局批准，由科技部火炬中心组织实施的火炬统计调查的相关数据。

目　录

1　火炬高新指数的意义　　1
　　1.1　火炬计划的历史和意义　　2
　　1.2　高新的历史脉络　　8
　　1.3　新时代赋予火炬高新的时代意义　　15
　　1.4　"十三五"时期全国高新发展的总体情况　　19

2　火炬高新指数的构建　　23
　　2.1　火炬高新指数编制背景和功能定位　　24
　　2.2　火炬高新指数指标选取依据　　26
　　2.3　火炬高新指数测算方法　　27

3　全国火炬高新指数的表现　　31
　　3.1　总指数表现　　32
　　3.2　分指数表现　　33
　　3.3　本章小结　　52

4　各地区火炬高新指数的表现　　55
　　4.1　北京　　56
　　4.2　辽宁　　70
　　4.3　上海　　88

4.4	江苏	*104*
4.5	浙江	*122*
4.6	安徽	*138*
4.7	福建	*155*
4.8	山东	*175*
4.9	河南	*195*
4.10	湖北	*210*
4.11	湖南	*224*
4.12	广东	*239*
4.13	广西	*257*
4.14	四川	*275*
4.15	陕西	*291*

5 总结和展望   *307*

附录 指标说明   *311*

火炬高新指数研究报告

火炬高新指数的意义

1

1.1 火炬计划的历史和意义

火炬计划是1988年8月经党中央、国务院批准,由科技部(原国家科委)负责组织实施的一项推动我国高新技术产业的指导性计划。火炬计划以高新技术成果的商品化、高新技术商品的产业化、高新技术产业的国际化为宗旨,紧紧抓住科技成果转化这个关键环节,以市场为导向,深化改革,不断创新,积极探索,进行功能的建设和环境的营造,促进高等院校、科研院所和企业的高科技成果尽快开发,不断转化为现实生产力,在促进科技与经济结合、培育高科技产业、用高新技术改造传统产业方面进行了探索和实践,从而有效地推动了我国高新技术产业的发展,在国民经济建设中发挥了日益重要的作用,成为推动我国高新技术产业化的一面旗帜,为我国知识经济的发展奠定了基础。

1.1.1 火炬计划成为改革开放的实践者

火炬计划的制订和实施是改革开放的产物。1978年3月,党中央、国务院隆重召开全国科学大会,审议通过了《1978—1985年全国科学技术发展规划纲要(草案)》,邓小平同志提出了"现代化的关键是科学技术现代化""知识分子是工人阶级的一部分",重申了"科学技术是生产力"这一马克思主义基本观点,为20世纪80年代面向经济建设的科技体制改革奠定了思想理论基础,成为我国科技工作改革与开放的重要契机和起点,我国迎来了"科学的春天"。1985年3月,《中共中央关于科学技术体制改革的决定》的颁布揭开了我国科技发展的新篇章。当时,传统计划经济体制已成为科技与经济相结合的障碍,科技与经济处于分割状态。很多科技成果只是"三品"(样品、展品、礼品）工程，未能应用到实际经济中，不能形成生产力，科技和经济"两张皮"问题严重。科技体制改革就是要解决"两张皮"的问题，促进科技与经济的结合。《中共中央关于科学技术体制改革的决定》提出了"经济建设必须依靠科学技术，科学技术工作必须面向经济建设"的战略方针。同时，要求科研院所面向市场，注重科技成果转化和产业化。1988年8月5—8日，原国家科委召开全国第一次"火炬"计划工作会议，肩负崇高历史使命的火炬计划正式实施，拉开了我国发展高新技术产业的帷幕。1989年10月，科学技术部火炬高技术产业开发中心（简称火炬中心）正式成立，负责火炬计划的具体实施，是隶属于科技部的独立事业法人单位。在科技部的指导下，火炬中心以"发展高科技，实现产业化"为己任，坚持"国家目标、地方组织、市场导向"的方针，大胆探索，不断创新，推动了中国高新技术产业不断向前发展。1991年，邓小平同志为"863计划"工作会议题词："发展高科技，实现产业化"，聚焦对中国未来经济和社会发展具有重大影响的高技术攻关，服务经济社会发展，为高新区发展高科技及其产业提供了科学指导并指明了发展方向，成为高新区的核心使命。2005年，国家高新区着力推进并持续深化"五个转变"，进一步增强创新优势和竞争优势。2006年，温家宝总理提出了国家高新区"四位一体"的目标定位，即高新区"要成为促进技术进步和增强自主创新能力的重要载体，成为带动区域经济结构调整和经济增长方式转变的强大引擎，成为高新技术企业'走出去'参与国际竞争的服务平台，成为抢占世界高新技术产业制高点的前沿阵地"。2013年，习近平总书记在视察大连高新区时提出，高新区就是"又要高、又要新"，高是高水平，新是新技术，要体现高新含量，不能搞粗放经营。同年，习近平总书记率领中央政治局走出中南海到中关村高新区集体学习，总书记对中关村高新区寄予殷切期望："面向未来，中关村要加大实施创新驱动发展战略力度，加快向具有全球影响力的科技创新中心进军，为在全国实施创新驱动发展战略更好发挥示范引领作用。"2014年，李克强总理在夏季达沃斯论坛上提出要推动"大众创业、万众创新"。"双创"是推动发展的强大动力、扩大就业的有力支撑、发展分享经济的重要推手，成为中国经济的"新引擎"。

火炬计划是深化改革开放的产物和发展先进生产力的集中体现。改革开放的目的是要让中国人民富起来，实现中华民族的伟大复兴，其途径是通过科技体制改革和经济体制改革，解放和发展社会生产力。火炬计划最早意识到原有生产关系对生产力发展的束缚，市场经济取向是中国经济体制的未来。火炬计划一诞生就明确提出了要贯彻改革开放的总方针，以国内外市场为导向，在充分利用我国已具备的科技优势的基础上，采用全新的运作模式，努力实现高新技术成果的商品化、产业化和国际化。也正因如此，火炬计划成为我国最早提出并付诸实践的社会主义市场经济运作的先驱和实践者，成为我国社会主义市场经济最初的生长点。

回顾改革开放40多年的不懈奋斗和火炬计划实施30多年的发展历程，到"十三五"规划收官之时，我国经济实力、科技实力、综合国力和人民生活水平跃上了新的大台阶，成为世界第二大经济体、第一大工业国、第一大货物贸易国、第一大外汇储备国，逐步建立起促进高新技术产业化的政策环境、运行机制和体制，在提升区域和企业自主创新能力、促进地方经济发展中发挥了集聚、引领和辐射作用，培育了发展高新技术企业和产业的创业文化和创新意识，培养了一大批创新创业人才队伍，造就了一大批具有一定创新能力的高新技术企业。火炬计划是我国改革开放以来科技体制改革的重大成果，有效促进了科技与经济要素在发展中互动、在创新中结合、在创业中集聚，为加速发展新兴科技产业、推动技术创新创出了一条具有中国特色的科技产业化道路。

1.1.2 火炬计划促进科技与经济的紧密结合

火炬计划工作自开展以来，认真执行党中央、国务院"发展高科技，实现产业化"的战略决策，积极引导全国科技力量进入经济建设主战场，建设与发展国家高新技术产业开发区（简称高新区），培育科技型企业群体，推动技术转移和科技创新创业，提升区域创新能力和经济实力，在发展高新技术产业、培育新的经济增长点、引领城市化进程等方面发挥了巨大作用，成为我国促进科技与经济结合工作的有力抓手。

火炬计划积极探索市场经济运行机制，从管理制度上帮助民营科技企业能够平等地参与政府科技计划项目的竞争，允许民营科技企业采用股份期权等形式，调动科技人才创新创业的积极性，特别是通过各类企业孵化器的培育，促进了科技企业的创业和发展，提高了成功率。民营科技企业在市场竞争中从小到大，大浪淘沙，滚动发展，逐渐成为发展高新技术产业和建设创新型国家的一支重要力量，营造了良好的创新创业环境。据统计，纳入火炬统计的 710 家国家级科技企业孵化器内共有在孵企业 5.9 万家，2020 年新增在孵企业 1.5 万家，累计毕业企业 6.9 万家。2020 年，全国 169 家高新区共有工商注册企业 358.7 万家，其中当年新注册企业 74.8 万家，技术开发和技术服务企业占比近 30%。

火炬计划的实施推动了我国科技工作总体战略布局的调整，深化科技体制改革，加速了一大批先进科技成果向现实生产力的转化，培养了一批以自主创新为基础的高新技术企业和一批勇于在市场经济大潮中拼搏发展的现代企业家，使高新技术产业化成为中国科技工作的重要组成部分。自火炬计划实施以来，依靠较少的中央财政投入，借助多种政策的衔接和综合运用，取得了较好的经济效益，并保持了各项主要经济指标的快速持续增长，体现了强大的生命力。2020 年，全社会研发支出总额已达 2.44 万亿元，作为推动国家创新发展的主力军和主阵地，国家高新区园区生产总值（GDP）总额已达到 13.6 万亿元，占全国 GDP 的 13.4%。2020 年，国家高新区共实现工业增加值 7.2 万亿元，占全国工业增加值的比重为 22.1%；全口径出口额 5.3 万亿元，占全国外贸和服务出口额的 26.5%；实际利用外资（FDI）4252.5 亿元，占全国利用外资的 42.5%。

1.1.3 火炬计划推动区域创新能力全面提升

火炬计划以高新区为载体，成功地将中央与地方、科技与经济、政府与市场进行了有机结合。通过火炬计划项目、科技型中小企业、高新技术企业、孵化企业、高新区、科技金融等政策工具让科技创新直接渗透融入经济主战场，突破了原有线状计划经济管理体制和产业组织方式，让经济发展的计划和决策重心下沉，构建了更加灵活、更加具有效率、因地制宜的区域块状经济发展模式和产业组织方式，调动地方积极性，充分发挥地方政府的责任主体作用，形成了创业孵化、企业集聚、集群发展、创新生态和科技产业城市融合发展的新发展范式，全面提升了区域创新能力。

在火炬计划的引领带动下，区域创新资源加速聚集，面向全球吸引和培育一流创新人才，关键核心技术创新和成果转移转化持续加强，高新技术渗透到地方经济，带动了传统产业的改造升级，培育了新兴产业的增长点，有力地推动了区域经济又好又快发展。据统计，"十三五"以来，越来越多的高新区所在地方政府出台了支持鼓励创新创业的相关政策，深入推动创新驱动发展，科技创新量质齐升。2019 年，我国全社会研发经费支出为 2.21 万亿元，2015 年该指标为 1.42 万亿元，"十三五"期间增长幅度达 55.6%；2019 年，我国技术市场合同成交额为 22 398.4 亿元，2015 年该指标为 9835.79 亿元，"十三五"期间增长幅度达 127.7%；2019 年，我国研发投入强度为 2.23%，2015 年该指标为 2.06%，"十三五"期间增长幅度达 8.3%[①]。国家高新区是火炬计划的主要实施载体，通过高新技术产业、优势产业集群及良好的创新网络成为区域经济的发动机。火炬计划和高新区在促进区域经济发展中很好地发挥了集聚、引领和辐射作用，形成了以企业为主体的研究开发、成果转化再到产业化的政策环境和运行体系。此外，国家高新区的管理模式和政府行为始终紧密结合国内外先进的创新理论和区域经济理论，成为国内行政管理模式的典范。

1.1.4 火炬计划推进高新技术成果商品化、产业化、国际化

30 多年来，火炬计划始终站在科技和经济结合的链接点上，推动我国高新技术的商品化、产业化和国际化，走出了一条中国特色的高新技术产业化道路。火炬计划项目作为火炬计划的另一重要组成部分，通过项目示范，引导实施火炬计划，加速了一大批先进科研成果向现实生产力的转化。

火炬计划项目的重点发展领域包括电子与信息、生物技术、新材料、光机电一体化、新能源、高效节能与环保等。从"九五"（1996—2000 年）开始，每年在国家火炬计划中认定一批重点火炬计划项目。重点火炬计划项目具有我国自主知识产权，技术水平在国内同行业中居领先地位，项目市场前景好、产业规模大，有较强的市场竞争能力和较大的市场覆盖面，是国家重点发展的高新技术产业，在同行业中起到示范带动作用，在地方经济中起到支柱作用。同时，每年从承担火炬计划项目的企业中择优选定一批重点高新技术企业（集团），国家和地方共同在市场、信息、资金、管理、服务等方面给予支持，促进地方区域经济的发展。此外，推进中国软件产业的发展，建立国家火炬计划软件产业基地，加快软件研究成果转化，培育中小软件企业，为基

---

① 关成华. 中国创新能力的现状研判与前景展望［EB/OL］.（2021-01-14）［2022-07-05］. http：//www.rmlt.com.cn/2021/0114/605087.shtml?ivk_sa=1024320u.

地内企业提供通信、技术、管理培训、产品评测、项目组织、融资协调、市场开拓和促进国内外交流合作等服务。

火炬计划以改革开放为动力，不断开拓进取，以社会主义市场体系为立足点，大胆进行体制和机制创新，初步形成了我国支撑高新技术产业化发展的组织体系和政策系统，营造了崭新的高新技术产业化发展环境。2020年，国家高新区内高技术产业的净利润率为9.1%，其中，属于高技术制造业的企业平均净利润率为7.4%，属于高技术服务业的企业平均净利润率为11.3%。同时，鼓励企业积极开拓和利用国际市场，加快调整和优化企业出口贸易结构，推动我国高新技术产品进入国际市场和高新技术企业走向世界。

1.1.5 火炬统计支撑和推进高新技术产业化

火炬统计调查制度是经国家统计局审批备案的科技部门专项统计调查项目之一，是支撑火炬计划发展和推进高新技术产业化进程的一项重要的基础性工作。火炬统计通过对火炬工作涉及的高新技术产业化及环境建设各相关单位科技活动和经济活动状况的定量考察，是全面了解、考核和跟踪研究中国高新技术产业化发展情况的重要手段，成为编制高新技术产业化和环境建设发展规划和工作计划、确定发展策略的基本依据。

火炬工作的基本任务是对中国高新技术产业化发展和环境建设各个方面的发展情况进行统计调查、统计分析，提供统计资料，实行统计监督，以保证中国高新技术产业化和环境建设的组织实施工作健康、稳步发展。火炬统计工作在科技部的统一部署和组织下进行，火炬中心是火炬统计工作的主管部门。各省（区、市）、计划单列市科技厅（委、局），新疆生产建设兵团科技局，国家高新技术产业开发区管委会统计部门为地方统计的主管部门。火炬统计调查制度包括的具体调查对象为：国家高新区及高新区内企业、高新技术企业、科技企业孵化器及其在孵毕业企业、国家大学科技园及其在孵毕业企业、国家火炬特色产业基地、火炬计划软件产业基地及软件企业、高新区内创投机构、省级高新技术产业开发区、众创空间、技术合同登记单位、技术交易机构、国家技术转移示范机构、生产力促进中心等。

火炬统计是我国高新技术产业化发展过程中的一项重要工作，经过30多年的不断发展与完善，已形成了大量反映科技创新发展的资料数据，直观反映了国家火炬计划实施进程，是国家对创新环境建设和产业化工作进行调控的重要依据。从重大火炬计划情况的通报到项目实施成功，再到重大火炬计划决策的出台，都是以火炬统计数据作为支撑。火炬统计为高新技术产业化及其环境建设提供了及时、翔实的数据支撑，基于统计数据的分析研究报告和各类统计产品为相关政策制定及各方面工作科学决策提供了重要参考，发挥了重要作用。

1.2 高新的历史脉络

国家高新技术产业开发区（简称国家高新区）的建立是党中央、国务院为发展我国高新技术产业、调整产业结构、推动传统产业改造、增强国际竞争力做出的重大战略部署。国家高新区最集中地汇集了火炬政策工具，如火炬计划项目、创新基金等。国家高新区最有效地体现了火炬计划的政策目标，如促进高新技术产业发展、培植优势产业集群、建立创新平台和网络、引导及促进区域经济发展等。同时，国家高新区也最显著地展示了火炬计划对中国改革和制度创新的贡献，尤其体现在高新区管理模式、政府行为和制度建设方面。可以说，我国高新区建设的成就突出地展示了火炬计划的贡献和作用。

1.2.1 国家高新区发展历程与发展形态

1.2.1.1 发展历程

国家高新区建设作为国家战略，于20世纪80年代被首次提出。1980年10月，在改革开放和美国硅谷传奇的鼓舞下，中国科学院物理所一室主任、核物理学家陈春先等7名科技人员在中关村创办了我国第一个民办科技企业——"北京等离子体学会先进技术发展服务部"，为孕育国家高新区播下了一粒"种子"。1983年1月，中央政治局领导同志做出重要批示，肯定了陈春先的大方向，指出"陈春先同志带头开创新局面，可能走出一条新路子，一方面较快把科技成果转化为直接生产力；另一方面多了一条渠道，使科技人员为四化做贡献。一些确有贡献的科技人员可以先富起来，打破铁饭碗、大锅饭"。这一事件对中关村的发展起到重要的启蒙和推动作用。1983年起，京海、四通、信通、科海、联想等公司相继成立，并聚集了上百家大大小小的科工贸企业，中关村电子一条街初具规模，形成了早期的科技园区雏形。1984年6月，《关于迎接新技术革命挑战和机遇的对策》的报告呈送国务院，明确提出要制定新技术园区和企业孵化器的政策。1985年3月，中共中央印发《关于科学技术体制改革的决定》，提出"为加快新兴产业的发展，要在全国选择若干智力资源密集的地区，采取特殊政策，逐步形成具有不同特色的新兴产业开发区"，这是高新区首次作为国家战略被提出。同年7月，中国科学院与深圳市政府联合建立深圳科技工业园。1986—1987年，原国家科委委托原中国科学院科技政策与管理科学研究所（现中国科学院科技战略咨询研究院）联合全国多个学术部门和地方政府组织开展了关于在中国建设高新区的研究——中国高新技术开发区研究，首次提出在我国一些有智力密集优势的省市建设国家高新区的建议。1988年5月，在中关村电子一条街的基础上，国务院批准建立了第一个国家高新区——北京新技术产业开发试验区，从此开启了国家高新区建设和发展的历史。

1991年和1992年，国务院分两次集中批复了全国共51家国家高新区建设，形成了早期国家高新区的群体建设规模；2007年之后，国务院在全国范围内分不同阶段和不同批次又陆续批复了新的国家高新区建设；尤其是2012年后，国务院批复国家高新区建设的速度进一步加快，国家高新区的队伍和规模不断发展壮大。党的十八大以来，以习近平总书记视察大连高新技术产业园区和中关村科技园区为里程碑，国家高新区发展进入新时期，开始了新的战略布局。2013年9月，习近平总书记视察中关村时指出，"发展中关村、建设高新区这步棋是走对了。"截至2021年，经国务院批复建设的国家高新区数量已达169家，分布在全国30个省（区、市）。

1.2.1.2 发展形态

回顾30多年的历史，国家高新区建设过程大致经历了初创阶段（1988—2000年）、二次创业阶段（2001—2010年）和创新驱动战略提升阶段（2011—2018年），目前已进入创新驱动高质量发展阶段（2019年至今）。在不同的发展阶段中，涌现了众多具有代表性的典型高新区，这些国家高新区依靠先天优势、优惠政策或者创新理念及模式实现了跨越式发展，成为辐射带动区域经济崛起的标兵示范。

初创阶段，主要目标是集聚生产要素、优化生产条件、实现规模经济，核心任务是理顺管理体制、划定发展空间、完善基础设施、招商聚集企业。以无锡高新区、厦门火炬高新区等为代表，通过大力招商引资实现了快速壮大。无锡高新区积极引入新加坡等海外资源，培育发展电子信息、机械制造等先进产业。厦门火炬高新区组建了高效的招商服务中心，20 世纪 90 年代先后引进了 ABB、戴尔等跨国公司，为产业起飞奠定了重要的物质基础和技术力量，2003 年其成为全国第一个每平方公里创工业产值百亿元的高新区。

二次创业阶段，主要目标是发展知识经济、促进内生增长、从规模扩张转向质量提升，核心任务是汇集创新资源、营造创新环境、增强自主创新能力、推动科技创业等。以苏州工业园区、东莞松山湖高新区等为代表。苏州工业园区在紧抓全球制造业转移机遇，吸引电子信息制造和机械装备制造领域跨国公司入驻，形成了雄厚的经济基础之后，又积极推进园区从"投资驱动"向"创新驱动"转型，实施"科教兴区"战略，打造独墅湖科教创新区，集聚 24 所国内外院校和 400 余家研发机构。同时，该区开展科技领军人才工程，引进一批高端创新创业人才等。

创新驱动战略提升阶段，核心内涵即营造创新创业生态，形成创新支撑发展、产城高度融合的创新经济体，突出表现为各类创新主体的关系链接和交互平台，以及支撑创新创业的空间和文化构造，形成以创新创业为内核的经济社会活动空间。其中，创新经济体主要包括创新创业、高端产业、领先市场、活力社会、新型城区等要素。以中关村国家自主创新示范区、深圳高新区、杭州高新区等为代表。中关村国家自主创新示范区作为改革创新的先行区，从"试验区"到"科技园"，再到"国家自主创新示范区"，始终走在我国科技体制改革的最前列，人才、技术、资本成为"新三驾马车"，中关村为创新发展注入了蓬勃动力。

创新驱动高质量发展阶段，发展内涵即继续坚持"发展高科技，实现产业化"方向，以深化体制机制改革和营造良好创新创业生态为抓手，以培育发展具有国际竞争力的企业和产业为重点，以科技创新为核心着力提升自主创新能力，围绕产业链部署创新链，围绕创新链布局产业链，培育发展新动能，提升产业发展现代化水平，将国家高新区建设成为创新驱动发展示范区和高质量发展先行区。

1.2.2 新时期国家高新区"高""新"发展内涵

2013年，习近平总书记视察大连高新区时提出，高新区就是"又要高、又要新"。当今世界正在经历百年未有之大变局，新机遇、新挑战层出不穷。新一轮科技革命和产业变革纵深发展，正在重构全球创新版图，重塑全球经济结构。在这样的时代背景下，国家高新区作为我国发展高新技术产业的战略阵地，将面临重大新机遇与挑战，其"高"和"新"的内涵被进一步深化。

1.2.2.1 "高"即高水平

国家高新区的建设与发展，应立足国家发展战略目标，结合区域特征，走出一条有自身特色、中国特色的高新技术产业发展之路，向着高水平、可持续、高质量不断前行。

（1）谋划高站位

国家高新区作为促进科技与经济紧密结合的前沿基地，在我国实施创新驱动发展战略中具有重要地位。不能仅以区域发展的视角，而要站在国家全局高度和历史尺度看待国家高新区的地位与作用。在新的历史起点上，国家高新区未来发展应坚持服务支撑全面建设社会主义现代化国家、实现中华民族伟大复兴，以更高的站位、更大的格局、更宽的视野进行系统谋划和整体布局。应认真总结国家高新区30多年的发展经验，乘势而上，在新起点上推动国家高新区事业实现新突破。

（2）规划高起点

围绕国家"十四五"规划和2035年远景目标，国家高新区应坚持高起点规划，找准发展定位，明确发展方向，坚持高起点制定好发展战略规划和产业规划，把新发展理念贯彻到规划的各个方面，充分发挥规划对园区发展和建设的引导和调控作用。经调研发现，个别国家高新区对发展规划重视程度不够，规划质量不高，甚至仅把规划作为接受考核和检查的文件使用，在建设发展过程中把规划束之高阁。建议国家主管部门应加强对各国家高新区发展规划制定工作的指导，把国家高新区规划质量纳入评价指标体系。

（3）建设高标准

标准决定质量，有什么样的标准就有什么样的质量，只有高标准才有高质量。国家高新区是一项长期的事业，在建设发展过程中应注重质量和成效，统筹安排好土地利用和建筑规模，注重提高单位使用效率和产出水平。国家高新区应改变一般工业园区发展导向，摒弃依靠要素驱动和投资驱动发展模式，择优引进科技含量高、发展潜力大的项目，培育更多高新技术企业，体现"高"和"新"含量；不能搞粗放经营，不能把什么"菜"都装进高新区的篮子里。

（4）经济高效益

近年来，国家高新区企业人均创造价值的能力稳步提升。2020年，国家高新区平均劳动生产率为36.6万元／人，是全国全员劳动生产率（13.5万元／人）的2.7倍；工业企业万元增加值综合能耗为0.451吨标准煤，平均能耗较2019年继续降低，明显低于全国平均水平。国家高新区应继续践行绿色发展，不断完善环境保护和绿色发展政策，促进生产效率不断提升，推动产业结构不断升级。

（5）企业高成长

从企业数量看，近年来国家高新区当年新增注册企业数量持续提升，2019年，全国169家高新区当年新注册企业74.8万家。从企业质量看，目前，以瞪羚企业为代表的高成长企业逐渐取代传统工业企业，成为国家高新区创新发展的新名片。2020年，共有111家国家高新区实施了瞪羚企业培育计划，占比65.7%。2020年国家高新区纳入统计的企业中，3321家高成长企业入选国家高新区瞪羚企业，国家高新区整体瞪羚率2.4%，持续维持在较高水平。高成长企业科技创新动力强劲，将成为持续带动区域经济高质量发展的重要力量。

（6）研发高强度

从研发投入总量看，2020年，169家国家高新区的16.5万家企业科技活动经费内部支出为17 313.8亿元，同比增长15.2%；企业R&D经费内部支出为9192.2亿元，占全国企业R&D经费支出的49.2%。高新技术企业一直是国家高新区推动高质量发展的重要抓手，在国家高新区创新能力建设和创新成果产出中发挥着重要作用。

（7）人员高素质

近年来，国家高新区从业人员队伍的整体结构不断优化，高学历化和高技能化趋势比较明显。但同时，国家高新区在人才集聚方面也存在一定的不平衡和短缺现象。多数人才资源集中流向了一线城市，中西部地区的国家高新区普遍反映人才资源不足。如何吸纳集聚更多人才资源，已经成为国家高新区特别是中西部地区国家高新区未来发展的关键问题。

（8）服务高质量

良好的创新创业环境是国家高新区持续开展创新创业活动的重要基础。为了营造更好的创新创业环境，各国家高新区纷纷积极探索有效的创新创业政策措施，加大创新创业资金支持，不断创新投融资服务模式，加大创业孵化载体建设，以及发展创业服务机构等。这是在推进国家高新区高质量发展中需要持续破解的重要命题。

（9）管理高效率

目前，除国家自主创新示范区规划由国务院批复外，国家高新区的发展规划、产业定位、开发建设和日常管理一般由地方政府主导。有些国家高新区只是单纯的协调机构，不具有经济和社会管理职能；有些国家高新区与行政区域重合，实行"两块牌子一套人马"的管理方式；也有些国家高新区通过代管乡镇等形式，依托其他行政区域发展。国家高新区管委会作为地方政府派出机构，在所辖区域内能否行使高效和适宜的管理权是关系其发展的一个重要问题。

（10）开放高水平

近年来，国家高新区在国际创新合作、国家人才集聚、国际创新成果、国家贸易交流等方面发展迅速。在我国推进全面开放新格局的时代背景下，国家高新区必然会不断扩大开放，在我国参与全球竞争中扮演愈发重要的角色。

1.2.2.2 "新"即新技术

科学技术是第一生产力，发展新技术是国家高新区发展的核心动力。

（1）发展新技术，衍生新产业

根据经济社会发展的实际需求，我国确定了不同时期重点支持的一些高新技术领域和关键核心技术项目。对此，国家高新区在产业布局中应因地制宜予以重点关注。与新技术相伴而来的，将衍生出一批新产业，并实现补链、强链、扩链的战略目标。2018年，国家统计局印发《新产业新业态新商业模式统计分类（2018）》，将活动类型划分为3层多类，为科学界定相关活动范围提供依据。对新技术、新产业等新生事物，国家高新区应按照鼓励创新的原则，留足发展空间，同时坚守质量和安全底线，引导其健康规范发展。

（2）打造新业态，产生新模式

现代科学技术的高速发展、传统产业升级改造的迫切需求、人民日益增长的美好生活需要，促使新业态、新模式不断产生和发展。2020年7月，国家发展和改革委员会等13个部委联合印发《关于支持新业态新模式健康发展 激活消费市场带动扩大就业的意见》（发改高技〔2020〕1157号），提出了支持融合化在线教育、互联网医疗等15个新业态、新模式发展的具体举措，涉及线上服务新模式、产业数字化转型、新个体经济、共享经济等4个方面。国家高新区应因时而动，抓住机遇加快发展相关新业态、新模式。同时，重视不同产业间的组合，以及企业内部价值链和外部产业链环节的分化、融合及行业跨界整合，促进形成区域内良好的新业态，挖掘一些能提供独特价值的成功商业新模式，及时总结发展经验，规范并完善促进其发展的政策措施。

（3）引领新制造，谋划新布局

国家高新区经过多年高速发展，整体已经进入稳定发展期，资源环境约束加大，亟待以发展实体经济为基础，以推进技术创新为抓手，培育壮大新动能，改造提升传统动能，从而使经济发展焕发出新的生机和活力。我国加速数字化、智能化、网络化向制造业等传统产业渗透，为其赋予更多核心要素，推进产业流程创新，提升生产效率，助力"新制造"。国家高新区应加快新制造相关领域的产业布局，为实现高质量发展提供强大动力支撑。经过多年快速发展，多数国家高新区原有发展空间不足。设立国家高新区伊始，为了规范土地管理和界定优惠政策范围，在国务院批复文件中都明确了各园区的四至范围（面积通常为几至十几平方公里）。但随着近年来国民经济的迅猛发展，产业发展用地需求急剧增加。在国家高新区数量已具备一定规模的情况下，下一步如何建设、建在哪里、现有资源如何整合等，都是值得认真研究的问题。从国家发展战略高度优化各地国家高新区的区域布局、产业布局，明确合理管理范围，拓展合理发展空间，推动其与所在城市的产城融合、产基（基础设施）融合、产效（效率）融合、产生（生态）融合，可以促进国家高新区在推进城市化进程中发挥更大作用。

（4）研究新政策，出台新措施

虽然国家高新区多年来在政策先行先试等方面发挥了重要作用，但新时代国家高新区依靠区域性优惠政策形成的发展优势已不复存在。国家高新区要一如既往地发挥先行探索功能，大力开展营商环境改革创新，切实承担起创新驱动发展示范区和高质量发展先行区的使命，这迫切需要新的政策支持。同时，各地国家高新区也应坚持创新发展理念，在推进创新驱动发展实践中不断推陈出新，出台更多有利于高质量发展的新措施，还要为促进国家高新区共同发展不断分享好经验和好做法。

1.3 新时代赋予火炬高新的时代意义

党的十八大以来，习近平总书记围绕实施创新驱动发展战略和建设世界科技强国，提出一系列新思想、新论断、新要求，做出了国家高新区"又高又新"的重要部署，党的十九大提出我国经济已由高速增长阶段转向高质量发展阶段，党的十九届五中全会把科技创新摆在发展全局前所未有的战略高度。科技创新是提高社会生产力和综合国力的战略支撑。"十四五"时期，国家高新区将站在历史的重要关口，机遇前所未有，挑战也前所未有。

1.3.1 把握"两区"定位，开创"高""新"新征程

2020年7月，国务院印发《关于促进国家高新技术产业开发区高质量发展的若干意见》（国发〔2020〕7号），提出要将国家高新区建设成为创新驱动发展示范区和高质量发展先行区。"创新驱动发展示范区"就是要率先走创新驱动发展之路，探

索科技创新、产业创新、模式创新和体制机制创新相互促进的全面创新示范道路。"高质量发展先行区"就是要率先垂范高质量发展模式，全面落实新发展理念，加快构建高质量现代化经济体系和良好的创新创业生态，率先融入全球经济体系，引领开放新格局。"两区定位"是新时代高新区的新定位，也是高新区未来的历史性责任。

30多年来，国家高新区成功探索了科技与经济紧密结合的有效途径，积累了促进高新技术产业发展的宝贵经验，在体制机制创新、科技创新、产业发展、创新创业等方面取得了显著成就，具有突出优势。面对百年未有之大变局，国家高新区又一次站在了历史的关口、大国博弈的阵地，需要完成新的使命和定位，引领新时代的征程。

"两区定位"需要国家高新区深刻认识全球经济社会发展时代特征，准确把握新经济时代新型产业发展的基本规律。要突出创新驱动，把以科技创新为核心的全面创新与实现高质量发展作为发展的主线；要深入研判国内外发展形势和区域发展环境变化带来的机遇与挑战，进一步明确新时期在国家与区域发展中的战略定位，提出推动高质量发展的总体思路，设计高质量发展目标体系；要明确具有地方特色和竞争优势的主导产业架构，谋划一批推动产业高端发展、创新发展和集群发展的重点工作与项目，设计一批优化提升创新创业生态的重点举措与抓手；要梳理一批推动园区产城融合发展、国际化及区域开放协同发展的重点任务与计划，加强治理能力现代化建设，做好体制机制改革与各项保障措施。

1.3.2 贯彻新理念，打造高质量发展强引擎

"十四五"时期是我国全面建成小康社会、实现第一个百年奋斗目标之后，乘势而上开启全面建设社会主义现代化国家新征程、向第二个百年奋斗目标进军的首个5年。国家高新区要立足新发展阶段、贯彻新发展理念、构建新发展格局，继续高举"发展高科技，实现产业化"的旗帜，以创新驱动高质量发展为主线，以科技创新为核心驱动力，持续提升自主创新能力，增强产业链供应链自主可控能力，深化体制机制改革，推进高水平对外开放，优化高水平创新创业生态，打造绿色发展高地，全力建设成为创新驱动发展示范区和高质量发展先行区，成为引领和支撑我国高质量发展的核心载体和强大引擎。

一是深化自主创新引领科技自立自强。国家高新区要强化国家战略科技力量，加强原始创新和引领创新，进一步集聚高端创新资源，建设科学城、科技城等重大创新载体，系统布局高能级创新平台，深化产学研协同，提升企业技术创新能力，加强前沿创新和关键核心技术攻关，打造创新功能区，构建科技创新核心战略力量。二是增强产业链供应链自主可控能力。国家高新区要精准把握产业链核心和薄弱环节，统筹推进补齐短板和锻造长板，提升产业链供应链现代化水平。选择一批特色主导产业领域，加强资源高效配置，培育若干世界级创新型产业集群。超前布局面向未来的前沿新兴产业，推动产业跨界融合，加强场景构建和供给。大力发展数字经济，推进数字产业化和产业数字化，推动数字经济和实体经济深度融合。三是构建区域协同和国际化发展新格局。国家高新区要充分发挥区域创新高地作用，主动融入双循环新发展格局和国家区域协调发展战略，积极打造区域创新共同体，增强服务全国创新发展的能力。探索异地孵化、飞地经济、伙伴园区等方式，加强与周边区域、中西部地区及欠发达地区在科技创新和产业发展方面的合作，实现共同发展。探索高水平开放新机制，深度融入"一带一路"倡议，建设高水平开放合作载体，提升集聚和辐射全球创新资源的能力。四是持续推进体制机制改革创新。国家高新区要进一步完善推进科技与经济紧密结合的体制机制，加快探索与新产业、新业态、新场景发展相适应的包容审慎监管制度。深入推进"放管服"改革，加快从产业服务的提供者向产业服务的组织者、创新环境的营造者转变。优化内部管理架构，探索实行扁平化管理，实行大部门制、岗位管理制度和聘用制，建立完善符合实际的分配激励和考核机制，激发人员干事创业积极性。积极探索多元主体参与的新型共治模式。五是示范引领绿色发展。绿色发展是高质量发展的重要标志和底线，是引导经济发展方式转变，构建人与经济、自然、社会、生态、文化协调发展新格局的重要战略部署。国家高新区要落实创新驱动发展战略和可持续发展战略，强化底线思维，把绿色发展理念贯彻到一切工作之中，做好碳达峰、碳中和工作。要加强绿色技术供给，构建绿色产业体系，实施绿色制造工程，提升绿色生态环境，健全绿色发展机制，打造国家绿色发展示范园区和绿色发展高地，全面支撑生态文明建设和美丽中国建设。

1.3.3 坚持创新驱动，全面塑造发展新优势

国家高新区作为我国实施创新驱动发展战略的重要载体，以创新驱动发展为根本

路径，优化创新生态，集聚创新资源，提升自主创新能力，引领园区高质量发展。新时期，国家高新区以创新为核，建设创新驱动发展示范区和高质量发展先行区。

一是坚持创新在现代化建设全局中的核心地位，面向世界科技前沿、面向经济主战场、面向国家重大需求、面向人民生命健康，大力聚集高端创新资源，吸引培育一流创新人才，加强关键核心技术成果产业化、转移转化，着力提升自主创新能力，全力支撑科技自立自强战略。二是打造高能级双创升级版，完善创业孵化链条，加强对科技创新创业的服务支持，建设专业化、市场化创业孵化平台，营造良好创新创业文化氛围，促进高水平创业。三是培育新时代创新型市场主体，支持高新区企业发展壮大，积极培育科技型中小企业，提升高新技术企业核心竞争力，加快培育瞪羚、独角兽等高成长企业，大力发展创新型领军企业，进一步激发企业创新发展的活力，建立大中小企业融通发展的企业生态圈。四是坚持发展实体经济，打造自主可控现代产业体系，提升产业链供应链现代化水平。做强做大特色主导产业，培育若干世界级创新型产业集群。超前布局未来产业，推动产业跨界融合，加强场景构建和供给。大力发展以数字产业化和产业数字化为核心的数字经济。五是充分发挥区域创新高地作用，主动融入双循环新发展格局和国家区域协调发展战略，积极打造区域新的创新增长极，通过共建海外创新中心、海外创业基地和国际合作园区等方式，深度融入全球创新体系。六是加大先行先试力度，发挥基层首创精神，深化管理体制机制改革，深化"放管服"改革，探索包容审慎监管制度，优化营商环境，营造高质量的发展环境。

1.3.4 全面深化改革，推进治理体系现代化

党的十八届三中全会首次提出"推进国家治理体系和治理能力现代化"重大命题，并把"完善和发展中国特色社会主义制度，推进国家治理体系和治理能力现代化"确定为全面深化改革的总目标。党的十九届五中全会建议"十四五"时期经济社会发展的指导思想包括加快建设现代化经济体系，加快构建以国内大循环为主体、国内国际双循环相互促进的新发展格局，推进国家治理体系和治理能力现代化。《关于促进国家高新技术产业开发区高质量发展的若干意见》指出，到2035年，要实现园区治理体系和治理能力的现代化。"十四五"时期，国家高新区要推进园区治理体系和治理能力现代化，主要有以下方面的重点任务。

一是探索建立科学高效的管理体制。围绕高新区与行政区融合的体制，研究制定"一区多园"统筹协同发展工作机制。探索法定机构改革，实现法定机构职责法定。创新人事薪酬管理机制，充分激发公职人员活力。探索建立合理的改革创新容错机制，提高行政效率及行政效能。逐步建立符合国际惯例和市场经济需要的行政法规体系和管理运行机制。二是推动高新区运行机制更加合理化。完善和规范"嵌入性"制度设计。发挥政府在科技创新、创新创业、产业发展、市场拓展等重点平台建设方面的组织、引导和扶持作用，把各类公共平台作为政府"嵌入"促进经济社会发展的抓手，参与平台的建设、决策、监督和管理，并帮扶平台运行，但不参与平台建设主体与市场利益相关者的分利和争利。建立良性的决策和政策推进过程。建立重大推进事项和政策出台的专家审议制度、社会征询制度和监督评价制度，实现公平与效率的统一，提高资源配置和政策支持的绩效，确保最大限度地实现决策和政策的预期目标。三是发展和完善新经济政策体系。构建高质量发展政策体系，大胆开展新经济制度创新，探索布局个性化产业跨界赛道，针对具体领域出台个性化的机会清单、场景创新举措和跨界行业规则。围绕跨区域创新合作等方面探索政策创新。

1.4 "十三五"时期全国高新发展的总体情况

2020 年是中国历史上极不平凡的一年。在百年未有之大变局的背景下，面对严峻复杂的国际形势和新冠肺炎疫情的严重影响，全国坚持以习近平新时代中国特色社会主义思想为指导，坚决贯彻新发展理念和推动高质量发展，统筹疫情防控和经济社会发展，扎实做好"六稳""六保"工作，经济增长质量和效益稳步提升，创新的第一动力持续增强，成为全球唯一实现经济正增长的主要经济体。

2020 年，国民经济稳定恢复，国内生产总值约为 101.6 万亿元，比上年增长 2.3%，稳居世界第二。全国经济季度增速实现了 −6.8%、3.2%、4.9%、6.5% 的逆势上扬。《华盛顿邮报》援引美国康奈尔大学贸易政策教授埃斯瓦尔·普拉萨德的话报道，中国凭借突出的表现，巩固了其全球重要经济增长引擎的地位。

虽然有疫情冲击，创新驱动发展依然深入推进，国家科技实力进一步提升，科技创新成果持续涌现。"嫦娥五号"成功登月并采样返回，"天问一号"火星探测器成功发射，"北斗三号"全球卫星导航系统正式开通，量子计算机"九章"成功研制，全海深载人潜水器"奋斗者"号完成万米深潜。创新在我国现代化建设全局中的核心地位不断增强，2020年，我国研究与试验发展（R&D）经费支出达2.4426万亿元，比上年增长10.3%，研发投入强度即研发投入占GDP比重达到2.4%，其中基础研究经费1504亿元，科技进步贡献率提高至60%以上。国家级科技企业孵化器1173家，国家备案众创空间2386家。技术要素市场保持快速增长，2020年技术市场成交合同金额为28 251.5亿元，比上年增长26.1%。

产业结构持续优化，转型升级步伐加快。2020年，第一产业增加值77 754亿元，增长3.0%；第二产业增加值384 255亿元，增长2.6%；第三产业增加值553 977亿元，增长2.1%。新产业新业态新模式逆势成长。全年全国规模以上工业增加值比上年增长2.8%，高技术制造业增加值比上年增长7.1%，占规模以上工业增加值的比重为15.1%。装备制造业增加值增长6.6%，占规模以上工业增加值的比重为33.7%。全年高技术产业投资比上年增长10.6%。

全国市场主体发展态势较好，折射出经济复苏的良好势头。2020年，全国新登记注册市场主体数量为2502万户，比2019年净增124.6万户，增长5.2%。日均新登记企业2.2万户，年末市场主体总数达1.4亿户。全年规模以上工业企业利润64 516亿元，比上年增长4.1%。分经济类型看，国有控股企业利润14 861亿元，比上年下降2.9%；股份制企业利润45 445亿元，增长3.4%；外商及港澳台商投资企业利润18 234亿元，增长7.0%；私营企业利润20 262亿元，增长3.1%。分门类看，采矿业利润3553亿元，比上年下降31.5%；制造业利润55 795亿元，增长7.6%；电力、热力、燃气及水生产和供应业利润5168亿元，增长4.9%。全年外商直接投资（不含银行、证券、保险领域）新设立企业38 570家，比上年下降5.7%。

2020年也是"十三五"规划收官之年。"十三五"时期，全国人民在以习近平同志为核心的党中央坚强领导下，坚持"四个全面"战略布局，坚持发展是第一要务，以实现高质量发展为导向，以创新、协调、绿色、开放、共享的新发展理念作为发展指挥棒，贯穿"十三五"经济社会发展全过程。经过 5 年持续奋斗，我国经济运行总体平稳，经济结构持续优化，国内生产总值从不到 70 万亿元增加到超过 100 万亿元，165 项重大工程项目基本完成。工业化和信息化深度融合，新经济快速成长。长三角一体化发展、黄河流域生态保护和高质量发展上升为国家战略，粤港澳大湾区建设加速推进，以国内国际双循环相互促进的新发展格局开始构建。站在"十四五"的起点，我国将进入新的高质量发展阶段，需要立足新的发展阶段，开启新的发展理念，构建新的发展格局，开启全面建设社会主义现代化国家新征程。

火炬高新指数研究报告

火炬高新指数的构建

2.1 火炬高新指数编制背景和功能定位

当前，国际发展与竞争环境正在发生巨大的变化。创新成为经济增长的主要驱动力，人才成为国家竞争力的核心要素。以人工智能、基因工程、量子技术为代表的第四次工业革命的到来，加速催生了新技术、新业态、新产业，中国第一次与发达国家站在同一起跑线上。经济全球化成为人类社会发展的客观规律和历史进程，各国利益和命运紧密相连、深度交融。人类社会成为你中有我、我中有你的命运共同体。

与此同时，世界经济发展也面临一系列新的挑战。经济全球化进程不时遭遇波折，随着逆全球化的泛起，单边主义和贸易保护主义不断抬头，全球经济增长的不确定性有增无减。2020年以来，新冠肺炎疫情在全球相继暴发，对全球经济、贸易和投资带来巨大冲击，对供给端和需求端都造成严重冲击，阻断了全球供应链，限制了民众消费、企业投资，全球生产、贸易和跨境投资都在大幅收缩，正在面临2008年金融危机以来最严重的经济衰退。2022年爆发的俄乌冲突使本已受到重挫的全球产业链供应链遭遇新的打击，世界经济复苏面临更加严峻复杂的挑战和更多的不确定性。

基于对世界大势的敏锐洞察和深刻分析，以习近平同志为核心的党中央做出一个重大判断：世界处于百年未有之大变局。如何应对国内外发展环境的深刻变化，需要以辩证思维看待新发展阶段的新机遇和新挑战。习近平总书记在党的十九大报告中提出，"创新是引领发展的第一动力，是建设现代化经济体系的战略支撑。要瞄准世界科技前沿，强化基础研究，实现前瞻性基础研究、引领性原创成果重大突破。"在创新驱动发展战略背景下，创新创业已成为我国新旧动能转换的重要途径，强大的科技实力和创新能力是实现中华民族伟大复兴中国梦的关键。2021年政府工作报告提出大力促进科技创新，产业转型升级步伐加快，加强关键核心技术攻关，支持科技成果转化应用，促进大中小企业融通创新，推广全面创新改革试验相关举措，推动产业数字化智能化改造，战略性新兴产业保持快速发展势头。党的十九届六中全会提出坚持实施创新驱动发展战略，把科技自立自强作为国家发展的战略支撑。"十四五"规划明确了我国未来创新驱动发展方向，加深了"坚持创新核心地位，加快建设科技强国"的战略发展目标，科技发展、创新已经成为未来中国发展工作的关键。

在当前经济下行压力持续增大、亟须提振新一轮创新创业的环境下，火炬中心基于火炬工作在推动科技与经济结合方面的代表性和引领性，开启中国火炬高新指数（简称火炬高新指数）的研究与编制工作，旨在基于火炬统计数据建立一套综合监测指标，科学系统地反映科技创新创业的现状、趋势、问题。在构建国内国际双循环新发展格局，做好"六稳"工作、落实"六保"任务中，通过跟踪监测全国火炬工作体系中技术市场、科技型中小企业、高新技术企业、双创特色载体、国家高新区等创新创业主体、载体及环境变动情况，客观反映创新经济发展的综合变化，形成创新经济常态运行的统计监测体系，持续动态监测全国及各省创新发展情况。

火炬高新指数虽然是基于火炬统计数据所建立的综合性统计监测工具，但结合当前技术经济的新发展态势，火炬高新指数的定位不仅是对"十三五"期间双创活动统计指标体系的完善，更是从引领新时期全国创新经济发展水平的视角，以火炬高新指数体系深化对创新经济规律的解释。

依据火炬高新指数监测分析创新经济发展态势，可以从4个方面发挥战略咨询服务作用。一是服务国家战略，通过火炬高新指数综合反映双创发展状况及其变化趋势，从科技创新角度看经济，从经济发展看科技创新的贡献，服务于宏观决策；二是服务科技部决策，通过火炬高新指数发展变化情况，监测科技部门"双肩挑"工作实施成效，为科技战略决策提供参考依据；三是服务火炬工作，推进火炬体系服务创新创业的专业化能力建设，促进火炬中心向研究型服务型机构转型，更好地促进火炬工作改革发展；四是服务地方，通过设置科学有效的指标体系、标准体系、调查体系、核算体系、评价体系和统计测度，客观评价和及时反馈地方科技部门的创新创业工作成效。

2.2 火炬高新指数指标选取依据

建立火炬高新指数评价体系的前提是形成创新经济常态运行的统计监测体系。在建立创新经济统计体系的框架下，火炬高新指数旨在通过对我国创新经济常态进行统计和监测，成为我国创新经济发展的"指南针"和"晴雨表"。

火炬高新指数指标体系包括一些长期性、滞后性、间接性的分析评价指标，整体设计包含"优化创业生态""营造创新环境""促进开放创新""推动创新发展""发挥示范作用"5个一级指标，每个一级指标下设6个二级指标，共计30个二级指标（指标体系见表2-2-1，指标解释见附录）。所有基础统计指标均为火炬内部自主可控统计或管理的数据，通过测算年度总指数和分指数，反映每年双创工作的具体成效和政策实施效果，实现对常态化双创促进工作的评价，确保各地创新驱动发展的定位导向，引导各地区创新能力不断提升。

表2-2-1 火炬高新指数年度评价指标体系

一级指标	二级指标
优化创业生态	1.1 高新区内注册企业增长率
	1.2 入库的科技型中小企业数
	1.3 全国各类创业服务机构数
	1.4 全国各类创业服务机构中在孵企业数
	1.5 入统企业当年获得的风险投资额
	1.6 入统企业从业人员中大专及以上学历占比
营造创新环境	2.1 全国高新技术企业数
	2.2 高新区内重要的研发机构数
	2.3 入统企业当年研发经费支出占营业收入比例
	2.4 入统企业每万人当年研发人员全时当量数
	2.5 入统企业当年发明专利授权数
	2.6 高新技术企业当年所得税减免额

续表

一级指标	二级指标
促进开放创新	3.1 入统企业在境外设立的研发机构数
	3.2 入统企业产学研合作经费与引进技术消化吸收再创新费用支出总额
	3.3 入统企业从业人员中外籍常驻和留学归国人员占比
	3.4 高新区当年实际利用外资金额
	3.5 入统企业当年 PCT 国际专利申请数
	3.6 入统企业当年形成的国际标准数
推动创新发展	4.1 高新区地区生产总值占全国的比例
	4.2 万元工业增加值能耗
	4.3 入统企业营业收入
	4.4 数字化企业营业收入占比
	4.5 入统企业当年吸纳的就业人数
	4.6 当年技术合同成交额
发挥示范作用	5.1 入统企业当年研发经费支出额占全国的比例
	5.2 入统企业当年发明专利授权数占全国的比例
	5.3 入统的上市企业数占全国的比例
	5.4 入统企业出口额占全国出口的比例
	5.5 入统企业全员劳动生产率
	5.6 高新区从业人员平均工资

注：入统企业是指全国的高新技术企业和国家高新区内非高新技术企业。

2.3 火炬高新指数测算方法

火炬高新指数的测算包括对指标备选群中指标的确权、合成和优化。图 2-3-1 展示了火炬高新指数测算的全流程。

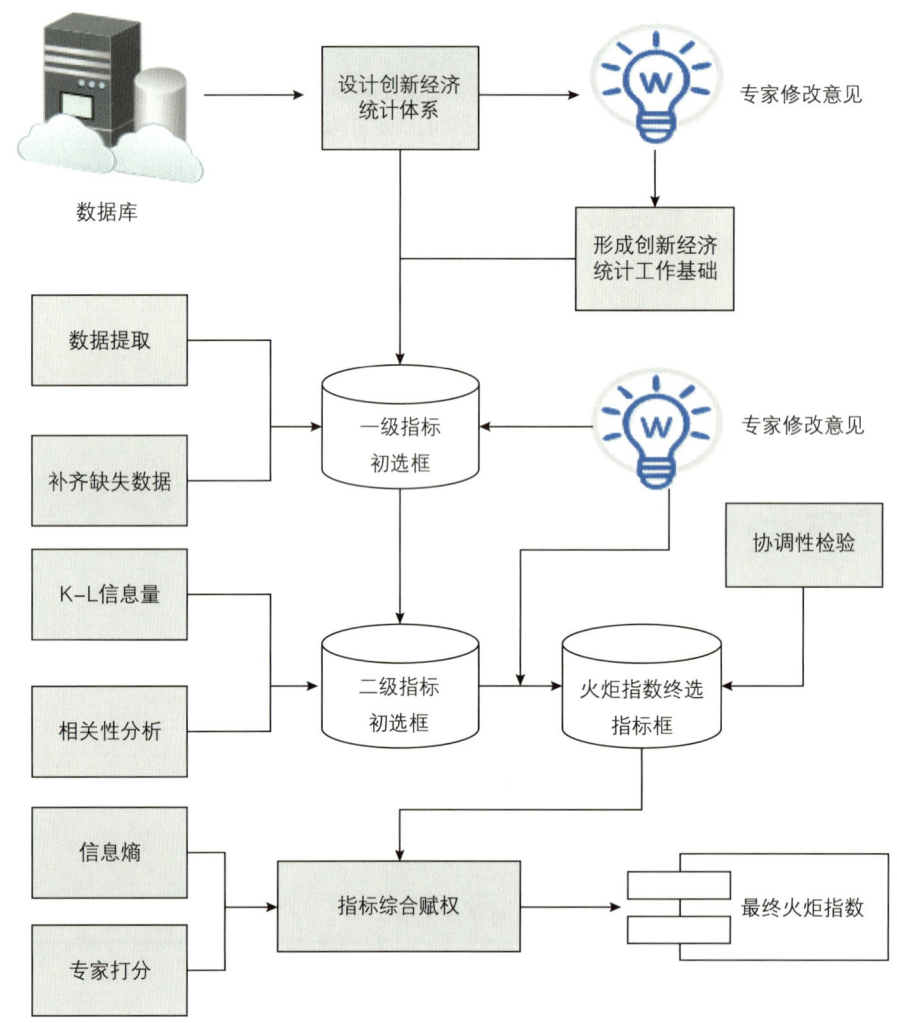

图2-3-1　火炬高新指数测算的全流程

其中,权重的确定采取层次分析法(主观权重确定法)和熵值赋权法(客观权重确定法)相结合的方式,并根据实际数据确定指标权重值。熵值赋权法的具体步骤如下。

第一,数据标准化。为消除量纲的影响,使用极大值、极小值对指标值进行标准化处理。指标值越大高质量发展水平越高的指标为正向指标,反之为负向指标。

第二,确定指标贡献度。z_{ij}表示第j个指标的贡献度：$z_{ij}=\dfrac{x_{ij}}{\sum_{i=1}^{n}x_{ij}}$, $x_{ij}\geqslant 0$。

第三，计算第j个指标的熵值：$e_j = -k \sum_{i=1}^{n} z_{ij} \ln z_{ij}$。

第四，计算指标x_{ij}的信息熵：$g_j = 1 - e_j$。其中，g_j越大，该指标的作用越大；g_j越小，该指标的作用越小。

第五，计算第j个指标x_j的权重：$w_j = \dfrac{g_j}{\sum_{j=1}^{m} g_j}$。其中，$w_j$为无量纲指标的权重系数。

指数合成主要采用综合加权法。先计算各个指标的对称变化率，即以本期和上期两者的平均数为基数求得相对增长率，然后分层级对各指标进行加权。具体方法如下。

第一，增长率测算。计算公式：$Y_{it} = \dfrac{X_{it} - X_{it-1}}{\dfrac{X_{it} + X_{it-1}}{2}} \times 100$。其中，$Y_{ij}$表示第$i$个指标在第$t$年的对称增长率，$t$为年份，$t \geq$基期年份（以下同）。对称增长率可以消除基数变化的影响，使各指标增速的范围可以控制在$[-200, 200]$，较一般增长率而言更为平稳，而且能有效防止因分母为0而造成无法计算的情况。

第二，计算上层指标的加权增速。计算公式：$W_{jt} = \dfrac{\sum_{i=1}^{n} Y_{it} \times A_i}{\sum_{i=1}^{n} A_i}$。其中，$W_{jt}$表示第$j$个上层指标的加权对称增长率，$A_i$是第$i$个下层指标的权重。

第三，合成分指数。计算公式：$S_{jt} = S_{jt-1} \times \dfrac{200 + W_{jt}}{200 - W_{jt}}$。其中，$S_{jt}$表示第$t$年的合成分指数，$S_{jt-1}$为基期，初始值设为100。

第四，计算总指数。计算公式：$Z_{jt} = \sum_{i=1}^{n} a_i S_{t-1}$。其中，$Z_{jt}$表示创新能力总指数，$a_i$为各分指数对总指数的权数。

火炬高新指数研究报告

全国火炬高新指数的表现

3.1 总指数表现

总指数表现：2016年至今中国高质量发展成绩斐然。

火炬高新指数测算周期定为2016—2020年。基期定于2016年，主要考虑了自2016年"十三五"规划以来的一系列演变。2016年3月，第十二届全国人民代表大会第四次会议审议通过《中华人民共和国国民经济和社会发展第十三个五年规划纲要》，主要阐明国家战略意图，明确经济社会发展宏伟目标、主要任务和重大举措。2016年5月，中共中央、国务院印发了《国家创新驱动发展战略纲要》，提出实施创新驱动发展战略，强调科技创新是提高社会生产力和综合国力的战略支撑，必须摆在国家发展全局的核心位置。2020年7月，国务院印发《关于促进国家高新技术产业开发区高质量发展的若干意见》。因此，火炬高新指数的测算可以较为充分地反映出"十三五"期间双创工作的成效，以及火炬工作对全国经济和科技创新的引领带动作用。

从图3-1-1火炬年度总指数变化趋势中可以看出，2016—2020年，火炬高新指数呈现快速上升的态势，已经从基期的100.0上升到2020年的151.3，上涨幅度达51.3。自"十三五"以来，创新环境不断优化，创新主体不断涌现，全社会创新创业蔚然成风，全国科技创新工作扎实推进。

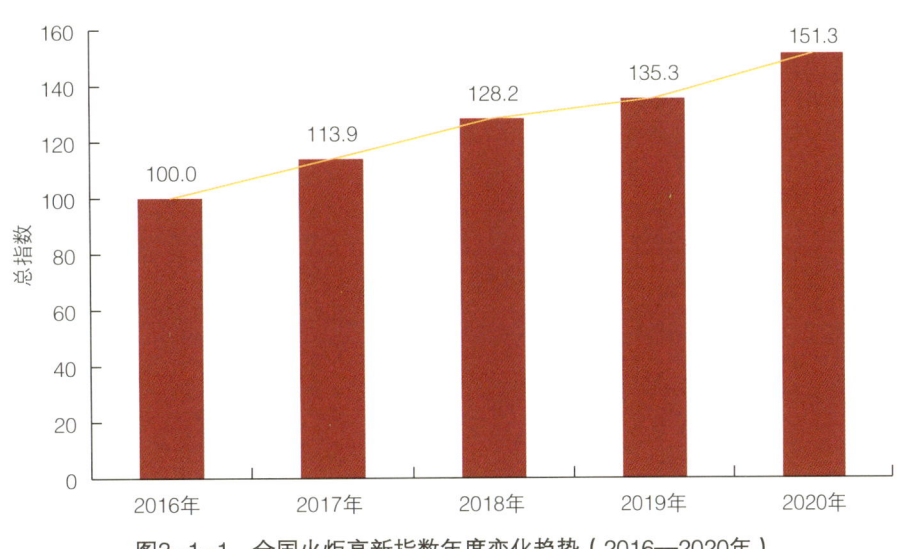

图3-1-1 全国火炬高新指数年度变化趋势（2016—2020年）

3.2 分指数表现

分指数表现：分指数增长路径差异性强，创新驱动发展成效显著。

图3-2-1为火炬高新指数5个分指数的测算结果，2016—2020年，5个分指数呈现不同程度的增长。其中，"优化创业生态"指数的增长速度最快，年均增长率达16.32%，2020年增至最高，为183.1，创业生态持续优化；"营造创新环境"指数呈现稳步增长态势，年均增长率为11.50%，2020年增至154.5，创新基础进一步夯实；"促进开放创新"指数平稳增长，年均增长率为9.82%，2020年增至145.5，创新活力不断释放；"推动创新发展"指数逐年增长，年均增长率为10.24%，2020年增至147.7，创新发展潜力巨大。"发挥示范作用"指数呈现缓慢增长的态势，此一级指标下的二级指标全部为高新技术企业和高新区相关科技和经济指标在全国占比情况的相对指标，如研发经费支出、发明专利授权数、出口额、上市企业数、从业人员平均工资等，与全国同口径指标相比均已处于领先地位，因此增长平缓而稳定，但未来仍有进一步稳定增长的潜力。

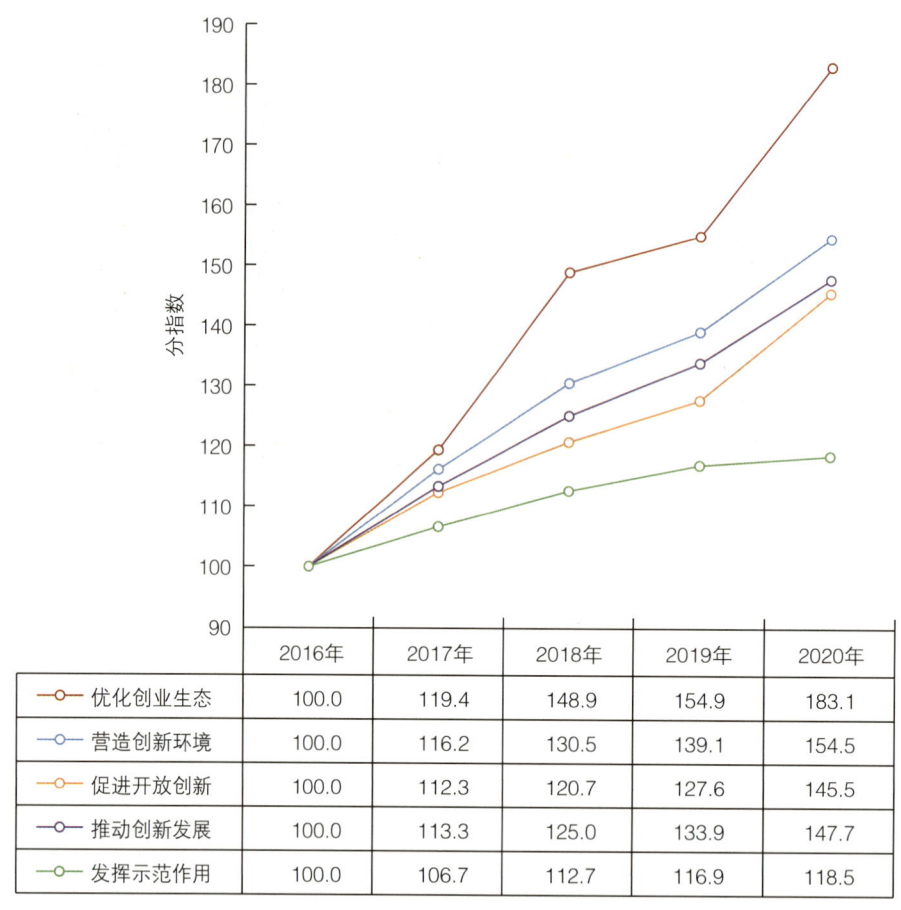

图3-2-1　全国火炬高新指数5个分指数变化趋势（2016—2020年）

3.2.1 优化创业生态：创新要素加快聚集，呈现大幅跨越式增长态势

优化创业生态指数反映了全国培育创业主体、提供创业服务和集聚创业资源的能力。

图 3-2-2 为高新区内注册企业增长率的变化情况，可以看出，2016—2020 年，高新区内新增注册企业呈现快速增长趋势，增长率以 20% 左右的幅度稳步上升。从增长趋势来看，2019 年注册企业增长率达到峰值 21.60%，2020 年回落至 20.84%。图 3-2-3 为入库的科技型中小企业数。为响应党中央、国务院关于促进科技型中小企业发展等决策部署，2018 年，科技部、财政部、国家税务总局三部门在广泛深入调查研究的基础上，出台了《科技型中小企业评价办法》。近年来，科技型中小企业数的增

长趋势显著,科技型中小企业群体不断壮大,实现了用税收减法换"双创"新动能加法,在培育经济发展新动能方面发挥了重要作用。

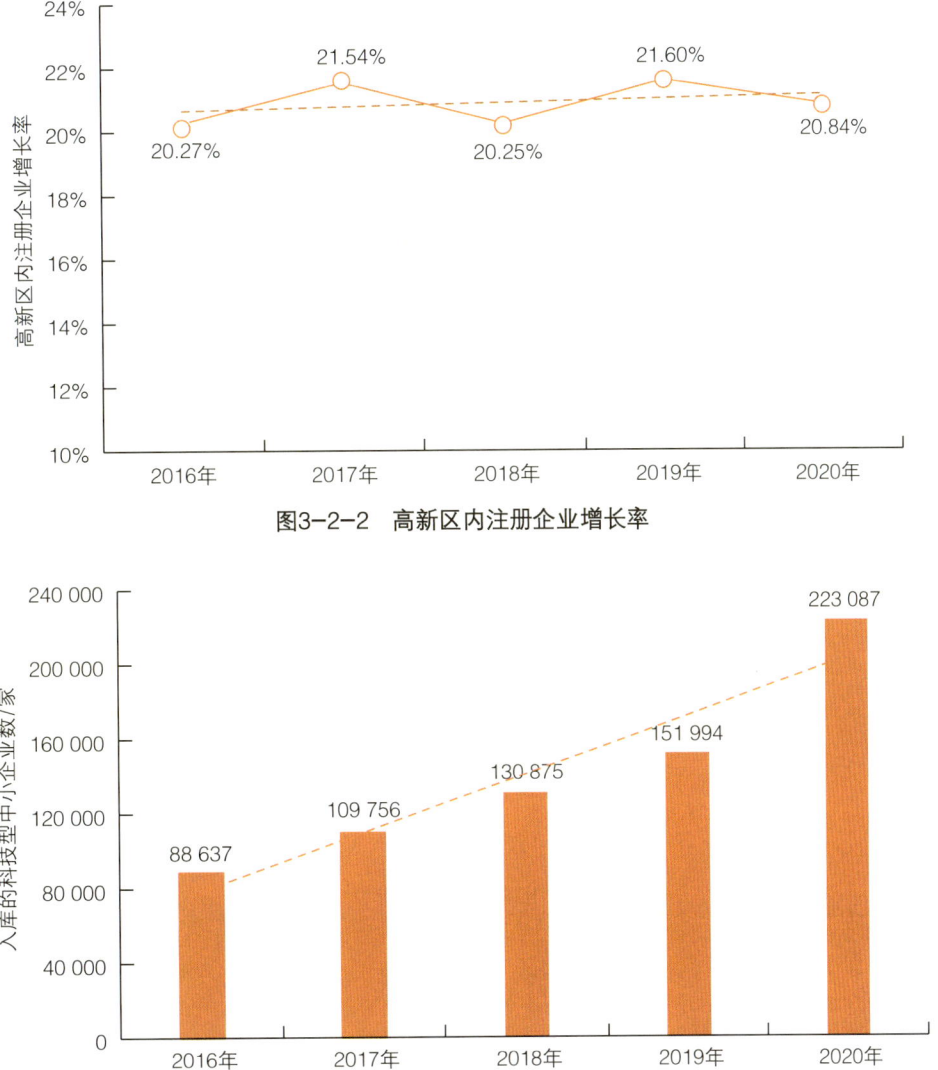

图3-2-2 高新区内注册企业增长率

图3-2-3 入库的科技型中小企业数

图3-2-4和图3-2-5中的全国各类创业服务机构包括国家级科技企业孵化器、大学科技园和国家备案众创空间。创业服务机构能够为企业与政府机关、科研机构、金融机构等之间架起桥梁,提供科技信息、科技咨询、科技创业、人才培训等服务,形成资源共享的统一平台,有效提高了企业的科技创新能力和市场竞争能力,促进科

技与经济的紧密结合。2016—2020 年，全国各类创业服务机构如雨后春笋般涌现，实现了跨越式增长，2020 年增长至 14 465 个。其中，2020 年在孵企业数较 2016 年增长 55.86%。这直接体现了 2016 年以来，我国科技服务市场蓬勃发展，对创新创业的支撑能力日益提升。

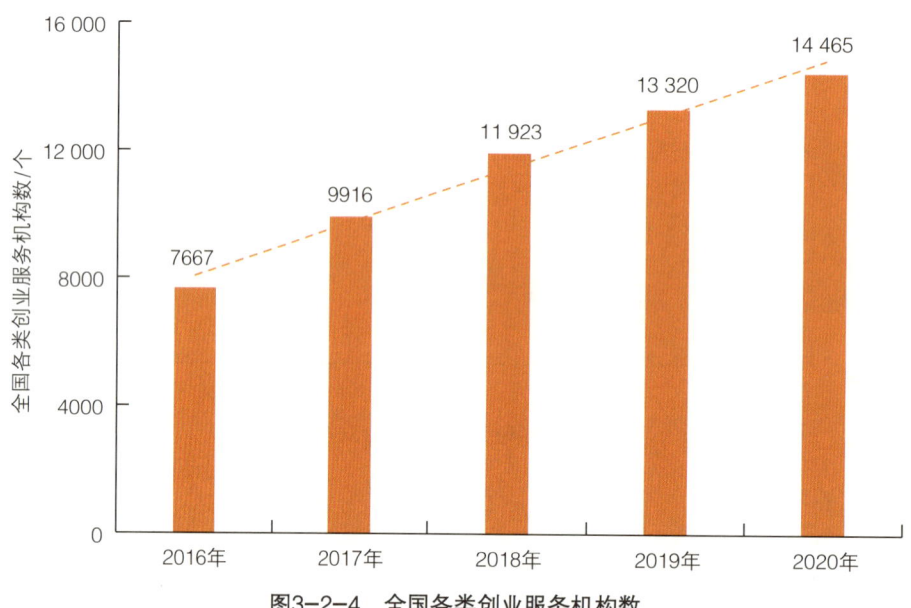

图3-2-4　全国各类创业服务机构数

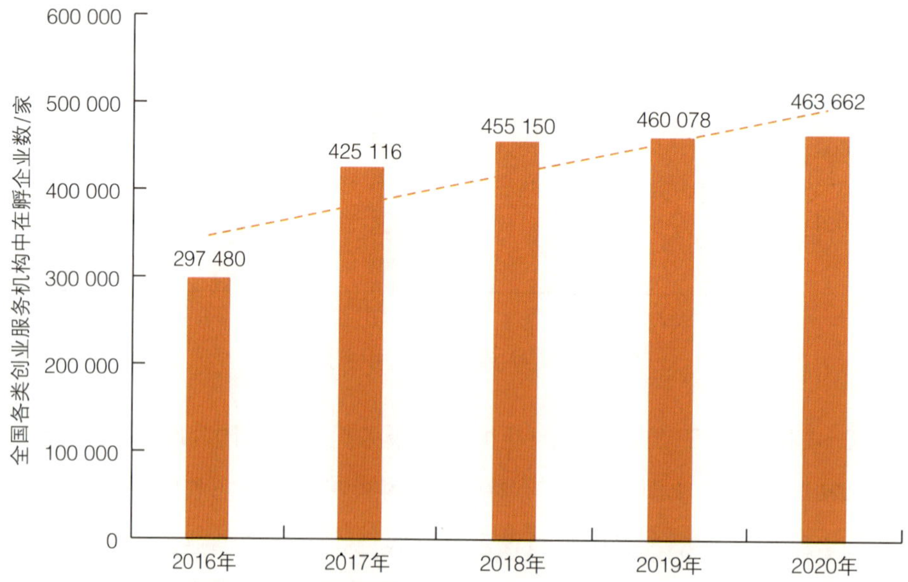

图3-2-5　全国各类创业服务机构中在孵企业数

图 3-2-6 和图 3-2-7 分别从风投资本和高学历人才两个方面的要素投入来体现市场的创业活力。2016—2020 年，入统企业当年获得的风险投资额增长较快，但波动明显。特别是 2020 年入统企业在市场上获得风投的总额呈现大幅增长。市场风投资本对高新区内企业和高新技术企业的布局正在加速进行。从吸纳高学历人才就业的角度来看，2020 年入统企业从业人员中大专及以上学历占比较 2016 年增长了 1.2 个百分点。

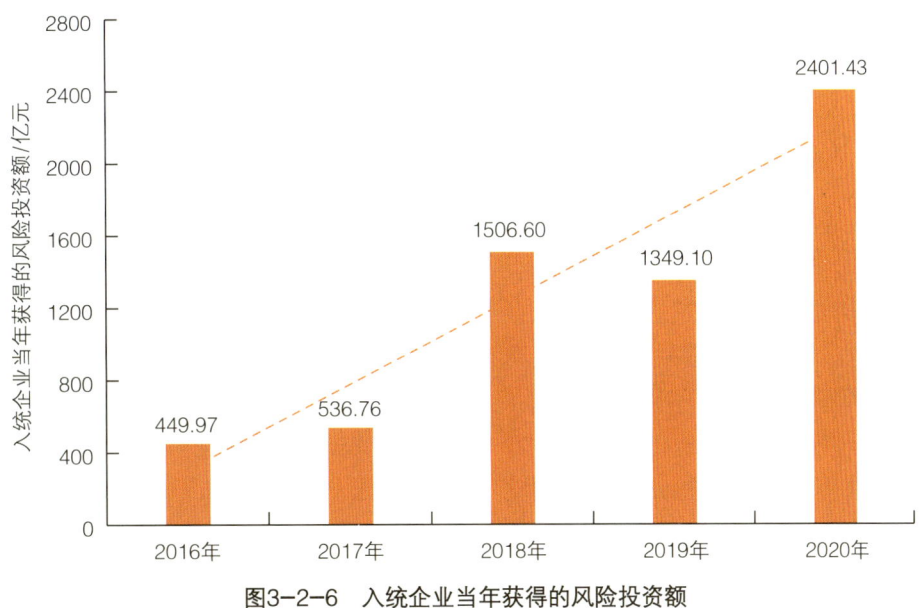

图3-2-6　入统企业当年获得的风险投资额

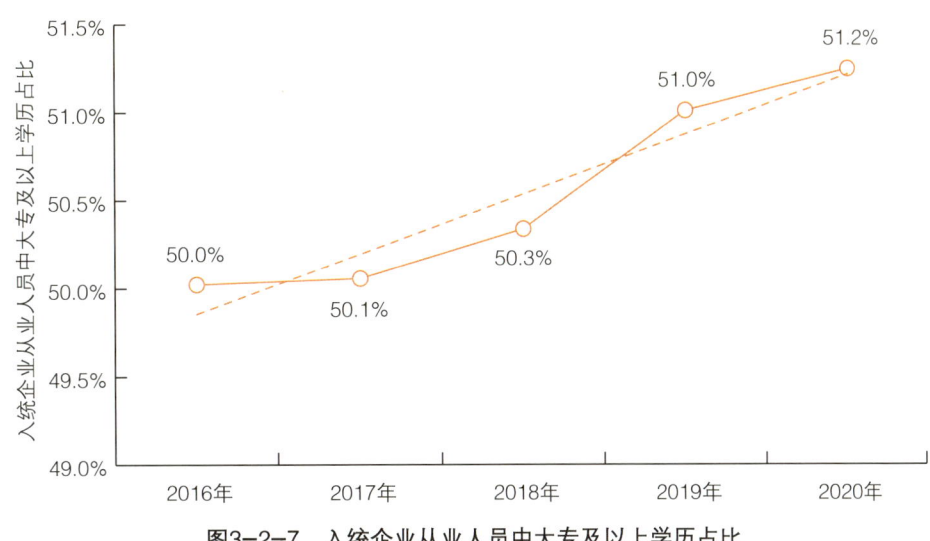

图3-2-7　入统企业从业人员中大专及以上学历占比

3.2.2 营造创新环境：创新基础得到夯实，全社会创新能力不断提高

营造创新环境指数反映了全国培育创新主体、集聚创新资源和制定创新政策的能力。

图 3-2-8 中，2019 年全国高新技术企业数突破 20 万家，实现年均两位数增长率的增长。在国家政策的鼓励与支持下，高新技术企业的申报工作与培育力度不断加强，高新技术企业群体蓬勃发展，高技术产业的经济实力和创新能力不断提升，产业结构持续优化。

图3-2-8　全国高新技术企业数

图 3-2-9 中高新区内重要的研发机构是指国家高新区内的 11 类重要研发机构数量之和，包括国家或行业归口研究院所、国家重点实验室、国家认定企业技术中心、国家认定博士后科研工作站、各类大学、国家工程技术研究中心、国家工程研究中心、国家工程实验室、国家地方联合工程研究中心（工程实验室）、新型产业技术研发机构、其他国家级研发机构等。在考察期内，高新区重要的研发机构数保持稳定高速增长，自 2016 年起，每年净增长数约 1000 个，2020 年高新区内重要的研发机构数为 2016 年的 1.8 倍。

图3-2-9 高新区内重要的研发机构数

图3-2-10和图3-2-11显示了入统企业的研发投入强度。2016—2020年，入统企业当年研发经费支出占营业收入比例呈下降趋势，2016—2017年入统企业当年研发

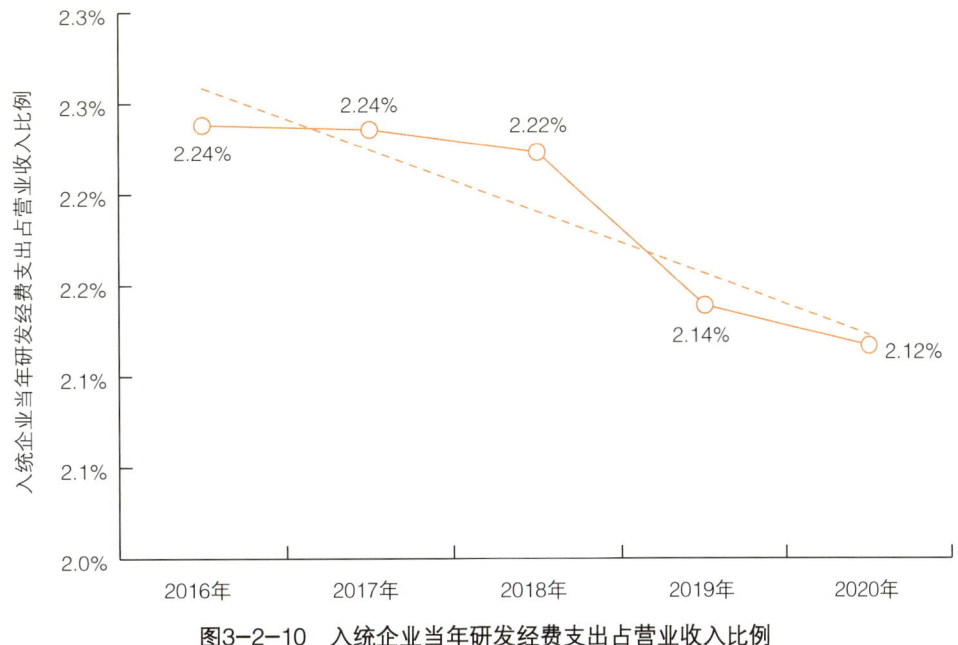

图3-2-10 入统企业当年研发经费支出占营业收入比例

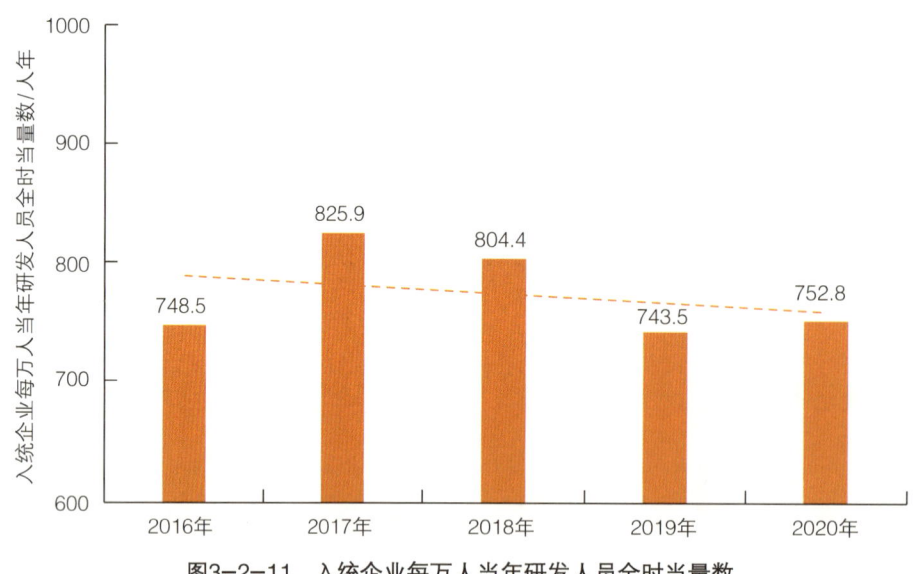

图3-2-11 入统企业每万人当年研发人员全时当量数

经费支出占营业收入比例最高,均为2.24%。2018年,国家高新区中增加12家新升级高新区,新升级群体整体创新实力较弱,加上2019年后国家高新区区域调整较大,新入统企业创新动能不足,导致入统企业当年研发经费支出占营业收入比例呈下降趋势。入统企业每万人当年研发人员全时当量数呈小幅波动,2017年入统企业每万人当年研发人员全时当量数最高,为825.9人年,2020年下降至752.8人年,但仍远高于同期全国企业每万人当年研发人员全时当量数(406.04人年)。

由图3-2-12可见,虽然上面两项投入指标有所下降,但2016—2020年入统企业当年发明专利授权数呈现逐年上升的趋势,企业研发创新能力显著提升,2020年入统企业当年发明专利授权数约为2016年的1.64倍。同时,近年来企业创新的获得感进一步加大,由图3-2-13可见,2016—2020年高新技术企业当年所得税减免额逐年增加,2020年高新技术企业当年所得税减免额增至2856.74亿元,约为2016年的1.8倍。

图3-2-12　入统企业当年发明专利授权数

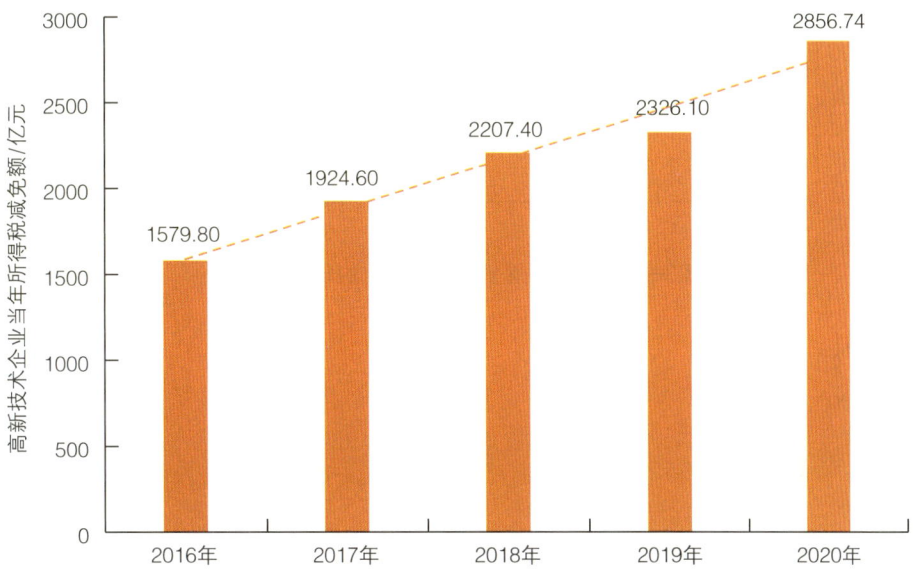

图3-2-13　高新技术企业当年所得税减免额

3.2.3　促进开放创新：创新活力持续迸发，协同创新与对外开放程度日益扩大

促进开放创新指数反映了全国开展创新交流、促进国际成果转移转化、人员交流和吸收国际资本的能力。

图3-2-14显示，2016—2020年入统企业在境外设立的研发机构数总体呈上升趋势，2020年高达2662个，年均增长率为16.7%。图3-2-15显示，2016—2020年入统企业产学研合作经费与引进技术消化吸收再创新费用支出总额逐年增加，2020年首次突破4000亿元，为4323.1亿元，年均增长率为22.62%。随着经济全球化的快速发展，创新资源在全球范围内优化重组，通过在境外设立研发机构、技术引进和技术扩散来促进自身科技创新水平的提高，是我国企业开放创新能力提升的重要举措。

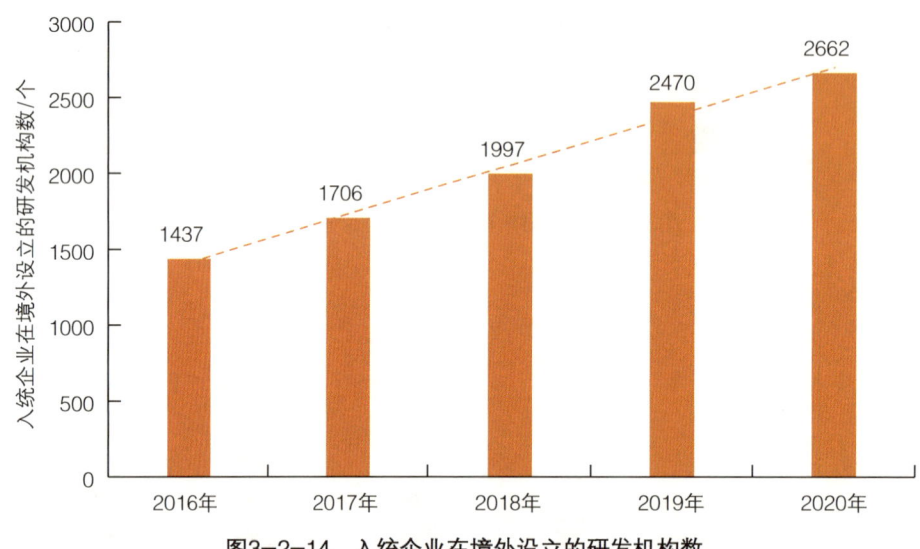

图3-2-14　入统企业在境外设立的研发机构数

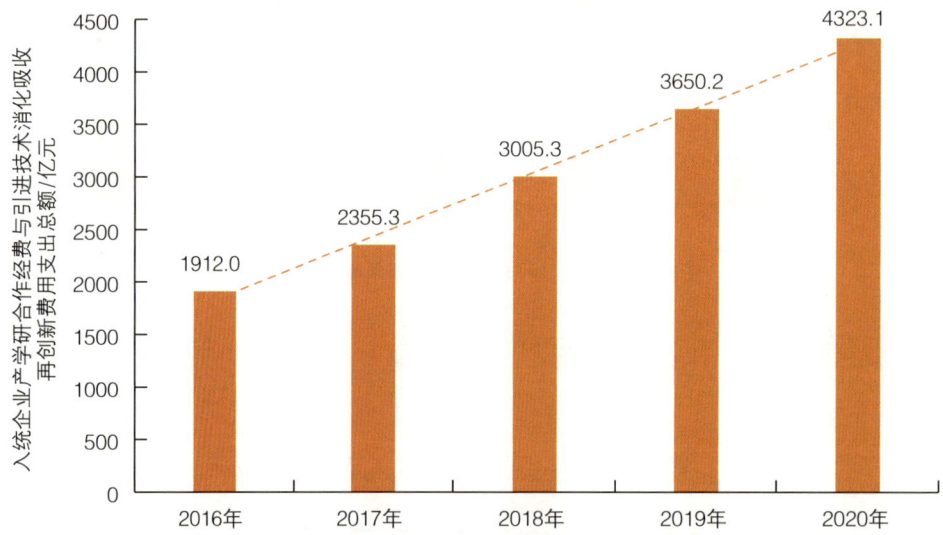

图3-2-15　入统企业产学研合作经费与引进技术消化吸收再创新费用支出总额

图 3-2-16 和图 3-2-17 反映了海外人才、外资等创新资源利用的情况。2016—2020 年，入统企业从业人员中外籍常驻和留学归国人员占比出现小幅波动，整体维持在 0.7% 左右，2020 年占比为 0.73%；高新区当年实际利用外资金额则呈现逐年增加的趋势，年均增长率为 8.28%，2020 年高新区当年实际利用外资金额增至 4252.46 亿元，较 2016 年增长了 1158.86 亿元。

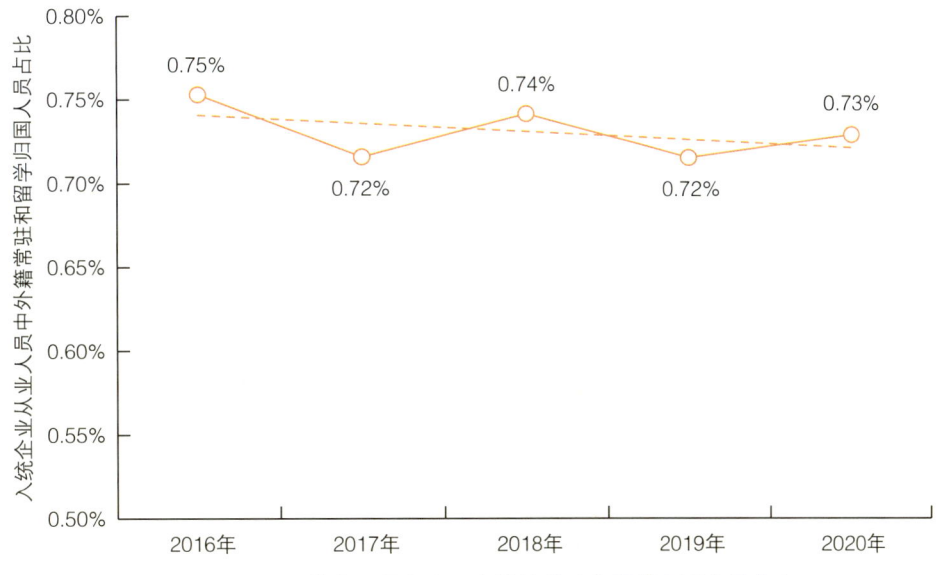

图3-2-16 入统企业从业人员中外籍常驻和留学归国人员占比

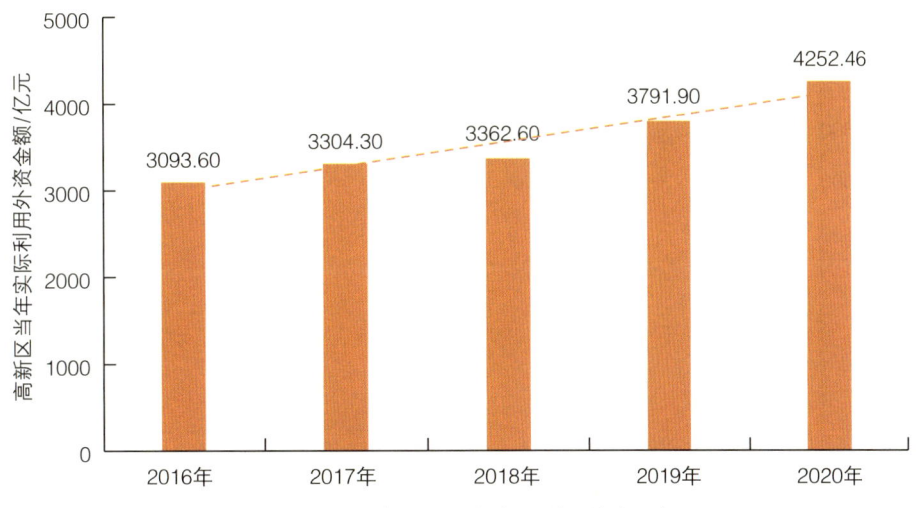

图3-2-17 高新区当年实际利用外资金额

图3-2-18和图3-2-19分别从入统企业当年PCT国际专利申请数和形成的国际标准数两项产出指标来反映火炬入统企业的全球创新竞争力。在我国大力实施创新驱动发展战略和知识产权战略的推动下，全社会的创新能力和知识产权保护意识大幅增加，2016—2020年，入统企业当年PCT国际专利申请数保持强劲增长势头，2020年PCT国际专利申请数增至4.8万余件。2016—2019年，入统企业当年形成的国际标准数呈现波动下降趋势，2017年形成的国际标准数最高，为1197项，2019年最低，为650项，2020年回升至802项。

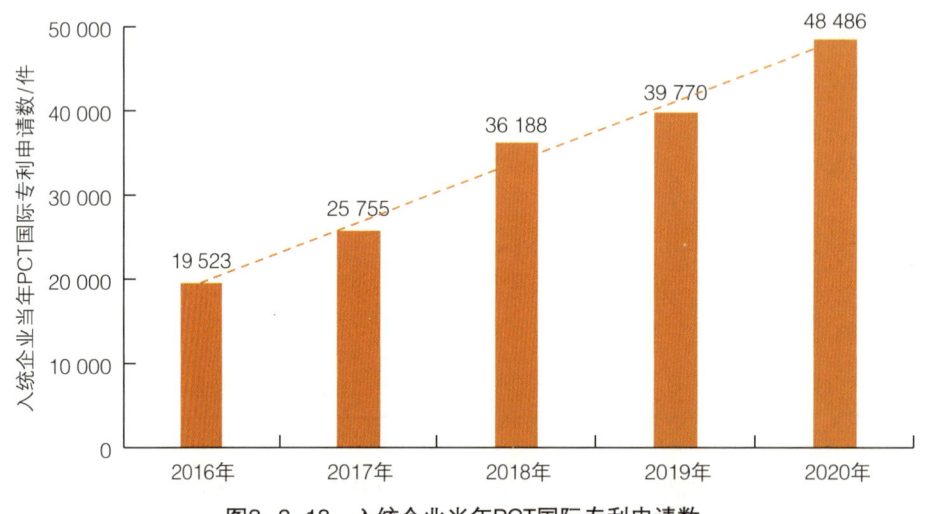

图3-2-18　入统企业当年PCT国际专利申请数

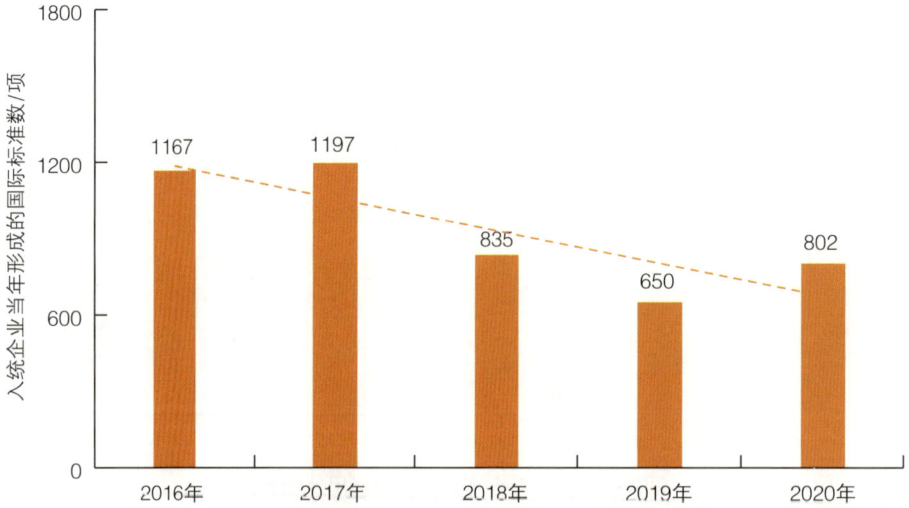

图3-2-19　入统企业当年形成的国际标准数

3.2.4 推动创新发展：科技创新助力企业提质增效，数字化助推企业绿色创新发展

推动创新发展指数反映了国家高新区和高新技术企业带动全国经济增长、增进经济效益和引领绿色高质量发展的能力。

图 3-2-20 显示，2016—2020 年，高新区地区生产总值占全国的比例总体呈波动上升趋势，2017 年出现下降，之后持续上升，2020 年增至 13.34%。经过多年的长足发展，国家高新区现已成为国民经济发展的重要增长极。图 3-2-21 显示，2016—2020 年，万元工业增加值能耗总体呈波动趋势，2020 年入统企业万元工业增加值能耗为 0.91 吨标准煤。

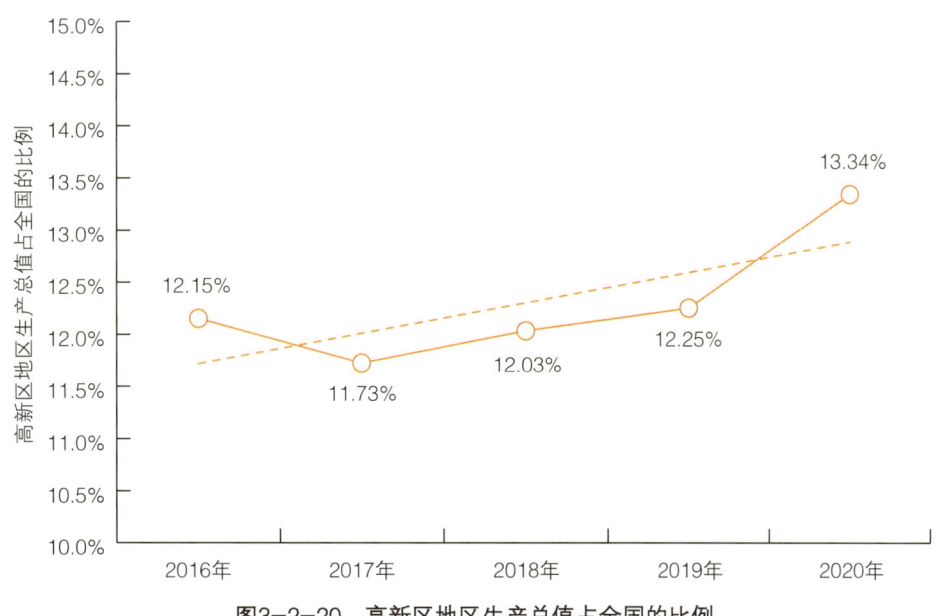

图3-2-20 高新区地区生产总值占全国的比例

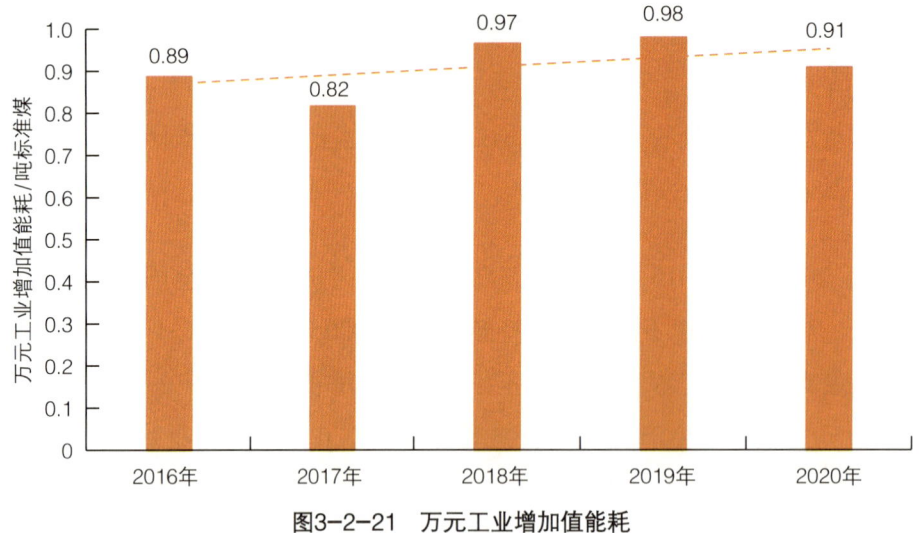

图3-2-21　万元工业增加值能耗

图3-2-22、图3-2-23显示，2016—2020年，入统企业营业收入大幅提高，年均增长率为14.36%，2020年入统企业营业收入高达72.34万亿元，较2016年增加30万亿元左右。其中，数字化企业营业收入占比逐年增加，2020年高达22.4%，以数字产业化和产业数字化为核心的数字经济正在成为我国经济增长的新引擎。

图3-2-22　入统企业营业收入

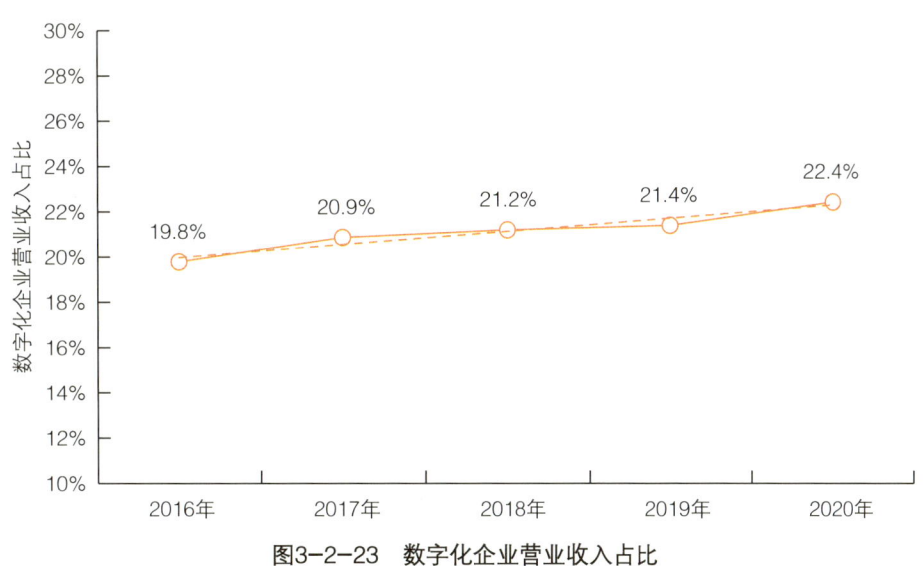

图3-2-23 数字化企业营业收入占比

图 3-2-24 表明，2016—2020 年，入统企业当年吸纳的就业人数逐年增加，2020 年增加至 717.0 万人，较 2016 年增长了近 1 倍。图 3-2-25 显示，2016—2020 年，当年技术合同成交额持续提升，2020 年提升至 2.83 万亿元，较 2016 年提高了 1.68 万亿元。这一方面说明火炬入统企业在吸收和稳定就业方面的能力不断提高；另一方面也体现出我国近年来科技成果转化的渠道更加畅通，全社会促进科技成果转化的动力和活力持续增强。

图3-2-24 入统企业当年吸纳的就业人数

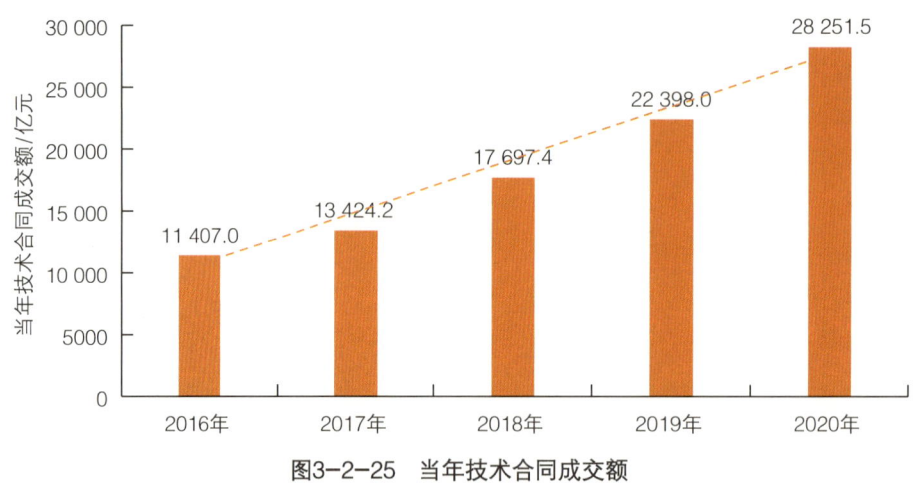

图3-2-25　当年技术合同成交额

3.2.5　发挥示范作用：入统企业辐射聚集效应进一步增强，高新区成为引领经济发展新高地

发挥示范作用指数反映了入统企业和高新区创新贡献、经济规模贡献和效率效益引领的能力。

图3-2-26和图3-2-27显示的是入统企业对我国创新投入和产出方面的贡献。从创新投入来看，2016—2018年，入统企业当年研发经费支出额占全国的比例逐年攀升，2018年占比最高，为64.6%，之后持续下降，2020年占比降至62.7%。从创新产出来看，入统企业当年发明专利授权数占全国的比例在2016—2019年持续上升，在2019年达到峰值，为47.9%，2020年回落至46.3%。入统企业贡献了我国六成以上的研发资金、四成以上的发明专利授权量，并且还有持续提升的趋势，这表明入统企业已经成为我国创新活动的主要力量，尤其是我国企业创新的排头兵。

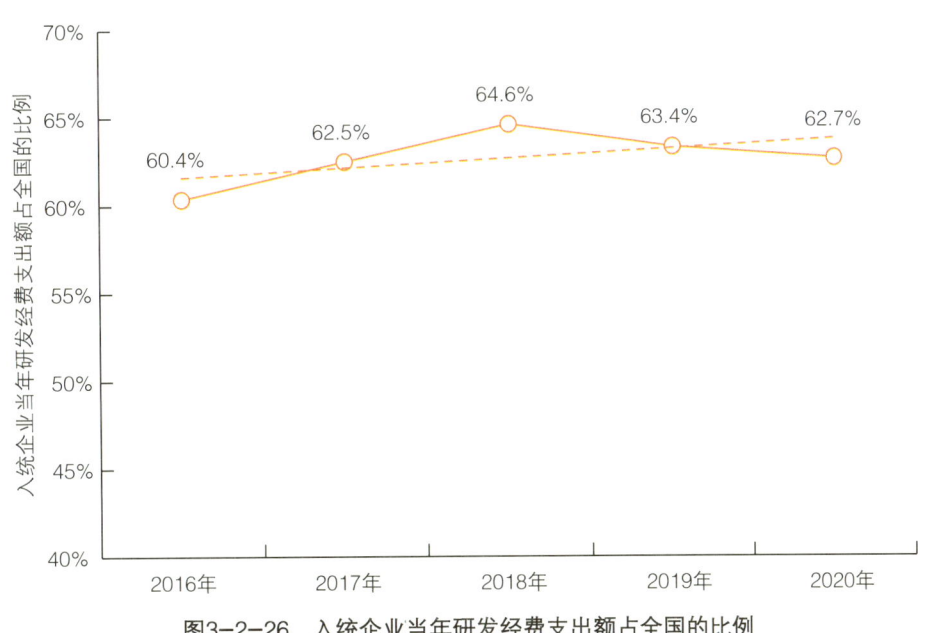

图3-2-26 入统企业当年研发经费支出额占全国的比例

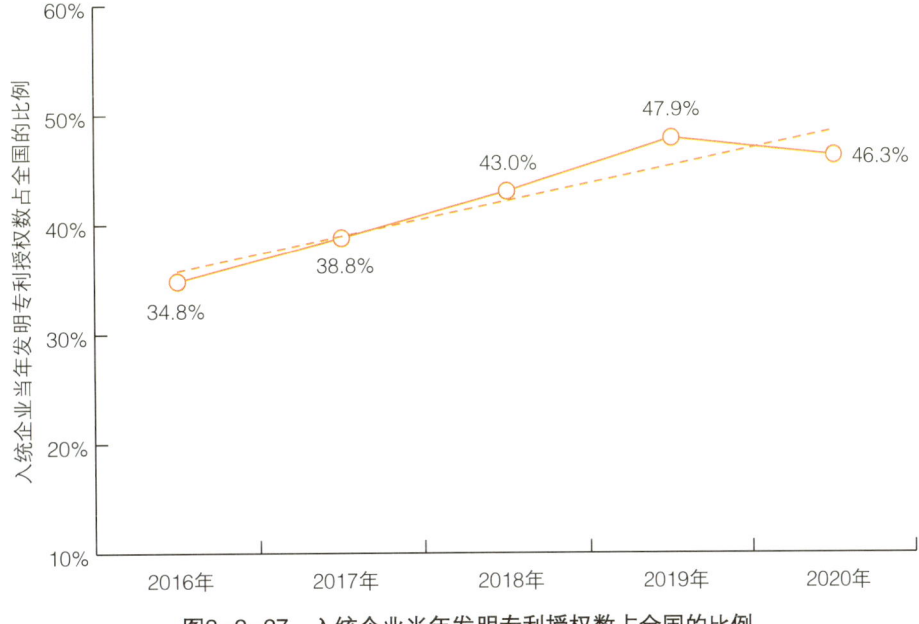

图3-2-27 入统企业当年发明专利授权数占全国的比例

图 3-2-28 和图 3-2-29 显示的是入统的上市企业数占全国的比例和入统企业出口总额占全国出口的比例。自 2016 年起，入统的上市企业数占全国的比例整体呈上升趋势，2020 年占比最高，达 59.0%，高新区聚集了全国近六成的上市企业。2016—

3 全国火炬高新指数的表现 49

2020年，入统企业出口总额占全国出口的比例呈上升趋势，占比整体保持在30%以上，2020年占比最高，为37.7%。近年来，入统企业群体的数量和质量显著提升，其发展态势代表了我国企业发展的较高水平，是我国企业在国际市场上竞争能力的重要体现。

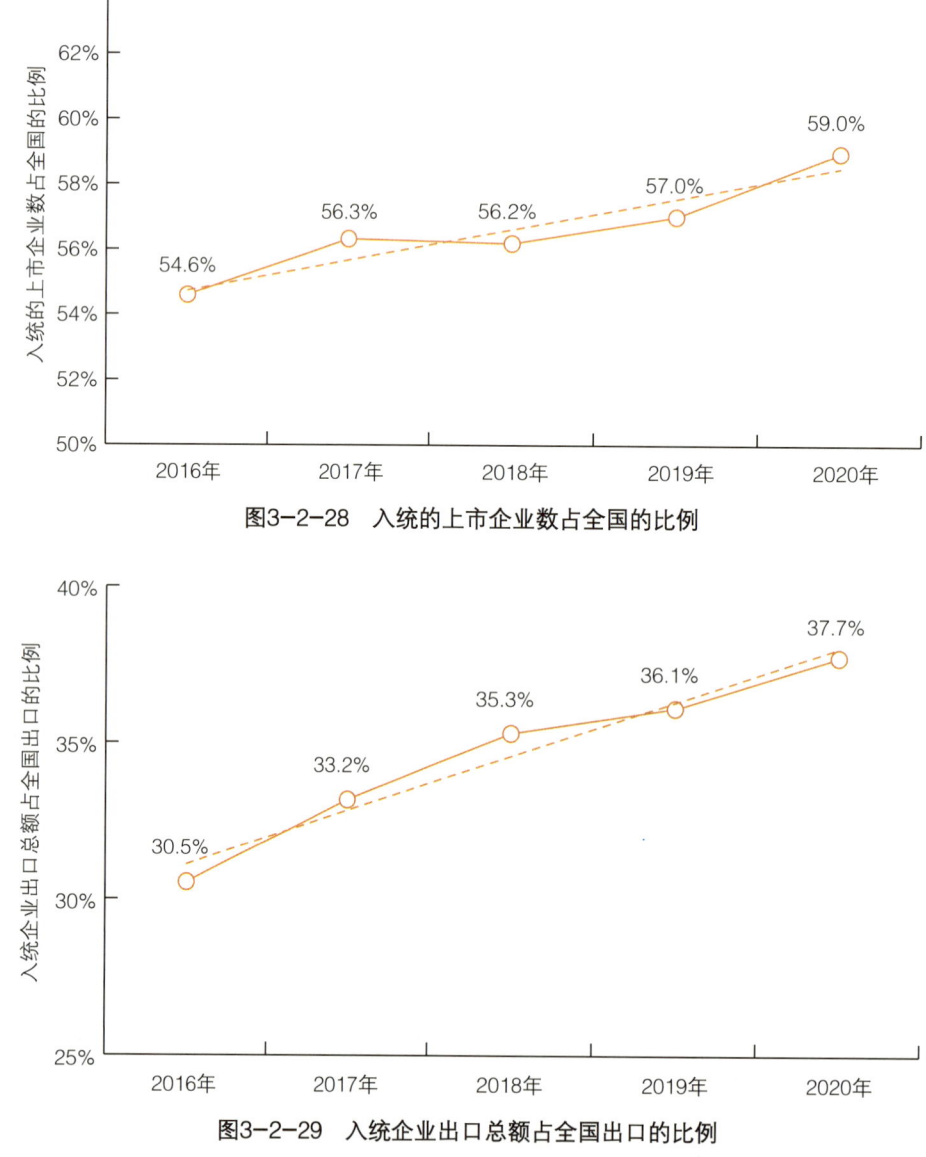

图3-2-28 入统的上市企业数占全国的比例

图3-2-29 入统企业出口总额占全国出口的比例

图3-2-30显示，2016—2020年，入统企业全员劳动生产率逐年攀升，2020年高达30.5万元/人，较2016年提高了3.2万元/人。在从业人员平均工资方面，

图 3-2-31 显示，高新区从业人员平均工资在 2016—2020 年由 11.2 万元提高到 15.7 万元，年均增长率为 8.81%，工资的稳定增长与劳动生产率的提高基本保持同步。

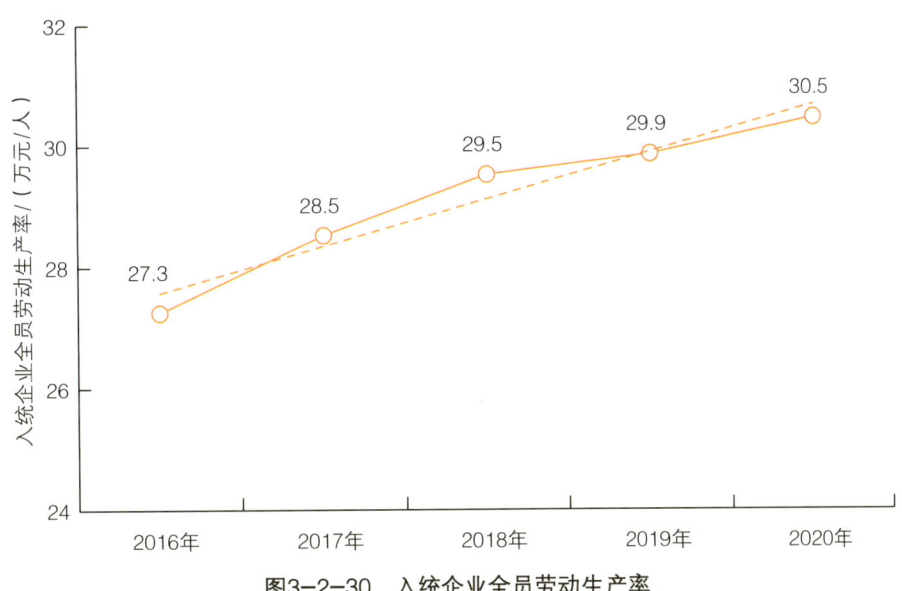

图3-2-30　入统企业全员劳动生产率

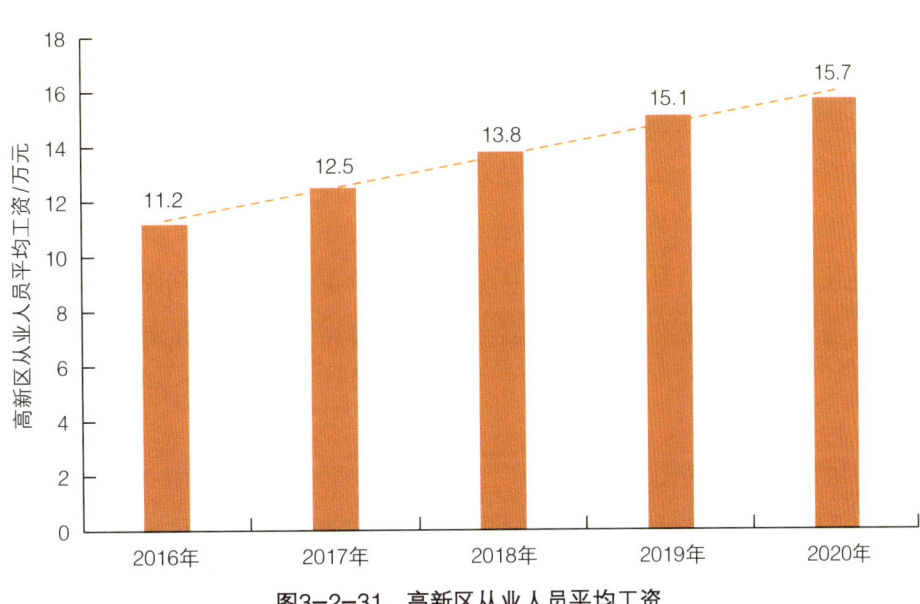

图3-2-31　高新区从业人员平均工资

3.3 本章小结

"十三五"是全面建成小康社会的决胜阶段，5 年来，我国系统推进基础研究和关键核心技术攻关，全方位推动科技成果进入经济社会主战场，统筹提升科技人才队伍的规模与质量，深化重点领域科技体制改革，积极融入全球创新网络，为推动经济社会发展取得历史性成就、发生历史性变革做出了重要贡献。特别是应对突如其来的新冠肺炎疫情，迅速开展科研应急攻关，为全球抗疫行动做出中国贡献。

当前，我国已转向"创新引领、高质量发展"的新阶段，为实现高质量发展，作为创新驱动发展示范区和高质量发展先行区的国家高新区要深刻把握新时代社会发展特征，深入贯彻新发展理念，以高质量发展为战略目标，实现依靠创新驱动的内涵型增长。具体任务举措体现在：一是继续加大创新投入，尤其是对关键领域与基础科研领域的投入，鼓励长期坚持和大胆探索，为建设科技强国夯实基础；二是加快前沿技术科技创新，围绕关键核心技术推进高端创新与高水平创业，发展特色主导型高科技产业，培育"新引擎"，打造世界级高科技产业集群，着力推进高新技术产业化；三是集聚高端创新资源，吸引培育一流创新人才，加快关键核心技术创新和成果向现实生产力转化，着力提升自主创新能力；四是支持高新技术企业发展壮大，积极培育高科技中小企业，发挥企业在技术创新中的主体作用，打造科技、教育、产业、金融紧密融合的创新体系；五是坚持开放创新，拓展发展新空间，增强高新区的辐射带动作用，推动区域协同发展，深度融入全球创新体系，利用全球高端创新资源，加强国际科技交流合作；六是全面深化体制机制改革，加快政府职能转变，建立新型高效的治理机制，提高生产要素配置效率，营造高质量发展环境，激发市场主体活力。

实现创新驱动的内涵型增长，亟须不断强化和完善针对创新创业活动的统计评价和监测体系，依据评价结果建立动态管理机制。科技部火炬中心依据我国创新创业经济发展的现实背景，对双创活动的监测和分析方法进行了系统梳理和深入研究，开拓和发展了创新经济的分析评价与宏观监测统计体系，火炬高新指数的编制是综合分析创新发展基础、监测创新经济走势、反映现有创新创业政策成效的一次有益尝试。火炬高新指数测算结果不仅可以在全国层面监测创新经济的运行态势，也可以在地区层面形成对双创工作的客观反映。基于火炬高新指数的评价分析，便于各级科技部门优化支撑管理工作，切实落实党中央、国务院进一步鼓励创新创业的方针政策。今后，火炬中心将在实践创新驱动发展战略的过程中，不断完善指标体系，长期持续监测，跟踪分析火炬创新创业发展态势，及时反映创新驱动高质量发展情况。

火炬高新指数研究报告

4

各地区火炬高新指数的表现

4.1 北京

自2014年起,北京市坚持和强化"四个中心"功能建设,全面实施创新驱动发展战略,科技创新综合实力显著增强,科技创新中心建设取得显著成效。"十三五"时期是北京进入科技创新中心建设的全面加速期,882项支撑科创中心建设与经济高质量发展的重大项目和任务先后落地,高新技术产业逐步形成新体系、新布局、新高度、新亮点。

4.1.1 指数总览

图4-1-1中,2016—2020年北京市火炬高新年度总指数呈现稳定提升的态势,2020年增长至158.1,高于全国年度总指数。表明科技创新对北京高质量发展的支撑作用持续增强,创新创业生态得到进一步优化。

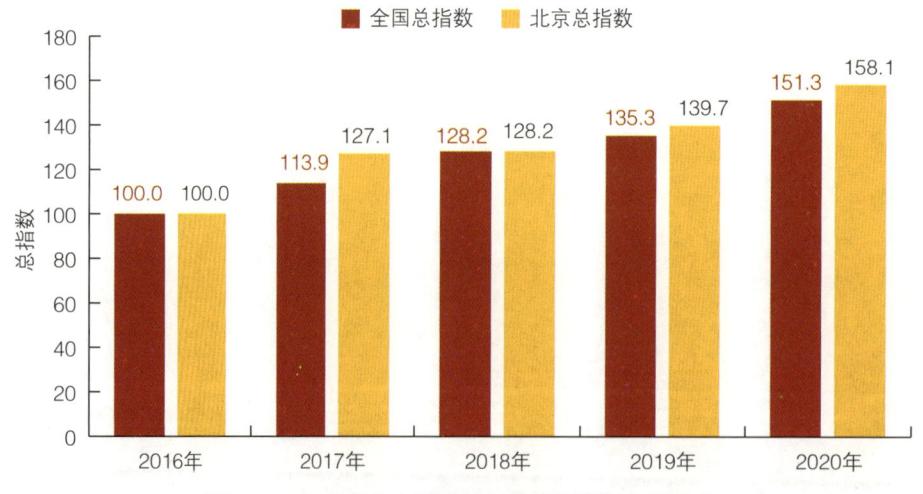

图4-1-1 北京市火炬高新年度总指数与全国对比

从图4-1-2中5个分指数的差异化表现来看,"优化创业生态"指数和"推动创新发展"指数呈现波动增长趋势,2020年增至最高,分别为173.9和177.7。"十三五"以来,北京坚持面向世界科技前沿,不断强化基础研究和关键核心技术攻关,创新创业服务水平持续提升,在2020年全球创业生态系统中排第6名。"营造创新环境"和"发挥示范作用"指数呈现稳定增长趋势,年均增长率分别为9.06%和5.99%。中关村国家自主创新示范区改革创新"试验田"作用持续发挥,国家服务业扩大开放综合示范区、中国(北京)自由贸易试验区落地北京。"促进开放创新"指数总体呈现U形增长。2018年,受中美贸易摩擦影响,"促进开放创新"指数了出现明显下降;2019—2020年,指数呈现快速增长趋势,2020年增至158.5。

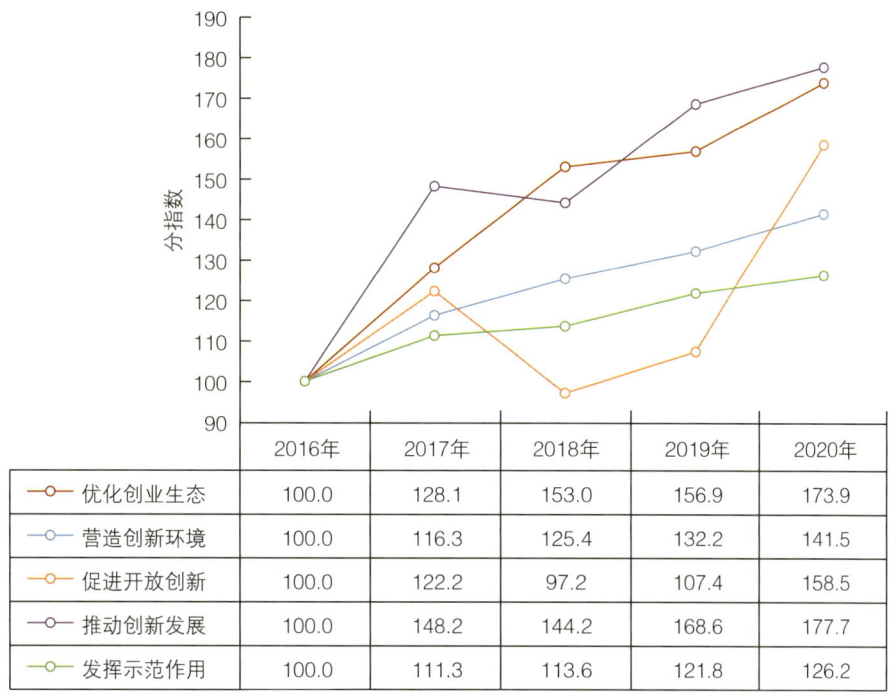

图4-1-2 北京市火炬高新5个分指数变化趋势

4.1.2 以全面深化科技体制改革为牵引,优化服务激发创新活力

"十三五"期间,北京市大力推进科技体制机制改革,围绕全国科技技术创新中心建设,加强顶层设计、完善组织架构、系统部署、纵深推进,增强了改革系统性、整体性、协同性,在中关村先行先试、人才体制机制、成果转化、科研

项目管理、区域协同、促进科技经济相结合等重要领域和环节不断推出重大改革举措。

一是围绕全国科技创新中心建设核心功能定位，构建战略规划体系。北京市先后出台《北京加强全国科技创新中心建设总体方案》《北京市"十三五"时期加强全国科技创新中心建设规划》《北京系统推进全面创新改革试验加快建设全国科技创新中心方案》，勾画了远期、中期、近期"设计图"。制定《北京加强全国科技创新中心建设重点任务实施方案（2017—2020年）》，提出完整的任务清单、项目清单和指标体系，形成一张全面系统、清晰明确的"施工图"。

二是以中关村先行先试为核心，辐射带动效应向京津冀及全国其他地区扩散。在"1+6""新四条""新新四条"等系列先行先试政策的基础上，围绕商事制度、药品审评审批、高层次人才管理、金融创新等重点改革领域，与中央单位共同推动开展一系列改革，10余项政策已向全国推广。国务院批复同意《京津冀系统推进全面创新改革试验方案》，京津冀成为我国第一个跨省级行政区的全面创新改革试验区。

三是以科技创新为核心，促进教育、经济等领域全面创新改革。在科研项目和经费管理、科技条件平台、科技成果转化、科技创新人才等领域，出台了"财政科研项目和经费管理改革28条""首都科技条件平台促进科研仪器开放34号文"，以及《促进科技成果转移转化行动方案》《首都科技领军人才培养工程实施管理办法》《加强和改进教学科研人员因公临时出国管理工作的实施意见》《支持和鼓励高校和科研机构等事业单位专业技术人员创新创业的实施意见》等系列政策，科技创新中心建设的政策体系不断完善。

四是聚焦"人财物"等环节出台系列政策措施，营造创新创业政策环境，激发创新活力。其中，在科研人员激励方面，突出知识价值导向。在全国范围内率先开展股权激励试点，并向全国推广。深化股权奖励个人所得税试点政策，目前享受政策奖励人数53人，股权奖励额度1692万元。深入实施"京科九条""京校十条"等政策，制定14个配套实施细则，推动市属高校院所纷纷出台本单位科技成果"三权"改革管理办法。明确科研项目间接费用中发放的科研人员绩效支出、科技成果转化收益人员奖励支出、科研设施与仪器开放共享服务中扣除成本费用后的绩效奖励等，不受当年工资总额限制。此外，围绕落实国家深化人才发展体制机制改革和以增加知识价值为导向分配政策，本市还在职称制度改革、收入分配、人才引进等方面出台了一系列配套措施。在改革财政科研项目经费管理方面，充分发挥科研人员创新积极性。在全国率先出台财政科研项目和经费管理28条新政，明确取消财政预算评审程序，简化预算编制，实施预算评审与立项论证"合二为一"；下放科研类会议费、差旅费、国际合作交流费、咨询费管理权限等，为科研经费"松绑"。截至2017年7月，围绕科研仪器购置，科研人员因公出国，科技、社科、教育和卫生系统的财政科研项目经费管理等出台13项配套措施。39家市属科研院所均已制定科研项目和经费管理实施细则。在加强首都科技条件平台建设方面，促进科研仪器设备开放共享。探索所有权与经营权分离，成为国务院全面创新改革拟向全国推广的典型。累计推动801个国家级和市级重点实验室和工程中心价值227亿元的仪器设备向社会开放共享，年均服务收入超过20亿元。首都科技创新券政策支持小微企业和创业团队购买高校院所的科研服务，2014—2016年度共发放1亿元科技创新券，支持了1528家小微企业和80家创业团队，合作开展了1730个创新券项目。

此外，北京市通过发布《关于新时代深化科技体制改革　加快推进全国科技创新中心建设的若干政策措施》（"科创30条"）及《北京市促进科技成果转化条例》，为北京推进全国科技创新中心建设创造了更为有利的条件，也为北京发挥推进科技创新政策体系建设的先行先试示范效应夯实了基础。

4.1.3 以聚焦"高精尖"产业发展为重点，推动高质量发展新局面

"十三五"期间，全市加快构建"高精尖"经济结构，产业结构和需求结构持续优化，产出效率和能源利用效率进一步提高。高精尖产业是一种创新驱动的产业，"高"即研发强度，"精"即具有自主知识产权的原始创新，"尖"即能够引领技术发展方向和国际技术前沿。2020年，全市高精尖产业实现增加值9885.8亿元，占地区生产总值的比重达到27.4%，较2018年提高2.3个百分点，逐步成为首都经济发展的重要引擎。高精尖产业飞速发展的背后是北京市对创新创业工作的高度重视和持续发力。图4-1-3和图4-1-4显示，2020年北京市各类创业服务机构数达493个，在孵企业

32 108 家，入统企业当年获得的风险投资额增长至 439.57 亿元，保持了良好的创业活跃度。

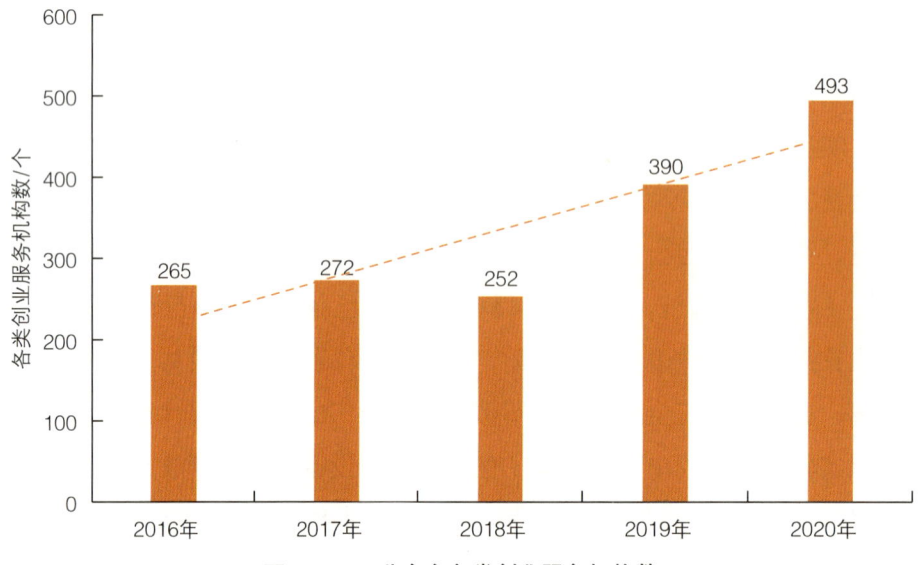

图4-1-3　北京市各类创业服务机构数

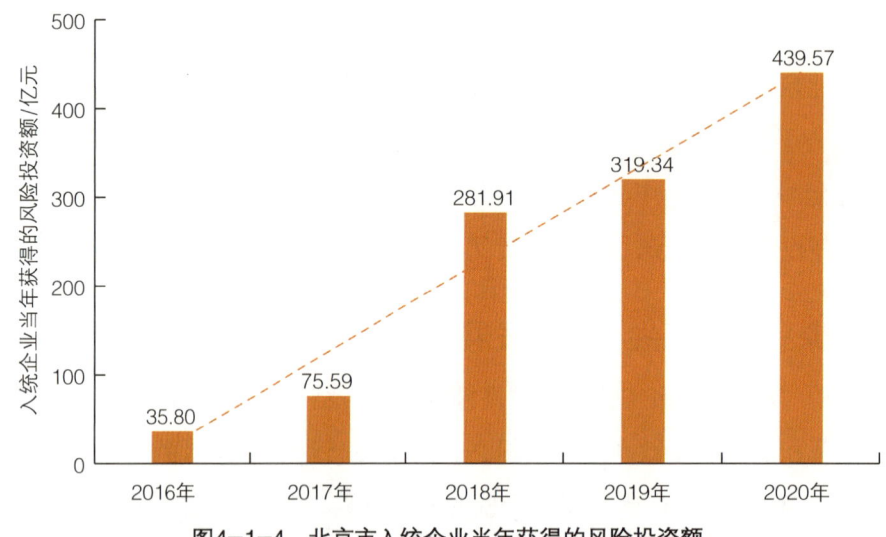

图4-1-4　北京市入统企业当年获得的风险投资额

高新技术企业保持高位增长，高精尖产业提质增效迈出坚实步伐。图 4-1-5 显示，2020 年北京市高新技术企业数为 23 991 家，较 2016 年增长了 10 515 家，高新技术企业总收入 6.6 万亿元，形成了一批如京东方、大唐移动等知名高新技术企业。

其中，海淀区十大高精尖领域营收 2.65 万亿元，占全区高新技术企业总收入的八成以上。表 4-1-1 是 10 家北京市知名高新技术企业及其所属行业。

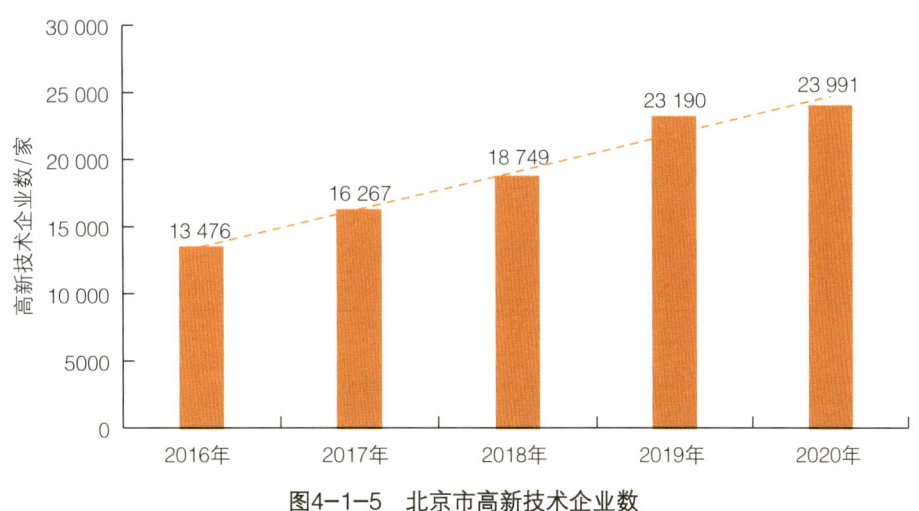

图 4-1-5　北京市高新技术企业数

表 4-1-1　北京市知名高新技术企业及其所属行业

序号	企业名称	所属行业
1	中国电力科学研究院	电力系统研发
2	京东方科技集团股份有限公司	物联网
3	鼎桥通信技术有限公司	无线通信
4	北京奇虎科技有限公司	软件开发
5	北京畅游天下网络技术有限公司	软件开发
6	联想（北京）有限公司	电子设备
7	北汽福田汽车股份有限公司	汽车制造
8	北京握奇数据系统有限公司	数据安全
9	大唐移动通信设备有限公司	移动通信
10	北京大北农科技集团股份有限公司	农产品

数字化企业营业收入持续提升，高精尖产业发展能级实现新跃升。图 4-1-6 中，2020 年北京市数字化企业营业收入占比高达 36.0%，较 2017 年提高了 7.7 个百分点。培育并形成了新一代信息技术（含软件和信息服务业）、科技服务业 2 个万亿级产业集群，以及智能装备、医药健康、节能环保、人工智能 4 个千亿级产业集群。

4　各地区火炬高新指数的表现　61

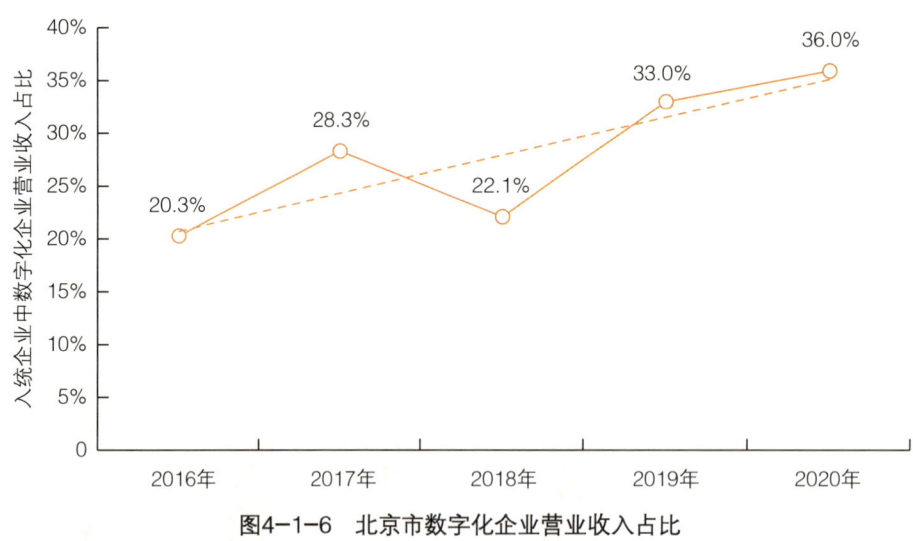

图4-1-6 北京市数字化企业营业收入占比

4.1.4 以瞄准世界科技前沿创新为核心，筑牢高能级创新强基础

图4-1-7显示，自2017年以来，北京市入统企业当年研发经费支出占营业收入比例维持在1.6%左右，在国际创新城市中名列前茅。基础研究投入占比从2015年的13.8%提升至2019年的15.9%；每万人当年研发人员全时当量数自2017年起保持在600人年以上（图4-1-8）。科研产出连续3年蝉联全球科研城市首位，累计获得国家科技奖奖项占全国30%左右。涌现出马约拉纳任意子、新型基因编辑技术、"天机芯"、量子直接通信样机等一批世界级重大原创成果。

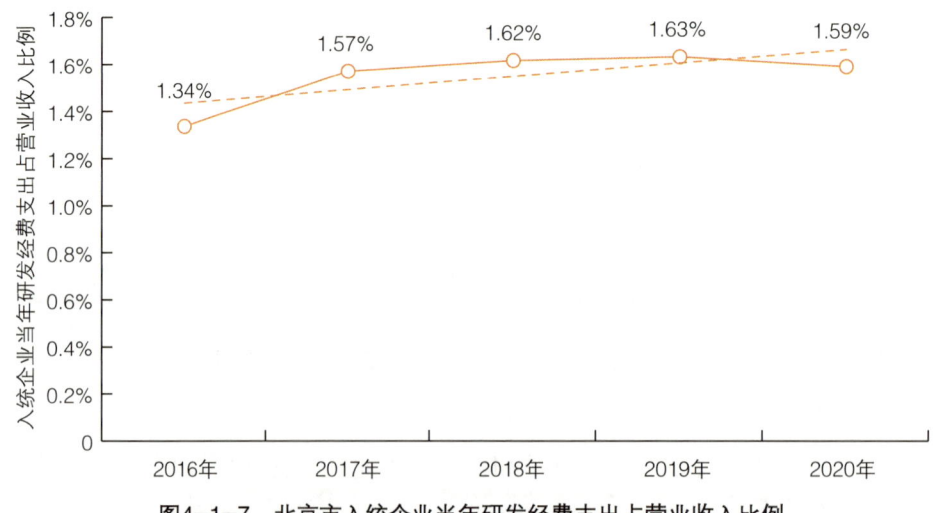

图4-1-7 北京市入统企业当年研发经费支出占营业收入比例

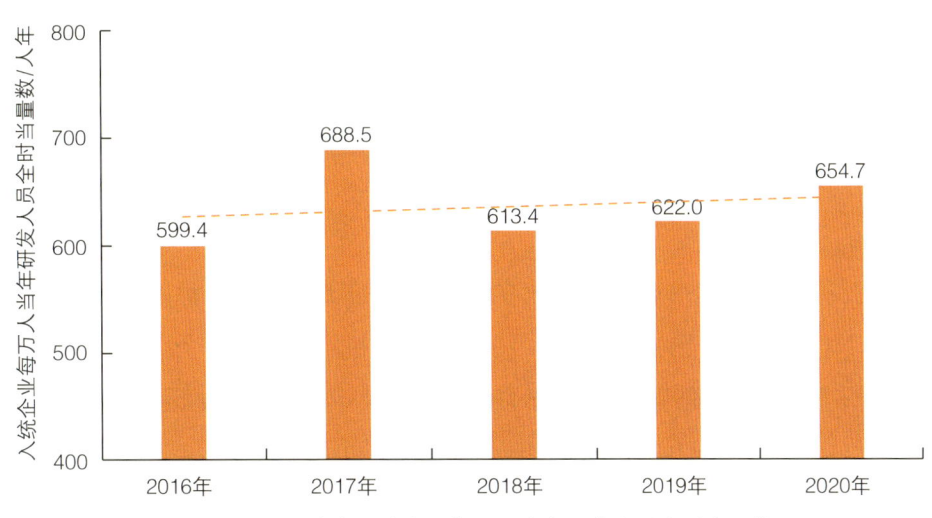

图4-1-8 北京市入统企业每万人当年研发人员全时当量数

"十三五"以来，全市联合有关部门率先打造中关村前孵化创新中心、概念验证中心，打通成果转化的"最初一公里"和"最初一步"。率先打造以众创空间、高价值专利培育运营中心等为代表的新型科技成果转化载体和平台。同时，首创成立规模达28亿元的中关村科学城"科学家基金"，畅通成果转化的中间环节。构建以创投基金、科转基金、产业基金为代表的海淀创新基金系，推动一大批科技成果转化和产业化，逐步形成基础研究到成果转化、产业化的"海淀模式"。图4-1-9中，2020年北京市入统企业当年发明专利授权数高达36 621件。

图4-1-9 北京市入统企业当年发明专利授权数

4 各地区火炬高新指数的表现　63

4.1.5 以增强全球资源配置能力为契机，高水平开放发挥新优势

近年来，北京市连续 3 年蝉联全球科研城市首位，正在进入全球科学中心行列。根据《全球科技创新中心指数 2020》，北京在全球科技创新中心城市中位列第五，全球资源配置能力持续增强。

"十三五"以来，北京市入统企业在境外设立的研发机构数稳定增长，2020 年增长至 39 个，增幅较小（图 4-1-10）。图 4-1-11 中，全市入统企业产学研合作经费与引进技术消化吸收再创新费用支出总额从 2016 年的 183.8 亿元增长至 2020 年的 587.5 亿元，年均增长率为 33.71%，开放合作水平再上新台阶。

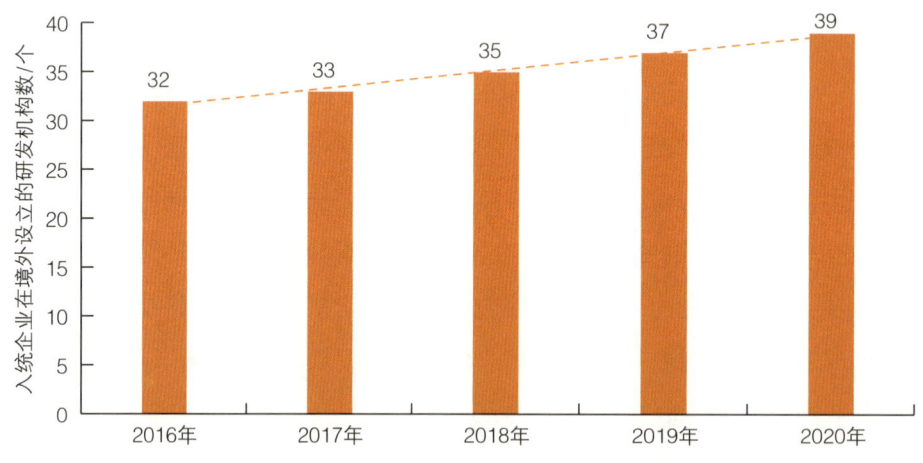

图4-1-10 北京市入统企业在境外设立的研发机构数

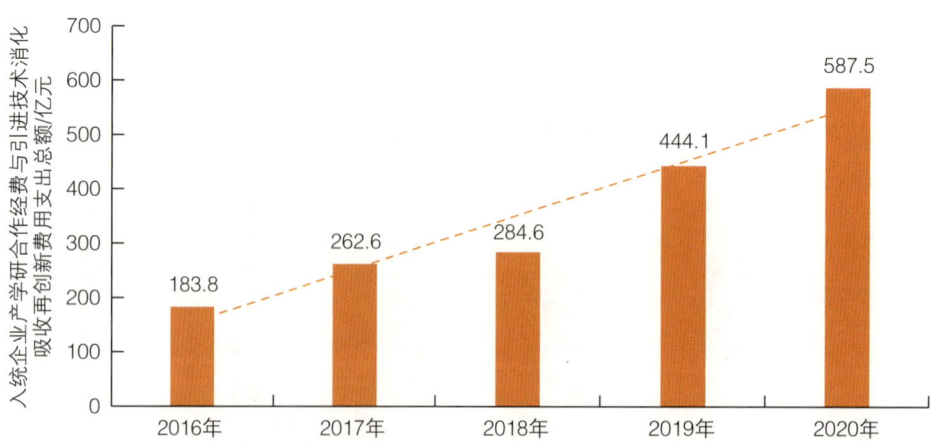

图4-1-11 北京市入统企业产学研合作经费与引进技术消化吸收再创新费用支出总额

"十三五"期间，北京市对全球高端资源的吸引力持续增强。图4-1-12显示，2020年入统企业从业人员中外籍常驻和留学归国人员占比为1.99%，较2016年提升了0.49个百分点。依托高规格活动平台汇聚国际创新资源，"2021中关村论坛"升级为面向全球科技创新交流合作的国家级平台，成为我国开放创新的"金字招牌"。

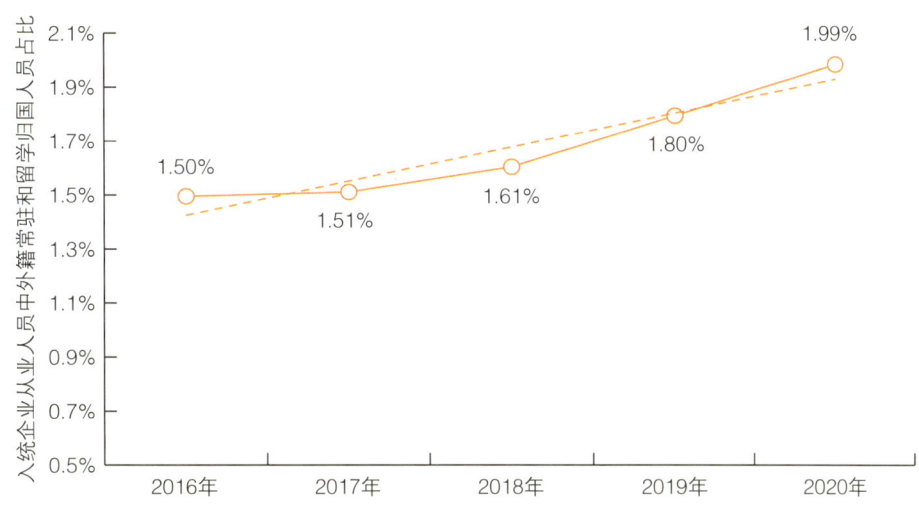

图4-1-12　北京市入统企业从业人员中外籍常驻和留学归国人员占比

国际成果转移转化能力快速提升，"十三五"期间，北京市入统企业当年PCT国际专利申请数始终保持高位增长，2020年增长至7764件，年均增长率达到24.32%（图4-1-13）。

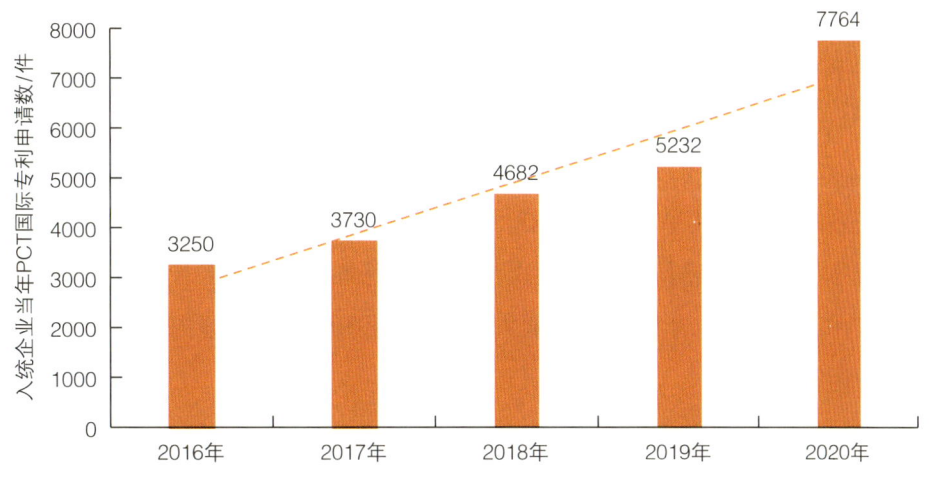

图4-1-13　北京市入统企业当年PCT国际专利申请数

4　各地区火炬高新指数的表现　65

4.1.6 以中关村自主创新示范区为载体,高质量发展特征愈加明显

中关村国家自主创新示范区源于20世纪80年代初期的中关村电子一条街,是中国改革开放的产物。2009年3月13日,国务院《关于同意支持中关村科技园区建设国家自主创新示范区的批复》发布,明确中关村科技园区的新定位是国家自主创新示范区,目标是成为具有全球影响力的科技创新中心。

> **专栏 4-1-1 中关村创新平台**
>
> 2010年12月31日,在中关村国家自主创新示范区部际协调小组领导机制下,中关村科技创新和产业化促进中心(简称中关村创新平台)在京成立。中关村创新平台由国家有关部门和北京市共同组建,重在进一步整合首都高等院校、科研院所、中央企业、高科技企业等创新资源,采取特事特办、跨层级联合审批模式,落实国务院同意的各项先行先试改革政策。
>
> 平台下设重大科技成果产业化项目审批联席会议办公室、科技金融工作组、人才工作组、新技术新产品政府采购和应用推广工作组、政策先行先试工作组、规划建设工作组、中关村科学城工作组和现代服务业工作组等8个工作机构,19个国家部委相关司局和31个北京市相关部门派驻人员到平台办公,围绕重大科技成果转化和产业化项目、先行先试政策扶持等受理事项开展工作。

"十三五"期间,中关村先行先试,持续优化创新创业生态,是我国创新发展的一面旗帜。2016—2020年,北京市高新区地区生产总值从7731.5亿元增长至13 718.99亿元,占全市的比例均在1/3以上(图4-1-14)。图4-1-15中,北京市高新区内重要的研发机构数稳定保持在500个以上,2020年为544个,居全国首位。类脑计算技术、原创抗癌新药、新冠灭活疫苗、首颗7 nm人工智能训练芯片、量子直接通信技术、"天玑"骨科手术机器人等一大批国际原创和国内领先的重大创新成果在中关村相继涌现。

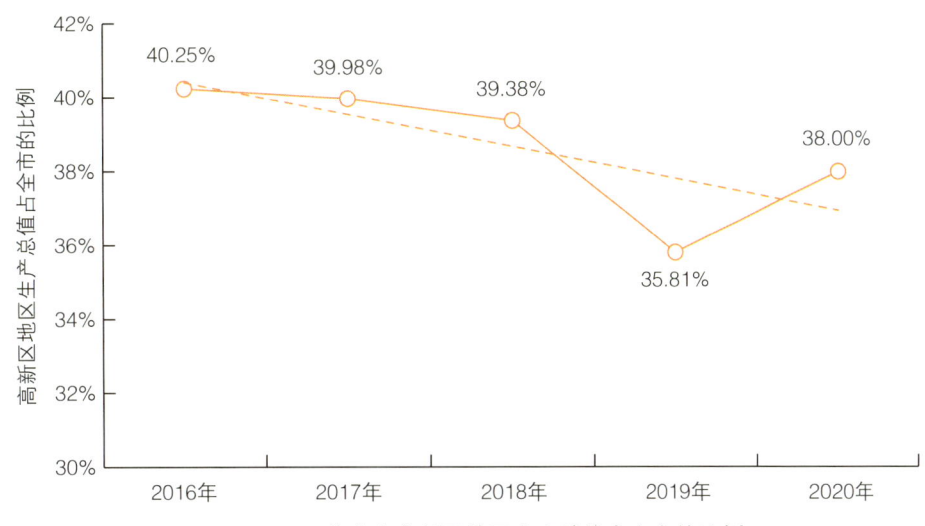

图4-1-14　北京市高新区地区生产总值占全市的比例

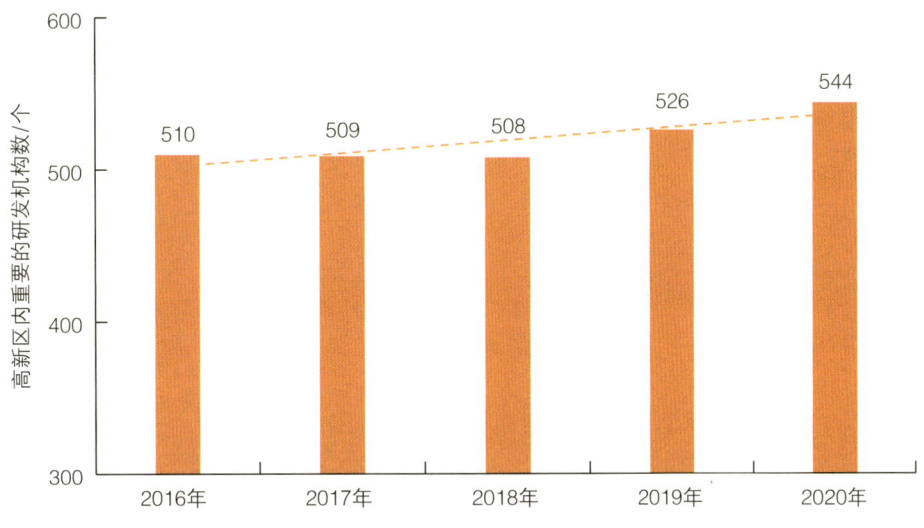

图4-1-15　北京市高新区内重要的研发机构数

中关村示范区以全球视野谋划和推动国际创新合作，高端资源吸引力、国际拓展影响力、区域合作协同力不断提升。图4-1-16显示，2020年高新区当年实际利用外资金额高达575.12亿元，吸收外资再创历史新高。

4　各地区火炬高新指数的表现　67

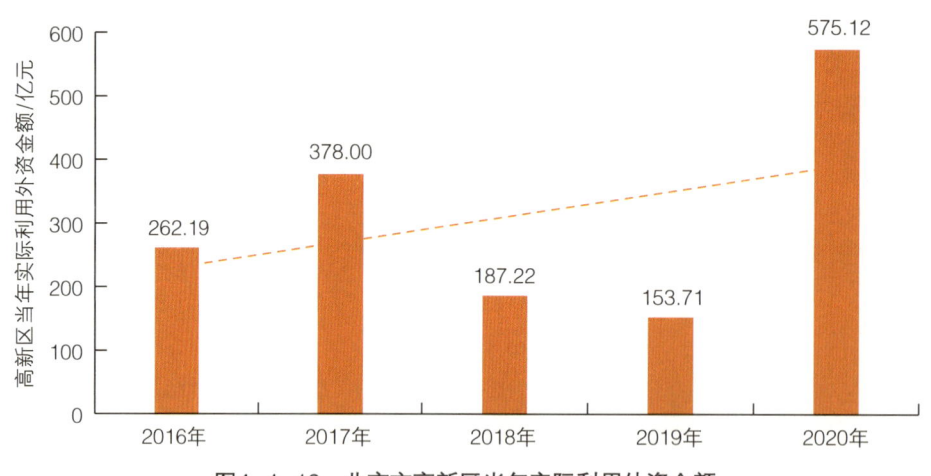

图4-1-16 北京市高新区当年实际利用外资金额

"十三五"期间,高新区内从业人员平均工资逐年攀升,年均增长率为9.49%。图4-1-17显示,2020年高新区从业人员平均工资高达24.53万元,领跑全国,具有绝对吸引力和竞争力。

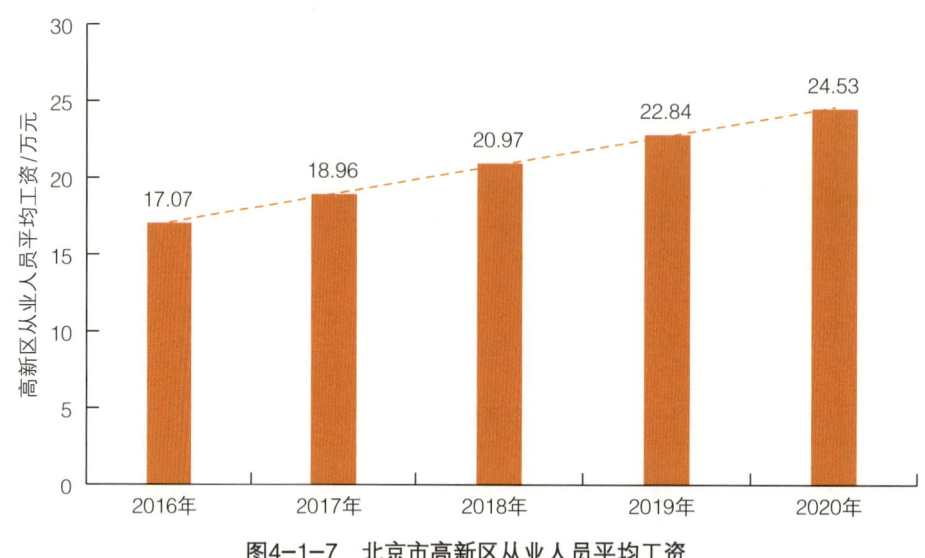

图4-1-7 北京市高新区从业人员平均工资

4.1.7 小结

"十三五"期间,北京市持续深化科技体制改革,围绕全国科技创新中心建设核心功能定位,构建战略规划体系,并以中关村先行先试为核心,辐射带动效应向京津冀及全国其他地区扩散。

从优化创业生态来看，北京市聚焦"人财物"等环节出台系列政策措施，发布高精尖产业"10+3"政策，打造新一代信息技术和医药健康"双发动机"，全面激发创新活力，营造出良好的创新创业生态。2020年，北京市各类创业服务机构数为493个，较2019年增长了103个。其中，以孵化器的增长速度最快，2020年北京市有246个，较2019年增长了116个。各类创业服务机构中在孵企业数达到32 108家，同比增长10.32%，创新创业生态持续向好。

从营造创新环境来看，在全市范围内系统布局基础前沿研究，量子信息科学研究院启动超导量子计算等重大研究，脑科学与类脑研究中心一期建成投用，智源人工智能研究院实施"智源学者计划"、发布《人工智能北京共识》，科技创新基金设立33支子基金投向硬科技和创新早期。全市研发投入强度达到6%左右，技术合同成交额近5700亿元，发明专利授权量增长13.1%，科技创新对北京高质量发展的支撑作用显著增强。

从促进开放创新来看，持续优化创新格局，促进全市各区和重点园区精细化、差异化发展。全市入统企业产学研合作经费与引进技术消化吸收再创新费用支出总额从2016年的183.8亿元增长至2020年的587.5亿元，年均增长率为33.71%，开放合作水平再上新台阶。同时，落实"京津冀区域协同发展"战略，形成"北京—津冀"有机衔接、互联互通的合作体系，打造区域协同创新中心。以"长江经济带"等区域发展战略为重点，服务国家创新发展。把握"一带一路"等国际化发展重大机遇，形成全球开放创新核心区。

从推动创新发展来看，"十三五"期间，中关村聚焦国家重大战略需求，瞄准科技前沿，在"互联网＋"、集成电路设计、智能硬件、智能机器人、虚拟现实、人工智能、药品医疗器械、第三代半导体等9个细分产业领域积极布局。2020年，北京市数字化企业营业收入占比高达36.0%，较2017年提高了7.7个百分点。

从发挥示范作用来看，中关村示范区创新保持活跃，创新驱动作用进一步显现。2020年，高新区地区生产总值增长至13 718.99亿元，占全市的比例在1/3以上。高新区内重要的研发机构数稳定保持在500个以上，2020年为544个，居全国首位。同时，中关村还聚集了300多家跨国企业地区总部和研发中心，留学归国人员和外籍从业人员超过 5 万人，上市公司在境外设立分支机构近千家，成为国际创新要素聚集的"关键枢纽"。

当前，世界经济增长持续放缓，我国正处在转变发展方式、优化经济结构、转换增长动力的攻关期，北京实现城市更新和高质量发展也面临诸多问题和挑战。北京应继续紧抓数字经济发展机遇窗口期，以"数字智能技术—数字智能经济—数字智能社会—数字智能城市"为主线，争取实现更多"从 0 到 1"的突破，在做强战略长板和弥补关键短板上同时发力，逐渐建设成为全球数字经济标杆城市，培育形成新的万亿级产业集群。

4.2 辽宁

"十三五"时期，特别是党的十九大以来，辽宁省全面贯彻落实党中央、国务院决策部署，坚持创新为引领发展的第一动力，坚定实施创新驱动发展战略，以构建辽宁自主创新体系为核心，以全面深化科技体制改革为动力，以提升科技对经济社会发展支撑引领为目标，不断夯实科技创新基础，持续增强自主创新能力，在科技创新方面取得系列重大进展，科技强省建设迈出坚实步伐，为辽宁省经济社会发展提供了有力科技支撑。

4.2.1 指数总览

总体而言，以 2016 年为基数，"十三五"期间，辽宁省火炬高新年度指数从 2016 年的 100.0 增长至 2020 年的 134.5，同时期全国总指数从 2016 年的 100.0 增长至 2020 年的 151.3，由此可知，辽宁省火炬高新年度指数年均增长率为 7.69%，落后于全国总指数年均增长率（10.91%），总指数具体表现如图 4-2-1 所示。

从辽宁省火炬高新 5 个分指数来看，"十三五"时期，优化创新生态、营造创新环境、推动创新发展、发挥示范作用 4 个分指数整体上均呈现上升趋势，但优化创新生态分指数在 2019 年出现下降趋势，整体上升趋势并不稳定。值得注意的是，促进开放创新分指数出现明显震荡趋势，并且在 2019 年大幅下降至 78.8，之后在 2020 年该分指数显著反弹至"十三五"时期最高水平（112.2）。5 个分指数具体情况如图 4-2-2 所示。

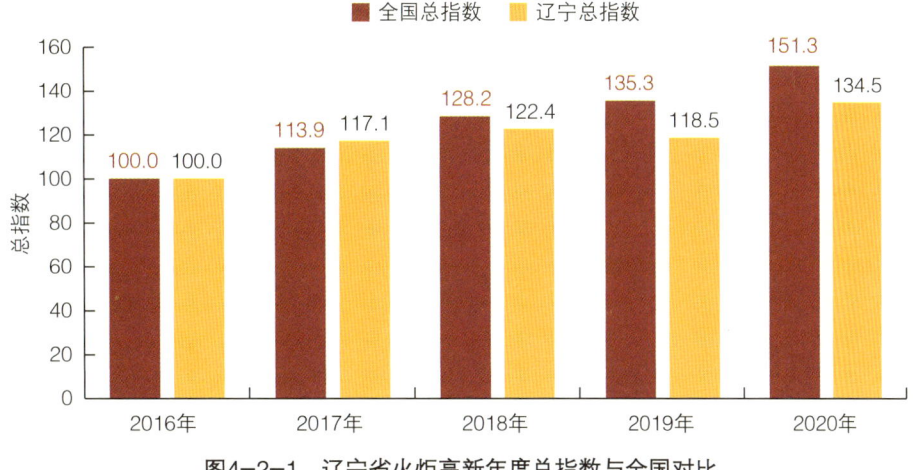

图4-2-1 辽宁省火炬高新年度总指数与全国对比

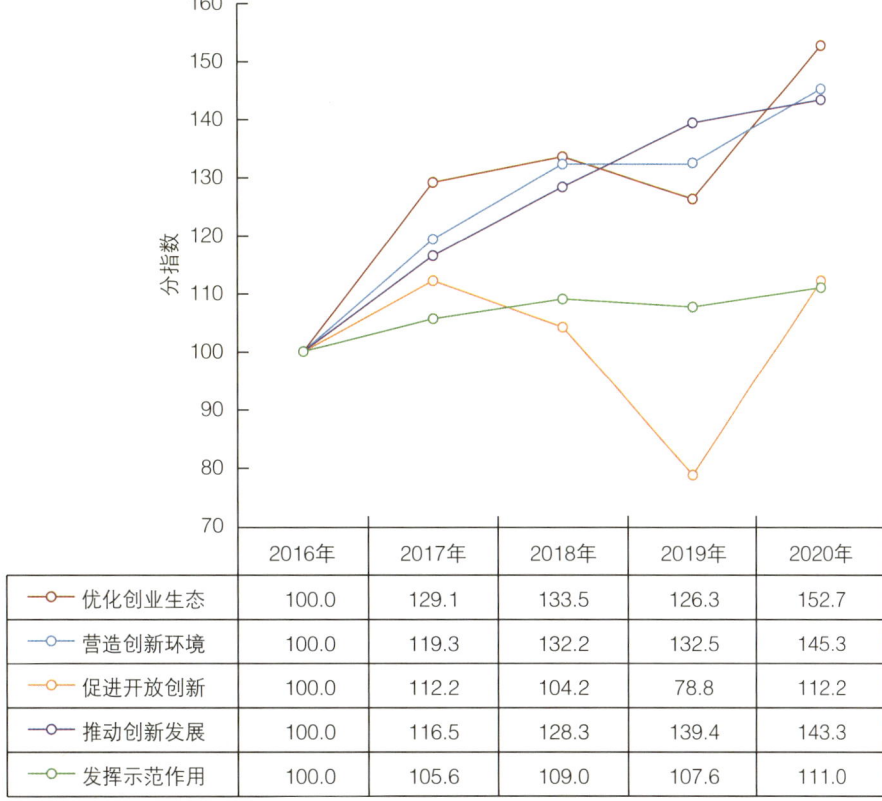

图4-2-2 辽宁省火炬高新5个分指数变化趋势

4.2.2 创新主体活力持续迸发，创业环境明显改善

创新主体活力持续迸发。企业创新主体作用不断加强，有研发活动的企业数量不断增加，企业研发经费投入、研发人员全省占比不断提高，全省高新技术企业突破7000家，科技型中小企业突破10 000家，雏鹰瞪羚独角兽企业超过2100家，"专精特新"中小企业达到352家。一批行业龙头企业参与国际标准制定。化学、工程、控制科学与工程、应用经济学等世界级一流学科（群）建设加快推进，高校科技创新能力不断增强，辽宁省属科研院所供给侧结构性改革取得重大进展。

创业环境明显改善。科技体制改革向纵深推进，科技创新政策法规体系不断完善，科研诚信体系初步构建，科技成果"三权"下放加快促进成果转化。值得肯定的是，沈阳市获批全面创新改革试验区，形成了8条改革经验并向全国推广。科技创新全方位开放格局初步形成，与"一带一路"沿线国家建立科技合作关系，积极对接国家重大区域战略。打造双创升级版，全省双创示范基地达到19个，技术转移示范机构达到93个，科技创业孵化载体达到272个。根据图4-2-3，2016—2020年，辽宁省各类创业服务机构数从198个增加至349个，年均增长率为15.22%，说明创业服务机构在辽宁省集聚显著，反映出辽宁省整体的产业服务平台实力逐渐增强。然而，由图4-2-4可知，2016—2020年，辽宁省各类创业服务机构中在孵企业数在2019年出现显著下降，从2018年的13 848家下降至12 982家，并且在2020年也只是维持

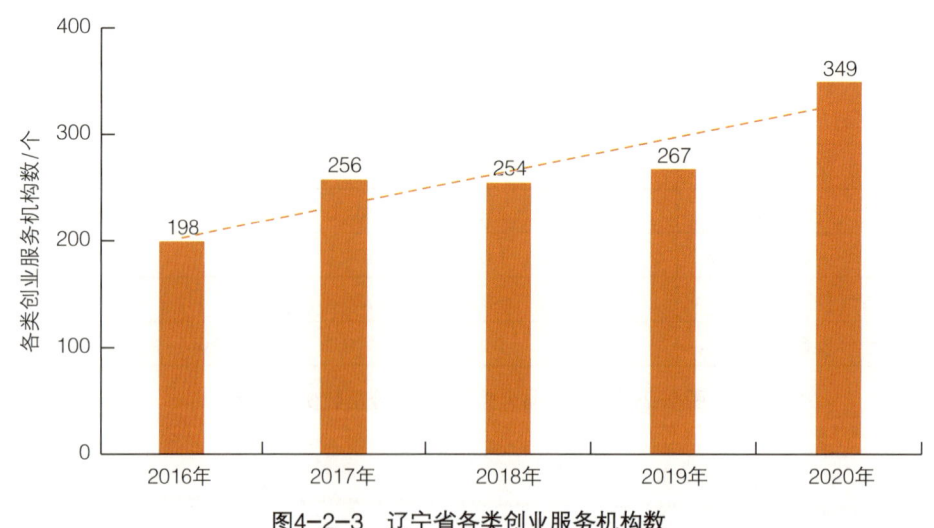

图4-2-3　辽宁省各类创业服务机构数

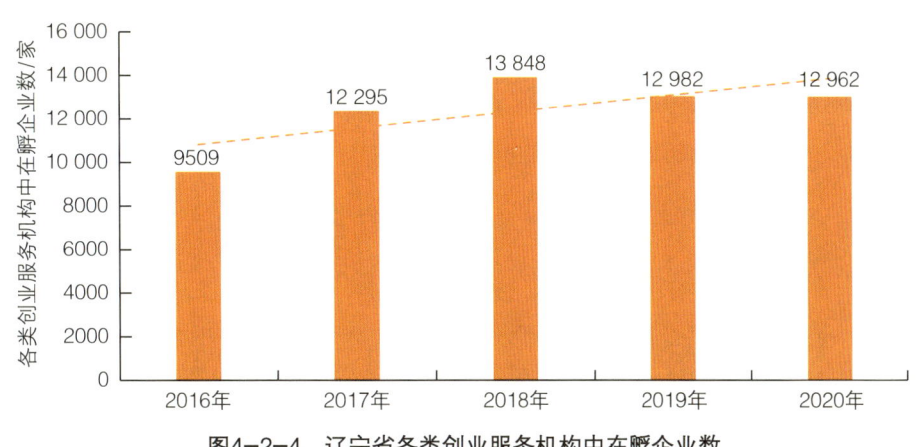

图4-2-4 辽宁省各类创业服务机构中在孵企业数

在该水平范围内,并未出现改善,这说明辽宁省在创业机构的运营水平方面仍不够稳定,有待提升,需要持续营造大众创业的优良环境。

同时,辽宁省还开展海外学子创业周、辽宁创新创业大赛、双创活动周等品牌活动,创新创业文化氛围更加浓厚。科学精神进一步弘扬,全民科学文化素质明显提高。

4.2.3 区域创新高地加速形成,科技成果涌现促使科技创新实力稳步提升

区域创新高地加快形成。沈大国家自主创新示范区建设深入推进,"十三五"末期实现地区生产总值、规模以上工业总产值、公共财政预算收入、固定资产投资分别比2016年获批建设时增长36.7%、34.4%、36.4%、47.7%。沈抚改革创新示范区获批建设,是全国首家也是唯一一家改革创新示范区。

专栏4-2-1 沈大国家自主创新示范区

2016年4月5日,国务院正式批复同意沈大国家高新区建设国家自主创新示范区。辽宁建设沈大国家自主创新示范区将主要推进6个方面的工作内容,更加突出改革创新在振兴发展中的核心位置,在较大区域内整合资源,打造全面深化改革的"试验田"。通过深化科技体制改革,带动经济体制、社会建设等各项改革加快推进,让老工业基地增添内生动力与活力。

4 各地区火炬高新指数的表现 73

1. 推进以装备制造业为重点的传统工业转型升级

根据《中国制造2025》部署，集中力量抓好高档数控机床、船舶和海洋工程装备、航空装备、能源装备等先进装备制造业，推动辽宁制造业实现由大变强的历史跨越。建设"辽宁制造业创新中心"，打造装备制造业技术发展的战略智库、共性关键技术的策源地、高水平研发机构的共同体、高科技企业的孵化中心、专业技术人才的聚集高地。发展"互联网+"协同制造，加速制造业服务化转型，实现从制造向"制造+服务"的转型升级。推进信息化与工业化深度融合，推动工业产品向价值链高端跨越，有效应对"工业4.0"的挑战。

2. 培育发展与传统工业互为支撑的新兴产业

依托沈阳新松机器人、沈阳自动化所等企业和科研院所的先发优势和技术优势，迅速拓展国际与国内两个市场，抢占产业发展先机，打造全国最大的机器人研发和制造基地。加强关键信息技术自主创新和整体技术集成创新，突破一批信息技术自身发展、支撑两化融合和实现互联网+的共性关键技术，积极培育发展新的经济增长点。培育一批新材料战略新兴产业集群和区域特色产业，把辽宁建设成为国家重要的新材料科技产业基地和新增长极。

3. 构建具有区域特色的新型产业技术创新体系

建设一批产业共性技术创新平台，注重发挥国家科研机构"国家队"的"领头羊"作用和高等院校的基础作用，着力打造一批从基础研究、技术开发、工程化研究到产业化的全链条、贯通式创新平台。建设一批产业专业技术创新平台，重点推进重型成套装备、高端轴承、核电起重设备等专业技术创新平台建设，实现高端数控机床、新一代飞机、高性能压缩机组等重大装备核心共性技术研发突破。鼓励高校、科研院所和科技服务企业组建一批产业技术创新综合服务平台，为创新主体提供研究开发、技术转移、检验检测、创业孵化、知识产权、科技咨询、科技金融、科学技术普及等专业服务。

4. 营造鼓励创新创业的良好生态环境

支持行业领军企业、创业投资机构等社会力量构建一批投资促进、培育辅导、媒体延伸、专业服务、创客孵化等不同类型的市场化众创空间。大力推进省级中小企业公共技术服务平台建设，创建一批为中小企业提供产品研发、设计、试验和检测服务的共性技术服务平台,激活中小微企业创新活力。按照市场化机制、专业化服务和资本化途径的要求,完善创新创业服务模式,为创新创业活动提供全链条增值服务。

5.集聚创新智力打造"人才特区"

支持制定科技人才发展规划和高层次人才特殊支持计划,鼓励企业与科研机构、高等院校合作建立创新实践基地和高层次人才培养基地。支持示范区实行更加开放的创新人才吸引政策,进一步加大"招才引智""筑巢引凤"力度。推动示范区完善人才激励机制,建立更为灵活的人才管理机制,拓展人才双向流动机制,为区域经济社会发展提供强有力的人才支撑。

6.构建大开放、大合作的协同创新格局

主动融入国家"一带一路"建设,大力推动面向东北亚的开放合作,加强中德、中以合作,不断深化环渤海地区合作,继续推进东北四省区交流,建设东北亚开放合作的先导区。大力推动"中国制造"走出去,鼓励示范区内有实力的装备制造企业在境外建立产业基地和工业园区,形成一批具有国际竞争力和市场开拓能力的骨干企业。在示范区内高起点、高水平、高质量规划一批重点央地合作项目,大力发展军民两用技术和军民结合产业,推进军民良性互动。

资料来源:科技部火炬中心官网。

专栏4-2-2 沈抚改革创新示范区

沈抚改革创新示范区位于沈阳、抚顺两个特大工业型城市区域交界处,地处东北亚中心腹地及东北老工业基地的核心区域。规划面积171.9平方公里,总管辖面积约278.41平方公里。2018年9月,国务院批复《沈抚改革创新示范区建设方案》,将沈抚改革创新示范区定位为东北地区改革开放的先行区、优化投资营商环境的标杆区、创新驱动发展的引领区和辽宁振兴发展的新引擎。

成立以来,沈抚改革创新示范区不辱时代使命、抢抓发展机遇,聚焦"实现高质量发展"和"发挥示范引领作用",规划"一心、一岛、三区"功能布局,确立以新一代信息技术为支撑的数字经济、信息技术应用及装备、人工智能和智能制造及新材料、生命健康、新能源、现代服务业六大主导产业，全力实施"区域协调一体化、管理体制扁平化、开发建设市场化、产业发展高新化、用人分配企业化、管理服务高效化"，全力建设创新能力强、开放程度高、营商环境好、生态环境优的"四宜"示范区。

近年来，辽宁省委、省政府高度重视示范区发展，将示范区列为辽宁省"五大区域发展战略"之一，并赋予示范区省级经济管理权限、市县级经济和社会管理权限，提出了"三年上台阶、五年大变样、十年增长极"的目标要求，举全省之力加快推进示范区建设发展。

资料来源：辽宁省沈抚改革创新示范区管委会官网。

科技创新实力稳步提升。沈阳材料科学国家研究中心、东北区域首个国家临床医学研究中心等一批代表国内相关领域领先水平的国家级重大科研平台相继获批建设。截至2020年年底，建有国家重点实验室14个、国家工程技术研究中心12个、国家工程研究中心16个、国家企业技术中心46个。由图4-2-5可知，2016—2020年，辽宁省高新区内重要的研发机构数从126个增加至216个，年均增长率为14.43%，这表明辽宁省积极引进及培育各类研发载体，研发实力显著增强，利于研发成果转移转化。同时也印证了辽宁省本级科技创新基地全面优化，初步形成定位清晰、布局合理、开放共享、动态调整的省级科技创新基地建设发展体系。

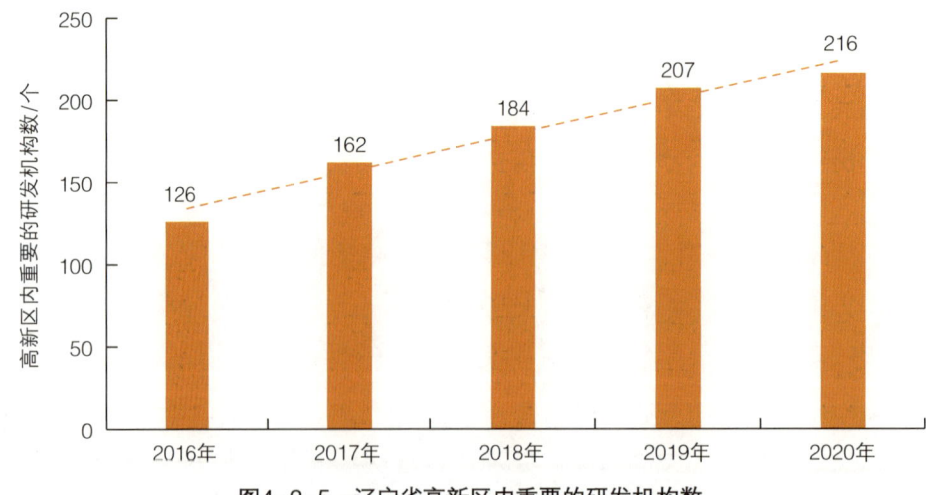

图4-2-5 辽宁省高新区内重要的研发机构数

重大科技成果竞相涌现。"十三五"以来，全省共获国家科技奖励94项。金属纳米结构材料、"海翼号"深海滑翔机等重大创新成果达到世界领先水平。多项关键技术和核心部件助力神舟十一号成功飞天。通过实施辽宁联合基金，促成30项成果实现产业化，储备了50余项前沿科技成果。2020年，全省技术合同成交额达到645.1亿元，居全国第13位。与此同时，科技强农惠民扎实推进。省级及以上农业科技园区达到24个，朝阳市喀左县获批建设国家创新型县（市）。建设35个省级临床医学研究中心，服务患者30余万人次，培训基层医护人员20余万人次，搭建了覆盖全省各级医疗机构的协同研究网络。面对新冠肺炎疫情，迅速启动4批疫情防控应急科研攻关项目，自主研发出高端防护产品37项，移动方舱、无创呼吸机等抗疫先进成果65项，为疫情防控提供了有力支撑。"十三五"末期，每万人口发明专利拥有量达到10.98件。由图4-2-6可知，2016—2020年，辽宁省入统企业当年发明专利授权数整体虽有增加，但并不稳定，呈现强烈震荡，特别在2019年出现显著下降趋势。这说明了辽宁省在成果产出到推向商业化的过程中，在提升增量的同时，需加速成果的市场化转移速率。

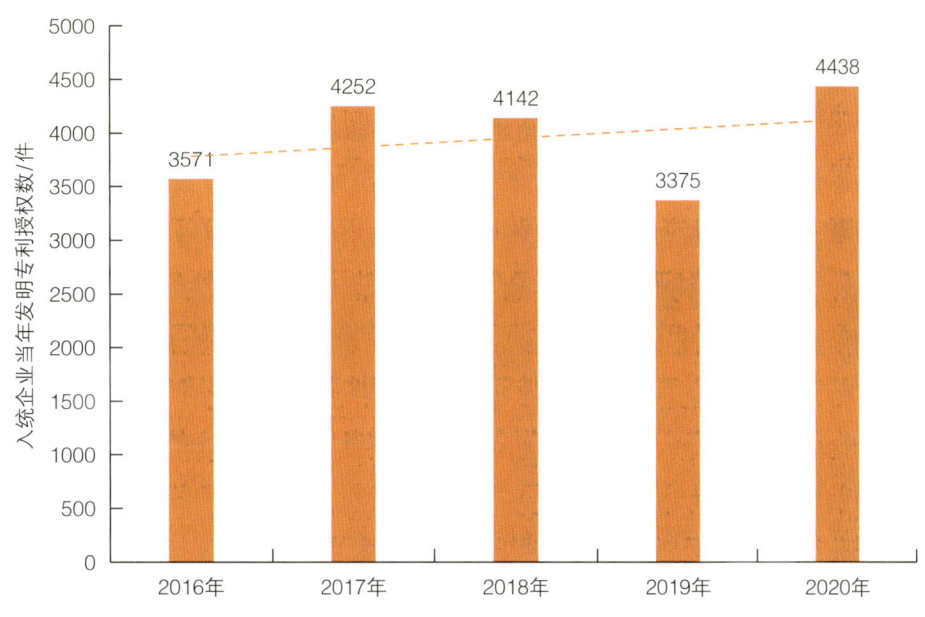

图4-2-6　辽宁省入统企业当年发明专利授权数

此外，全省研发经费支出占地区生产总值（GDP）的比重达到 2.19%，居全国第 11 位。现有两院院士 58 人，数量居全国第 8 位。这说明了辽宁省在研发投入及领域带头人才数量方面在国内具有相对优势，需结合重点项目规划，着力在关键学科领域发力。

发展新动能加速积蓄创新能力建设。辽宁省深入贯彻习近平总书记关于工业互联网全球峰会的贺信精神，成功主办 2020 全球工业互联网大会，并争取到会址永久落户辽宁。制定数字辽宁发展规划，建成 5G 基站 2.3 万座，重点培育 100 个"5G+ 工业互联网"示范工厂和园区。I 根镜像服务器落地辽宁，6 个工业互联网标识解析二级节点在铁岭、葫芦岛等地上线运行。科技创新步伐加快，碳化硅复合材料助力嫦娥五号探月，110 兆瓦级重型燃机总装下线。加快发展高端装备制造、新材料等战略性新兴产业，高技术制造业投资增长 33.4%。大力实施"兴辽英才计划"，支持科技领军人才 80 名、创新创业团队 36 个。辽宁的创新要素正在集聚，创新协同加速形成，创新力量逐步展现。

4.2.4 区域发展战略深入推进，主动融入"一带一路"共建，但开放水平仍需加强稳固并提升

区域发展战略深入推进。沈阳经济区加快建设，产业、交通、社会保障等一体化发展机制不断完善。沿海经济带新旧动能加快转换。辽西北承接产业转移示范区获国家批复。沈抚改革创新示范区深化体制机制创新取得积极成效。乡村振兴战略全面实施，县域经济不断壮大。兴边富民行动取得明显成效。资源型城市转型发展加快推进，抚顺西露天矿综合整治启动实施，阜新露天矿治理和综合利用初见成效。

开放水平仍需不断提升。"十三五"时期，辽宁"一带一路"综合试验区加快建设，参与第二届"一带一路"国际合作高峰论坛成果显著，"辽满欧""辽蒙欧""辽海欧"综合运输通道开通运营。全省进出口总额累计实现 3.37 万亿元，实际利用外资 190 多亿美元。宝马沈阳新工厂、大连英特尔二期等一批重大外资项目取得突破性进展。辽宁自贸试验区 123 项试点任务全部落地。美国、俄罗斯、澳大利亚、日本、韩国

等 53 国公民来辽宁仅用 144 小时过境免签。对接国家区域重大战略深入推进，对口支援与合作、东北地区交流合作不断取得新成果。然而，由图 4-2-7 可知，2016—2020 年，辽宁省入统企业从业人员中外籍常驻和留学归国人员占比从 0.95% 降低至 0.72%。国际化是提升企业国际竞争力的关键之一，而从数值表现看出，辽宁省在对国际化人才的吸引力方面仍需注重，这也与京津冀等发达地区"人口虹吸"效应影响有关，重点在用好、吸引、培养上下功夫，加快创新型人才队伍建设，特别是海外人才引进方面，需开创人才引领创新、创新驱动发展、发展集聚人才的良好局面。同时，由图 4-2-8 可知，2016—2020 年，辽宁省高新区当年实际利用外资金额从38.83 亿元降低至 20.80 亿元，年均降幅为 16.89%，实际利用外资金额的整体降低表现也间接说明了辽宁省未来仍需着重加强开放发展，引资、引技、引智有效结合，从而吸引更多外资投向高端制造业、高新技术产业、现代服务业等，不断优化利用外资结构。

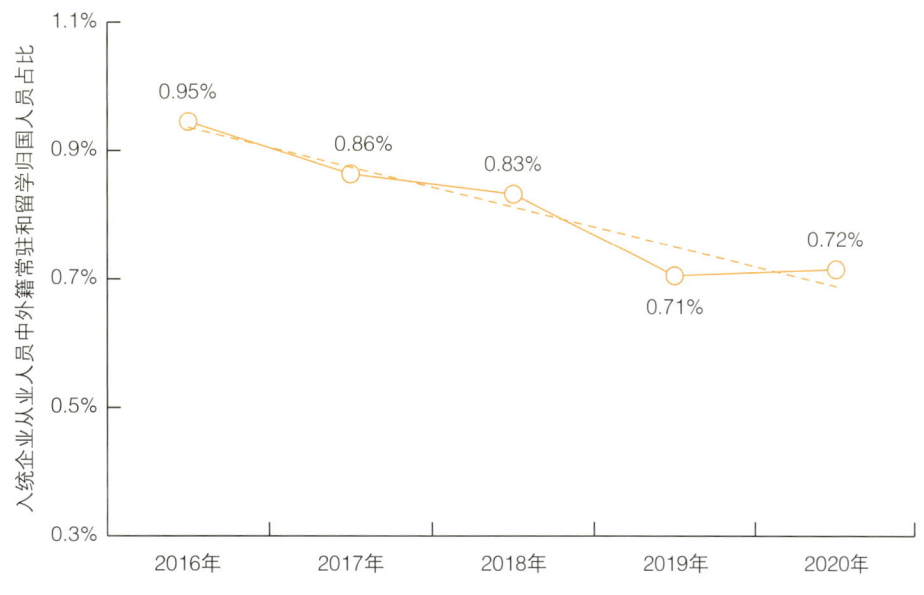

图4-2-7 辽宁省入统企业从业人员中外籍常驻和留学归国人员占比

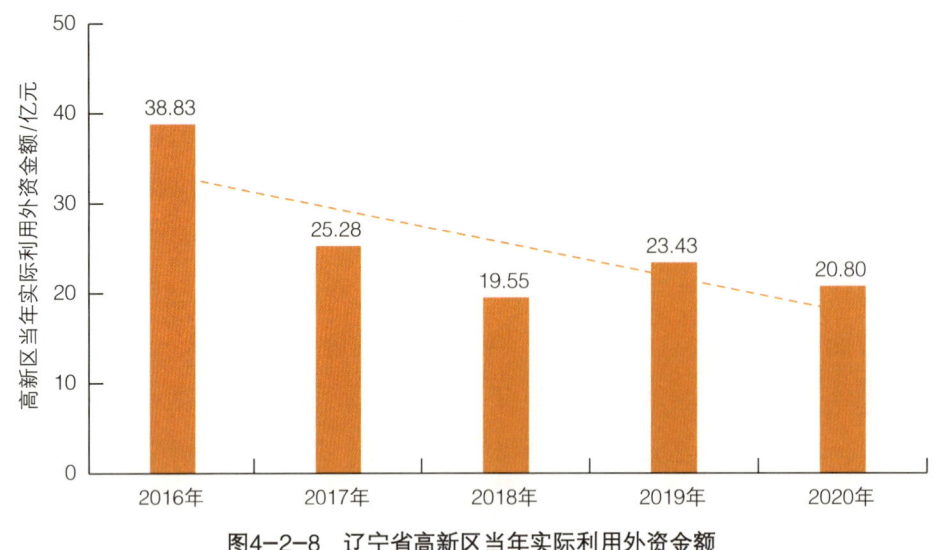

图4-2-8 辽宁省高新区当年实际利用外资金额

专栏4-2-3 辽宁"一带一路"综合试验区

2018年9月,辽宁省委、省政府印发了《辽宁"一带一路"综合试验区建设总体方案》,统筹谋划"三核三区、两廊两沿、七港七路、双园双融、一网一桥"的空间布局,围绕将辽宁建成推进"一带一路"建设先行区、东北亚国际合作先导区、全面开放引领全面振兴示范区三大定位,全力构建内外联动、陆海双济的全面开放新格局。

"三核三区":"三核"是沈阳、大连、锦州—营口—盘锦等全面开放核心;"三区"是辽宁沿海经济带、沈阳经济区、辽西北地区。到2021年,基本形成沈阳承南启北,拉动沈阳经济区和辽宁北部,大连统筹陆海,带动辽宁沿海经济带和沿边地区,锦州—营口—盘锦开放集群聚合优势,协同辽宁西部,形成三核牵引、全省联动的开放局面。

"两廊两沿":"两廊"是向北融入中蒙俄经济走廊,向东构建东北亚经济走廊;"两沿"是辽宁沿海经济带和东部沿边开发开放带。到2021年,基本形成以辽宁为枢纽,两条国际经济走廊衔接融合的开放态势。充分放大沿海沿边双重优势,培育重要的"边海联动开放带"。

"七港七路"：深入推进大连、营口、丹东、锦州、盘锦、葫芦岛等沿海港口整合，打造大连东北亚国际航运中心和世界级港口集群，高质量建设沈阳国际陆港；构建"辽满欧""辽蒙欧""辽新欧""辽珲俄"铁路通道、"辽海欧"北极东北航道、"辽海欧"印度洋航道、辽宁"空中丝路"通道。到2021年，港口整合基本完成，"硬软联通"扎实推进，港口航运、中欧班列、空中航线、信息互联等总体能力在全国位次明显提升。

"双园双融"："双园"是引进来建设产业合作园和走出去建设境外辽宁产业园；"双融"是加强融资和融智合作。到2021年，辽宁域内和境外一批高技术产业园基本建成，产业双向合作领先东北、高于全国平均水平。进出口结构不断优化，贸易新业态快速发展。金融保障和智力支持能力显著提升，引进外资银行数超过全国平均水平。

"一网一桥"："一网"是建设辽宁"数字丝路"全球信息服务网；"一桥"是架设辽宁与沿线国家民心相通纽带桥梁。到2021年，覆盖全省、沟通全球的"一带一路"大数据服务中心基本建成，助推"一带一路"智慧化发展。文化、旅游、教育、体育、医疗等领域交流合作持续深化，国际影响力逐步彰显。

资料来源：《辽宁"一带一路"综合试验区建设总体方案》。

主动融入共建"一带一路"。中日（大连）地方发展合作示范区获批设立，金普新区成为国家进口贸易促进创新示范区。中俄东线天然气管道辽宁段投产。沈阳至莫斯科别雷拉斯特中欧班列开通。鞍山西柳服装城获批国家市场采购贸易试点。新增营口、盘锦两个跨境电商综合试验区。丹东启动国家边民互市贸易试点。阜新、朝阳成功创建辽西北承接产业转移示范区。深化辽宁江苏对口合作，开展北京、上海、广东等地招商引资促进周活动。全省实际到位内资增长13.4%，实际利用外资增长13.7%。成功举办首届辽宁国际投资贸易洽谈会，展现了家门常开、兼容并蓄的开放辽宁形象。

专栏 4-2-4　中日（大连）地方发展合作示范区打造对日合作新高地

2020年4月27日，国家发展改革委批准在大连、天津、上海、苏州、青岛、成都6市设立中日地方发展合作示范区。大连是唯一获批两个产业方向、面积最大的示范区，也是东北地区唯一的示范区。大连示范区总面积52.92平方公里，包含新日本工业团地、松木岛、西中岛、花园口4个片区。

为高质量建设中日（大连）地方发展合作示范区，打造大连对日合作新高地，在更大范围、更宽领域、更深层次推进对日合作，建设辽宁高水平开发开放新标杆，集聚东北地区全面振兴、全方位振兴新动能，大连市制定了《中日（大连）地方发展合作示范区建设总体方案》(简称《方案》)。该《方案》明确了指导思想、基本原则和目标定位，提出到2025年，在技术合作上推动新建一批中日合作科技创新机构，共同开发并形成一批科研成果；在产业合作上引进一批日资企业，构建千亿级高端装备制造产业生态；在机制建设上建立推动双方合作的企业化管理服务平台，实现双方合作的制度化、机制化和可持续发展。

1. 示范区的空间布局

依据国土空间规划，以及已有产业、资源、环境、发展基础和具有比较优势的区域、产业集群，构建以金普新区为核心，以渤海沿岸和黄海沿岸为两翼的"一核两翼、多片区联动"的总体空间格局。以金普新区新日本工业团地片区和松木岛片区为核心区域，发挥国家级新区、自贸试验区大连片区、综合保税区、国家自主创新示范区、跨境电子商务综合试验区、国家旅游度假区等政策叠加的优势，聚焦高端装备制造与新材料产业，对日开展合作。依托长兴岛经济区石化产业基地的基础优势，在西中岛片区对日开展化工新材料产业合作。依托花园口国家新材料产业基地的基础优势，在花园口片区对日开展新材料产业合作。

2. 推进重点产业合作

在高端装备制造产业方面，对日开展自动驾驶等智能网联关键技术，纯电动汽车、增程式电动汽车等整车，电池及电池材料等关键零部件的研发与生产合作；对接日本优势企业资源，建设氢能产业园；依托中国一重核电设备制造基地与日本合作，培育新一代核电技术装备产业集群；对接日本机器人生产企业，为东北制造业升级提供智能解决方案；依托大连湾临海装备制造产业集群与日本合作，建设现代化海洋工程装备制造基地；依托长兴岛石油化工产业集群，加强与日本著名石化重点企业合作。在新材料产业方面，对日开展特种钢与新型金属材料合作研发和生产；与日本著名精细化工企业开展合作，丰富精细化工新材料产业链条；对接日本著名半导体材料企业，加快大连市半导体材料产业发展；促进大连市催化产业联盟不断发展壮大，打造大连"世界催化之都"；建设CDMO医药研发制造外包中心，对日开展原料药、医药中间体合作研发和生产。此外，还将推进新家电与电子信息、轻工日化、生命安全与公共卫生相关产业等其他重点产业的合作。

3. 拓展多领域对日合作

在贸易物流合作方面，引导发展对日垂直跨境电商，推进软件外包、文化贸易、教育培训、健康养老，以及金融服务、电信服务和专业服务等服务贸易往来；在生命健康合作方面，引进日本医疗、康养、护理、体检机构与技术，开展诊疗、检测、评估、康复、生殖等健康服务合作；在文化旅游合作方面，开展文艺展演，打造京都风情街，开发两国非物质文化遗产衍生品、文博创意产品；在节能环保合作方面，积极引进日本节能环保技术与新能源企业，增强绿色发展动力；在教育科研合作方面，鼓励两国"校校之间"和"企校之间"共建研发中心、国际联合实验室、科研成果转移机构；在城市治理合作方面，开展智慧城市合作，推动智能网联汽车多场景应用项目试点建设。

4. 搭建合作对接平台

搭建技术创新合作平台，设立中日技术创新中心（离岸孵化器）、中日技术加速器、大连中日联合研发中心、大连中日工业设计中心和大连中日知识产权中心；搭建金融服务合作平台，大力发展产业（创业）投资基金，设立中日合作投融资服务中心；搭建人才服务合作平台，完善人才服务体系，加强重点领域人才培育，推动中日人才交流与引进，以及合作创新创业，设立中日合作大学、职教学院与职教基地；搭建文化与信息交流平台，设立"大连对日合作信息服务之窗"，建设大连对日合作重点项目库，积极举办对日合作机制下的活动。

资料来源：大连发展改革委官网。

4.2.5 加速优化产业结构，坚持生态优先绿色发展

产业结构调整步伐加快。"十三五"时期，辽宁省扎实推进"三去一降一补"，化解和淘汰钢铁产能602万吨、煤炭产能3857万吨，"僵尸企业"依法顺利处置。能源供应结构不断优化，中俄东线天然气管道辽宁段投产通气，徐大堡核电二期、红沿河核电二期等重大项目进展顺利。重点供水工程建成通水，二期工程等加快建设。

坚持生态优先绿色发展。为全力抓好中央生态环保督察问题整改，辽宁省扎实推进蓝天、碧水、净土保卫战，2020年，全省PM2.5平均浓度为39微克／米^3，空气质量优良天数比例为82.6%，较5年前提高11.1个百分点。辽河、大小凌河生态廊道基本形成，主要河流水质达到多年来最好水平，生态环境明显改善。93个国考断面河流劣Ⅴ类水质全部消除，优良水质占比73.3%。

由图4-2-9可知，2018—2020年，辽宁省入统企业万元工业增加值能耗从10.30吨标准煤降低至6.83吨标准煤，整体大幅下降，这说明了辽宁省近年来大力发展循环经济，推动节能减排，深化循环性工业、农业、服务业体系建设，使能耗、物耗等显著减低。例如，运用减量化、资源循环利用、低碳等技术改造提升传统产业，深化循环经济示范试点工程建设，推动重点行业发展循环经济。具体而言，

图4-2-9　辽宁省万元工业增加值能耗

大连设立中日韩循环经济示范基地,本溪、阜新建设资源综合利用"双百工程"示范基地。

4.2.6 示范效应愈发明显,经济发展质效逐渐突出

示范引领效应凸显。"十三五"末期,辽宁全省 19 个省级以上高新区(其中国家高新区 8 个,数量居全国第 6 位)集聚效应明显,以占全省 1.4% 的土地面积,集聚了超过全省 1/3 的高新技术企业和 48.2% 的雏鹰瞪羚独角兽企业,贡献了全省 13.9% 的地区生产总值、29.2% 的高新技术产品产值,人均 GDP、R&D 经费支出占 GDP 比重等指标远高于全省平均水平,同时,形成了一批品牌效应明显、具备一定规模的特色产业集群。由图 4-2-10 可知,2016—2020 年,辽宁省入统企业当年发明专利授权数占全省的比例从 46.7% 增加到 52.5%,年均增长率为 2.98%。这说明了辽宁省内高新技术产业入统企业在成果产出方面对全省的贡献逐渐提升,示范引领效应愈发凸显,从侧面也反映出高新区在不断发挥出创新引领示范区及高质量发展先行区的效应。

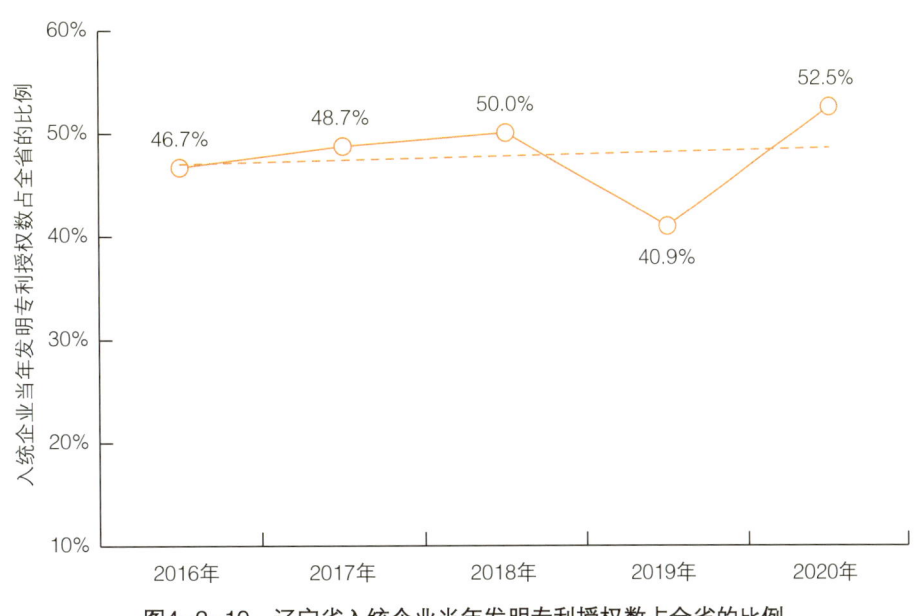

图4-2-10 辽宁省入统企业当年发明专利授权数占全省的比例

此外,"十三五"时期,辽宁省经济筑底企稳、回升向好,综合实力稳步提升,地区生产总值年均增长 3.2%,城乡居民收入年均分别增长 5.3% 和 7.7%,居民收入增速高于经济增速。

值得注意的是，由图4-2-11可知，2016—2019年，辽宁省高新区从业人员平均工资从8.9万元增加至12.2万元，随后在2020年虽稍有下降至11.9万元，但整体而言仍呈现稳步增加的趋势。这说明了辽宁省内高新技术产业从业人员待遇相对具有市场竞争力，从侧面也反映出产业未来发展潜力，以及在众多行业中发展质效的引领。

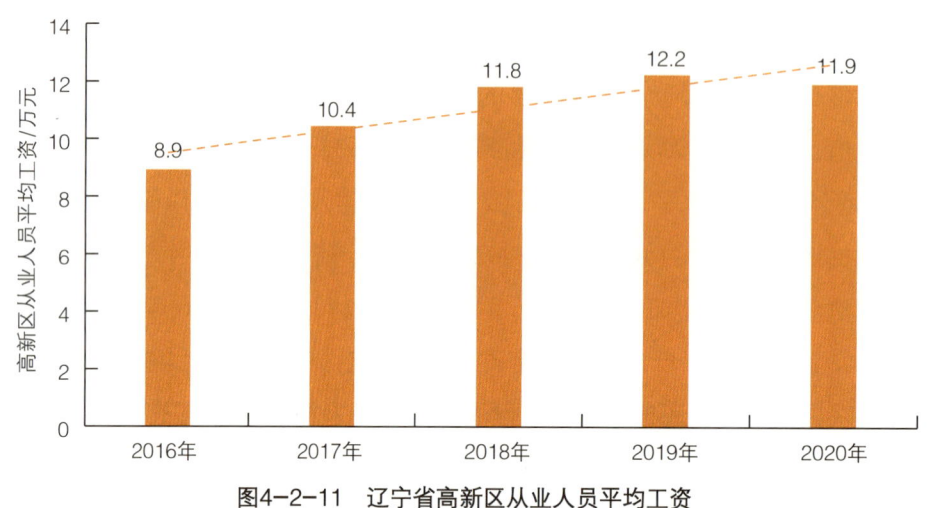

图4-2-11　辽宁省高新区从业人员平均工资

4.2.7　小结

本部分依据火炬指数下的优化创业生态、营造创新环境、促进开放创新、推动创新发展、发挥示范作用5个分指数，全面阐释了辽宁省"十三五"期间创业、创新、开放、经济及引领5个方面的概况。整体而言，"十三五"时期，辽宁省火炬高新年度指数年均增长率为7.69%，落后于全国总指数年均增长率（10.91%），特别是在优化创业生态、促进开放创新2个分指数方面出现了显著波动增长趋势，在2019年呈现明显下降。

具体而言，在优化创业生态方面，创新主体活力持续迸发。全省高新技术企业突破7000家，科技型中小企业突破10 000家，雏鹰瞪羚独角兽企业超过2100家，"专精特新"中小企业达到352家。一批行业龙头企业参与国际标准制定。同时，创业环境明显改善。科技体制改革向纵深推进，科技创新政策法规体系不断完善，科研诚信体系初步构建，科技成果"三权"下放加快促进成果转化。此外，辽宁省还开展海外学子创业周、辽宁创新创业大赛、双创活动周等品牌活动，创新创业文化氛围更加浓厚。然而，2016—2020年，辽宁省各类创业服务机构中在孵企业数在2019年出现显著下降，并且在2020年也只是维持在该水平范围内，并未出现改善，这说明了辽宁省在创业机构的运营水平方面仍不够稳定，有待提升。这也可能是辽宁省在优化创业生态方面2019年出现明显下滑趋势的因素之一。

在营造创新环境方面，区域创新高地加快形成。沈大国家自主创新示范区建设深入推进，"十三五"末期实现地区生产总值、规模以上工业总产值、公共财政预算收入、固定资产投资分别比2016年获批建设时增长36.7%、34.4%、36.4%、47.7%。全国首家且唯一一家改革创新示范区——沈抚改革创新示范区获批建设。同时，科技创新实力稳步提升。沈阳材料科学国家研究中心、东北区域首个国家临床医学研究中心等一批代表国内相关领域领先水平的国家级重大科研平台相继获批建设。此外，重大科技成果竞相涌现。"十三五"以来，全省共获国家科技奖励94项。金属纳米结构材料、"海翼号"深海滑翔机等重大创新成果达到世界领先水平。多项关键技术和核心部件助力神舟十一号成功飞天。通过实施辽宁联合基金，促成30项成果实现产业化，储备了50余项前沿科技成果。大力实施"兴辽英才计划"，支持科技领军人才80名、创新创业团队36个。总体而言，辽宁的创新要素正在集聚，创新协同加速形成，创新力量逐步展现。

在促进开放创新方面，区域发展战略深入推进。沈阳经济区加快建设，产业、交通、社会保障等一体化发展机制不断完善。沿海经济带新旧动能加快转换。辽西北承接产业转移示范区获国家批复。沈抚改革创新示范区深化体制机制创新取得积极成效。"十三五"时期，辽宁"一带一路"综合试验区加快建设，"辽满欧""辽蒙欧""辽海欧"综合运输通道开通运营。宝马沈阳新工厂、大连英特尔二期等一批重大外资项目取得突破性进展。辽宁自贸试验区123项试点任务全部落地。对接国家区域重大战略深入推进，对口支援与合作、东北地区交流合作不断取得新成果。然而进一步分析，2016—2020年，辽宁省入统企业从业人员中外籍常驻和留学归国人员占比从0.95%降低至0.72%，辽宁省在对国际化人才的吸引力方面仍需注重，同时，2016—2020年，辽宁省高新区当年实际利用外资金额从38.83亿元降低至20.80亿元，年均降幅为16.89%，实际利用外资金额的整体降低表现也间接说明了辽宁省开放发展仍需在未来着重加强。

在推动创新发展方面,产业结构调整步伐加快。"十三五"时期,辽宁省扎实推进"三去一降一补",化解和淘汰钢铁产能602万吨、煤炭产能3857万吨,"僵尸企业"依法顺利处置。同时,坚持生态优先绿色发展。为全力抓好中央生态环保督察问题整改,辽宁省扎实推进蓝天、碧水、净土保卫战,2020年,全省PM2.5平均浓度为39微克/米^3,空气质量优良天数比例为82.6%,较5年前提高11.1个百分点。

在发挥示范作用方面,示范引领效应凸显。"十三五"末期,辽宁全省19个省级以上高新区(其中国家高新区8个,数量居全国第6位)集聚效应明显,以占全省1.4%的土地面积,集聚了超过全省1/3的高新技术企业和48.2%的雏鹰瞪羚独角兽企业,贡献了全省13.9%的地区生产总值、29.2%的高新技术产品产值,人均GDP、R&D经费支出占GDP比重等指标远高于全省平均水平,同时形成了一批品牌效应明显、具备一定规模的特色产业集群。此外,"十三五"时期,辽宁省经济筑底企稳、回升向好,综合实力稳步提升,地区生产总值年均增长3.2%,城乡居民收入年均分别增长5.3%和7.7%,居民收入增速高于经济增速。

4.3 上海

4.3.1 指数总览

"十三五"期间,上海市按照当好全国改革开放排头兵、创新发展先行者的要求,全力实施国家重大战略任务,积极应对各种风险挑战,奋发有为推进各项事业,规划主要目标任务如期实现,国际经济、金融、贸易、航运中心基本建成,具有全球影响力的科技创新中心形成基本框架,城市综合实力和国际影响力、人民生活水平和社会文明程度迈上了新台阶,为迈向具有世界影响力的社会主义现代化国际大都市打下坚实基础。

5年间,上海市综合经济实力大幅提升。全市生产总值从2015年的2.69万亿元上升到2020年的3.87万亿元。经济增速在全球主要城市中处于领先地位,总量规模跻身全球城市前列,人均生产总值超过2.3万美元。"四大品牌"持续打响,以现代服务业为主体、战略性新兴产业为引领、先进制造业为支撑的现代产业体系加快建立，服务业增加值占全市生产总值比例稳定在70%以上。全员劳动生产率超过28万元/人，位居全国前列。公共财政保障能力持续增强，地方一般公共预算收入超过7000亿元。上海市火炬高新年度总指数与全国对比（图4-3-1）显示，2016—2020年，上海市火炬高新指数稳步增长，年均增长率为10.80%，与全国指数年均增长率基本持平。

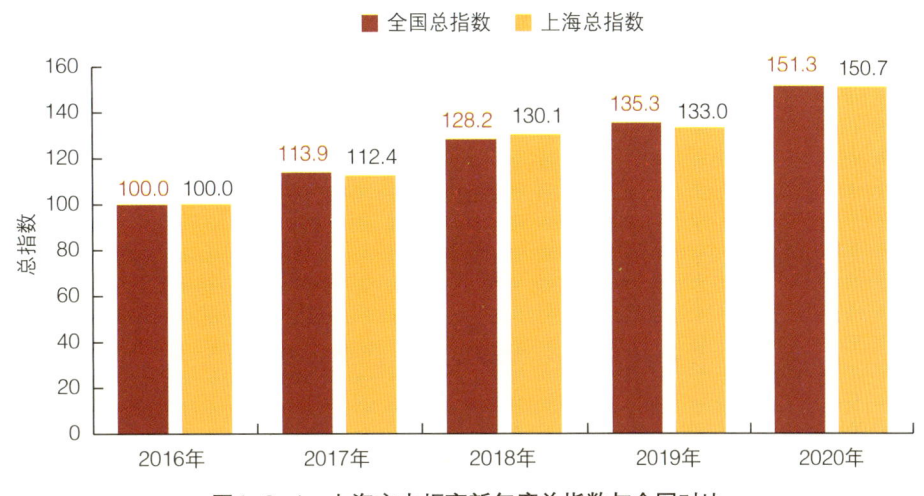

图4-3-1　上海市火炬高新年度总指数与全国对比

从上海市火炬高新5个分指数变化趋势（图4-3-2）可知，"优化创业生态"指数在5个二级指数中增长速度最快，年均增长率为17.2%，高于全国水平，反映了上海市创业生态建设正快速发展。"促进开放创新"和"营造创新环境"保持稳步增长的态势，2020年分别达到163.4和146.6，反映了上海市致力营造良好的创新环境和积极的开放合作格局。"推动创新发展"指数呈现波动增长的态势，2020年该指标达到134.0。"发挥示范作用"指数5年来增速较缓，"十四五"期间需要继续加强建设。

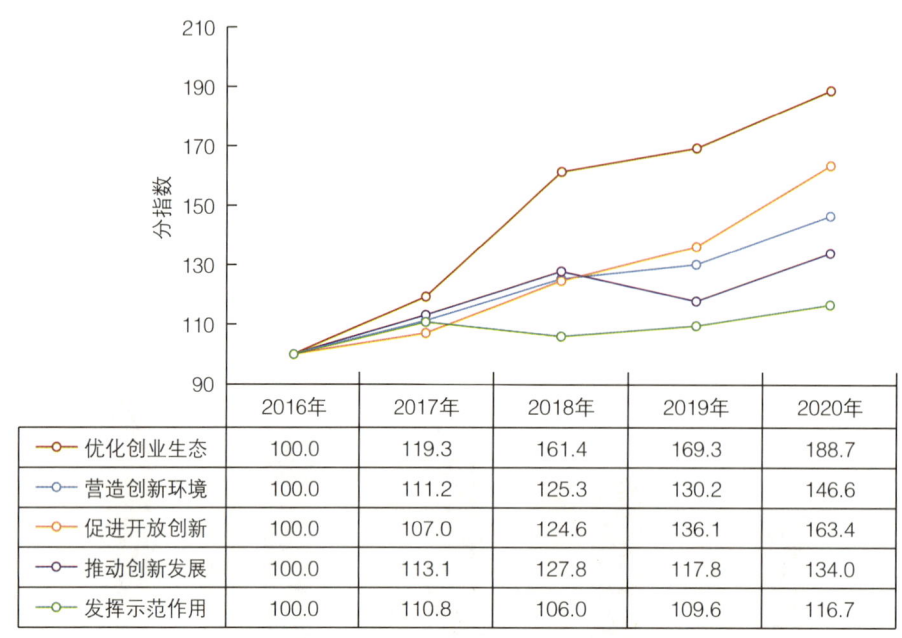

图4-3-2　上海市火炬高新5个分指数变化趋势

上海市基本实现"十三五"核心指标预定目标。2020年，上海市全社会研发经费支出占全市生产总值（GDP）的比重达到4.1%左右，每万人口发明专利拥有量达到60.2件，PCT国际专利申请量3558件，超出预期目标，新设企业41.79万家，向国内外输出技术合同成交额1268.7亿元，新动能正孕育形成。上海市要建成卓越的全球城市和具有世界影响力的社会主义现代化国际大都市，首要任务就是打造创新之城。

上海市坚持制度创新改革，"十三五"期间建立符合创新规律的政府管理制度，建立积极灵活的创新人才发展制度，健全企业主体的创新投入制度，构建市场导向的科技成果转移转化机制，推动形成跨境融合的开放创新机制等，这些举措为创新型经济升级保驾护航。从2015年的《关于加快建设具有全球影响力的科技创新中心的意见》（"科创22条"），到2020年《上海市推进科技创新中心建设条例》的施行，上海市为科创中心建设构建了更具竞争力的法治环境。目前，国务院授权上海市先行先试的10项改革举措基本落地，在国务院批复的三批56条可复制可推广改革举措中，有12条为上海市经验，约占总数的1/5。上海市注重加强保护和激发市场主体活力的制度供给，正在全面营造超一流营商环境。《上海市全面深化国际一流营商环境建设实施方案》明确了以"一网通办"、"一表申请、一窗发放"、"证照分离"全覆盖、市场准入负面清单制度为重点的36条措施。上海市还将对实施优化营商环境条例的情况进行全面梳理评估，结合世界银行和国家营商环境评价，兼顾指标水平评价与工作绩效评价，加快打造体现上海市创新型经济需求的营商环境评估"上海样本"。

4.3.2 以新产业新技术为重要支撑，强化科技创新策源功能

创新创业载体建设成效显著。截至2021年年底，上海市共有国家级科技企业孵化器61个、国家备案众创空间69个、国家级大学科技园14个、全国双创示范基地10个，众创空间500余个，在孵和服务中小科技企业和团队近3万家（个）。此外，各类研发与转化功能型平台集聚人才2400余名，累计实现服务收入超20亿元，孵化企业257家，成功集聚375家企业落户发展，撬动社会投资和带动产业投资规模超百亿元。研发与转化功能型平台近20个，带动产业产值上百亿元。2020年，上海市入统企业当年获得的风险投资额达到528.00亿元，相比2019年实现爆发式增长（图4-3-3），有力支撑了上海火炬高新指数"优化创业生态"的高速增长趋势。

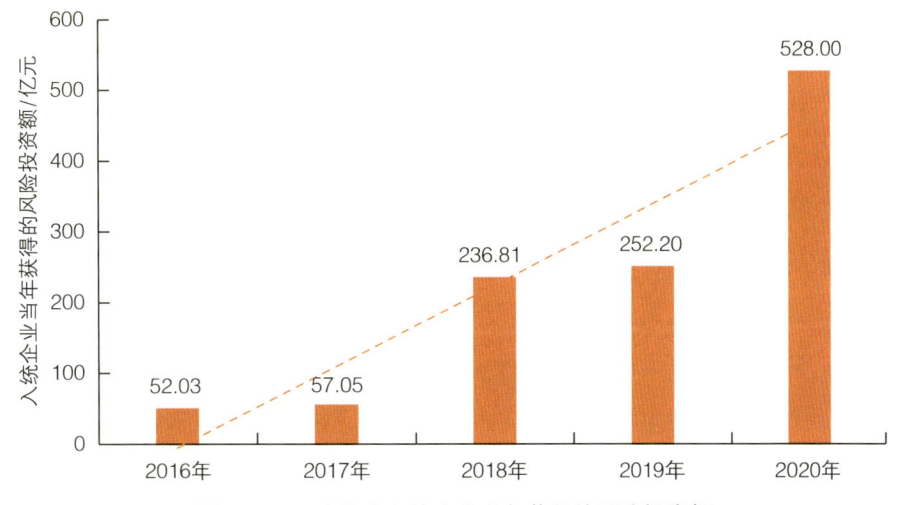

图4-3-3 上海市入统企业当年获得的风险投资额

> **专栏 4-3-1　超强超短激光实验装置建立成功**
>
> 　　上海市超强超短激光实验装置（又名羲和激光装置）项目由国家发展改革委和上海市共同支持，被纳入上海市建设具有全球影响力的科创中心、打造世界级重大科技基础设施集群的首批重大项目，也是张江综合性国家科学中心的核心平台之一。上海市超强超短激光实验装置主要包括：一台10拍瓦（1拍瓦=1000万亿瓦）超强超短激光系统，同时具备高重复频率的1拍瓦级激光输出束线；极端条件材料科学研究平台、超快亚原子物理研究平台、超快化学与大分子动力学研究平台等3个用户实验终端；科研辅助设施和数据中心；一幢装置实验大楼。
>
> 　　上海市超强超短激光实验装置项目于2016年1月4日立项，2016年11月20日开工，2020年12月28日通过验收，作为重大科技基础设施项目，在"十三五"期间完成了项目立项、开工、建设、验收全过程。项目建设期间，2017年10月24日，装置实现10.3拍瓦激光放大输出，在国际上首次实现300焦耳以上能量水平的宽带激光放大输出，脉冲压缩后宽度21飞秒。2019年12月7日，装置获得激光中心波长800纳米，输出能量404焦耳，重复频率3分钟/发次（较协议指标提升40倍），压缩后脉冲宽度达24.6飞秒，平均峰值功率11.7拍瓦（最高峰值功率12.9拍瓦）的结果，再次打破世界纪录。同时，依托该项目，上海市光机所成功研制国际最大口径钛宝石晶体等核心器件。

　　高层次人才吸引力持续提升。人才是上海市的第一资源，也是最核心的资源。在新形势下，市科委积极调整人才政策，助力上海市科技人才集聚。制定发布科技创新重点领域紧缺人才开发目录。完善扬帆、启明星、浦江、学术/技术带头人等梯度式科技人才计划体系，聚焦三大重点领域，优化调整职称评委会设置。进一步健全职称制度体系，畅通科技成果转移转化服务人才的职称通道。在沪两院院士178人（居全国第二），领军人才"地方队"培养计划累计1617人，东方学者累计1027人，曙光学者累计1338人，超级博士后激励计划累计1157人，青年启明星计划累计3065人。在沪工作的外国人数量为21.5万人（占全国的23.7%），核发外国高端人才工作许可证数量约5万份，引进外国人才的数量和质量均居全国第一，连续8年蝉联"外籍人才眼中最具吸引力的中国城市"，成为全球科学家在中国事业发展的首选城市。

2016—2020年，入统企业从业人员中大专及以上学历占比逐年增长，2020年达到72.4%，高出全国水平21.2%（图4-3-4），是上海火炬高新指数"优化创业生态"高速增长较重要的内在因素之一。

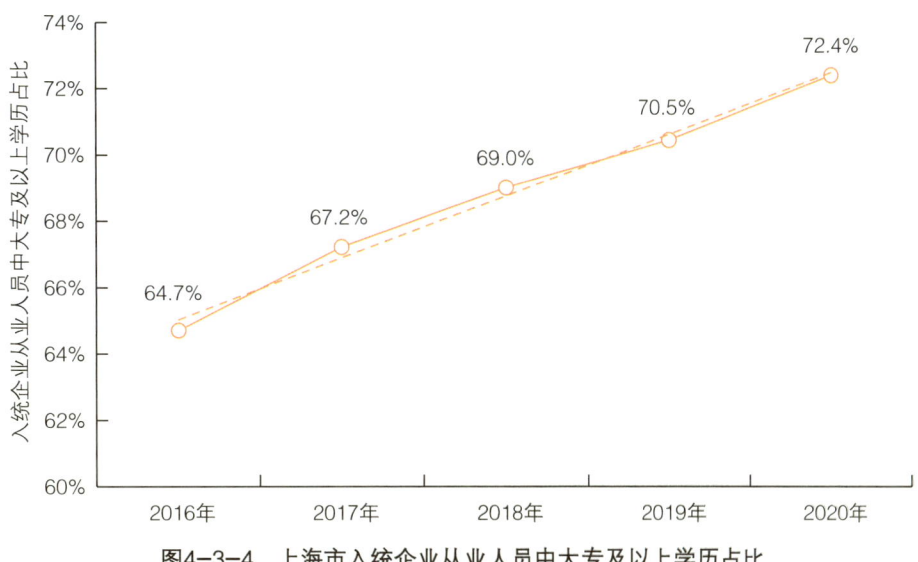

图4-3-4　上海市入统企业从业人员中大专及以上学历占比

4.3.3　以营造创新环境为重要因素，做强做优上海"五型经济"

企业是创新的主体，近年来，上海市不遗余力地为上海市科技企业发展营造良好的创新创业环境，激发创新创业活力，各类创新主体能级持续提升，全面发力"五型经济"，助推经济高质量发展。

按下"高企"培育快进键，着力打造创新主力军。2021年，上海市全面下放高新技术企业认定审核权，有效期内高新技术企业数突破2万家。全年落实高新技术企业减免所得税额201.26亿元，共有3127家企业获益。15 300余家企业享受研发费用加计扣除金额共计327.62亿元。在科技金融领域，全年"高企贷"服务方案共帮助3700余家高新技术企业获得各类信贷支持近1400亿元，其中95%以上为中小企业。联合商业银行共同开发"科创助力贷"等科技金融产品。科创企业上市培育成效不断提升，进入科创企业上市培育库的企业累计1557家，其中24家企业成功登陆科创板。多层次资本市场加快构建，科创板设立并试点注册制，累计上市企业215家，募集资金总额超过3000亿元，总市值近3.5万亿元。其中，在科创板上市的上海市企业37家，募集资金和市值均居全国首位。2020年入统企业营业收入达45 712.66亿元（图4-3-5）。表4-3-1是10家上海市知名高新技术企业及其所属行业。

图4-3-5　上海市入统企业营业收入

表4-3-1　上海市知名高新技术企业及其所属行业

序号	企业名称	所属行业
1	上海市华虹宏力半导体制造有限公司	半导体研发
2	上海市晨光文具股份有限公司	文具
3	中芯国际集成电路制造（上海市）有限公司	集成电路
4	上海市联影医疗科技有限公司	医疗设备
5	上海市无线电设备研究所	通信设备
6	上航商用航空发动机有限责任公司	航空设备
7	上海市华力微电子有限公司	集成电路
8	上海市微电子装备有限公司	半导体照明
9	台达电子企业管理（上海市）有限公司	投影设备
10	格科微电子（上海市）有限公司	传感器设备

资料来源：科技部火炬统计。

重大原创科技创新成果不断涌现。面向世界科技前沿，涌现出全球首个节律紊乱疾病克隆猴模型、全球首例人工单染色体真核细胞、世界首次10拍瓦激光放大输出等一批首创成果。上海市科学家在《科学》《自然》《细胞》三大期刊发表论文124篇，占全国总量的32%。面向国家重大需求，一批国家重大科技任务加快落实，参与完成蛟龙、雪龙、天宫、北斗、天眼、墨子、大飞机等重大项目，千米级高温超导电缆、100千瓦级微型燃气轮机、300毫米大硅片等重大成果填补国内空白。面向经济主战场，刻蚀机、光刻机等战略产品取得重大突破，发布人工智能云端训练和推理芯片，特定领域性能及能效比达到世界领先水平。面向人民生命健康，治疗阿尔兹海默病原创新药"九期一"、先进分子成像设备全景PET/CT、首个国产心脏起搏器、血流导向装置等生物医药重大原创产品获批上市。2016—2020年，上海市入统企业当年发明专利授权数持续增长，2020年达到18 076件（图4-3-6），反映了上海市高质量创新成果的产出水平较高。

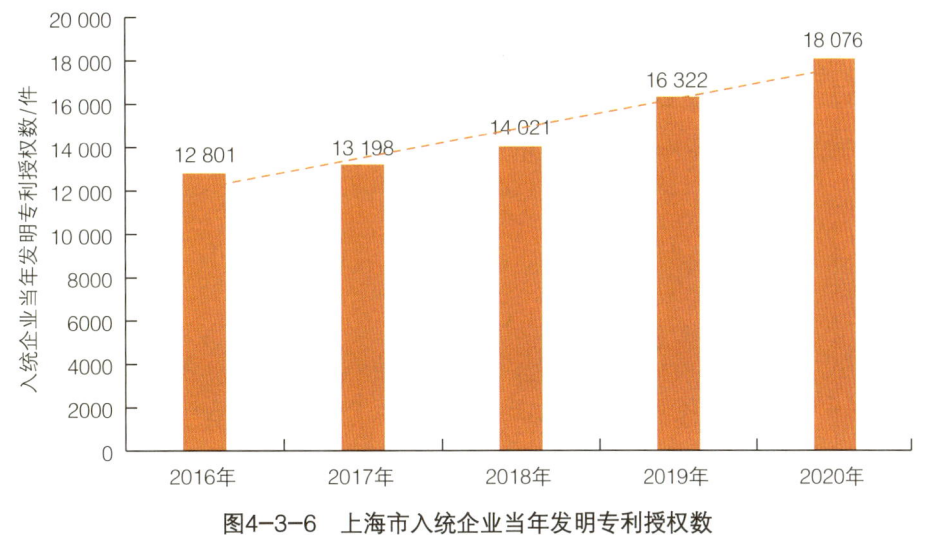

图4-3-6 上海市入统企业当年发明专利授权数

4.3.4 以加强开放合作为重要源泉，提升国际5个中心功能

当前，上海市形成了科技创新中心基本框架体系，创新人才、创新要素、创新企业、创新组织数量和质量位居全国前列，科技进步贡献率全面提升，继续向着具有全球影响力的科技创新中心大步迈进。英国《自然》杂志发布的《自然指数—科研城市2020》[①]显示，上海市在全球科研城市中排名第五。

---

① 2020年9月19日，自然指数（Nature Index）创始人戴维·斯文班克斯（David Swinbanks）在中关村论坛发布了《自然指数—科研城市2020》最新数据和研究成果。《自然指数—科研城市2020》通过追踪独立精选出的82种高质量自然科学期刊上发表的科研论文，分析了全球主要城市2019年在自然指数方面的表现。

全面加强国际合作，上海市科技向世界敞开怀抱。大科学计划和工程让上海市接轨国际。主动参与和发起国际大洋发现计划（IODP）、平方公里阵列射电望远镜（SKA）、"全脑介观神经联接图谱"和人类表型组计划等大科学计划和大科学工程，成功启动一批国际科研合作并取得积极进展。此外，沪以（以色列）、沪新（新加坡）双边产业创新合作项目持续推进，中以（上海市）创新园成为中以两国互利共赢合作的一个标志性项目。新增科技部"一带一路"联合实验室4个，布局建设市级"一带一路"联合实验室6个、技术转移平台3个。2020年，入统企业在境外设立的研发机构数达326个（图4-3-7）。与20多个国家和地区签订政府间科技合作协议。世界顶尖科学家国际联合实验室挂牌成立，并设立世界顶尖科学家协会奖。世界人工智能大会、浦江创新论坛、世界顶尖科学家论坛、国际创新创业大赛等活动的国际影响力不断提升。2020年，上海市入统企业产学研合作经费与引进技术消化吸收再创新费用支出总额为457.2亿元，较2019年增长了110.5亿元（图4-3-8），反映了企业通过技术合作的方式开展创新合作与交流的能力逐年增强。

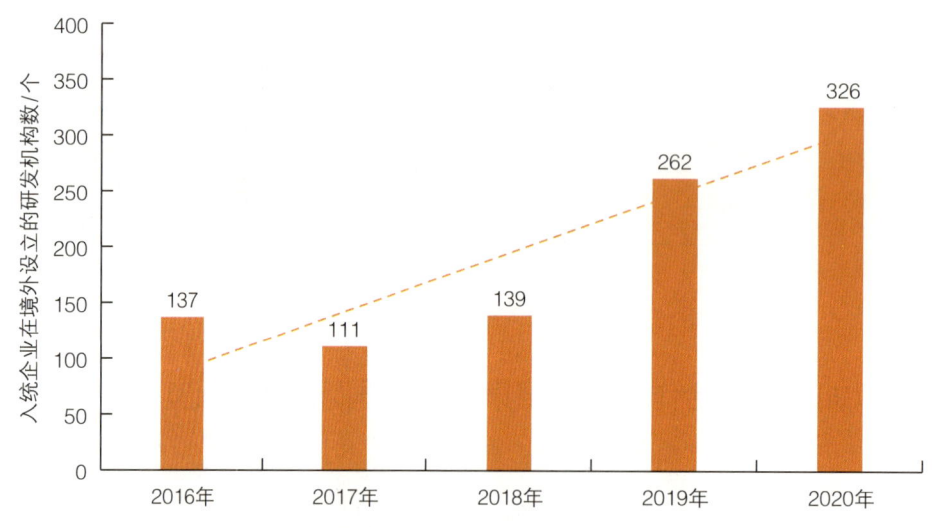

图4-3-7　上海市入统企业在境外设立的研发机构数

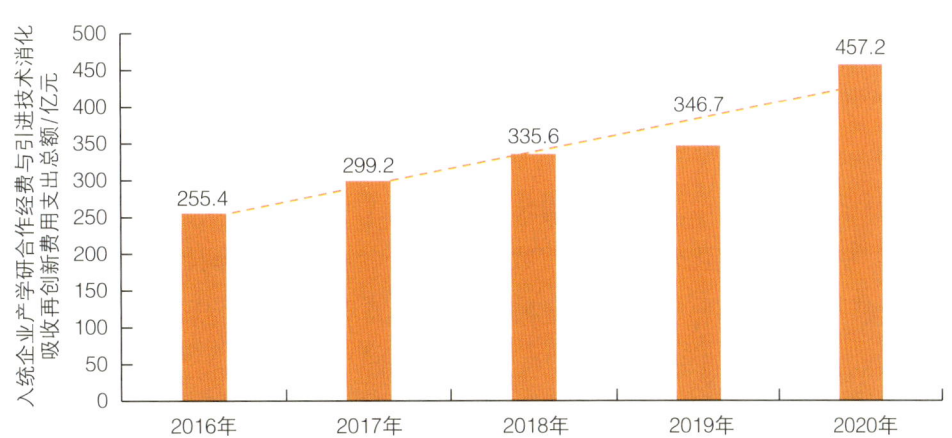

图4-3-8 上海市入统企业产学研合作经费与引进技术消化吸收再创新费用支出总额

区域协同发展创新，让上海市对接国内。制定《长三角科技创新共同体联合攻关实施方案及实施细则》，深化G60科创走廊建设，长三角科技创新共同体加快构建，长三角科技创新券通用通兑试点在青浦区、苏州吴江区、浙江嘉善县、安徽马鞍山市四地加快推进。深化沪新、沪渝、沪滇、沪琼等地科技创新合作与交流，持续推进"新疆藜麦"重点示范项目。张江、临港、闵行、杨浦、徐汇、嘉定、松江等科技创新中心承载区发展各具特色。浦东科技创新中心核心区加速形成。

"五个中心"功能实现整体提升。基本建成国际经济中心，实体经济能级不断提升，截至2020年年底，上海市跨国公司地区总部累计达到771家，外资研发中心481家，数量居全国第一。基本建成国际金融中心，金融市场交易总额超过2200万亿元，全球性人民币产品创新、交易、定价和清算中心功能不断完善，多层次金融市场体系和金融机构体系基本形成。基本建成国际贸易中心，口岸货物进出口总额占全球3.2%以上，商品销售总额达到14万亿元左右，贸易型总部和功能性平台加快集聚。基本建成国际航运中心，上海市港集装箱吞吐量连续11年保持世界第一，机场货邮吞吐量、旅客吞吐量分别居全球第3位和第4位，现代航运服务体系基本形成。形成具有全球影响力的科技创新中心基本框架，张江综合性国家科学中心建设全面推进，全社会研发经费支出占全市生产总值的比重达4.1%左右，每万人口发明专利拥有量达到60件左右，大飞机、蛟龙号深潜器等重大创新成果问世，上海市光源等一批大科学设施建成。

4.3.5 以推动创新发展为重要支点，推动全方位高质量发展

在产业转型升级上，新旧动能加快转换。集成电路、生物医药、人工智能等重点领域关键核心技术加快突破，2019年，集成电路产业规模占全国比重超过20%，生物医药产业创新药获批上市量约占全国总量的1/3，人工智能产业集聚全国约1/3的相关人才。在城市数字化转型中，用数字孪生城市、大数据等技术，打造"物联、数联、智联"城市数字底座，支撑北横通道、无人驾驶轨交、洋山港四期无人驾驶集卡等重大工程的智能建造和运维，持续助力全市"一网通办""一网统管"建设。2016—2020年，上海市数字化企业营业收入占比持续增长，2020年达到25.4%，高出全国3个百分点（图4-3-9）。表4-3-2是上海市2020年6个重点行业工业总产值及其增长速度概况。

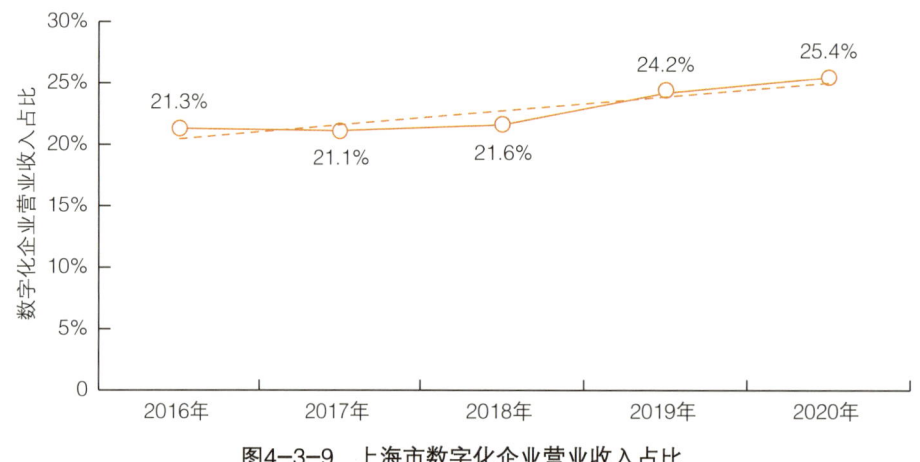

图4-3-9　上海市数字化企业营业收入占比

表4-3-2　上海市2020年6个重点行业工业总产值及其增长速度

指标	绝对值/亿元	较2019年增长
6个重点行业工业总产值	23 784.22	4.1%
电子信息产品制造业	6466.23	5.3%
汽车制造业	6735.07	9.3%
石油化工及精细化工制造业	3488.97	0.5%
精品钢材制造业	1120.40	-4.2%
成套设备制造业	4556.95	0.6%
生物医药制造业	1416.61	2.9%

在绿色低碳发展上,于全国率先启动低碳科技攻关布局,形成《上海市科技支撑引领碳达峰碳中和行动方案》,编制《上海市碳中和科技白皮书》,发起成立"上海市碳中和创新联盟",打造首个"光伏发电—电解水制氢—加氢站应用"示范工程。

关键核心技术不断应用落地。集成电路取得阶段性成果,突破芯片制造先进工艺、关键材料技术。生物医药创新能力持续提升,2021年批准上市的国产创新药中有8个出自上海市。人工智能技术创新与治理取得新进展,聚焦自主智能无人系统,提出新型类脑感知机制与网络、自主控制与群智协同、迁移学习和人机增强等重大前沿理论,突破自主导航和机器人控制、新型传感与多模感知等关键技术,聚焦人工智能治理,提出全球首个黑盒场景下视频识别对抗攻击模型,开展人工智能社会实验,加强核心算法、开源平台等技术攻关。在新冠肺炎疫情防控中,上海市共有8款检测试剂获批上市,检测试剂累计发货超3亿人份,出口58个国家。在快速检测试剂、车载CT、移动方舱实验室、低温冷链消毒设备等方面取得一系列技术突破。2018年,上海市当年技术合同成交额达到峰值312.78亿元,2019年出现大幅下降,2020年跌落为140.86万元(图4-3-10),此指标对上海火炬高新指数"推动创新发展"指数波动增长的态势产生了重要影响。

图4-3-10　上海市当年技术合同成交额

4.3.6　以企业和高新区为重要引擎,跻身世界级都市前列

上海市企业发挥创新主体作用。"十三五"时期,上海坚持"政府引导、企业

主体、市场决定"的发展原则，激励企业向全球价值链高端攀升，实现全市企业竞争力全面提升，推动上海经济在全面转型发展中发挥先行示范作用。2016—2020年，上海市入统的上市企业数占全市的比例呈现波动上升趋势，2020年达到48.8%（图4-3-11）。2016—2020年，上海市入统企业当年发明专利授权数占全市的比例稳步上升，2019年突破60%，2020年达到65.5%（图4-3-12）。反映了入统企业对上海市高质量发展的影响力逐渐上升。

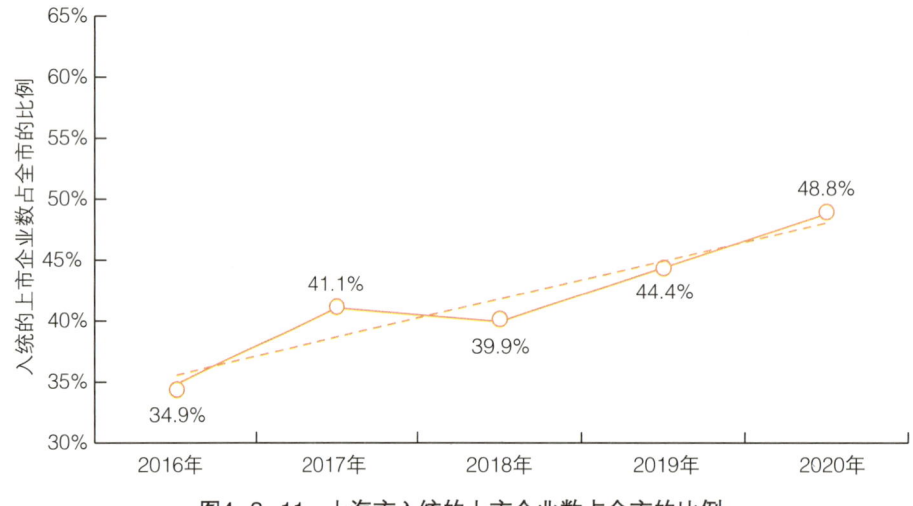

图4-3-11　上海市入统的上市企业数占全市的比例

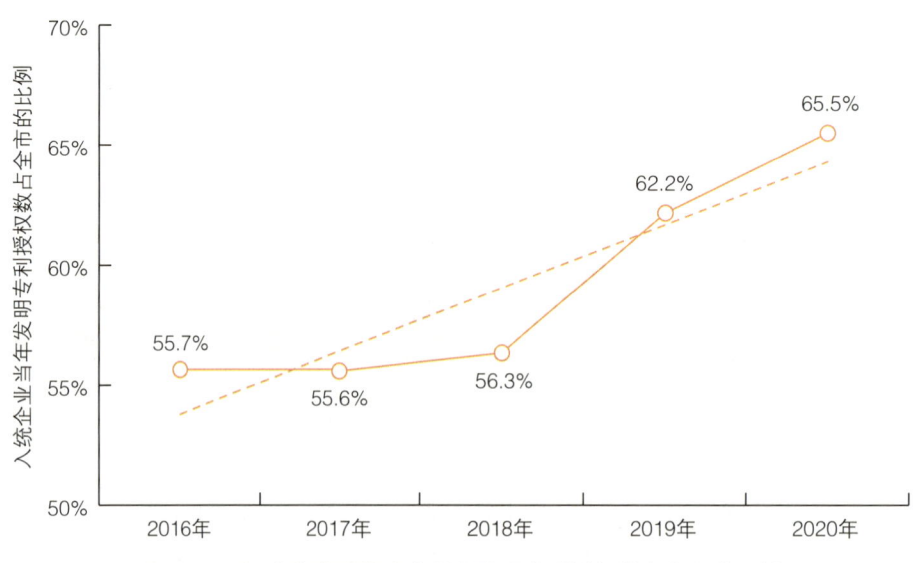

图4-3-12　上海市入统企业当年发明专利授权数占全市的比例

目前，上海市有2个高新技术产业开发区，即张江高新区和紫竹高新区。经过多年发展，上海市高新区已成为我国重要的科技创新出发地、原始创新策源地、自主创新主阵地。近年来，张江高新区着力提高自主创新和辐射带动能力，在政策突破、原始创新、产业培育、创新生态、辐射带动方面取得显著成效，成为培育战略性新兴产业的核心载体和实现创新驱动发展的示范区域。紫竹高新区通过建立校区、社区、园区"三区联动"资源共享机制，推动高校、科研院所与企业之间紧密合作，建立优势互补、利益共享、风险共担、共同发展的产学研协同创新机制。

专栏4-3-2　上海市高新区

1. 张江高新区

1991年，张江高新区成为全国首批国家高新区之一。2011年，国务院批复同意支持上海市张江高新技术产业开发区建设国家自主创新示范区。目前，张江高新区22园覆盖全市16个行政区，营收突破6.2万亿元，集聚高新技术企业9346家，境内外上市企业309家，拥有以国家实验室为引领的330个国家级研发机构、14个国家重大科技基础设施和40所大学。

（1）创新型产业日益集聚

产业能级不断提升，创新产业不断集聚，2020年，张江高新区集聚了10万余家科技企业，9000余家高新技术企业。规模以上企业营收达6.2万亿元，"十三五"期间年均增幅12%。战略性新兴产业工业总产值占全市比重超过60%。集成电路产业成为国内产业链最完备、综合技术最先进、自主创新能力最强的集成电路产业基地，在刻蚀机、大硅片、光刻胶、清洗机等细分领域打破国际垄断，2020年产业规模达到1800亿元，全市占比约87%，全国占比1/5。生物医药产业形成国内研发高地，细胞治疗、高端医疗装备等领域达到世界先进水平，2020年生物医药工业总产值约1100亿元，全市占比78%。人工智能产业加速集聚，企业数量与产业规模占全市的比重约70%，培育了一批细分领域领军企业及全球龙头企业研究机构、创新平台。张江人工智能岛、徐汇西岸国际人工智能中心等融合创新载体加速建设，上海市人工智能研究院等高水平科研平台揭牌成立。

（2）科创生态环境日益完善

集聚了以国家实验室为引领的330个国家级研发机构，李政道研究所、朱光亚战略科技研究院等顶尖科研机构加速建设，复旦、交大、清华、浙大、同济等加快布局新型研发机构，张江药物实验室、脑科学与类脑研究中心、量子科学研究中心等高水平实验室稳步推进。从业人员约238万人，青年人才占80%以上，集聚了国家级海外高层次人才、上海市领军人才均超千人，在沪工作外国人才一半以上在高新区内工作，助力上海市连续8年成为对外籍人才最具吸引力的城市。"十三五"期间，在孵企业获得股权融资超过200亿元，科技成果转移转化成效凸显，2020年技术合同成交额达1254亿元，万人有效发明专利数量384件，为全市水平的6倍。

2. 紫竹高新区

紫竹高新区成立于2001年9月，是一家由政府、高校与企业共建的高科技园区，走出了一条独特的自主创新科技园区发展之路。紫竹高新区在发展过程中获得了中组部认定的"海外高层次人才创新创业基地"等数十项资质。实现营收841亿元，集聚高新技术企业253家，上市企业8家。

（1）高端项目集聚形成产业生态

紫竹高新区以信息软件、数字视听、生命科学、智能制造、航空电子、新能源与新材料等六大类产业作为主导产业，重点吸引区域总部、研发中心、风险投资公司及高科技制造企业入驻。以微软、英特尔、可口可乐、印孚瑟斯、中国商飞、中广核集团、东软软件为代表的一大批有国际影响力的知名企业和研发机构纷纷入驻；积聚和扶持一批以至纯股份、申联生物、基因科技等为代表的科技型中小企业快速发展。

（2）聚焦双创打造科技创新体系

紫竹高新区建设以紫竹创业中心、紫竹创业孵化器、小苗基金为核心主体的创新创业生态系统，打造12 000平方米规模的"国家级科技企业孵化器"，已培养和孵化600余家小微科技型企业，深入推进"紫竹创新创业走廊"建设。目前，高新区共申请专利47 860件，专利授权27 407件。

4.3.7 小结

"十三五"期间，上海市国际经济、金融、贸易、航运中心基本建成，围绕加快形成科创中心基本框架战略目标，取得了一系列实质性突破：重大成果不断涌现，一大批大科学设施建成运营，重点科学项目加快建设，新型研发机构相继成立，科创中心全球影响力持续增强。

在优化创业生态方面，上海"十三五"时期持续建设创业生态体系，全力培育优质创业主体，加快孵化器、加速器的建设与高新技术企业培育，加速推动众创孵化体系提质增效，不断深入研究众创孵化载体的运营机制、盈利模式等，加快引进高水平外资孵化器，探索科技企业加速器建设标准，推进一批聚焦细分产业领域，具有市场推广、资本融资、专业技术服务能力的科技企业加速器，促进创新链、产业链、资金链、价值链的深度融合，持续吸引国内外优质创新创业项目团队落地上海。

在营造创新环境方面，增强创新策源能力，推动重大科技基础设施和研发中心落地。突出创新在发展全局中的核心地位，科技自立自强，李政道研究所、脑与类脑研究中心、量子科学中心等数十家代表世界科技前沿领域发展方向的新型研发机构启动建设，在基础研究、应用基础研究和关键核心技术攻坚上取得一批重大成果。

在促进开放创新方面，长三角科技创新共同体加快构建，创新券在长三角地区"通用通兑"不断加快。上海与各国合作共建近百家实验室、研究中心等创新合作基地；跨国公司地区总部、外资研发中心、外国人才数量均为全国第一。强化全球资源配置功能，着力提升要素市场国际化水平、贸易投资自由化便利化水平和航运服务能级，持续提高全球资源的集聚浓度、链接强度和辐射广度。上海将构建更高水平开放型经济新体制，建设各类有形、无形网络通道，更好促进国内国际两个市场、两种资源联动流通。

在推动创新发展方面，上海市"十三五"时期推动集成电路、生物医药、人工智能三大先导产业规模倍增，加快发展电子信息、汽车、高端装备、先进材料、生命健康、时尚消费品六大重点产业，大力推进经济数字化、生活数字化、治理数字化。

在发挥示范作用方面，上海市高新区和企业争当原始创新的先行者，引领创新发展。面向世界科技前沿和国家重大战略任务需求，建设战略科技力量，布局前瞻性和基础性前沿项目，加快打造世界一流的科研机构，培育一批高水平创新主体。"十三五"时期，上海市高新区和企业全面提升自主创新和辐射带动能力，在政策突破、原始创新、产业培育、创新生态、辐射带动等方面取得了显著成效。

4.4 江苏

"十三五"时期，江苏坚持以习近平新时代中国特色社会主义思想为指导，坚定不移把科技创新摆在发展全局的核心位置，牢固确立"聚力创新"的鲜明导向，坚定不移推进以科技创新为核心的全面创新，将创新贯穿于"强富美高"新江苏建设的全过程，在科技综合实力、产业技术和企业能力创新等方面取得重大进展。科技创新和科技体制改革全面推进，基础研究得到加强，创新活力竞相迸发，率先走出一条具有中国特色、江苏特点的自主创新道路。苏南国家自主创新示范区建设取得重要进展，成为全省战略性新兴产业的策源地和高质量发展的主引擎。实体经济发达、科技水平高、人才资源富集，形成了比较完备的产业体系和全国规模最大的制造业集群，具有开放和创新先发先行优势。产业数字化转型加快，"江苏制造"向"江苏智造"加速转变，两化融合发展水平指数连续 6 年位居全国第一。

4.4.1 指数总览

2020 年，江苏科技创新发挥了举足轻重的作用，在双创载体、政策、高精尖技术等领域取得一系列成就，成为推动江苏高质量发展的重要支撑力量。从图 4-4-1 江苏省火炬高新年度总指数与全国对比可以看出，2016—2020 年，江苏火炬总指数呈现持续增长的态势，从 2016 年基期的 100.0 上升到 2020 年的 151.5，5 年间上涨幅度达 51.5，尤其 2020 年增势明显，上涨了 22.5，首次实现了赶超全国总指数。

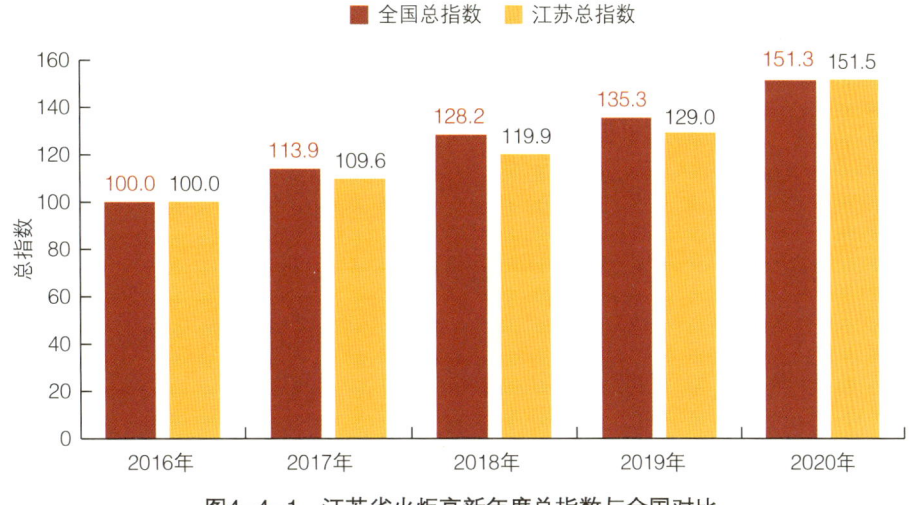

图4-4-1 江苏省火炬高新年度总指数与全国对比

图4-4-2为江苏省火炬高新5个分指数的变化趋势。其中,"优化创业生态"指数呈现快速增长趋势,2020年达到183.0,2016—2020年年均增长率为16.31%,创业生态加快优化。2020年"营造创新环境"指数增长较快,在15个省(区、市)

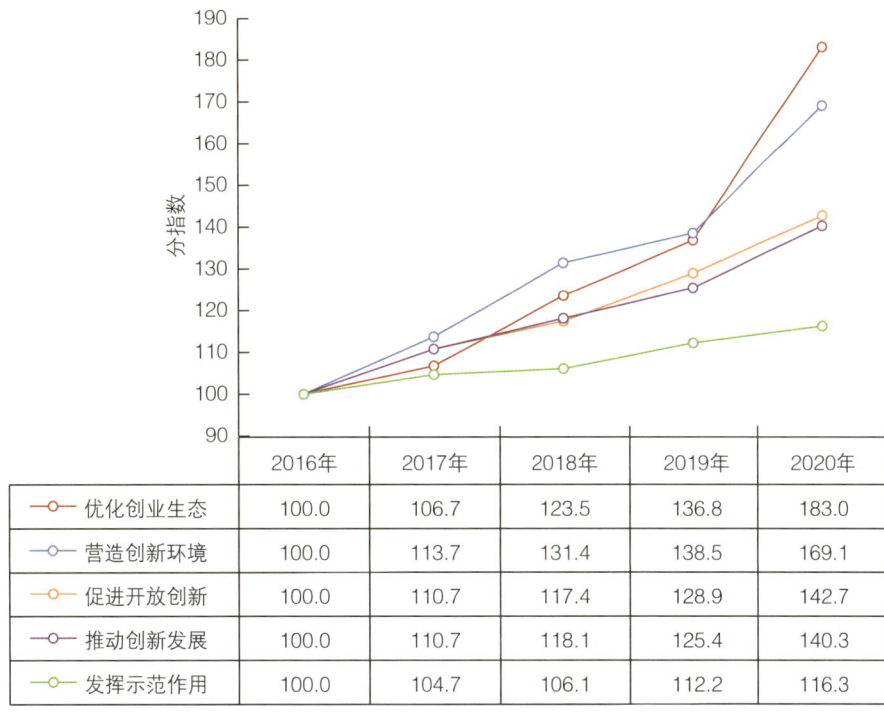

图4-4-2 江苏省火炬高新5个分指数变化趋势

4 各地区火炬高新指数的表现 105

中排名第二,仅次于山东,科技创新环境持续优化。"促进开放创新"和"推动创新发展"指数稳定增长,5年间的年均增长率分别为9.30%和8.83%,创新发展新动能不断增强。"发挥示范作用"指数增长不够突出,4年来增长了16.3,需要进一步激发全省示范作用的潜力,加快提升其对全省的创新贡献度。

4.4.2 强化科技创新主体作用,实现质量品牌全面提升

江苏省大力实施创新驱动发展战略,加快建设科技强省,进一步优化创新生态,致力于打造具有全球影响力的产业科技创新中心。2020年,江苏省综合发展实力显著提升,经济总量迈上新的台阶,高质量发展水平和科技创新能力显著提升,人均地区生产总值达到中等发达经济体水平,科技自立自强、产业自主可控水平大幅提高。

创新创业活力迸发。江苏省创新创业氛围日益浓厚,区域创新体系更加完善,科技创新为"强富美高"新江苏建设取得重大阶段性成果,为高水平全面建成小康社会提供了强大支撑。近年来,江苏省各类创业服务机构数持续平稳增长,为企业成长提供了良好土壤,在孵企业数实现了持续增长,在各省(区、市)中排名第一,发展潜力巨大。江苏高新区的新注册企业呈现快速增长的态势,尤其是2020年同比增长46.52%,增势迅猛,新注册企业达到11 4774家,点燃了创新创业发展的新引擎。江苏省科技创新服务联盟是一家省级层面的创新创业服务平台,"十三五"期间,该联盟累计服务科技园区110多个,转化重大专利产品200余个,支持科技孵化器和众创空间1200多个,推动科技成果转移转化对接6000多项,促成科技投融资规模1500亿元,支持创新平台建设4500多个,培育引进新型研发机构460多个,服务科技企业超10万家,成为江苏省科技创新的重要支撑。

科技企业培育全国领先。江苏省地联动加大科技型中小企业培育,实施科技创新券、科技副总、"苏科贷"、研发费用补助、高层次人才补贴等创新举措,积极落实企业研发费用税前加计扣除等税收优惠政策,引导科技型中小企业加大研发投入,持续增强科技型中小企业创新能力,科技型中小企业评价入库数量再创新高。图4-4-3为江苏省2016—2020年入库的科技型中小企业数变化情况。2020年,江苏省高新区入库的科技型中小企业数有了突飞猛进的增长,达到16 653家,将近2019年的3倍,

成为江苏省经济最重要的增长驱动力。江苏鑫泰岩土科技有限公司、苏州中科天启遥感科技有限公司等6家入库企业获得2020年度国家技术发明奖和国家科学技术进步奖，成为解决关键核心技术的重要力量。江苏省全面落实高质量发展要求，量质并举壮大高新技术企业集群，加快发展高新技术产业，并涌现出一批知名高企，表4-4-1是10家江苏省知名高新技术企业及其所属行业。

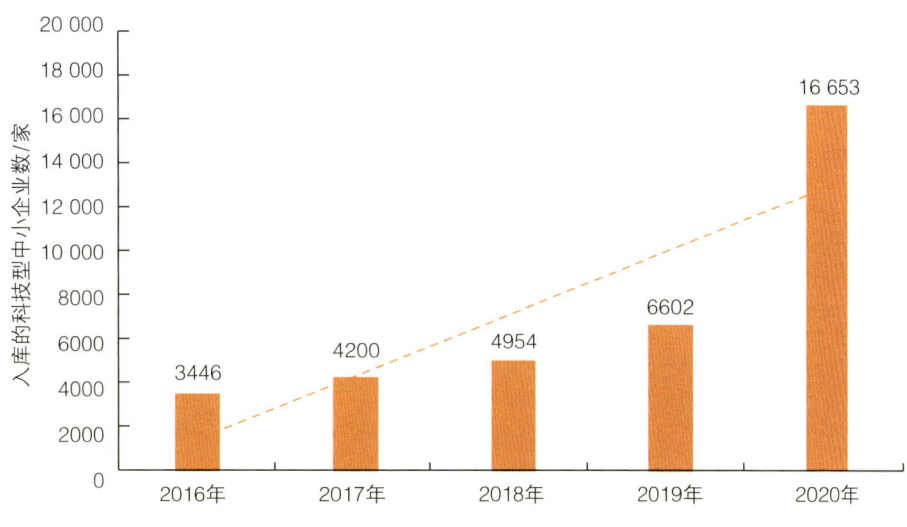

图4-4-3　江苏省入库的科技型中小企业数

表4-4-1　江苏省知名高新技术企业及其所属行业

序号	企业名称	所属行业
1	扬子江药业有限公司	医药
2	国电南瑞科技股份有限公司	智能制造
3	江苏中天科技股份有限公司	光电传输
4	无锡小天鹅股份有限公司	清洗机械设备
5	昆山龙腾光电有限公司	晶体管
6	天奇自动化工程股份有限公司	智能自动化
7	徐工集团工程机械股份有限公司	机械制造
8	江苏康缘药业股份有限公司	医药
9	江苏苏博特新材料股份有限公司	工程材料
10	国电南京自动化股份有限公司	电力自动化

资料来源：科技部火炬统计。

投融资服务成为典范。江苏省投融资服务相对较为领先，通过出台一系列的政策举措，为企业融资护航。印发《江苏省政府投资基金管理办法》，提出"基金可以通过针对性让利、提高出资比例等方式，鼓励市场化子基金投资处于种子期、初创期的项目，积极开展对科技创新企业的风险投资"。同时，制定了《江苏省天使投资风险补偿资金管理办法（试行）》，安排财政资金对江苏省天使投资机构投资科技型小微企业的风险予以补偿。图4-4-4为江苏省2016—2020年入统企业当年获得的风险投资额变化情况。2020年，江苏省入统企业当年获得的风险投资额有了质的增长，同比增加136%，市场活跃度显著提升。同时，高技术产业投资同比增长较快，这为江苏省率先建成全国制造业高质量发展示范区，打造具有国际竞争力的先进制造业基地奠定了坚实基础。

图4-4-4　江苏省入统企业当年获得的风险投资额

专栏4-4-1　江苏省南京市创新投资集团运行模式

南京市成立了创新投资集团。全新组建的南京市创新投资集团的格局与内涵都在不断拓展。注册资本50亿元，除却50亿元的自有基金外，还受托管理着150亿元的政府引导基金。其中，涵盖100亿元的新兴产业发展基金和50亿元的科技创新基金，前者偏向后端产业链条的搭建，后者则聚焦早期项目，充分挖掘创新性项目。在直投的项目方向上，南京市创新投资集团围绕南京市"4+4+1"主导产业方向，结合"两落地、一融合"的政策，重点关注早期具备科技成果与科技孵化的项目，按照"高新园区＋科技金融＋上市公司＋产业集群"模式，积极推动与新型研发机构的合作，同时拿出相当的资金扶持大学生创业，陪伴这些早期项目成长。如此一来，新的创新投资集团从天使投资到VC/PE全线跑通，并购方面也在不断探索。截至2019年7月，新兴产业发展基金拟出资36亿元，与创新工场、毅达资本、苏宁集团、海尔集团、SK电讯、苏民投、国健资本、华大基因、和利资本、芳晟资本、雷石资本等机构共同发起设立19支子基金，基金规模总计达241亿元。原有脉络的延续也体现在了对大学生创业的扶植之上。2012年，集团子公司紫金科创便启动了大学生创业扶持政策，主要扶植对象为大学毕业4年以内、有创业想法的年轻人，在这些年轻人有具体的创业想法时便进行投资，资助金额在10万~50万元。

资料来源：投中网。

4.4.3 园区经验赋能市场活力，加快构建创新发展优势

近年来，江苏省持续优化创新环境，激发市场主体活力，推进治理体系和治理能力现代化，加快推动高质量发展。

政策支持强劲有力。近年来，江苏从顶层设计出发，加强科技体制改革力度，破除体制机制障碍，开展创新政策先行先试。江苏省率先颁布实施面向城市群的《苏南国家自主创新示范区条例》，先后制定出台《关于加快推进产业科技创新中心和创新型省份建设的若干政策措施》（"科技创新40条"）、《关于深化科技体制机制改革推动高质量发展若干政策》（"科技改革30条"）、《关于聚力创新深化改革打造具有国际竞争力人才发展环境的意见》（"人才新政26条"）等力度大、含金量高、突破性强的重大政策，围绕"企业是主体、产业是方向、人才是支撑、环境是保障"做出系列重大部署，加快创新型省份建设，极大地增强了全社会自主创新的主动性、积极性。南京发布全面建设创新名城的新政策，从原始创新、企业创新、人才创新、金融创新等9个方面提出20条政策措施。企业创新积分制最初便来源于江苏地方实践，随后杭州高新区对科技企业评价工作的方式方法进行创新，并在全国高新区率先开展企业创新积分工作试点，首创基于企业创新能力的科技企业增信机制，引导和支持创新要素向企业集聚。截至2020年，首批5036家企业的创新积分已实现在线查询。

专栏 4-4-2　江苏省各市支持科技创新的具体举措

1. 南京：开设创新名城建设大会

① 促进高新技术企业规模发展壮大。截至 2025 年，高新技术企业突破 2 万家。对首次获得高新技术认定的企业（含技术先进型服务企业）给予 30 万元奖励，有效期满当年仍获得认定的再给予 20 万元奖励。对进入省高新技术企业培育库的，按省培育资金给予 1∶1 配套支持。对于初创科技型企业，自获利年度起，3 年内地方经济贡献全部奖励企业。建立健全支持企业加大研发投入的递增奖励机制。

② 促进创新型领军企业加快成长。对独角兽企业、瞪羚企业和国家级"单项冠军"、省级以上"专精特新"企业、研发类功能型总部企业等，连续 3 年按其当年新增地方经济贡献超过全市平均增幅部分的 50% 给予奖励。支持"高升规""小升规"，对首次"升规"企业给予 30 万元奖励，次年未退规再给予 20 万元"稳规"激励，到 2025 年规模以上工业企业数量实现倍增。对新引进的国内外知名科技服务业企业总部、地区总部，按年度服务绩效给予最高 1000 万元奖励。强化企业研发机构年度绩效考核，给予最高 200 万元奖励。

③ 自 2017 年年底南京提出"建设具有全球影响力的创新名城"以来，大力建设新型研发机构，打通成果转化之路。全市新型研发机构累计孵化企业 3000 多家，营造利于科创企业发展的环境，设立百亿市级创投母基金和产业基金，成立 30 支创新类天使子基金。围绕产业推动创新，南京先后出台三大产业地标行动计划，探索建设产业协同创新学院，开展新型产业技术集成创新试点。以人才为核心，南京建立人才薪酬评价制度，对 5395 名科技高层次人才兑现奖励 8000 余万元，发放高校毕业生租房补贴 8 亿多元，引人留人举措在全国形成较大影响。南京市连续 4 年召开创新名城建设大会并制定出台打造一流创新生态的市委一号文件，近 3 年市区两级共投入 200 多亿元用于创新名城建设，对企业、人才、科研机构等创新主体产生了有力的激励效应。

2. 扬州：制定出台"科技创新 28 条"

① 扬州自 2016 年在"科技创新 28 条"中首次明确对认定高新技术企业给予奖励以来，对于支持高新技术企业创新发展的专项政策从未间断。近年来，全市高新技术企业认定数、有效高新技术企业总数均居全省第 6 位。

②打好科技人才政策"组合拳",将充分发挥各类园区、载体的孵化、培育功能,将高新技术企业数量及占载体内企业法人总数的比重,作为评价各创新载体高质量发展的重要指标并提高权重。

③重点鼓励高新技术企业建设高水平研发机构、支持高新技术企业开展关键核心技术攻关和科技成果转化、引导高新技术企业集聚高层次人才、强化对高新技术企业的金融支持等。

资料来源:中新网江苏。

科技企业培育推动创新发展。江苏高新技术企业数量的超常规爆发性增长无疑与政府的政策导向直接相关,江苏省紧扣高质量发展走在全国前列的要求,量质并举壮大高新技术企业集群,加快发展高新技术产业,出台一系列支持政策以加大高新技术企业培育资金投入力度,建立入库培育企业贡献奖励机制,降低科技型中小企业研发成本,降低科技型小微企业创业门槛,促进高新技术企业集聚发展。2016—2020年,江苏省高新技术企业实现可持续快速增长,年均增速达26.10%,科技型企业培育表现较好,仅次于广东省,成为全省经济结构调整和产业转型升级的中坚力量。硬科技撬动产业,高新技术产业正展现出越来越强的"引擎"拉动力。江苏省围绕高质量发展要求,突出中小企业、创新引领、系统推进、上下联动等4个重点,完善工作机制,优化创新环境,促进科技型中小微企业加速成长为高新技术企业。图4-4-5为

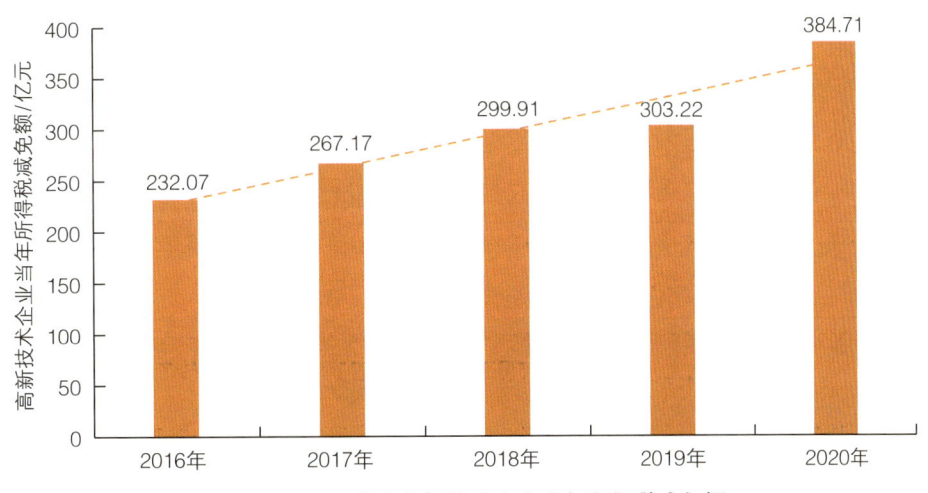

图4-4-5 江苏省高新技术企业当年所得税减免额

2016—2020年江苏省高新技术企业当年所得税减免额变化情况。2020年，江苏省高新技术企业当年所得税减免额增长显著，达到384.71亿元，仅次于广东省，为高新技术企业的创新发展新添了一分力量。

> **专栏 4-4-3 "十三五"期间江苏省高新技术企业培育具体举措**
>
> 江苏省高新技术企业培育具体举措：①加大高新技术企业培育资金投入力度。将现有企业研究开发费用省级财政奖励资金整合入省级高新技术企业培育资金，规模扩大至20亿元并保持逐年增长、据实列支。支持市、县（市、区）设立企业研究开发费用财政奖励资金，对企业研发投入给予普惠性财政奖励。推动各市、县（市、区）设立高新技术企业培育资金，根据地方培育资金兑现情况，省级高新技术企业培育资金对纳入省高新技术企业培育库的企业（简称入库培育企业）给予培育奖励；省与各市、县（市、区）按照联动的原则，给予入库培育首次认定为高新技术企业的企业不低于30万元的培育奖励，其中省级奖励额度不低于15万元，支持其开展新产品、新技术、新工艺、新业态等领域创新活动。②建立入库培育企业贡献奖励机制。对处于培育期的入库企业根据其对经济社会发展的实际贡献，省财政按一定比例给予奖励；有条件的市、县（市、区）按一定比例奖励企业，用于企业进一步加大研发投入。③降低科技型中小企业研发成本。对通过评价的科技型中小企业在全面执行国家研发费用175%税前加计扣除政策基础上，有条件的高新区、其他各类开发区、市（县、区）可再按25%研发费用税前加计扣除标准给予奖补。④降低科技型小微企业创业门槛。在省级科技计划项目中对江苏省"创业江苏"科技创业大赛获奖项目予以支持，进一步扩大省科技型创业企业孵育计划资金规模，提升科技创业载体服务能力，促进科技型小微企业持续涌现。对创业失败但主要负责人已尽到勤勉和忠实义务且有继续创业意愿和能力的高新技术企业和入库培育企业，由地方政府向企业主要负责人发放创业补助，鼓励其持续开展创新创业活动。⑤促进高新技术企业集聚发展。充分发挥高新区高新技术企业孵化功能，将高新技术企业数量及规模以上企业中高新技术企业数量占比作为省级高新区申报的重要前提条件，作为苏南国家自主创新示范

区建设专项高新区奖励补助资金和全省高新区奖励资金分配的主要因素，作为高新区创新驱动发展综合评价指标体系的主要指标并提高分值比重。市、县（市、区）可按高新区上缴的财政收入，对高新区给予5%~10%的奖励。

资料来源：江苏省人民政府。

研发平台建设取得新突破。多年来，江苏省委、省政府高度重视企业研发机构建设，把企业研发机构建设作为集聚创新资源、转化科技成果的重要途径，不断激发企业研发机构建设积极性，持续增强企业研发机构创新能力。图4-4-6为2016—2020年江苏省高新区内重要的研发机构数变化情况。江苏省高新区内重要的研发机构数增长迅猛，2020年达到1497个，在省（区、市）排名中位列第一，研发创新能力明显提升。加快创新要素集聚，强化创新主体培育，持续做强创新发展"动力源"，江苏的创新势能正源源不断转化为经济发展的强大动能。

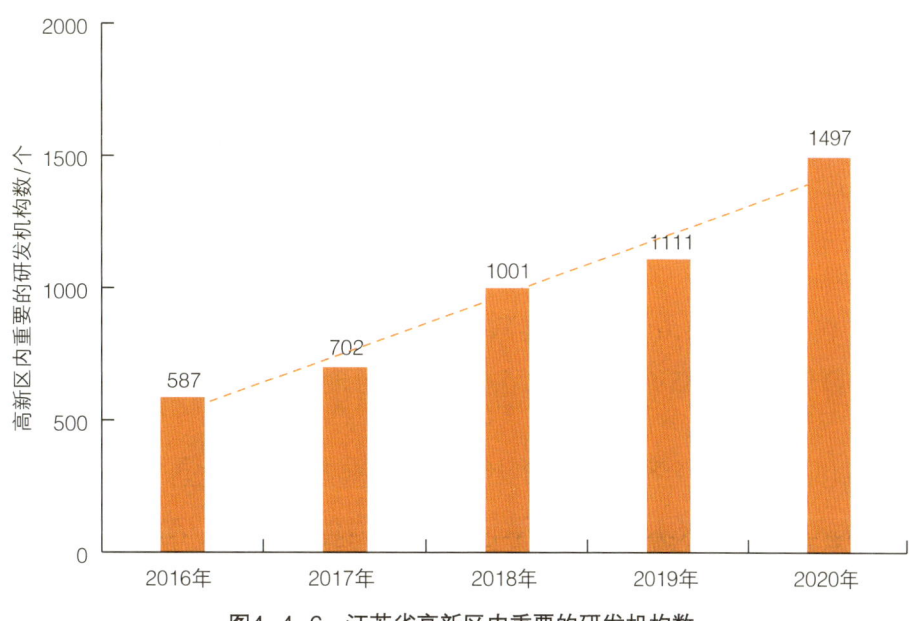

图4-4-6　江苏省高新区内重要的研发机构数

研发投入产出逆势增长。2020年，江苏省科技经费投入力度持续加大，研究与试验发展（R&D）经费投入保持较快增长，财政科技支出稳步增加，R&D经费投入强度持续提高。2016—2020年，江苏省入统企业每万人当年研发人员全时当量数实现多年连续增长，高于北京、上海、广东等省市。随着江苏省科技投入的增加，2016—2020年，江苏省科技产出量也不断增长。图4-4-7为江苏省2016—2020年入统企业当年发明专利授权数变化情况。2016—2020年，江苏省入统企业当年发明专利授权数呈波动增长态势，创新产出量质齐升，仅低于广东、北京两省市，以持续涌现的科技创新成果推动江苏经济高质量发展。

图4-4-7　江苏省入统企业当年发明专利授权数

企业创新主体地位持续巩固。江苏省入统企业当年研发经费支出占营业收入的比例基本保持在2.3%～2.6%，2020年入统企业当年研发经费支出占营业收入的比例为2.47%，高于全国0.35个百分点，在研发投入强度上拥有强劲的实力。

4.4.4　增创开放型经济新优势，绘就高质量发展新蓝图

近年来，江苏省一直是开放型经济的大省、强省。特别是在2020年，面对世纪疫情和百年变局交织的严峻形势，江苏省开放型经济紧扣服务和融入新全球发展格局要求，呈现难中趋稳、稳中提质的高质量发展的态势。

境外研发中心提升全球创新能力。江苏省加快布局建设海外协同创新中心、多功能海外离岸孵化器、海外人才离岸创新创业基地，鼓励有实力的企业在海外建设研发

中心、设立境外分支机构、开展海外技术并购,全球竞争优势逐渐凸显。图4-4-8为江苏省2016—2020年入统企业在境外设立的研发机构数变化情况。江苏省入统企业在境外设立的研发机构数在省(区、市)排名中位列第一,高于排名第二的广东省102个,具有明显优势。通过PCT途径递交国际专利申请,扩大海外影响力,已经成为江苏省企业的一个共识。近年来,江苏省入统企业当年PCT国际专利申请数增长平稳,2020年达到4606件,是2016年的3.22倍。

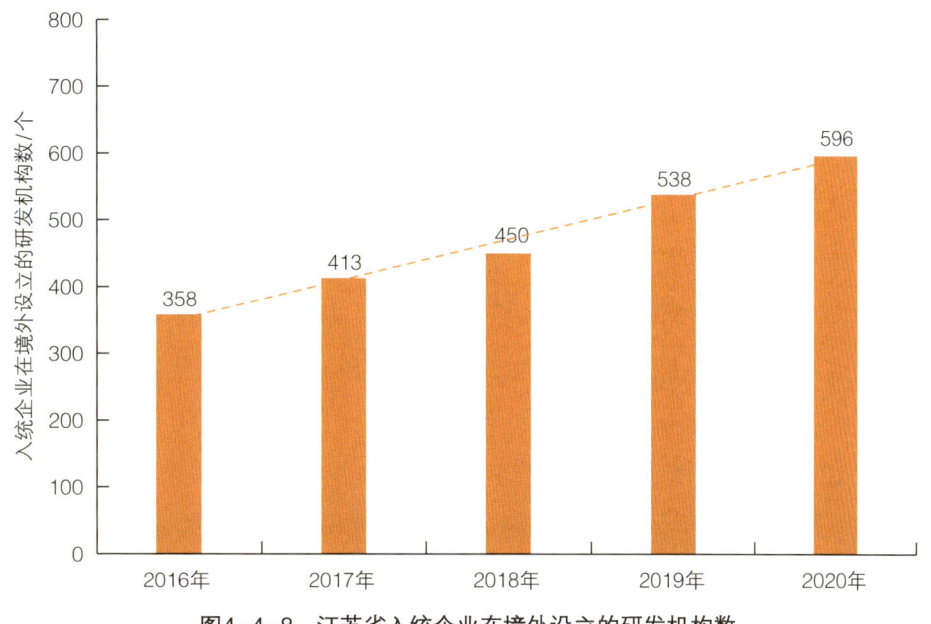

图4-4-8 江苏省入统企业在境外设立的研发机构数

高质量利用外资助力构建新发展格局。江苏省通过创新思路、主动作为、攻坚克难,以更高水平汇聚全球优质资源,实际使用外资规模持续居全国首位。图4-4-9为2016—2020年江苏省高新区当年实际利用外资金额变化情况。2016—2020年,江苏省高新区当年实际利用外资金额增长较快,在省(区、市)排名中位列第一。2020年,江苏省引资规模创历史新高。对外开放水平快速提升,其在加快构建双循环新发展格局中承担着重要角色。

图4-4-9 江苏省高新区当年实际利用外资金额

区域战略推进技术融合。2019年《长江三角洲区域一体化发展规划纲要》印发以来，三省一市和有关部门贯彻落实党中央决策部署，长三角区域协调发展战略从"共识"全面转向"共建"，规划政策体系"四梁八柱"初步构建，多层次工作机制发挥实效，多项改革不断深入推进，长三角一体化发展新局面正加快形成。据统计，一年来，长三角区域共推出了一体化制度创新30多项，制定出台了50余项规划和政策规章，签署了120多个合作协议，构建了60多个合作平台。江苏省企业重视技术创新，作为产学研合作最重要主体，在长三角一体化进程中加大相关科研活动投入强度，R&D经费与技术获取、改造、再创新经费呈增长趋势。2020年江苏省入统企业产学研合作经费与引进技术消化吸收再创新费用支出总额增势强劲，同比增长41.58%，产学研合作质量实现再提升。2020年，随着《苏锡常一体化发展合作备忘录》的签署，苏锡常一体化发展也跨出了重要一步。随着近年来三市产业差异化、特色化发展的步伐加快，相互补强产业链弱势环节、整合产业链优势环节，空间广阔、大有可为。

4.4.5 新业态新模式引领增长，支撑制造业高水平发展

江苏省有力推进数字赋能，为全省经济发展注入了强大新动力。在先进制造业方面，江苏省已经建立起数量居全国第一的产业集群，包括苏州的纳米新材料集群、无锡的物联网集群、南京的智能电网和新一代信息技术集群、徐州的机械工程集群等。江苏非常重视制造业与智能化的结合，大力发展数字经济，加快发展高端制造业，积极推进数字产业化、产业数字化，把智能化改造数字化转型（"智改数转"）作为重

要抓手，通过培育智能示范工厂、"互联网+先进制造业"特色基地等，努力打造全国数字经济创新发展新高地。

数字经济助力制造业高质量发展。新产业、新业态、新模式发展势头强劲，江苏省数字经济规模保持合理增长，全面步入高质量发展轨道。网络通信与安全紫金山实验室进入国家实验室战略布局，未来网络试验设施、高效低碳燃气轮机试验装置等国家重大科技基础设施落户江苏，实现江苏省"零"的突破。图4-4-10为江苏省2016—2020年数字化企业营业收入变化情况。2016—2020年，江苏省数字化企业营业收入实现稳定的可持续增长，数字化水平较高，为制造业高效发展提供支撑。2021年年底，江苏省规模以上工业企业全面实施"智改数转"，江苏省不少企业已经用上了"智慧大脑"。在无锡产业发展集团威孚高科技股份有限公司，生产、研发、市场等海量数据信息在智能制造运营平台上互连互通，可视化全息车间管理效益提升明显。

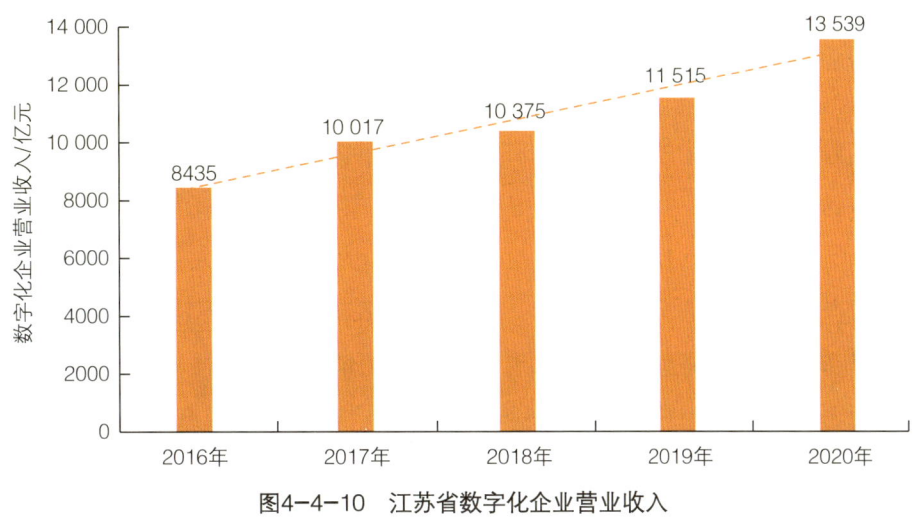

图4-4-10 江苏省数字化企业营业收入

创新成果与产业发展紧密对接。"十三五"以来，全省共登记各类技术合同超过2万项，成交额达691.06亿元；1000万元以上的重大技术合同成交1288项，成交额为499.76亿元，1299项应用技术成果实现产业化应用，创造经济效益1780.99亿元。图4-4-11为2016—2020年江苏省高新区当年技术合同成交额变化情况。2016—2020年，江苏省高新区当年技术合同成交额增长较快，2020年同比增长29.36%。

作为全国首个创新型省份建设试点，江苏聚焦自主可控现代产业体系，在 FPGA 芯片、DSP 芯片、系统设计与仿真验证平台软件、高强高模碳纤维等产业关键核心技术方面取得重要突破，以创新驱动打造高质量发展的强引擎，在全国创新发展上具有新优势。

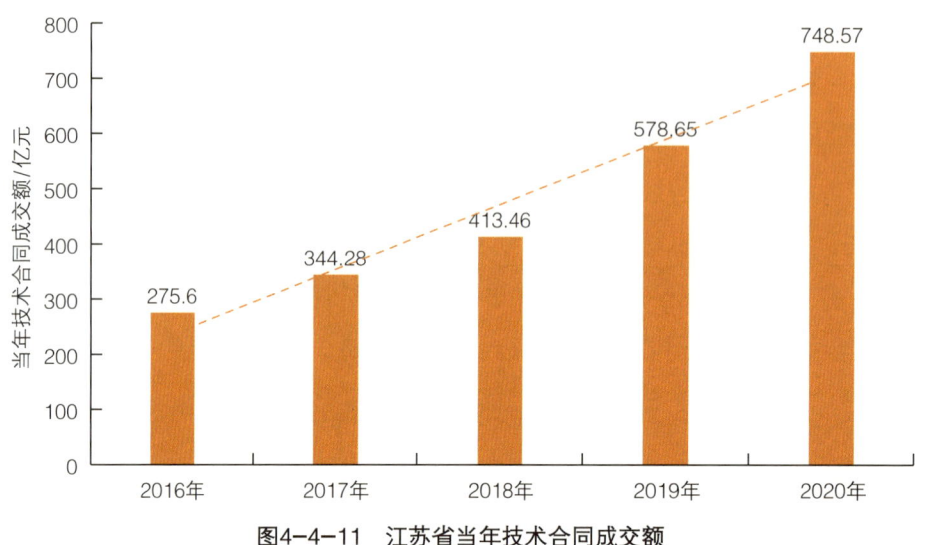

图4-4-11　江苏省当年技术合同成交额

人才优势服务高质量发展。近年来，江苏省持续推进人才制度创新，大力破除人才发展的体制机制障碍，坚持在改革中释放红利，为"强富美高"新江苏建设提供了强大的人才支撑和智力支持。江苏省入统企业当年吸纳的就业人数呈波动上涨态势，2020年达到80.6万人，全国排名第二，仅次于广东省，人才吸引力较强。2016—2020年，江苏省入统企业营业收入实现长期稳定的增长，发展质效稳步提升。王泽山院士、钱七虎院士先后荣获国家最高科学技术奖，"奋斗者"号载人潜水器、"悟空"号暗物质粒子探测卫星、海上浮式生产储卸油平台等大国重器成果持续涌现，纳米科技、超级计算、生物医药、物联网等新兴产业技术创新水平居国际前列，创新发展态势很好。

4.4.6　强引擎激活发展原动力，上市创新引领作用凸显

江苏作为我国综合实力第一的经济大省，以其自身强大的实力加固科技创新盾牌，主动作为、勇于担当，发挥着为全国发展示范带头的作用。

加大研发投入,增强竞争优势。自 2006 年中国提出自主创新战略以来,江苏就积极响应国家号召,无论是用于委托外部研究开发的费用,还是培育创新型领军企业,江苏省各市都大力扶持自家地盘上的科技研究对象。图 4-4-12 为江苏省高新区 2016—2020 年入统企业当年研发经费支出额占全省的比例变化情况。2020 年,江苏省入统企业当年研发经费支出额占全省的比例虽然有所下降,但是对全省研发投入仍然具有强大的引领作用。江苏省先进制造业集群数量和产业链竞争力显著提升,质量效益迈上新台阶,制造业增加值占比保持基本稳定,全员劳动生产率稳步提高。

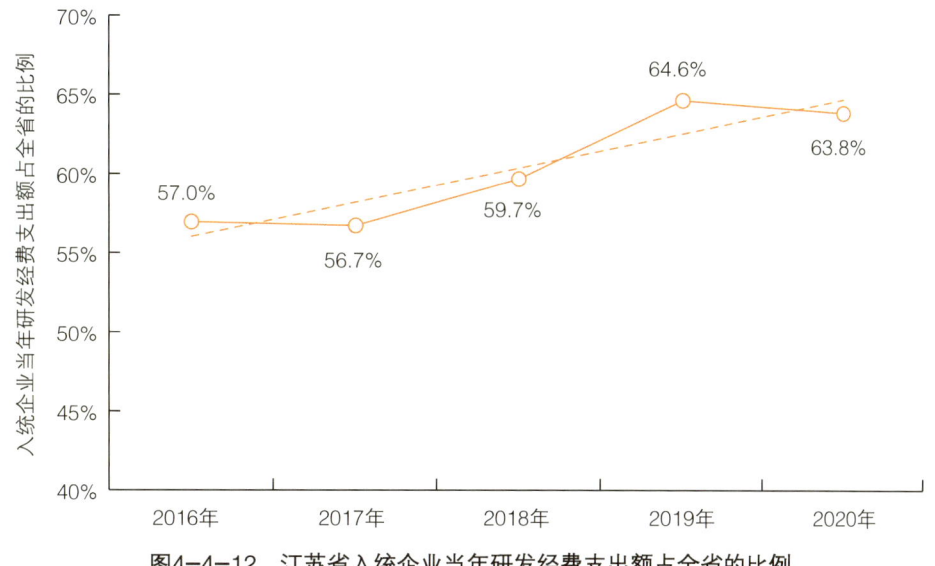

图4-4-12　江苏省入统企业当年研发经费支出额占全省的比例

上市企业引领地区发展。一个地区能够培育出多少上市企业是衡量其创新活动是否取得实质性成果的重要指标,尤其是科创板上市企业中可能会孕育出一批世界 500 强企业。图 4-4-13 为江苏省 2016—2020 年入统的上市企业数占全省的比例变化情况。2020 年江苏省入统的上市企业数占全省的比例为 73.6%,全国排名第一,远高于入统的上市企业数占全国的比例。

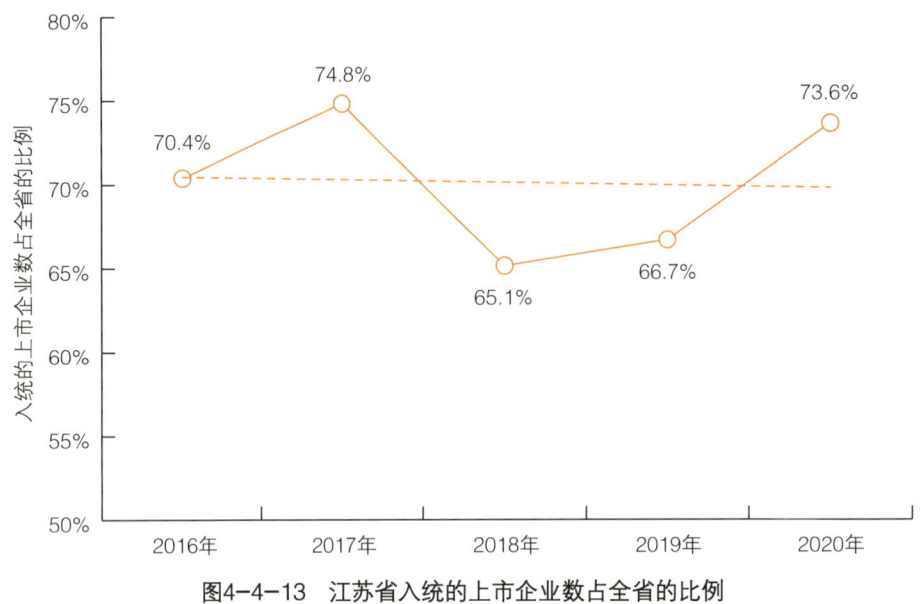

图4-4-13　江苏省入统的上市企业数占全省的比例

4.4.7　小结

"十三五"期间，江苏省在优化科技创新环境，促进科技成果转移转化及落实国家科技改革与发展重大政策等方面，多次获国务院督查激励通报表扬，科技综合实力实现新跃升。产业技术创新也取得新突破，企业创新能力获得新提升，区域创新布局呈现新拓展，体制机制创新迈出新步伐，与国际接轨的创新创业环境和创新文化氛围日益浓厚，为创新型国家建设贡献了江苏力量。

在优化创业生态方面，创新创业服务实现全面升级，科技创新生态系统加速形成。近年来，江苏省深入实施"创业江苏"行动，量质并举，大力推进科技企业孵化器等科技创业载体的建设与发展，涌现出江苏博济、ASK众创空间、无锡力合、南京万谷等一批具有品牌影响力的科技创业载体。截至2020年11月，全省拥有众创空间、科技企业孵化器等科技创业载体超过1700个，国家级科技企业孵化器数量、面积及在孵企业数量连续多年居全国第一。"十三五"期间，江苏省各类创业服务机构数持续增加，高新区科技服务业总收入跨上万亿元台阶，2020年入库的科技型中小企业数是2016年的近5倍，入统企业当年获得的风险投资额实现了新跃迁，催生了一批独角兽企业。

在营造创新环境方面，研发投入持续加大，研发平台量质齐升，创新产出硕果累累，形成了一定的发展经验。江苏省印发《关于营造更好发展环境支持民营企业改革发展的实施意见》，持续发挥民营经济在推动发展、聚力创新、扩大就业、改善民生中的重要作用，全面激发民营企业的发展活力和创造力。2020年，江苏省创新实力的增长突飞猛进，高新技术企业同比增长36.7%，国家高新技术特色产业基地占全国的20%以上，市场主体活力得到激发，入统企业当年发明专利授权达到28 737件。

在促进开放创新方面，利用外资规模保持全国领先，境外研发机构成为江苏面向开放创新发展的重要力量。作为我国开放型经济大省，江苏省的开放型经济发展与我国改革开放的大形势紧密相连，开放已成为江苏省的鲜明特色与突出优势。其利用外资规模保持全国领先，产业结构趋于优化，来源地保持稳定，区域布局协调发展，引资方式创新突破，经营状况良性发展，在境外设立的研发机构数和高新区当年实际利用外资金额全国排名第一。

在推动创新发展方面，新业态、新模式加速涌现，成为推动江苏高质量发展的新引擎。近年来，江苏省以智能制造引领产业转型发展、提质增效为目标，高标准举办世界智能制造大会，围绕培育16个先进制造业集群和重点产业链精准发力，加快智慧江苏和制造强省的建设，积极推动试点示范建设，建立健全智能制造工作统筹推进体系。"十三五"期间，江苏省积极推进数字产业化、产业数字化，以智能制造为主攻方向，深入实施智能制造工程，大力发展数字经济，当年技术合同成交额快速增长，打造制造业全面数字化转型江苏样板。

在发挥示范作用方面，上市企业增长势头较好，研发经费支出引领全省创新发展。江苏省积极抢抓资本市场改革机遇，大力推进企业上市工作，助力企业利用资本市场发展壮大，突出上市企业在培育产业集群、引领产业升级、构建新发展格局等方面发挥的作用。2020年，江苏省入统的上市企业数占全省的比例为73.6%，领先于全国，专利产出对全省创新仍然具有强大的引领带动作用。

4.5 浙江

"十三五"以来,浙江省始终坚持创新型省份建设一张蓝图绘到底,科技创新进入从量的积累向质的飞跃、从点的突破向系统能力提升的关键阶段,"互联网+"、生命健康和新材料三大科技创新高地建设取得重大进展,国字号创新平台加速集聚,关键核心技术攻关取得重大突破,高端创新人才加快汇聚,科技体制改革不断深化,"产学研用金、才政介美云"①十联动的创新创业生态系统加速构建,基本建成创新型省份。

4.5.1 指数总览

"十三五"期间,浙江省火炬总指数呈现快速上升趋势,年均增长率达10.91%,领先全国总体水平(图4-5-1)。这表明浙江省整体创新能力持续加强,创新发展水平在不断提升,在深入推进创新驱动高质量发展方面迈出坚实步伐。

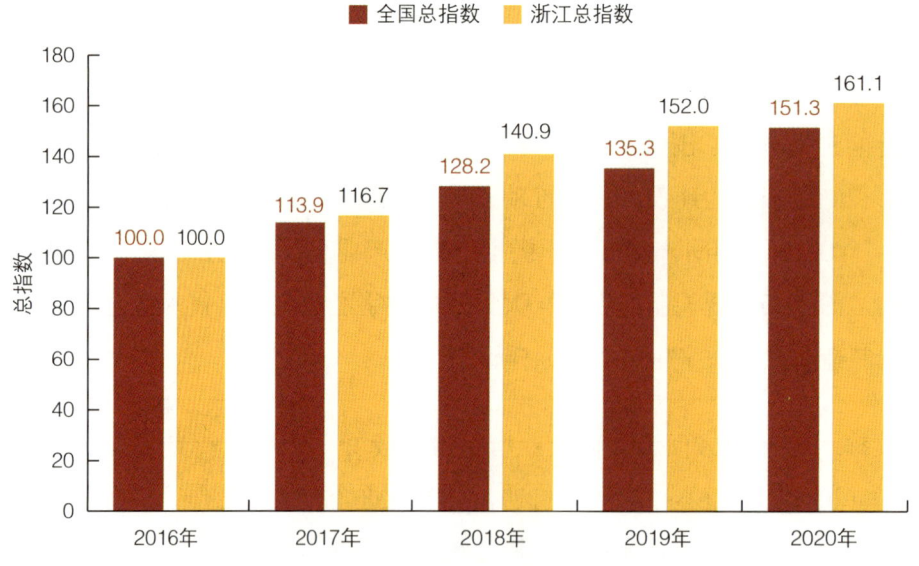

图4-5-1 浙江省火炬高新年度总指数与全国对比

---

① "产"是指以企业为主的产业化活动;"学"是指以高校为主的教学活动;"研"是指研究开发或科技创新活动;"用"是指科技成果的转化运用;"金"是指科技金融的深度融合;"才"是指科技人才团队的引进培育;"政"是指政府的公共创新服务体系;"介"是指科技中介服务;"美"是指美好的创新创业生态环境;"云"是指以"互联网+"、大数据、云计算为代表的信息技术应用。

图4-5-2中，2016—2020年浙江省火炬高新5个分指数总体保持增长态势。其中，"促进开放创新"指数的增长速度较快，2020年增至200.9，创新国际化水平和参与全球竞争能力不断提升；"推动创新发展"指数次之，该指数在2019年为170.1，2020年受国内外市场环境影响下降至159.8；"营造创新环境"指数的增长较为平稳，年均增长率为12%左右；"优化创业生态"指数呈现波动增长态势，2020年增至155.8；"发挥示范作用"指数呈现先升后降趋势，浙江省培育创业主体、提供创业服务和积聚创业资源的能力仍需进一步加强。

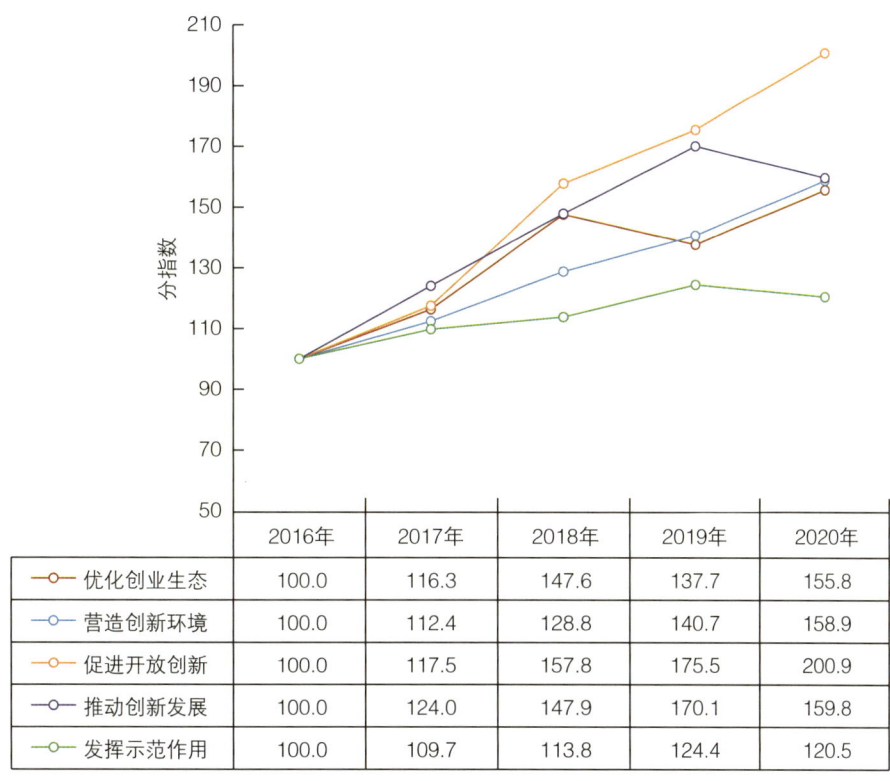

图4-5-2 浙江省火炬高新5个分指数变化趋势

4.5.2 健全完善政策体系，全面激发创新动力

"十三五"时期是浙江省强化创新驱动、完成新旧发展动能转换的关键期，也是建设创新型省份的决胜阶段。2017年，浙江省第十四次党代会提出"改革强省、创新强省、开放强省、人才强省"的战略部署，明确了新时期科技创新的新任务、新举措；2019年，浙江省委十四届六次全会提出要建立具有国际竞争力的创新驱动发展机

制，形成以高水平创新驱动高质量发展的新格局；2020年，浙江省委十四届七次全会做出《关于建设高素质强大人才队伍 打造高水平创新型省份的决定》，明确把人才强省、创新强省作为首位战略。"十三五"时期，浙江省围绕推进"八八战略"再深化、改革开放再出发，突出了"四个强省"工作导向，实施富民强省十大行动计划，建设了"六个浙江"，扎实推动中国特色社会主义在浙江的生动实践，开辟了干在实处、走在前列、勇立潮头的新局面。

"十三五"期间，全省上下在高端装备制造、信息网络、新能源、生物医药、节能环保、农业农村等方面突破了一批核心关键技术，取得了一批标志性成果，获得国家科技奖励的成果大幅增长。科技创新基地建设不断加快，青山湖科技城逐步成为全省重要的研发平台，未来科技城成为集聚创新资源的新高地，杭州国家自主创新示范区、中国（杭州）跨境电子商务综合试验区建设积极推进。产业技术创新体制机制不断完善，围绕做强产业链，在纯电动汽车、装备制造、新材料等领域，建设了184家省级重点企业研究院。新型研发机构加快建设，中国科学院宁波材料所、浙江清华长三角研究院等创新载体集聚优质资源，转化创新成果，有效支撑了区域创新体系建设。科技体制改革不断深化，科技大市场建设稳步推进，科技成果竞价拍卖取得成功，涌现了滨江、新昌等一批可复制、可推广的改革样板。创业创新生态环境不断优化，众创空间建设加速推进，科技金融结合不断深化，人才创业创新活力不断激发。

面向新时期，2021年6月《浙江省科技创新发展"十四五"规划》正式发布，确立了科技强省建设"两步走"的战略发展目标，提出到2025年，基本建成国际一流的"互联网+"科技创新高地，初步建成国际一流的生命健康和新材料科技创新高地，初步建成高水平创新型省份和科技强省，着力实现R&D经费支出占GDP比重等重要指标"六倍增六提升"；到2035年，全面建成三大科技创新高地，建成高水平创新型省份和科技强省，在世界创新版图中确立特色优势，为高水平社会主义现代化建设奠定坚实基础，为基本实现有中国特色的共同富裕奋斗目标提供强大动力。在"十四五"总体规划的基础上，浙江省同步编制中长期科技创新战略规划、高新技术产业发展等9个子规划及新一代信息技术发展等10个技术专项规划，形成了"2+9+10"科技创新规划体系，为深入实施创新驱动发展战略，加快建设高水平创新型省份和科技强省提供战略与战术支撑。

专栏 4-5-1　青山湖科技城

青山湖科技城是浙江建设科技强省和创新型省份的重大工程，也是杭州城西科创产业集聚区的核心组成部分。青山湖科技城位于杭州西郊，地处中国经济增长最快、市场容量最大的长三角经济圈内，规划面积115平方公里，分为四大功能区。研发区面积5平方公里，启动区面积2.07平方公里，是科技城核心，建成后将集聚大批科研机构和研发人才。产业化区面积40平方公里，是高端产业和高新企业的集聚地。现代服务和综合生活配套区面积25平方公里，是企业总部、中介机构、现代服务业的集聚地。生态休闲区面积45平方公里，将围绕青山湖适度开发生态休闲旅游业。青山湖科技城将坚持"高起点、高标准、高水平"目标，按照"特色鲜明、品质一流、作用突出"要求，推进高新技术及其产品的研究开发，加快高新技术成果的中试转化，培育孵化高新技术企业及科技型中小企业，集聚培养研发创新人才，辐射带动全省乃至长三角地区经济转型升级。力争通过几年乃至更长时间的努力，把科技城建设成为国际先进、国内一流的科技资源集聚区、技术创新源头区、高新企业孵化区、低碳经济示范区，成为"科技新城、品质新区"。

4.5.3　培育发展新兴产业，促进产业中高端转型

4.5.3.1　高新技术产业规模持续壮大，质量效益明显提升

图4-5-3中，2020年浙江省高新技术企业达21 943家，同比增长35.85%，较2016年增加了14 404家。图4-5-4中，浙江省高新技术企业当年所得税减免额大幅增长，2020年较2016年提高了193.61亿元，年均增长23.56%。"十三五"以来，全省高新技术产业产值从27 126亿元增加至42 784亿元，年均增长12.07%；高新技术产业增加值从5624亿元增加至9961亿元，年均增长15.36%，实现了经济持续健康较快发展。表4-5-1是10家浙江省知名高新技术企业及其所属行业。

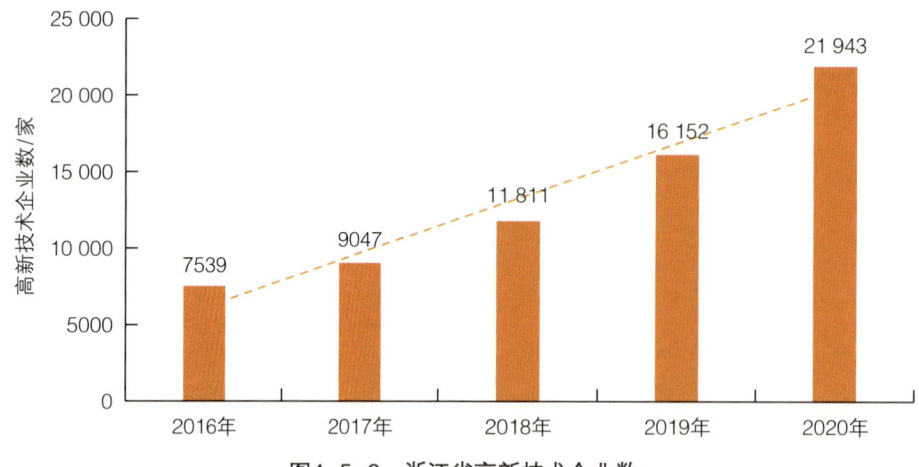

图4-5-3 浙江省高新技术企业数

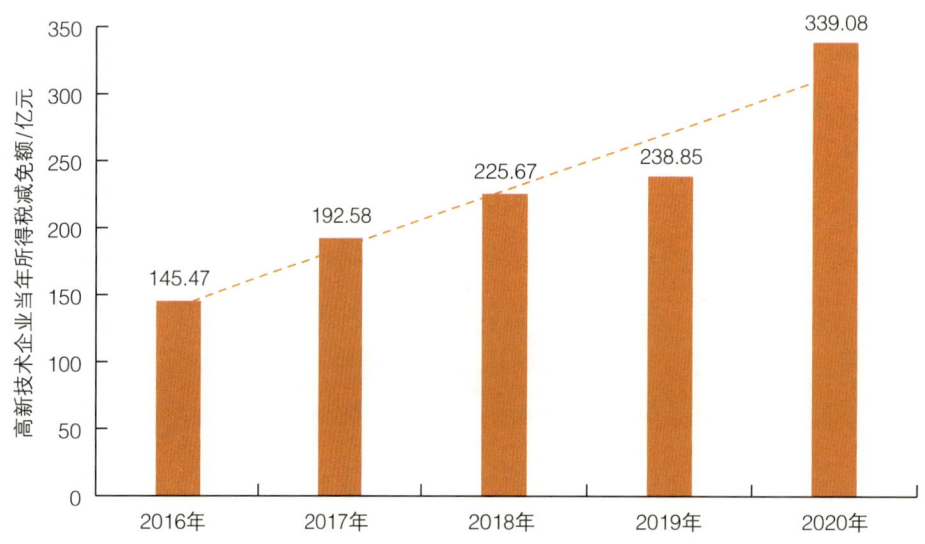

图4-5-4 浙江省高新技术企业当年所得税减免额

表4-5-1 浙江省知名高新技术企业及其所属行业

序号	企业名称	所属行业
1	新华三技术有限公司	数字化
2	杭州海康威视数字技术股份有限公司	视频监控
3	贝达药业股份有限公司	医药
4	浙江大华技术股份有限公司	软件开发
5	宁波方太厨具有限公司	厨具

续表

序号	企业名称	所属行业
6	杭州迪普科技股份有限公司	软件开发
7	浙江宇视科技有限公司	物联网
8	顾家家居股份有限公司	家居
9	杭州网易有限公司	软件开发
10	麒盛科技股份有限公司	智能家居

4.5.3.2 数字经济比重持续上升，呈现良好的发展态势

当前，新一代信息技术所产生的庞大的科技动力和新的能量促进全省产业朝互联网化方面发展，互联网催生的智能技术对产业进行全方位的改造、提升和变革，新模式、新业态和新价值链体系正在全方位形成。如图4-5-5所示，2016—2020年浙江省数字化企业营业收入占比逐年递增，2020年提高至21.6%。

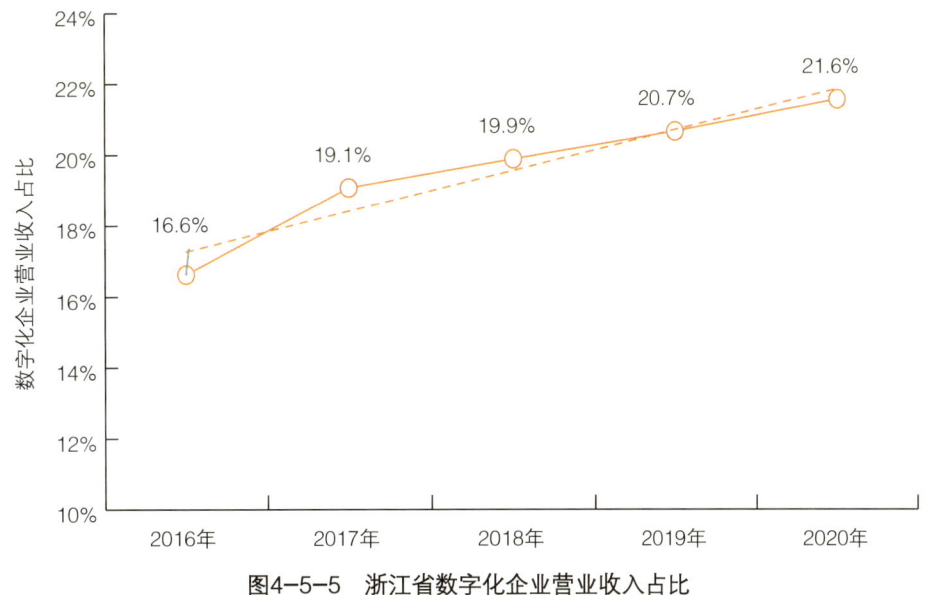

图4-5-5　浙江省数字化企业营业收入占比

4.5.3.3 产业发展动能强劲，领军企业不断涌现

如图4-5-6所示，"十三五"期间，浙江省入统企业当年获得的风险投资额大幅提升，2020年达到227.7亿元，加快推动产业发展。电子信息制造业、软件业规模位居

全国前列，电子商务、数字安防等细分领域具有国际竞争优势，云计算、大数据、人工智能、区块链等新兴领域形成了特色优势，一批龙头骨干企业引领发展，全省数字经济核心产业超千亿元企业1家、超百亿元企业25家、上市企业129家，2020年入选全国电子信息百强、软件百强、电子元器件百强和互联网百强的企业分别达16家、9家、19家和4家。

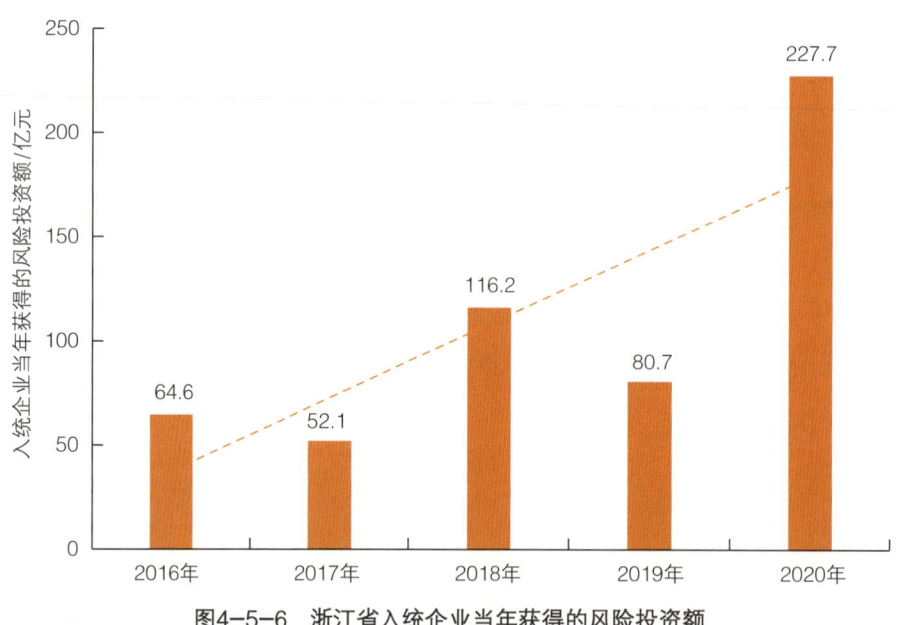

图4-5-6 浙江省入统企业当年获得的风险投资额

4.5.3.4 关键技术取得突破，产业集聚基本形成

超大规模集成电路用溅射靶材、大尺寸单晶金刚石、集成电路用12英寸硅单晶棒等一批关键核心技术研发成功，突破了国外封锁和垄断，有力地推动了集成电路、高清显示等战略产业的国产化进程。同时，启动培育建设"万亩千亿"新材料产业平台3个、新材料领域省级特色小镇7个，形成了宁波、嘉兴、绍兴、衢州等区域特色鲜明的新材料产业基地。宁波市新型功能材料产业集群入选国家战略性新兴产业集群名单。

4.5.4 优化创新创业生态，持续赋能高质量发展

4.5.4.1 高能级创新平台持续完善，吸纳集聚创新资源

创新平台是集聚创新资源要素、承担创新功能的重要载体。如图4-5-7所示，2020年浙江省高新区内重要的研发机构数达401个，较2016年增长了190个。"十三五"以来，获批杭州、宁波温州2个国家自主创新示范区，全国仅广东和浙江拥有2个。获批湖州国家可持续发展议程创新示范区。新挂牌建设2个国家高新区，新增2个国家级农业科技园区。新获批杭州、德清2个国家人工智能创新发展试验区，数量居全国第1位；阿里云城市大脑、海康威视视频感知入选国家新一代人工智能开放创新平台。成功创建首个全省域国家科技成果转移转化示范区，获批亚热带森林培育、眼视光学和视觉科学等2个省部共建国家重点实验室，获批建设感染性疾病、儿童健康与疾病、眼耳鼻喉疾病等3个国家临床医学研究中心，数量居全国第3位。获批建设首个国家级重大科技基础设施——超重力离心模拟与实验装置。

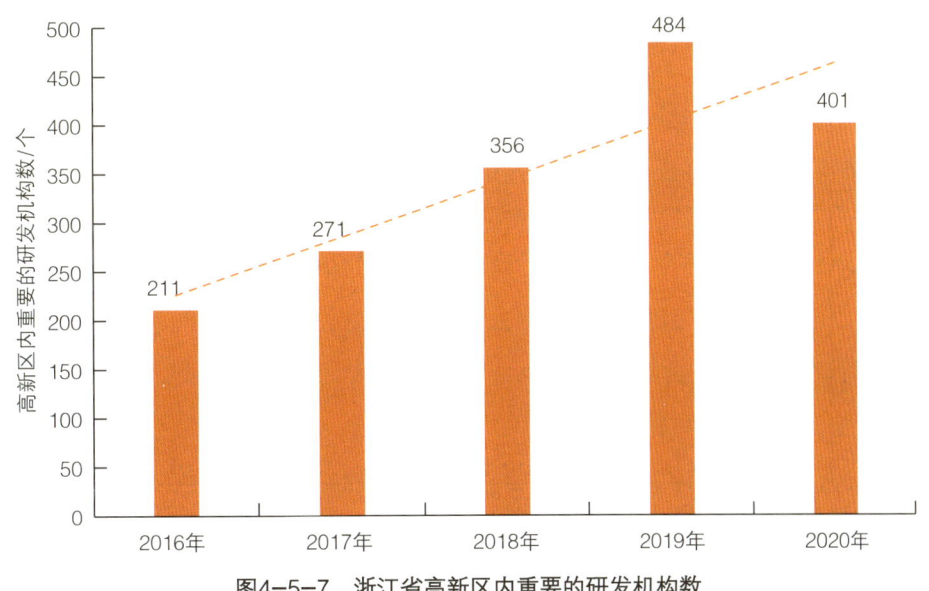

图4-5-7 浙江省高新区内重要的研发机构数

4.5.4.2 创新投入稳中有降，自主创新人力的投入规模和强度有待加强

"十三五"期间，浙江省入统企业当年研发经费支出占营业收入比例达2.5%以上，每万人当年研发人员全时当量数稳中有降（图4-5-8、图4-5-9）。

图4-5-8 浙江省入统企业当年研发经费支出占营业收入比例

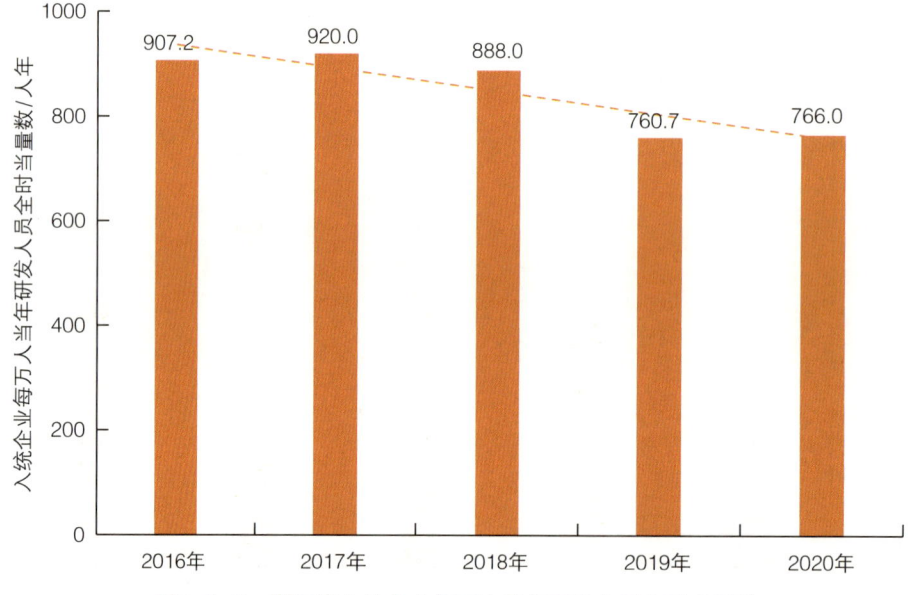

图4-5-9 浙江省入统企业每万人当年研发人员全时当量数

4.5.4.3 创新产出成效显著，创业孵化链进一步完善

"十三五"期间，浙江省修订《浙江省促进科技成果转化条例》，出台《关于全面加快科技创新推动高质量发展的若干意见》《关于建设高素质强大人才队伍　打造高水平创新型省份的决定》《关于深化项目评审、人才评价、机构评估改革　提升科研绩效

的实施意见》《关于实行以增加知识价值为导向分配政策的实施意见》《关于全面加强基础科学研究的实施意见》等法规政策，创新创业生态明显优化。2020年，浙江省入统企业当年发明专利授权数达18 573件，同比增长28.09%（图4-5-10）。"创业苗圃—孵化器—加速器"的创业孵化链条加快完善，2020年，浙江省各类创业服务机构数达1178个，较2016年增长了757个；浙江省各类创业服务机构中在孵企业数高达33 174家，较2016年增长了15 797家，年均增长率达17.55%（图4-5-11、图4-5-12）。

图4-5-10 浙江省入统企业当年发明专利授权数

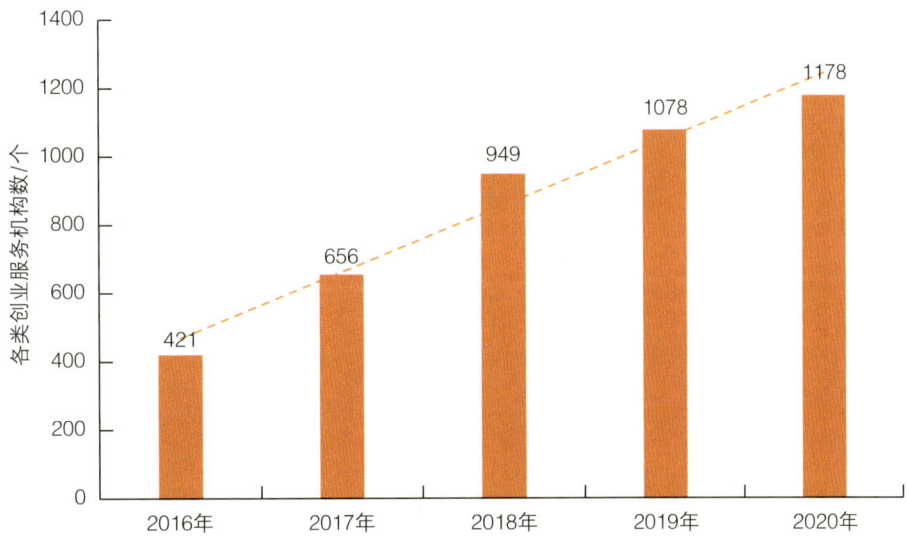

图4-5-11 浙江省各类创业服务机构数

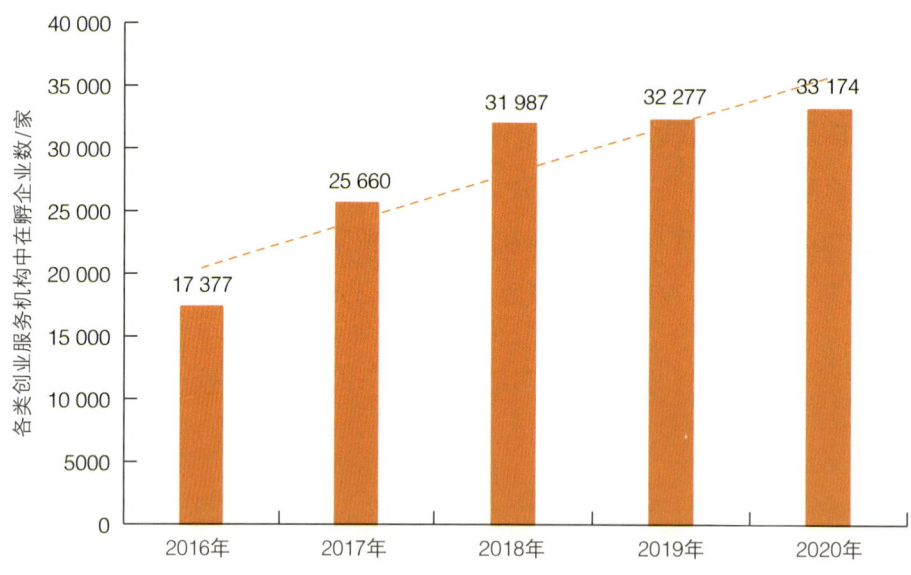

图4-5-12 浙江省各类创业服务机构中在孵企业数

4.5.5 强化创新开放发展，实现高水平开放合作

"十三五"以来，浙江省加快国际科技开放合作，全省入统企业在境外设立的研发机构数从100个增长至209个，年均增长率达20.24%（图4-5-13）。2020年，浙江省入统企业产学研合作经费与引进技术消化吸收再创新费用支出总额达402.3亿元，较2016年增长了254.4亿元，对外开放合作迈上新台阶（图4-5-14）。

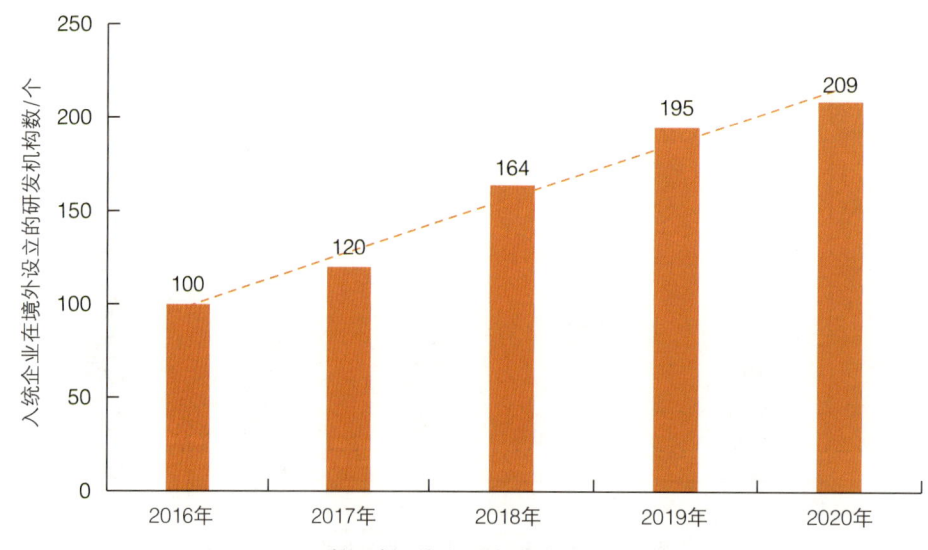

图4-5-13 浙江省入统企业在境外设立的研发机构数

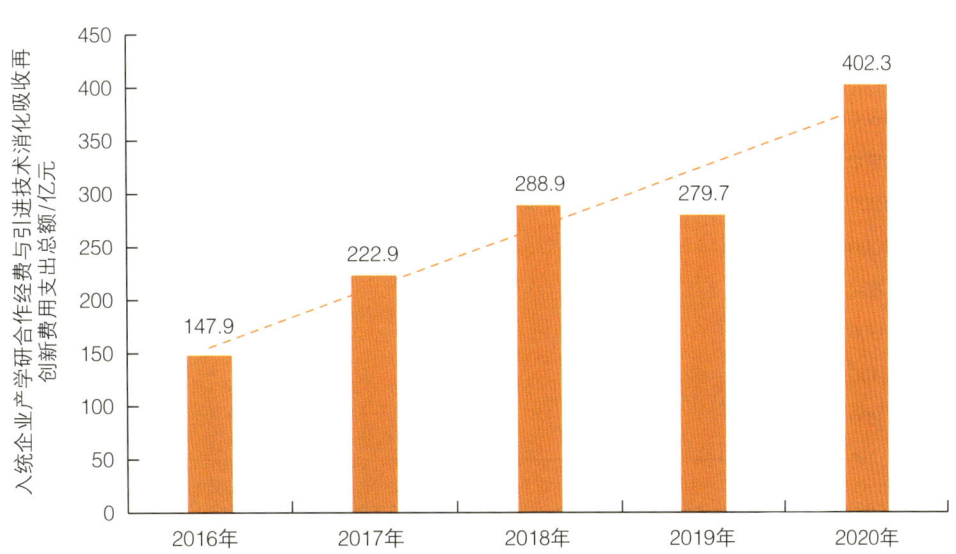

图4-5-14　浙江省入统企业产学研合作经费与引进技术消化吸收再创新费用支出总额

"十三五"期间，浙江省成功举办G20峰会、世界互联网大会、世界浙商大会等国际活动，2020年全省入统企业从业人员中外籍常驻和留学归国人员占比达到0.47%（图4-5-15）。2020年，浙江省入统企业当年PCT国际专利申请数增至1613件，年均增长率达49.72%（图4-5-16）。

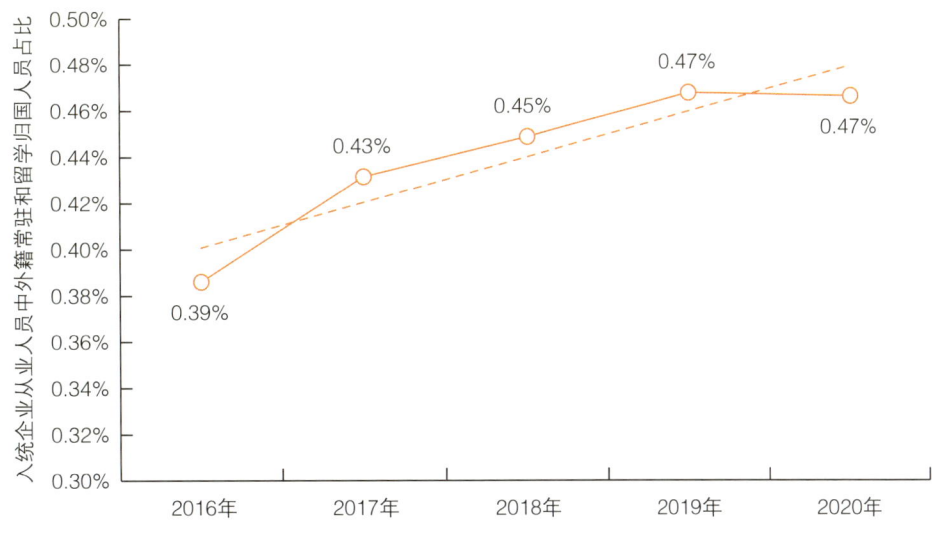

图4-5-15　浙江省入统企业从业人员中外籍常驻和留学归国人员占比

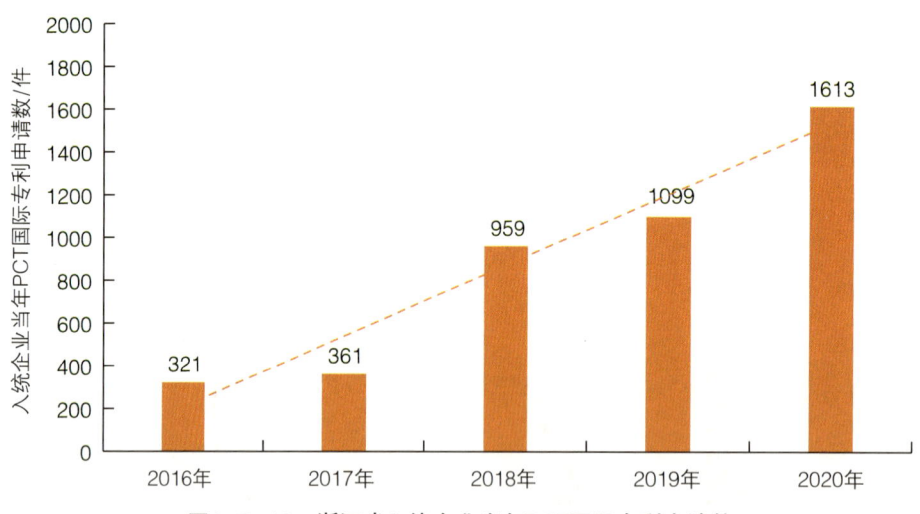

图4-5-16 浙江省入统企业当年PCT国际专利申请数

4.5.6 高新区成为全省高新技术产业发展的主阵地

截至2020年，浙江省拥有杭州、宁波、嘉兴、湖州莫干、温州、衢州、绍兴、萧山等8个国家高新区。2020年，浙江省高新区地区生产总值为7162.53亿元，占全省的比例为11.09%（图4-5-17）；注册企业增长率由2016年的19.89%增长至2020年的20.30%，提高了0.41个百分点，高新区规模效应不断扩大（图4-5-18）。

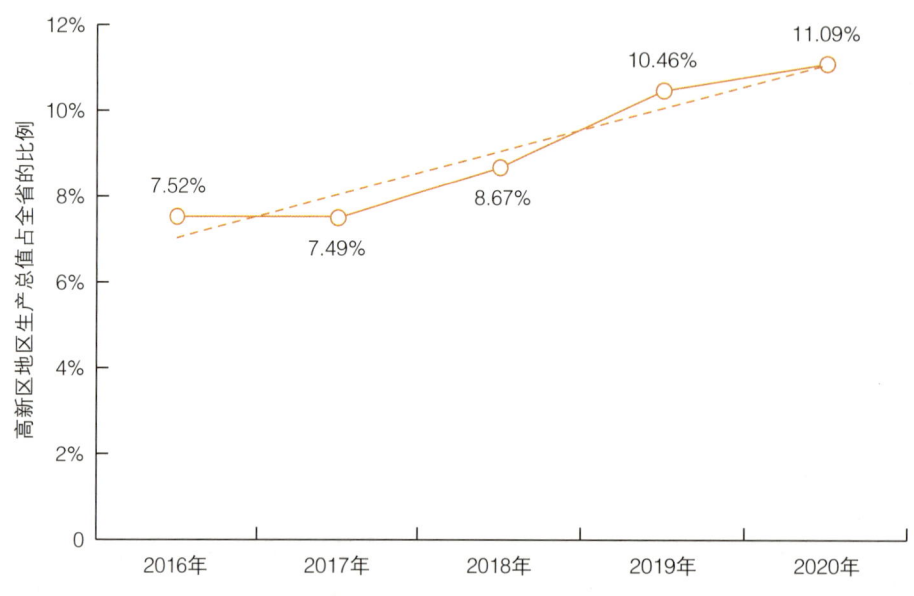

图4-5-17 浙江省高新区地区生产总值占全省的比例

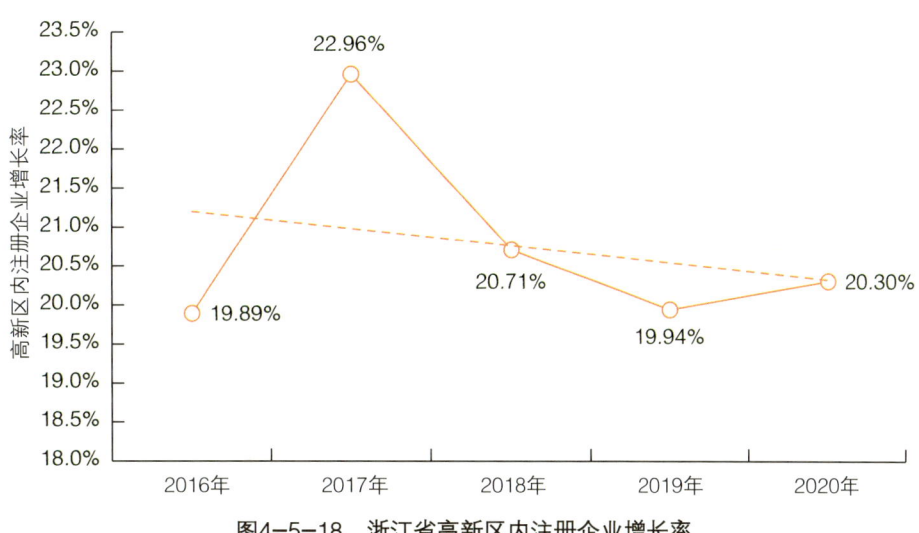

图4-5-18　浙江省高新区内注册企业增长率

"十三五"期间,高新区当年实际利用外资金额从2016年的125.6亿元增长至2020年的246.6亿元,年均增长率达到18.37%(图4-5-19);园区内从业人员平均工资逐年攀升,高新区科技创新与产业竞争力全面提升(图4-5-20)。

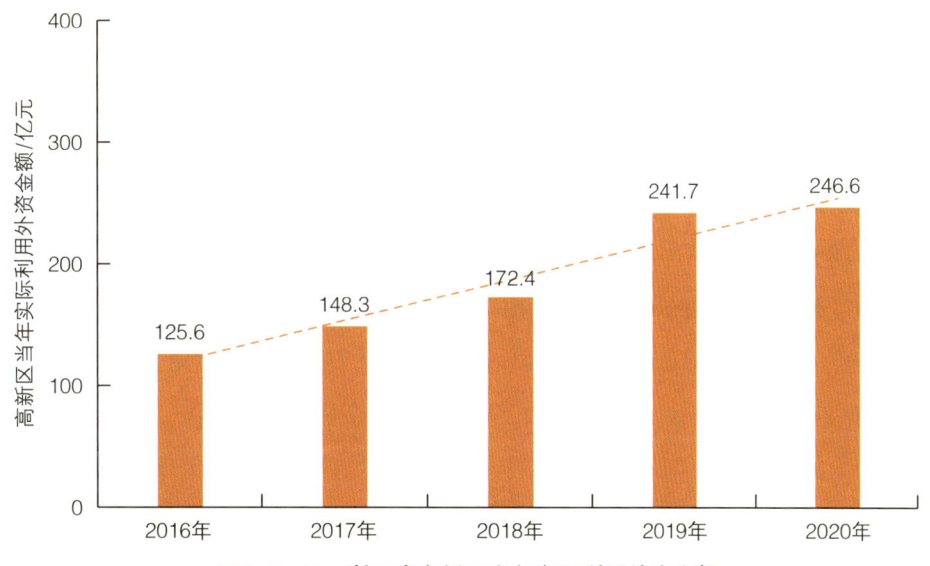

图4-5-19　浙江省高新区当年实际利用外资金额

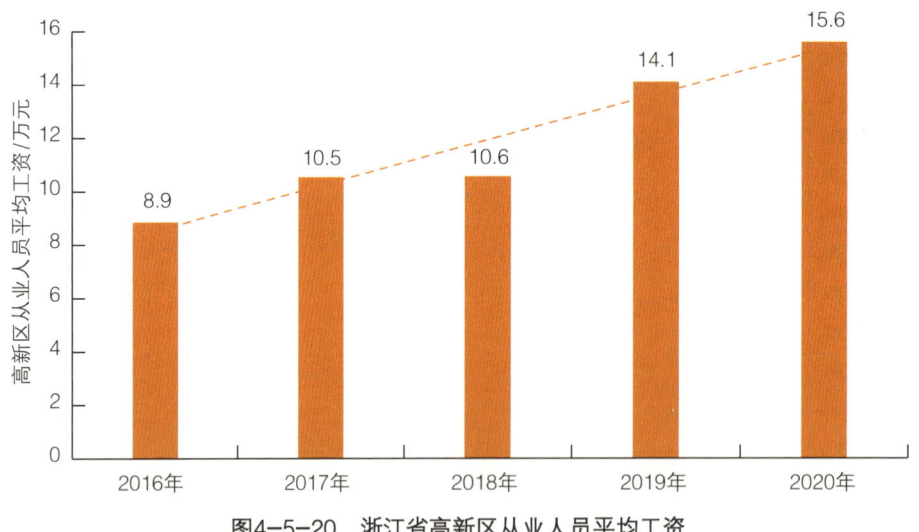

图4-5-20 浙江省高新区从业人员平均工资

4.5.7 小结

"十三五"期间,浙江省技术创新、业态创新、服务模式创新等创新创业活动更加活跃,创新资源开放共享机制不断完善,科技金融支撑作用全面加强,创新创业生态持续优化,与国际接轨的创新创业环境和创新文化氛围日益浓厚。

在优化创业生态方面,创业服务全面升级,融通创新、协同创新局面加速形成。"十三五"期间,浙江省加快修订完善创业服务相关政策,持续推进"创业苗圃—孵化器—加速器"的创业孵化链条,培育发展创业主体,提供创业服务。2016—2020年,高新区内注册企业增长率呈现波动提升状态,总体提高了0.41个百分点。各类科技服务机构快速涌现,截至2020年,全省拥有众创空间735个、大学科技园6个、孵化器437个,在孵企业数达33 174家。连续承办6届中国创新创业大赛,获奖数居全国首位。"创新券"制度自实施以来累计发放29.3亿元,金额居全国第一,服务企业3万家、13.1万次,全省大型科学仪器设备整体使用率和共享率均提高了5%。累计引进各类外国人才21.5万人次,培育领军型创新创业团队118个。以"最多跑一次"改革为牵引的政府数字化转型加速推进,"科技大脑"服务体系不断完善,厅本级56个事项网办率、掌办率、零跑率等5项指标领跑全国,申报材料精简了1/3,评审时间压缩了1/3。初步形成了"产学研用金、才政介美云"融通创新、协同创新的创新创业生态。

在营造创新环境方面,创新主体规模量质提升显著,高端科技创新人才紧缺。"十三五"期间,浙江省创新实力稳居第一方阵,高新技术企业从 7539 家增长至 21 943 家,高新技术企业群体蓬勃发展,高技术产业的经济实力和创新能力不断提升。高新区重要研发机构保持稳定高速增长,2020 年高新区内重要的研发机构数为 401 个,是 2016 年的 1.9 倍。2016—2020 年,入统企业当年研发经费支出占营业收入比例稳中有降,其间,入统企业每万人当年研发人员全时当量数呈下降趋势,2020 年下降至 766.0 人年,自主创新人力的投入规模和强度有待加强。创新产出成绩亮眼,入统企业当年发明专利授权数快速提升。企业创新支持力度持续扩大,全省高新技术企业当年所得税减免额大幅增长,2020 年提高至 339.08 亿元。

在促进开放创新方面,多维度推进创新交流合作,PCT 国际专利规模稳步扩大。"十三五"期间,浙江省坚持开放创新,成功举办 G20 峰会、世界互联网大会、世界浙商大会等国际活动。在境外设立的研发机构数量大幅提高,全省入统企业产学研合作经费与引进技术消化吸收再创新费用支出总额达 402.3 亿元,加快推进国际科技交流合作。知识产权创造运用水平持续提升,2020 年,全省入统企业当年 PCT 国际专利申请数高达 1613 件,当年形成国际标准 66 项。2016—2020 年,入统企业从业人员中外籍常驻和留学归国人员占比由 0.39% 提高至 0.47%,高新区当年实际利用外资金额提高至 246.6 亿元,浙江省集聚和使用全球创新资源的能力进一步提升。

在推动创新发展方面,科技创新引领绿色高质量发展,增进全省经济效益。"十三五"期间,全省规模以上工业企业综合能源消费量持续下降,迈出绿色发展坚实步伐;云计算、大数据、物联网、人工智能等新一代信息技术加快发展,促进了数字基础设施的演进升级和重构,全省数字化企业营业收入占比逐年递增,2020 年提高至 21.6%,数字经济呈现良好的发展态势。

在发挥示范作用方面,入统企业和高新区充分发挥其示范引领辐射带动作用,成为全省科技创新的主力军和主阵地。"十三五"期间,全省入统企业当年研发经费支出额占全省比例保持在 70% 左右,当年发明专利授权数占全省比例超过 30%。2020 年,入统企业拥有上市企业数量占全省的 71.6%,全员劳动生产率达到 31.4 万元/人。2020 年,全省 8 个高新区内重要的研发机构数达 401 个,高新区地区生产总值达 7162.53 亿元，为全省经济实现创新驱动发展和高质量发展做出新贡献。

4.6 安徽

"十三五"以来，安徽围绕下好创新"先手棋"，坚持把创新作为最大政策，在创新上有了更大作为。统计显示，和"十二五"末相比，全省规模以上高新技术产业产值、增加值比 2015 年分别增长 78.9%、73.5%，规模以上高新技术产业增加值占全省规模以上工业增加值的比重超过 40%。

4.6.1 指数总览

图 4-6-1 中，2016—2020 年安徽省火炬高新年度总指数呈现稳定增长趋势，年均增长率为 11.77%，2020 年再创新高，增长至 156.1，科技创新能力持续增强，创新驱动高质量发展动能强劲。

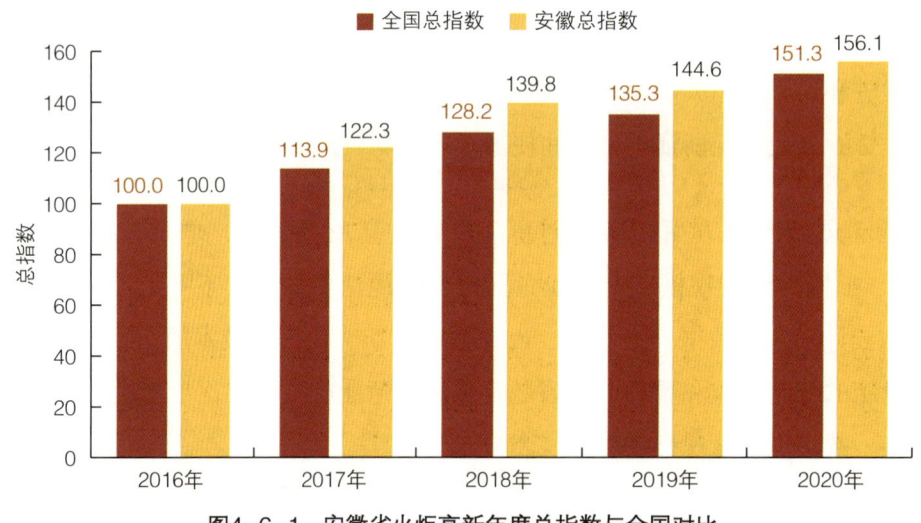

图4-6-1 安徽省火炬高新年度总指数与全国对比

从图 4-6-2 分指数增长情况来看，"十三五"期间，"优化创业生态"指数和"促进开放创新"指数增势强劲，年均增长率分别达到 18.66% 和 15.45%，2020 年分别增至 198.2 和 177.6，创新创业生态持续优化，开放创新能力显著提升。"营造创新环境"

指数在"十三五"期间呈现稳定增长趋势，2020年增长至148.3。"十三五"时期，全省始终把科技创新摆在发展全局的核心位置，全面实施创新驱动发展战略，重大创新平台取得新进展，关键核心技术取得新突破，科技成果转化取得新成效，创新人才实现新集聚，区域创新能力稳居全国第一方阵。"推动创新发展"指数和"发挥示范作用"指数呈现波动上升趋势，安徽省仍需进一步强化科技支撑和应用示范，系统构建科技创新攻坚力量体系，不断厚筑科技创新势能并将其更多转化为经济发展新动能。

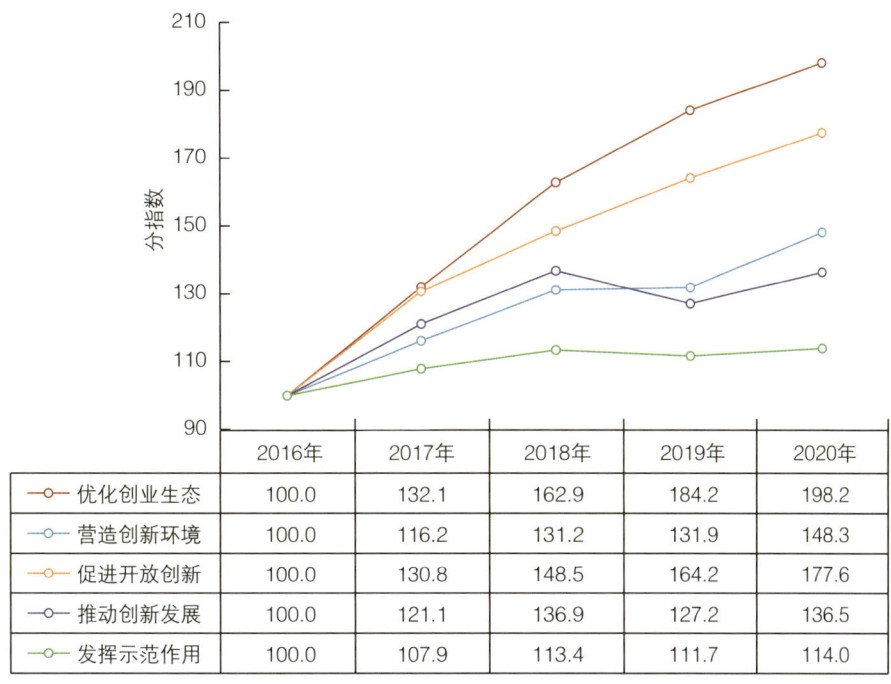

图4-6-2　安徽省火炬高新5个分指数变化趋势

4.6.2　构建安徽特色科技创新制度体系，建设科技创新策源地

"十三五"以来，安徽省不断深化科技体制机制改革，坚持以改革推动创新、以创新驱动发展，创新生态持续优化。

4.6.2.1　率先开展"3+1"自主创新试验示范区政策先行先试

2011年，国家将合芜蚌试验区与北京中关村国家自主创新示范区、武汉东湖国家自主创新示范区、上海张江国家自主创新示范区作为"3+1"试验示范区序列。2016年6月，国务院批复同意在安徽合肥、芜湖、蚌埠3个国家级高新区建设合芜蚌国家自主创新示范区。"十三五"期间，安徽省先后出台实施合芜蚌国家自主创新示范区先行先试政策，创新发展成效显著。2020 年，合芜蚌国家自主创新示范区高新技术产业产值、增加值分别占全省的 48% 和 48.4%，高新技术企业数达 4763 家。

> **专栏 4-6-1　合芜蚌自主创新综合配套改革试验区**
>
> 　　贯彻落实中央关于安徽"应在自主创新上应有更大作为"的重要指示精神，安徽省委、省政府在抓好合肥国家科技创新型试点市的基础上，进一步拓展试验范围、试点内涵，于 2008 年 10 月做出建设合（肥）芜（湖）蚌（埠）自主创新综合试验区的重大战略决策，出台了《中共安徽省委、安徽省人民政府关于印发合芜蚌自主创新综合配套改革试验区实施意见的通知》（皖发〔2008〕17 号）和《中共安徽省委、安徽省人民政府关于推进合芜蚌自主创新综合配套改革试验区工作的若干政策措施（试行）》（皖发〔2008〕18 号）两个指导性文件，召开了全省推进自主创新暨建设合芜蚌自主创新综合试验区动员大会，全面启动试验区建设。2016 年，经国务院批准，财政部、国家税务总局发文，给予安徽省合芜蚌自主创新综合试验区与北京中关村、武汉东湖、上海张江国家自主创新示范同等税收政策，标志着安徽省合芜蚌自主创新综合试验区税收政策方面取得突破。合芜蚌自主创新综合试验区建设启动以来，在产业、科技、人才、改革"四大成果"方面呈现加速涌现的态势，成为安徽科学发展的重要战略平台，是示范引领全省发展方式转变、经济结构调整的重要抓手。

4.6.2.2　系统推进全面创新改革试验

　　深入推进科技成果"三权"管理改革，深化"放管服"改革，实施科研人员减负七项行动，大力推动作风学风转变。2017 年 11 月，安徽省发布《关于实行以增加知识价值为导向分配政策的实施意见》，提出将科研人员享受成果转化受益比例调高到 70% 以上，允许高校院所按规定自主分配、自主决定绩效工资，允许科研人员从事兼职工作以获得合法收入，允许高校教师从事多点教学以获得合法收入。通过系统性、整体性、协同性创新改革试验，激发了全社会创新活力与创造潜能。在"全创改"试验中，安徽省陆续出台了80余项高含金量的改革文件。事业单位编制周转池等2项改革举措，先行先试的专利质押融资等3项改革举措，被国务院列入全国推广的首批13项改革经验；创新创业团队回购地方产业基金所持股权的机制等6项改革举措，被国务院列为全国第二批推广的23项改革经验；新型研发机构市场化管理改革等13个典型案例入选《国家全面创新改革试验百佳案例》。

4.6.2.3 构建创新型省份建设配套政策体系

"十三五"以来，安徽省相继出台了技术和产业、平台和企业、资本和金融、制度和政策四大创新发展支撑体系的实施意见，逐步构建了涵盖高校、科研机构、企业、中介机构等各类创新主体，包括财政、税收、金融、知识产权等多样化工具的具有安徽特色的科技创新制度体系。

4.6.3 前瞻布局未来产业，着力培育壮大新增长点增长极

"十三五"以来，安徽省高新技术企业数快速增长，2020年全省高新技术企业达8444家，是2016年的2倍多（图4-6-3）。高新技术企业当年所得税减免额从2016年的48.21亿元提高到2020年的83.12亿元（图4-6-4），培育支持力度进一步加大，企业自主创新能力得到提升。表4-6-1是10家安徽省知名高新技术企业及其所属行业。

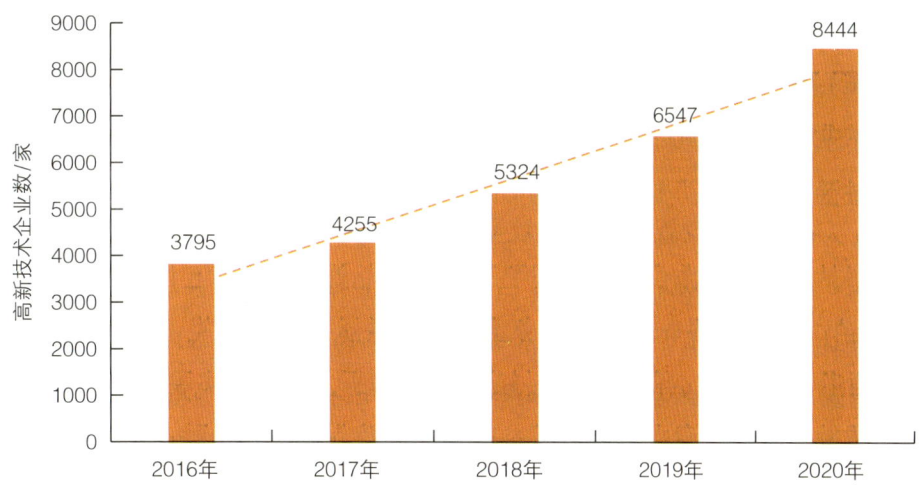

图4-6-3　安徽省高新技术企业数

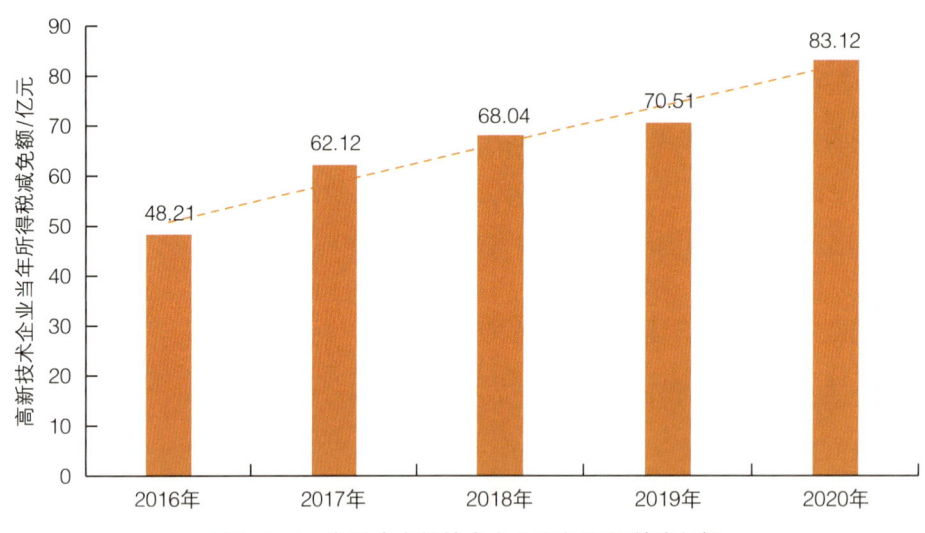

图4-6-4 安徽省高新技术企业当年所得税减免额

表4-6-1 安徽省知名高新技术企业及其所属行业

序号	企业名称	所属行业
1	安徽江淮汽车集团股份有限公司	汽车制造
2	格力电器（合肥）有限公司	空调
3	奇瑞汽车股份有限公司	汽车制造
4	合肥长安汽车有限公司	汽车制造
5	合肥晶澳太阳能科技有限公司	光伏发电
6	芜湖美智空调设备有限公司	空调
7	徽合力股份有限公司	机械制造
8	合肥华凌股份有限公司	空调
9	安徽康佳电子有限公司	视听产品
10	安徽美芝精密制造有限公司	精密仪器

"十三五"以来，安徽省狠抓技术改造、智能制造、专精特新、安徽精品、工业设计、民营经济、节能环保"五个一百"等一批特色品牌工作，"工业数字化"指数全国第一。如图4-6-5所示，2020年安徽省数字化企业营业收入占比高达16.9%，较2017年提升了2.1个百分点，呈现良好的发展态势。9家皖企入围中国500强企业，安徽海螺集团有限责任公司、铜陵有色金属集团股份有限公司连续两年入围世界500强，工业机器人年均增速超50%，智能可穿戴设备出货量全球第一。

图4-6-5　安徽省数字化企业营业收入占比

"十三五"期间,安徽省认真落实科技创新在引领经济社会发展和提升大国综合实力中的关键作用,充分发挥世界领先的大科学装置和顶尖高校、科研院所、龙头企业的科技创新策源能力,加强"政产学研用金"六位一体融合发展,着力打造未来产业发展生态圈,培育未来产业创新主体,积极抢占未来产业发展先机。如图4-6-6所示,安徽省入统企业当年获得的风险投资额逐年提升,2020年增长至46.83亿元,年均增长率为62.12%,发展潜力巨大。

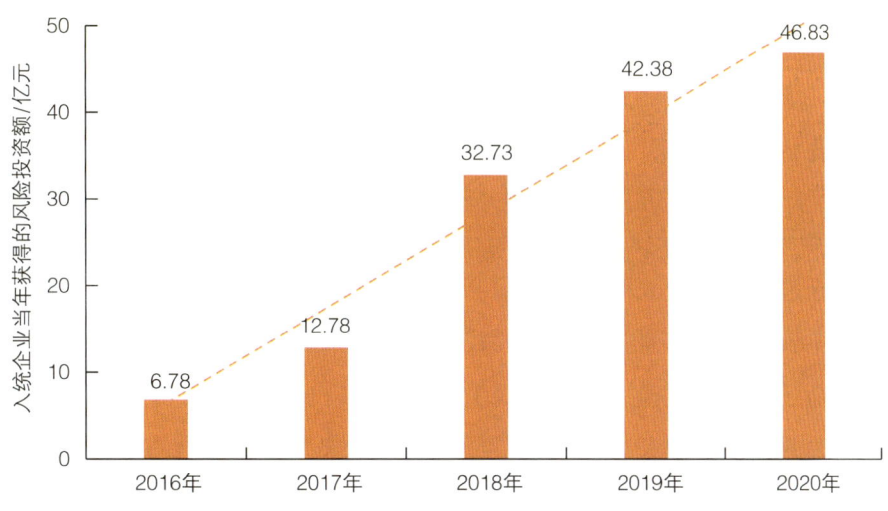

图4-6-6　安徽省入统企业当年获得的风险投资额

打造"源头创新—技术开发—成果转化—产业集聚"的量子信息未来产业生态圈。近年来，安徽省依托国家实验室量子信息基础研究优势资源，借助中科大量子信息技术科研团队的带动辐射作用，量子信息源头成果持续涌现，量子信息成果转化卓有成效。截至2020年年底，量子信息产业的专利申请量已经突破450件，位列全国第一；有关企业牵头或参与了国内首批量子通信行业标准制定。2021年，安徽已集聚了以国盾量子、国仪量子、本源量子、问天量子等为代表的一批量子企业，约占全国量子企业总量的1/3。合肥量子城域网、"京沪干线"总控中心等示范应用项目均已建成，量子信息未来产业雏形显现。

打造从基础设施、技术、产品到应用的人工智能未来产业生态圈。发挥中国科学技术大学等科研资源优势，拥有语音及语言信息处理、类脑智能技术及应用国家工程实验室等研发平台，成功创建合肥国家新一代人工智能创新发展试验区，集聚了以科大讯飞为代表的数百家上下游相关企业。在基础层方面，依托科大讯飞建设的智能语音国家人工智能开放创新平台，已聚集开发者团队194万人，累计覆盖终端用户数达31.5亿。在关键核心技术支撑方面，拥有科大讯飞、中科类脑、华米科技等优势企业，"中国声谷"集聚了上千家人工智能企业，产值超千亿元，核心技术优势明显。在应用场景方面，安徽智能机器人产业处于全国第一梯队，形成了合肥、芜湖、马鞍山等产业集聚区，主营业务收入超200亿元。江淮、奇瑞、蔚来等在智能网联汽车方面持续发力。华米科技智能穿戴设备拥有全球领先的智能穿戴技术。科大讯飞"顺风耳"图聆工业云平台入选工业和信息化部"特色专业型工业互联网平台"，已在智慧教育、智慧医疗、智慧城市、智慧司法等领域进行布局突破。

打造以先进核能为代表的未来能源产业生态圈。安徽充分发挥世界领先的大科学装置优势，在核聚变技术研究等未来科技前沿方向取得重要突破，技术水平位居全球先进行列。全超导托卡马克装置（EAST）致力于解决ITER及与未来聚变堆高性能稳态运行相关的关键物理和工程问题，将为中国未来聚变实验堆的设计和运行提供重要的依据，位列未来能源研究前沿。2021年5月28日，EAST实现可重复的1.2亿摄氏度101秒和1.6亿摄氏度20秒等离子体运行，再次创造新的世界纪录。以全超导托卡马克、聚变堆主机关键系统综合研究设施等装置和合肥综合性国家科学中心能源研究院为先导，以阳光电源、通威太阳能、江淮大众新能源汽车、蔚来汽车、国轩高科等科技企业为主体，安徽正围绕新型能源、新型储能、新能源汽车等产业领域，加快推进氢能制备和存储、太阳能和风能高效利用、先进核能、新能源电池等产业化进程。同时，围绕碳达峰、碳中和等国家战略目标和未来能源高效利用的社会需求，把握能源供应清洁化、低碳化、数字化、智能化趋势，积极推进规模化储能、碳捕集利用与封存等科技发展和应用。

打造以精准医疗、基因编辑、创新药研制、新型医疗器械等为重点的生物医药未来产业生态圈。安徽把精准医疗、基因编辑、创新药研制、新型医疗器械等未来生物医药科技发展作为重点方向，基本形成以原料药及中间体、化学药、中药及中成药生产为基础，以生物药、医疗器械为培育重点，以细胞和基因治疗、医疗人工智能、脑科学与类脑科学为前瞻布局，以医药流通和医药外包服务为协同的生物医药产业体系。已培育集聚了环球药业、丰原涂山等化学原料药及中间体重点企业，安科生物、天麦生物、智飞龙科马等生物药创新研发生产企业，济人药业、华佗国药、九方制药等中药生产制造企业，欧普康视、伊普诺康、美亚光电等医疗器械研发生产企业，在靶向医药、免疫细胞治疗、基因检测、再生医学与干细胞治疗等领域取得积极进展，超导质子治疗系统、干细胞技术、高端医疗器械等领域取得巨大进步，引领生物医药未来产业发展新方向。如利用超导技术与回旋加速器技术成功研发世界先进紧凑型医用超导质子治疗系统，加速了国产质子治疗系统的产业化进程。

4.6.4　创新成果持续涌现，"芯屏器合"成为安徽新名片

4.6.4.1　原始创新和重大创新的平台建设加速推进

"十三五"期间，国家实验室创建工作取得决定性进展，相继获批建设合芜蚌国家自主创新示范区、合肥综合性国家科学中心、合肥滨湖科学城，开展系统推进全面创新改革试验，在此基础上，安徽省着力打造"四个一"创新主平台，启动建设14个安徽省实验室和14个安徽省技术创新中心。如图4-6-7和图4-6-8所示，2020年高新区内重要的研发机构数达到329个，安徽省入统企业当年研发经费支出占营业收入比例呈现Z形增长，2020年增长至2.57%。

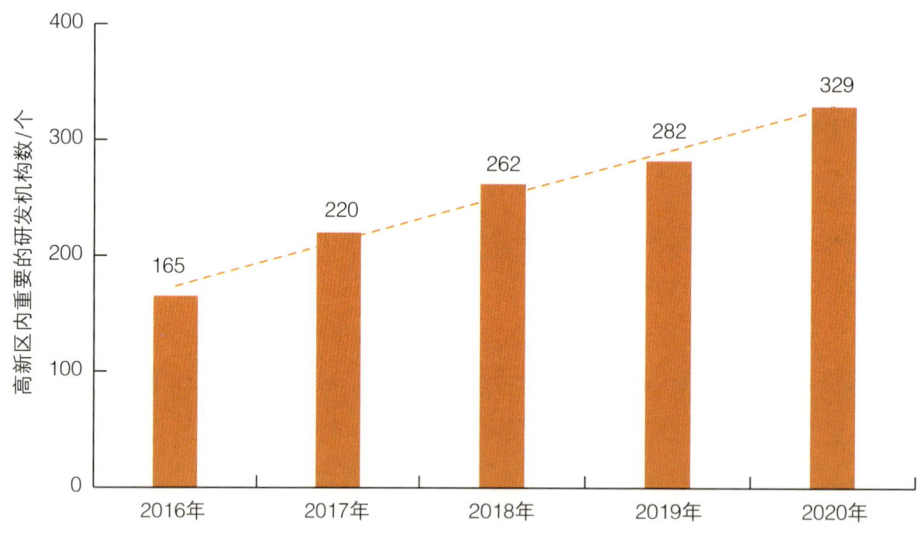

图4-6-7　安徽省高新区内重要的研发机构数

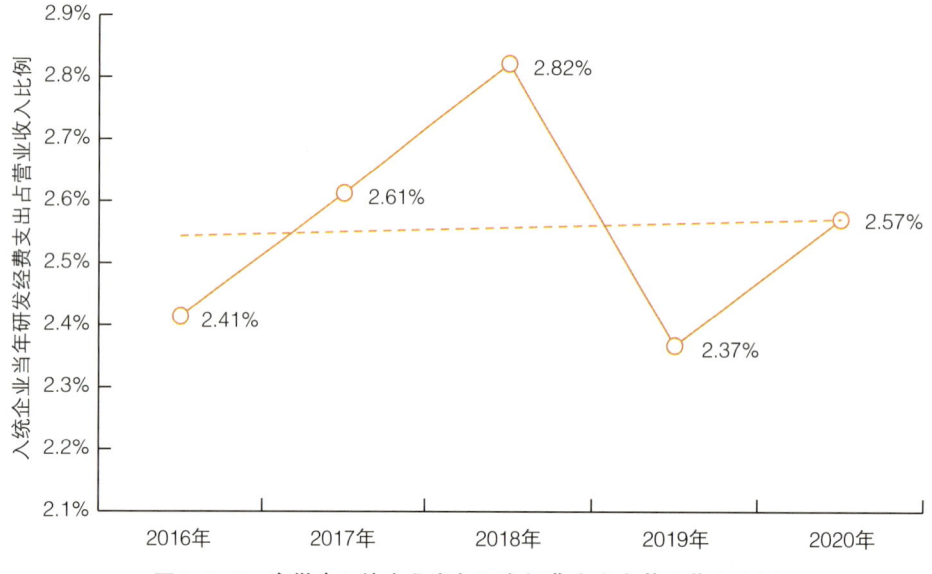

图4-6-8　安徽省入统企业当年研发经费支出占营业收入比例

专栏 4-6-2　安徽"四个一"创新主平台建设

"四个一"创新主平台建设是安徽构建现代化经济体系的重大支撑、推进自主创新的重大抓手、汇聚天下英才的重大载体。其中,"一中心"即合肥综合性国家科学中心,"一城"即合肥滨湖科学城,"一区"即合芜蚌国家自主创新示范区,"一省"即系统推进全面创新改革试验省。

2017年,安徽省委十届六次全会首次提出了建设"四个一"创新主平台的重大战略决策,加快布局世界一流的重大科技基础设施集群和重大创新平台,形成一批具有全球影响力的重大科技成果和产业成果。围绕这一目标,安徽省委、省政府不断完善省"三重一创"、支持科技创新和制造强省建设等系列激励政策,建立健全技术和产业、平台和企业、金融和资本、制度和政策四大创新发展支撑体系,积极扶持各类创新平台加快发展,强化协同合作、梯次衔接,不断提升整体效能和水平,取得了明显成效。

4.6.4.2 持续强化人才支撑

2016年以来,安徽省8位科学家新当选"两院"院士,在皖"两院"院士累计38人;省7名外国专家成功入选中国政府"友谊奖",迄今为止,安徽省已有36名外国专家获此殊荣;累计引进高层次外国专家24 000余人次,获批国家级引才引智示范基地8个,入选地方高校新建学科创新引智基地("111基地")2个,实现地方高校入选"111基地"零的突破。高层次人才发挥了"领军、示范、导师、智囊"作用,为提升全省自主创新能力,服务全省战略性新兴产业发展,实现产业转型做出了积极贡献。实施高层次科技人才团队在皖创新创业扶持计划,省级共扶持220个高层次科技人才团队落户安徽创新创业,省级财政投入12.63亿元,引导地方和社会资金投入近70亿元,贡献税收超过4亿元。

4.6.4.3 扎实推进关键技术攻关

图4-6-9和图4-6-10反映了"十三五"以来安徽省扎实推进关键技术攻关,入统企业每万人当年研发人员全时当量数保持在800人年以上,入统企业当年发明专利授权数逐年提升,2020年达到13 023件。量子通信技术和应用方面处于国际领先地位:研制并发射成功世界首颗量子科学实验卫星"墨子号",在国际上首次实现无中继千公里量子保密通信;正式开通世界首条量子保密通信干线——"京沪干线"。被称为"人造太阳"的全超导托卡马克大科学装置(EAST)多次刷新等离子体运行

世界纪录，取得国际核聚变重大突破；成功研制国际热核聚变实验堆首个大型超导磁体线圈竣工交付；自主研制的 ITER 计划校正场首批线圈暨法国 WEST 装置偏滤器关键部件成功交付。蚌埠玻璃工业设计研究院超薄电子玻璃屡创纪录，成功研发中国第一、世界领先的 30 微米柔性可折叠玻璃。

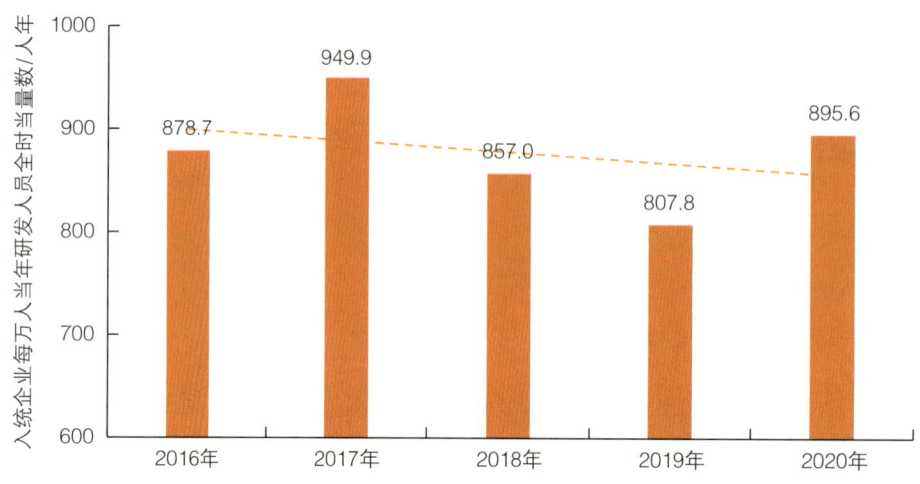

图4-6-9　安徽省入统企业每万人当年研发人员全时当量数

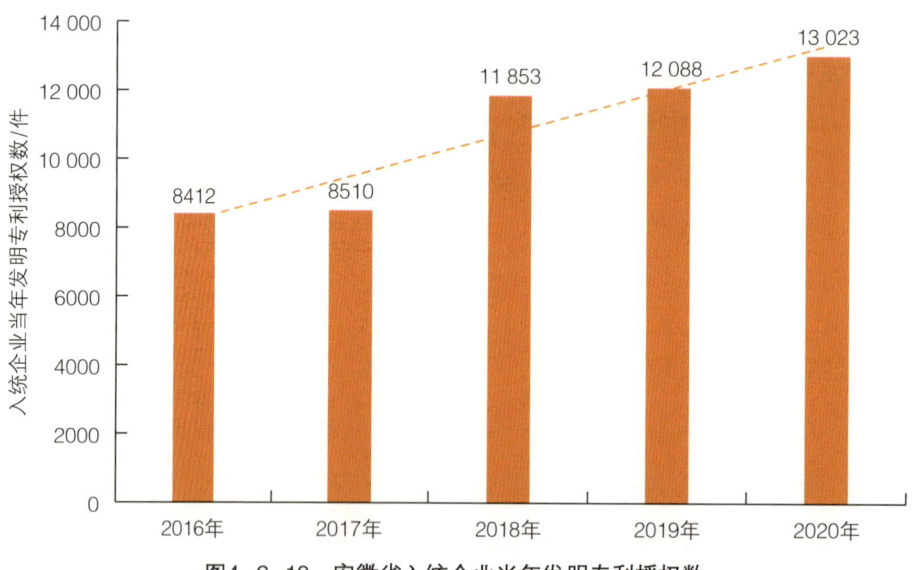

图4-6-10　安徽省入统企业当年发明专利授权数

以集成电路、新型显示、人工智能等为代表的"芯屏器合"产业体系已经成为安徽的崭新名片："芯"——长鑫公司自主研发的动态随机存取存储芯片实现量产；

"屏"——合肥京东方全球首条最高世代线第10.5代线正式量产,蚌埠玻璃工业设计研究院自主研发的8.5代超薄浮法玻璃基板成功实现国产;"器"——应流集团研制的航空发动机用单晶叶片打破国外垄断,世界首台光量子计算机诞生;"合"——科大讯飞研制出世界唯一让机器达到真人说话水平的语音合成系统。

4.6.5 以全球视野谋划和推动科技创新,打造改革开放新高地

"十三五"期间,安徽省入统企业在境外设立的研发机构数从2016年的72个增长至2020年的117个(图4-6-11)。2020年,入统企业产学研合作经费与引进技术消化吸收再创新费用支出总额为72.8亿元,较2016年提高了31.4亿元(图4-6-12),自主创新能力和技术竞争力进一步提高。全省开放平台能级进一步跃升,中国(安徽)自由贸易试验区获批建设,在安徽发展史上具有里程碑意义。安徽连续举办世界制造业大会、中国国际徽商大会等重大经贸活动。新获批马鞍山、合肥经开区、安庆3个综合保税区,合肥空港、铜陵(皖中南)、安徽皖东南3个保税物流中心,以及合肥、芜湖等8个进境指定口岸。

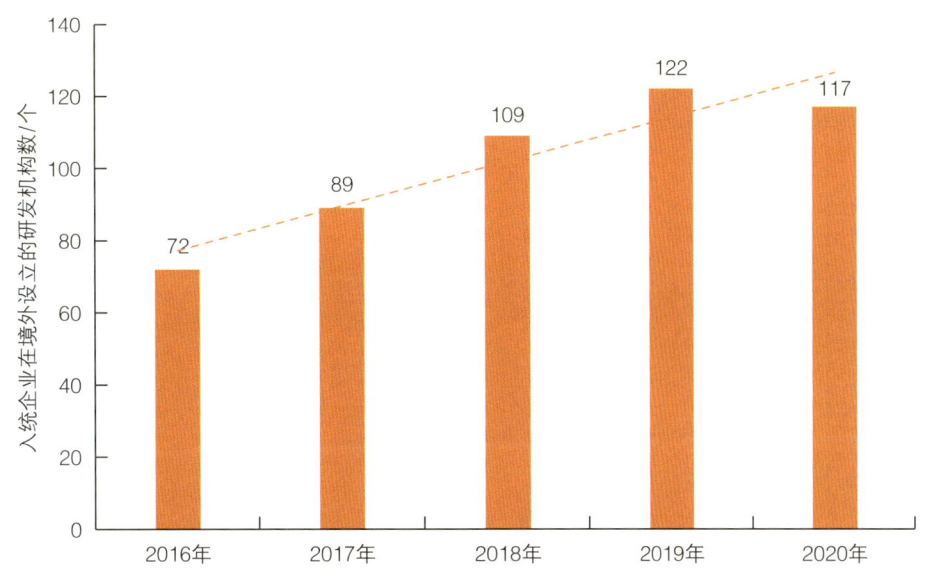

图4-6-11 安徽省入统企业在境外设立的研发机构数

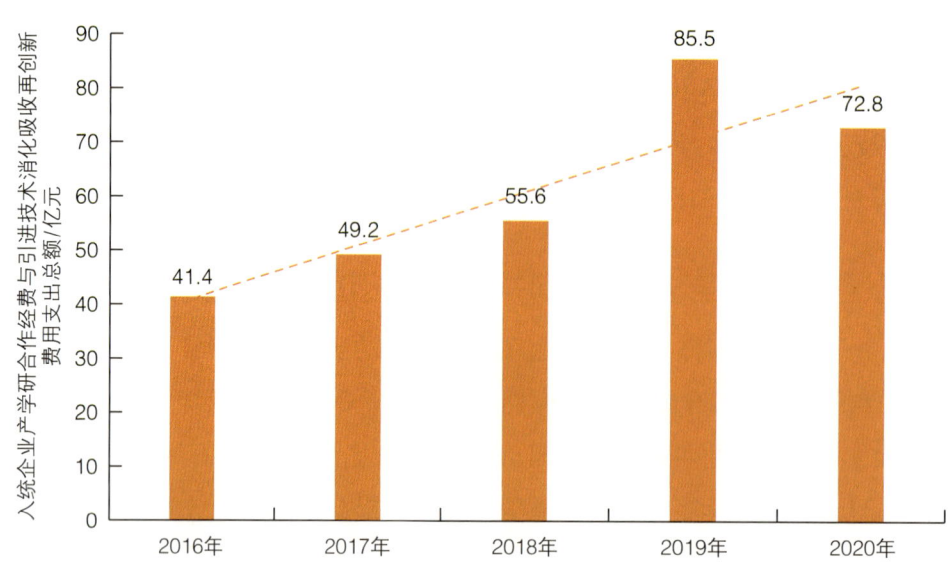

图4-6-12　安徽省入统企业产学研合作经费与引进技术消化吸收再创新费用支出总额

从国际创新人才吸引来看，"十三五"期间，安徽省入统企业从业人员中外籍常驻和留学归国人员占比基本维持在1%左右（图4-6-13），为全省高新技术产业的发展提供了源源不断的后备力量。

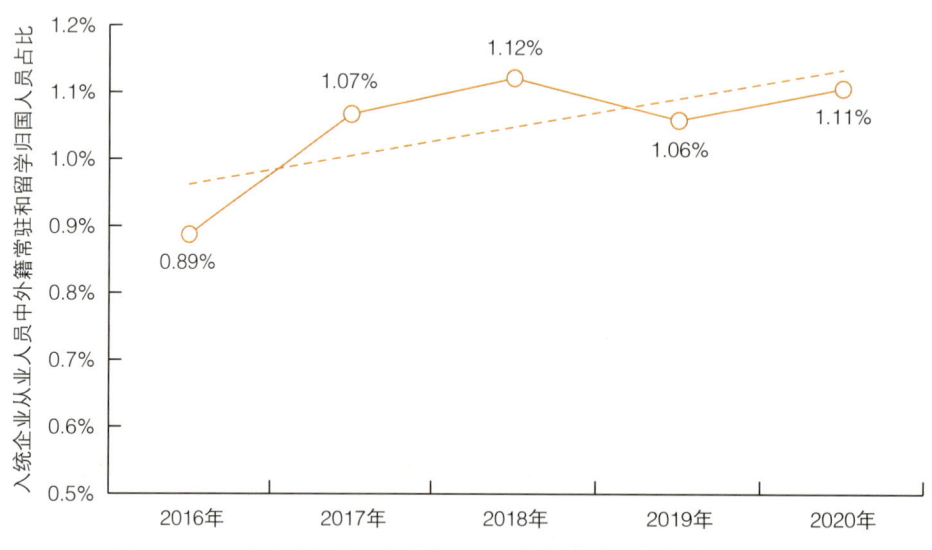

图4-6-13　安徽省入统企业从业人员中外籍常驻和留学归国人员占比

从促进国际成果转移转化来看，"十三五"期间，安徽省入统企业当年PCT国际专利申请数始终保持高位增长，2020年增长至532件，年均增长率达到46.66%

（图4-6-14）；入统企业当年形成的国际标准数波动增长，2020年增长至37项（图4-6-15），国际标准参与度持续提升，标准话语权进一步增强。

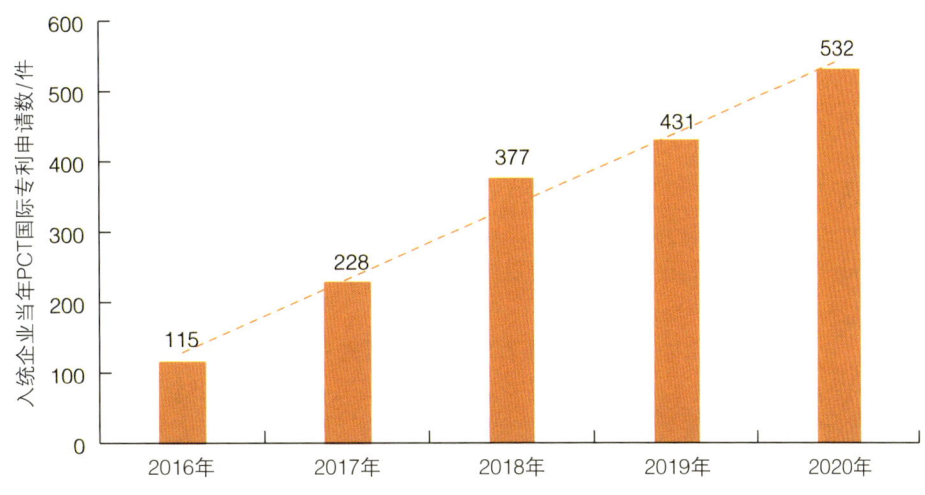

图4-6-14　安徽省入统企业当年PCT国际专利申请数

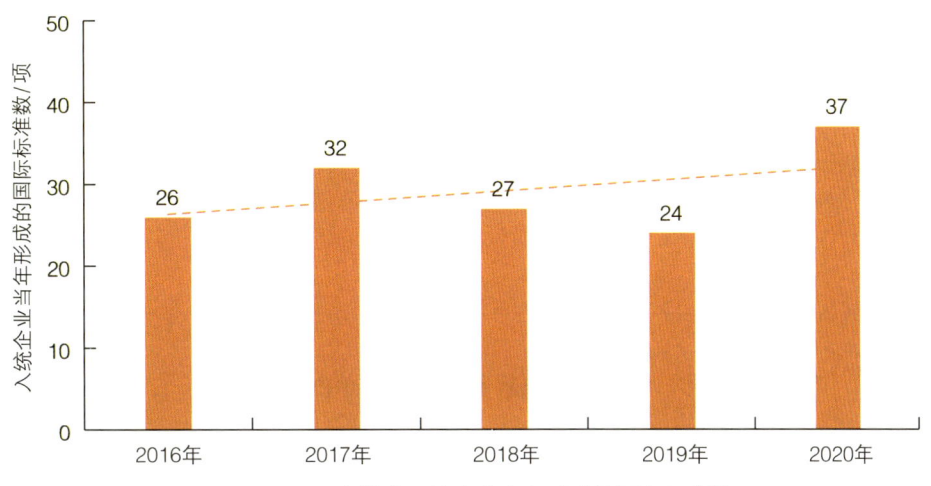

图4-6-15　安徽省入统企业当年形成的国际标准数

4.6.6　高新区已成为安徽产业转型升级的主力军

"十三五"期间，高新区内注册企业增长率由2016年的24.12%增长至2020年的27.66%，提高了3.54个百分点（图4-6-16）；高新区地区生产总值占全省的比例保持稳定，2020年为9.82%（图4-6-17）。

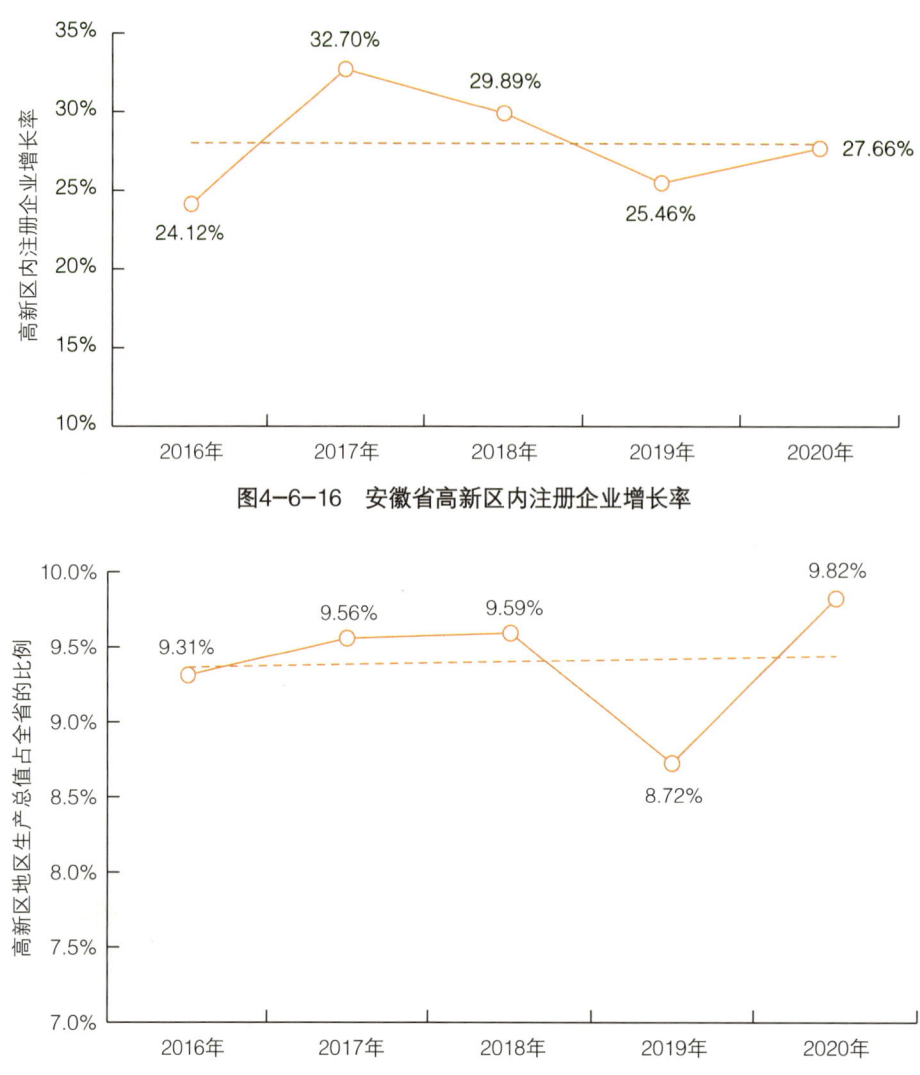

图4-6-16 安徽省高新区内注册企业增长率

图4-6-17 安徽省高新区地区生产总值占全省的比例

"十三五"期间，高新区当年实际利用外资金额从2016年的91.07亿元增长至2020年的127.14亿元，年均增长率达到8.70%（图4-6-18）；图4-6-19显示出高新区从业人员平均工资进一步提高，高新区科技创新与产业竞争力全面提升。

图4-6-18 安徽省高新区当年实际利用外资金额

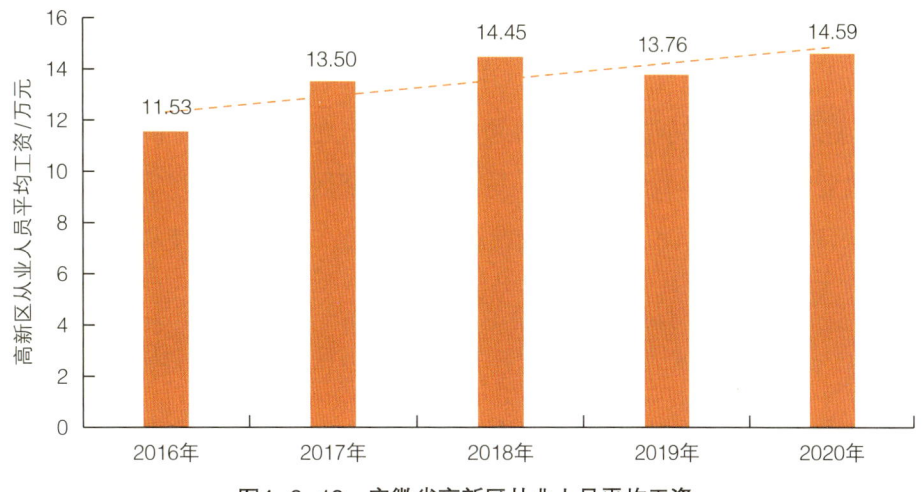

图4-6-19 安徽省高新区从业人员平均工资

4.6.7 小结

"十三五"以来，安徽省不断深化科技体制机制改革，围绕国家战略目标和省重大需求，积极推进科技创新平台建设，优化科技创新基地布局，打造原始创新策源地，强化基础研究、应用基础研究和技术创新融通发展，为高质量发展提供了坚实的科技支撑。

一是创新创业生态持续优化。国家实验室建设取得决定性进展，政策、资金等服务保障有力有效。大健康研究院挂牌运行。实施"揭榜挂帅"关键共性技术攻关项目

76 项。"九章"量子计算原型机研制成功，量子钻石原子力显微镜、柔性可折叠玻璃、紧凑型超导回旋质子加速器等重大创新成果不断涌现，集成电路、新型显示等领域的关键核心技术攻关取得新突破。新扶持高层次科技人才团队 55 个。新增高新技术企业 1923 家、国家专精特新"小巨人"企业 61 家、国家技术创新示范企业 7 家。"中国声谷"入驻企业 1024 家、营业收入 1060 亿元。

二是强化协同创新、开放创新。"十三五"期间，安徽省加快构建多元发展、多极支撑的区域创新体系，逐步形成以合芜蚌国家自主创新示范区为引领，以创新型城市为主体，以创新型园区为载体，皖江区、皖北区、皖南区、大别山区竞相发展、各具特色的区域创新发展格局。全省域纳入国家长三角一体化发展战略实施范围，由"全面参与"转向"深度融合"。中国（安徽）自由贸易试验区启动建设，2019 年进出口总额接近 700 亿美元，累计已有 88 家世界 500 强企业来皖投资。

三是合芜蚌国家自主创新示范区引领作用明显。建成省级以上高新技术产业开发区 20 个、农业科技园区 45 个。芜湖、马鞍山等国家创新型城市，宁国、界首、巢湖等创新型县（市）获批建设。体制机制改革不断深化。20 余项支持科技创新的法规政策颁布实施，逐步构建了技术和产业、金融和资本、平台和企业、制度和政策的创新支撑体系。

总体来看，安徽的科技创新能力和创新环境有一定基础和优势，但与北京、上海、江苏等地区相比，在部分领域仍存在较大差距。新时期，安徽省还应以建设高水平创新型省份为目标，以强化科技创新策源能力为主线，以提升基础研究能力和突破关键核心技术为主攻方向，以自主创新与开放协同为驱动，以深化科技体制机制改革为根本动力，建设科技创新攻坚力量体系和科技成果转化应用体系，推进长三角科技创新共同体建设，力争在量子信息、核聚变、集成电路、生命健康等领域取得关键性技术突破，支撑碳达峰碳中和目标如期实现，助力建设经济强、格局新、环境优、活力足、百姓富的现代化美好安徽。

4.7 福建

"十三五"以来,福建省深入贯彻习近平总书记关于科技创新的重要论述和中央决策部署,深入实施创新驱动发展战略,以发展新产业、新技术、新平台、新业态、新模式为抓手,持续推出一系列重大改革举措,福厦泉国家自主创新示范区和国家创新型省份获批建设,21世纪海上丝绸之路核心区创新发展试验获得支持,使得省内各高新区创业环境不断优化,创新体系更加健全,开放创新力度明显增强,创新经济发展持续推进,科技创新在服务构建新发展格局、推进高质量发展中发挥的支撑作用愈发显著。

4.7.1 指数总览

总体而言,以2016年为基数,"十三五"期间,福建省火炬高新年度总指数从2016年的100.0增长至2020年的147.5,同时期全国总指数从2016年的100.0增长至2020年的151.3,由此可知,福建省火炬高新年度总指数年均增长率为10.20%,略低于10.94%的全国总指数年均增长率,两个指数的具体表现如图4-7-1所示。

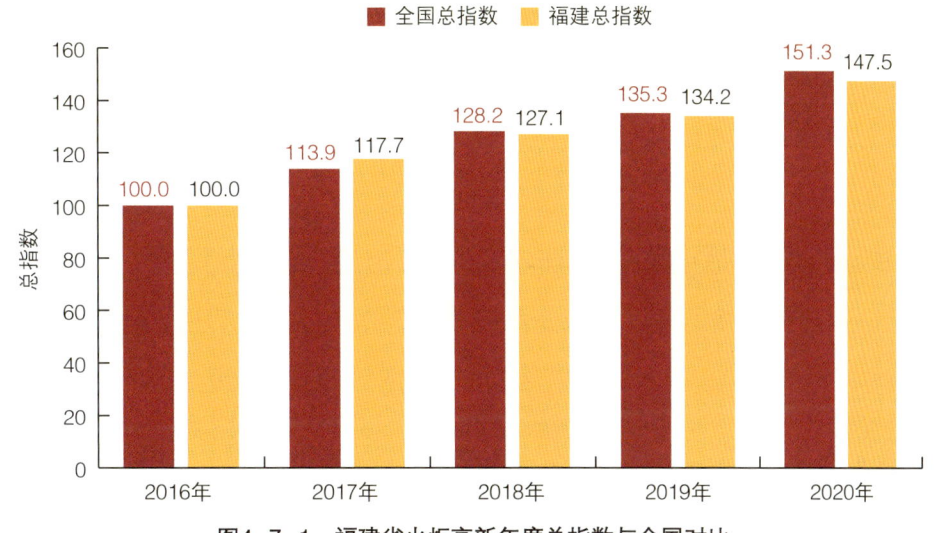

图4-7-1 福建省火炬高新年度总指数与全国对比

"十三五"时期,整体上,"优化创新生态""营造创新环境""促进开放创新""推动创新发展""发挥示范作用"这5个分指数均呈现上升趋势,但"促进开放创新"

分指数上升表现不够稳定，在2019年出现过下降，这可能与福建省入统企业产学研合作减弱及有关技术消化再吸收方面支出费用减少等因素有关。5个分指数具体情况如图4-7-2所示。

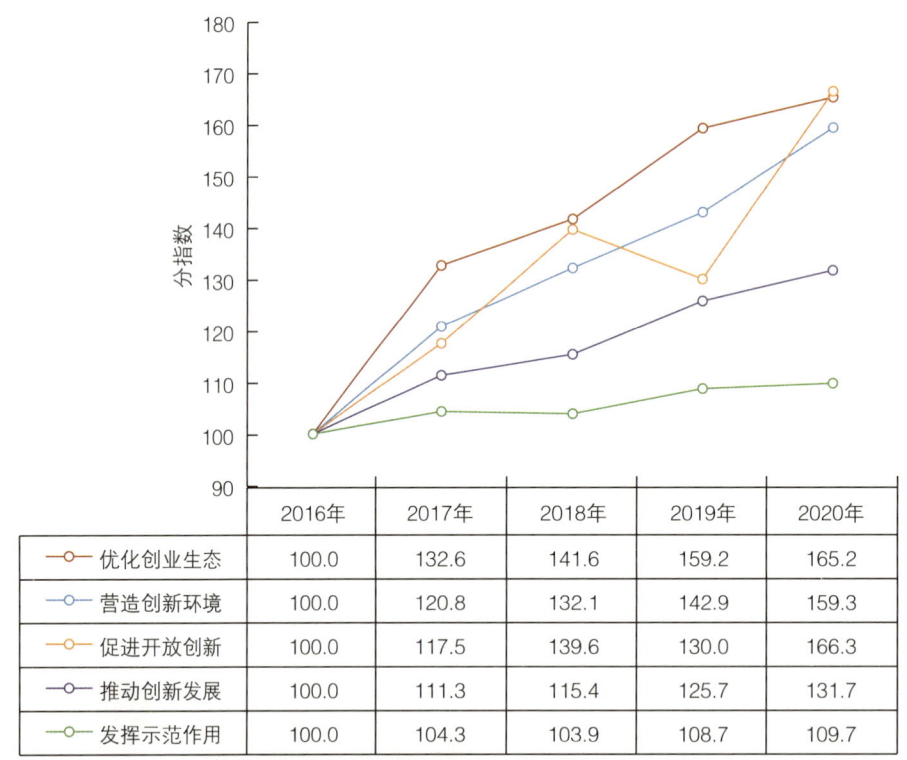

图4-7-2　福建省火炬高新5个分指数变化趋势

4.7.2　培育壮大创新型企业群体，人才队伍建设逐步完善

强化企业创新主体地位。实施分类辅导及重点扶持，鼓励企业研发机构参与政府支持的技术研发项目，并对运行绩效进行评估及补助奖励。壮大由科技型企业、高新技术企业及创新型企业构成的创新企业群体，培育出有国际竞争力的科技创新型领军企业。"十三五"期间，福建积极构建高技术企业成长加速机制，出台《福建省省级高新技术企业扶持办法》，设立省级高新技术企业培育库，2018年以来，省级财政每年安排1.35亿元专项补助资金，大力培育和发展国家级高新技术企业。全省国家级高新技术企业从2016年的2535家增长至2020年的6485家，年均增幅22%以上，省级高新技术企业从2018年的903家增长至2020年的3748家。根据图4-7-3

所示，2016—2020年，福建省高新区内注册企业增长率从2016年的19.57%增长至2019年的32.31%，增长率保持稳步增长，但在2020年出现小幅下滑，增长率降至26.02%。这说明了福建省高新区企业孵化成果凸显，创业活力进一步激发。然而，在2020年出现的下滑可能是受突如其来的新冠肺炎疫情影响。

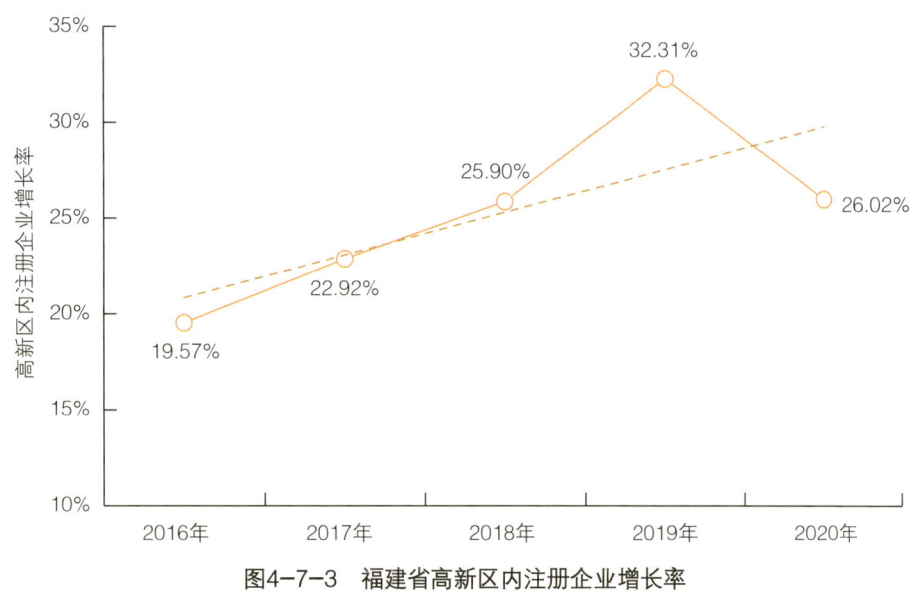

图4-7-3　福建省高新区内注册企业增长率

在培育和发展高新技术企业过程中，福建省强化精准施策及靶向服务，注重打造科技"小巨人"、制造业单项冠军和"专精特新"等一批创新型成长企业。完善科技型中小企业评价监测机制，大幅提升科技型中小企业数量。总体而言，福建省拥有国家备案科技型中小企业3527家，省级科技"小巨人"企业2816家；国家专精特新"小巨人"企业117家，省级"专精特新"中小企业826家；国家级制造业单项冠军企业27家、省级制造业单项冠军企业222家。

培育创新创业示范基地。推进厦门、三明国家小微企业创业创新基地城市示范建设，创建国家级小微企业创业创新基地，推动各地建设一批"创业大本营""星创天地"，设立劳模、国家级技能大师工作室、农村创新驿站等。鼓励高校建设公益性大学生创新创业基地。提升科技企业孵化器数量。加大扶持力度，提高孵化器建设与运营水平，提升从业人员素质，推动各类科技服务平台和科研机构为入孵企业提供科技支撑和中介服务。鼓励孵化器配套建设加速器，完善创业孵化链条。根据图4-7-4可知，

2016—2020年，福建省各类创业服务机构数从360个增加至472个，年均增长率为7.01%，这说明了福建省在产业服务平台实力方面水平逐渐提升，成果加速落地。

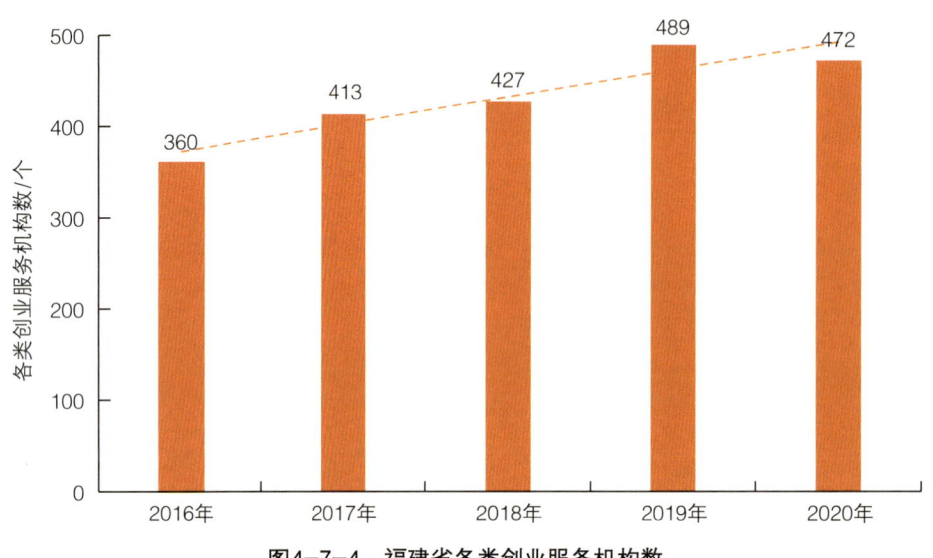

图4-7-4　福建省各类创业服务机构数

专栏4-7-1　厦门入选全国首批小微企业创业创新基地示范城市，并顺利通过绩效评价

2015年，厦门入选全国首批小微企业创业创新基地示范城市。至此，连续3年的示范期内，厦门将获得中央财政每年3亿元、总计9亿元的资金支持，由财政、经信、科技、商务、工商等五部门联合实施，专项用于支持为小微企业提供创新创业空间、改进对小微企业的公共服务，以及进一步加大地方财政对接创业担保贷款贴息、税收优惠、科技创新等政策措施。

在3年的示范期内，厦门将扶持新注册小微企业超过8.7万家，较前3年翻一番；新增高新技术企业300家；进一步扩大小微企业吸纳新增就业人数比例，并推动小微企业在技术合同交易和授权专利方面大幅增长。

示范工作开展以来，厦门市针对小微企业发展的特点和难点，以创新制度和务实举措推进示范工作，取得明显成效，3年示范期核心评价指标全部超额完成，顺利通过2019年4月财政部对首批示范城市的绩效评价。

1. 多项创新机制获赞并在全国示范推广

为全面推进小微企业创业创新基地城市示范工作,厦门市加强顶层设计,明确责任分工,全市各区各部门高标准、制度化推进各项工作,确保了示范工作的高质量完成,全市创新创业工作得到进一步推动和突破。

厦门市全力打造的"1+X"扶持体系充分发挥了政策引领作用,科创红包、引才补贴等一系列扶持政策,专为小微企业量身打造,点燃了全社会创新创业热情。为小微企业"加足马力"的同时,创新形式闯新路,厦门市在商事制度改革、贸易便利化、科技创新改革等方面推行一系列强有力措施,并取得明显成效,国际贸易"单一窗口""网上技术交易市场"等多项创新机制得到国家主管部门肯定,并在全国示范推广。在国家发改委对全国22个主要城市的营商环境评价中,厦门仅次于北京,名列第二。

2. 大力扶持众创空间发展,诞生了一批高科技龙头

在集美软件园三期的一品威客创客空间,两岸青年在同一屋檐下,专注于创新创业。这里还出现"台商二代"的身影,他们享受着在厦门创新创业的乐趣。

这是厦门市加快载体建设、打造双创主平台的一个缩影。近年来,厦门市大力扶持创新创业空间发展,对经认定的各类空间给予运营补贴和软硬件补助。3年示范期内,厦门市对各类创新创业空间奖补额达1.9亿元。

厦门市各类创新创业空间得到加速拓展,截至2018年年底,全市众创空间达203个(其中国家专业化示范备案2个,国家备案33个,省级69个),小微企业创业创新示范基地22个(其中国家级基地6个,省级基地6个),科技企业孵化器28个(其中国家级5个),全市各类经认定的创新创业空间近194万平方米。一品威客创客空间、北京大学创业训练营等一批对台特色众创空间相继出现,美亚柏科、4399网络、弘信电子等一批在全国具有较强行业影响力和产业竞争力的高科技企业诞生。

厦门火炬高新区国家双创示范基地、厦门火炬高新区大中小企业融通型特色载体、海沧台商投资区专业资本集聚型特色载体及"芯火"双创基地等国家级双创载体相继获批,为厦门市推动中小企业创新创业升级提供了重要抓手和高层次平台。

3. 搭建梯级培育体系，鼓励企业研发创新

梯次发展，滚动前进。针对不同阶段的企业发展特点，厦门市搭建起梯级培育体系。

厦门市率先在全省推出市级高新技术企业备案及扶持政策，相继出台了《厦门市培育科技小巨人企业行动计划（2016—2020年）》《厦门市市级高新技术企业备案及扶持办法》等，已初步建立起"科技型中小微企业—市级高企—国家高企—科技小巨人领军企业"的梯级培育体系，建设完善入库培育企业数据库。通过一次性奖励、研发补助、科技金融等措施，鼓励企业研发创新。如给予市科技小巨人领军企业一次性补贴20万元，给予市级高企备案企业一次性补贴5万元，"市级升国级"高企再给予一次性补贴10万元。

4. 强化科技金融服务，缓解融资难融资贵问题

近年来，厦门市积极探索科技资源和金融资源的对接新机制，充分发挥财政资金的杠杆作用，使之成为撬动银行、担保、保险、创投及社会资金的支点。厦门市通过政银企对接、投保贷联动，不断创新科技金融产品和服务，已累计提供近百亿元融资，缓解厦门市科技型中小微企业融资难融资贵问题。

厦门市在全国率先设立财政性科技股权直投基金——科技成果转化与产业化基金、科技创业种子暨天使投资基金，已到位资金2.2亿元，以股权投资方式支持厦门市处于初创期、种子期的科技型中小微企业发展。其中，科技成果转化与产业化基金已完成对66家科技初创企业投资1.8亿元，带动社会资本后续投资3.89亿元。据悉，已投企业中已有36家升级成为国家级、市级高新技术企业。科技创业种子暨天使投资基金已完成对首批2家企业投资300万元。

5. 聚焦重点战略性新兴产业，搭建专业化服务平台

围绕软件信息、集成电路、生物医药等重点战略性新兴产业，厦门市瞄准小微企业痛点，充分发挥区域政策优势，搭建专业化创新创业服务平台，提供孵化、技术、市场、融资、通关等服务，带动产业集聚发展，打开双创新格局。

在集成电路领域，厦门市建设了系列公共服务平台和孵化基地，形成了涵盖"集成电路设计—晶圆测试—失效分析—产品检测认证—保税交易"全链条的公共技术服务平台体系。借助厦门自贸片区和国家自主创新示范区叠加的前端优势，企业可挂靠集成电路设计公共服务平台，统一办理手（账）册，共同享受进口料件、软件、设备保税优惠政策。集成电路保税研发交易模式有效解决了企业在初试阶段的税费及通关问题。

资料来源：中国政府网，台海网。

加强科技人才队伍建设。福建省积极引进紧缺的国（境）外高层次人才及团队，2020年，获中组部、科技部（国家外专局）批准，立项国家外国专家项目87项，补助引智资金3048万元，全省审批引进外国人才4768人次。举办全省科技活动周、第四届全省科普讲解大赛等系列科普示范活动。全省22人入选国家杰青、优青，64人入选国家"高端外国专家引进计划"，13人入选国家外国青年人才计划，再创历史新高。192项优秀科技成果获省科学技术奖。10名在闽外国专家荣获第十一届福建省"友谊奖"。新增国家级众创空间23个，国家级科技企业孵化器3个。如图4-7-5所示，2016—2020年，福建省入统企业从业人员中大专及以上学历占比从34.9%增长至40.5%，这说明福建省在科技人才队伍建设方面持续加强，并取得稳定的提升效果。

图4-7-5 福建省入统企业从业人员中大专及以上学历占比

4.7.3 创新政策环境营造更加优化，创新融合更加顺畅

政策体系更加完善。福建省委九届十六次全会、十届八次和十次全会先后审议通过《关于实施创新驱动发展战略建设创新型省份的决定》《关于营造有利于创新创业创造良好发展环境的实施意见》《福建省全方位推动高质量发展超越科技创新行动计划》。福建省政府及相关职能部门围绕深化科技计划管理、促进科技成果转化、扩大科研机构和人员自主权、加强科研诚信建设等，相继出台了50多份政策性文件，其中有代表性的如表4-7-1所示，为推动实施创新驱动发展战略，搭建了系统集成的政策体系。截至2021年10月，福建省科技进步贡献率达58.03%，每万名劳动力中研发人员投入为67.11人年，每万人口发明专利拥有量为11.112件。由图4-7-6可知，2016—2020年，福建省入统企业当年发明专利授权数从2016年的3038件增长至2020年的5395件，年均增长率为15.40%，高速增长的原因在于入统企业对研发投入越来越重视，在政策体系逐渐完善并得以落实的情况下，企业持续加大投入，从而推动了知识成果的产出。

表4-7-1 "十三五"时期福建省出台的有关科技创新的代表性文件

时间	文件名称	发布单位
2016年2月	《培育科技小巨人领军企业行动计划（2016—2020年）》	福建省人民政府办公厅
2016年2月	《积极推进"互联网+"行动实施方案》	福建省人民政府
2016年4月	《福建省"十三五"科技发展和创新驱动专项规划》	福建省人民政府办公厅
2016年5月	《2016年数字福建工作要点》	福建省人民政府办公厅
2016年5月	《福建省"十三五"数字福建专项规划》	福建省人民政府办公厅
2016年6月	《福建省促进大数据发展实施方案（2016—2020年）》	福建省人民政府
2016年8月	《福建省进一步促进科技成果转移转化的若干规定》	福建省人民政府
2016年8月	《关于促进高校科技创新能力提升的若干意见》	福建省人民政府
2016年12月	《福建省加快知识产权强省建设实施方案》	福建省人民政府
2017年1月	《关于深化制造业与互联网融合发展的指导意见》	福建省人民政府
2017年11月	《关于进一步加强以应用为导向产学研结合的意见》	福建省人民政府
2018年9月	《关于进一步推进创新驱动发展七条措施的通知》	福建省人民政府
2018年12月	《关于深化产教融合十五条措施的通知》	福建省人民政府办公厅

资料来源：白鹿智库。

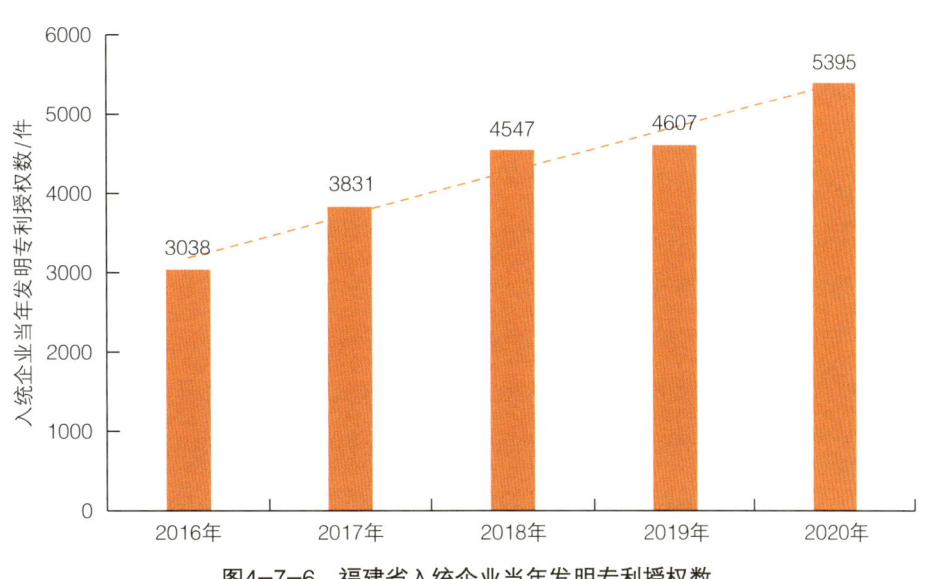

图4-7-6　福建省入统企业当年发明专利授权数

高新企业培育及持续发展更加顺畅。福建省坚持"像扶持企业上市一样地扶持高新技术企业",建立省级高新技术企业培育库,2020年,福建全省国家高新技术企业突破6400家,该值是2016年的将近2.56倍。在这个过程中,福建省认真落实减税降费政策,实施企业研发费用分段补助,累计核定补助企业5314家,省市县三级累计下达结算资金28.84亿元(省级8.8亿元)。该减税降费政策有效落实,从图4-7-7

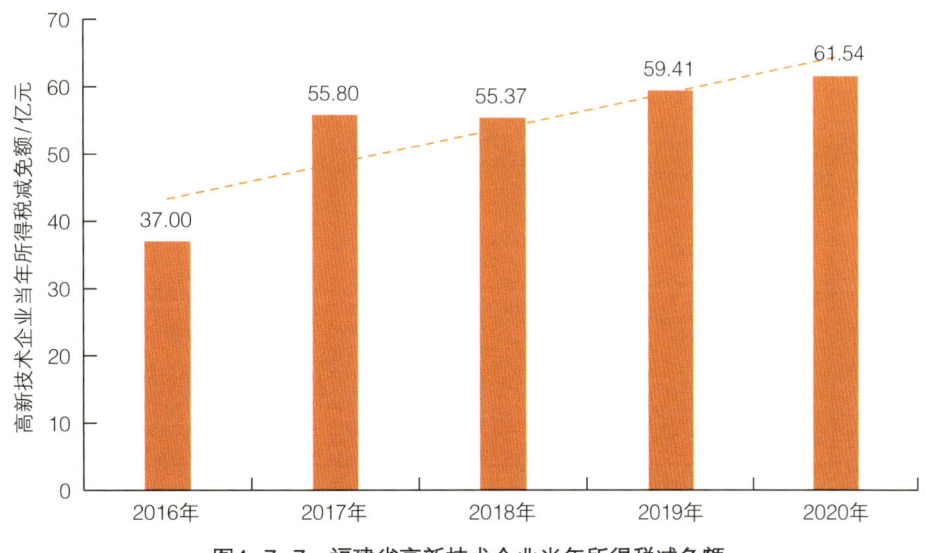

图4-7-7　福建省高新技术企业当年所得税减免额

4　各地区火炬高新指数的表现　163

也能看出，2016—2020年，福建省高新技术企业当年所得税减免额从37.00亿元增加至61.54亿元，年均增长率为13.56%。

创新支撑更加有力。发展由产业需求拉动、以技术应用为导向的网络化协同创新模式，形成产学研用创新利益共同体，打造新型研发机构和创新组织。在全省范围内，首批4家省创新实验室启动建设，以市场化为导向建设的新型研发机构加快发展。在学科类国家重点实验室暂停认定以来，福建省获国家新认定3个省部共建国家重点实验室，数量居全国第二。截至2020年，全省已引进重大研发机构22个，资助经费1.78亿元。拥有国家级重点实验室10个、工程技术研究中心7个、引才引智示范基地1个、"高校国际示范学院"1个、"高校学科创新引智基地"12个，省级重点实验室235个、工程技术研究中心527个、产业技术研究院36个。如图4-7-8所示，2016—2020年，福建省高新区内重要的研发机构数从131个增加至238个，年均增长率是16.10%。这表明福建省在创新支撑力方面持续加大力度，成绩斐然，特别是在市场化导向的研发机构方面。

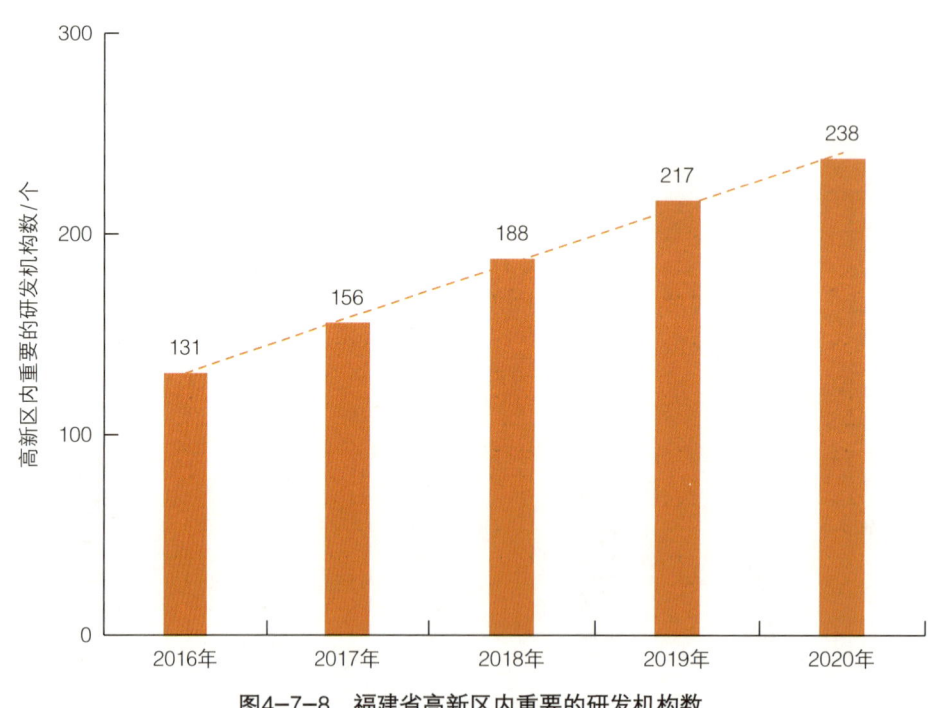

图4-7-8　福建省高新区内重要的研发机构数

截至 2020 年，福建省科技企业孵化器备案总数达 178 个，各类众创空间达 500 多个，其中国家级科技企业孵化器 21 个、国家备案众创空间 77 个、国家专业化众创空间 4 个。坚持和深化新时代科技特派员制度，全省已累计选认科技特派员 2.5 万多人次。在全国科技特派员制度推行 20 周年总结会议上，福建省 4 名科技特派员和 2 个组织实施单位获科技部通报表扬，南平市和 1 名科技特派员代表在会上交流发言。

4.7.4 科创合作更加广泛，开放活力逐渐提升

区域协同更加有效。福建省依托推动建设福厦泉国家自主创新示范区，带动闽东北、闽西南两大协同发展区科技创新联动发展。具体来说，支持福建省南平铝业股份有限公司与福建工程学院共建铝合金产业技术研究院，支持宁德时代新能源科技股份有限公司建设电池管理系统产业技术研究院，支持永安市永清石墨烯产业技术研究院建设，推进龙岩市等 6 个国家可持续发展试验区建设。得益于此，福州、厦门成为国家级文化和科技融合示范基地。厦门市建立生物医药港和集成电路产业园，入选国家战略性新兴产业区域集聚发展试点。泉州市率先开展数控智能一代工程试点。福州大力培育发展战略性新兴产业和厦门、泉州推动"双创发展"等工作获得国务院办公厅通报激励。

专栏 4-7-2　福厦泉国家自主创新示范区

2016 年 6 月，国务院正式批准福州、厦门和泉州 3 个国家高新区建设国家自主创新示范区。福厦泉国家自主创新示范区是福建省经济体量最大、创新氛围最活跃地区，是福建省经济增长最快、创新资源最集中、创新体系最完备的区域，已成为引领福建创新发展的重要引擎。以国家设定的战略规划为使命，持续推进，三地呈现创新创业与经济发展、改革开放齐头并进的新局面。

福厦泉差异化发展，互为"犄角"之势，辐射带动福建创新发展。省会福州科教人才集聚、特区厦门开放创新先行、制造业基地泉州民营经济活跃。统计数据显示，三市集聚着福建省 68% 的科研机构、83% 以上的高新技术企业，创造 75% 以上的科技成果。三市国家级高新区凭借着占全省土地面积 2.46‰ 的"弹丸之地"，贡献 13% 的工业总产值。福州片区重点发展光电显示、集成电路、大数据；

> 厦门片区主攻微电子与集成电路、软件与信息服务、生物医药；泉州片区在微波通信、存储器、机械装备等领域精准发力。
>
> 资料来源：福州市人民政府网。

科技合作更加开放。通过完善省部、省院会商共建工作机制，福建省主动对接高端创新资源，中科院海西研究院三期、机械科学总院海西分院、国家海洋局海岛研究中心、国家专利审查协作福建中心等一批国字号研究机构在福建落地建设，国家技术转移海峡中心、国家技术转移人才培养基地揭牌运作。同时，福建省加强与发达地区的合作交流，北京石墨烯研究院福建产学研协同创新中心、三明中关村科技园及三明中关村科技产业基地建设加快推进。此外，福建省还积极拓展对外科技交流合作层次和水平，积极参与"科技伙伴计划"，推进中以、中新、中俄等"一带一路"建设的双边或多边政府间科技合作，促进高新技术在福建落地转化。截至2018年年底，已经和近80个国家和地区开展联合实验室共建、科学技术研究、人才交流等合作。从图4-7-9看出，2016—2020年，福建省入统企业当年PCT国际专利申请数从216件上升至1161件，年均增长率达到52.26%，如此高速增长的原因在于，福建省在科技创新方面所开展的更加广泛的合作及交流，特别是"十三五"时期，促进了更多创新成果的产出。

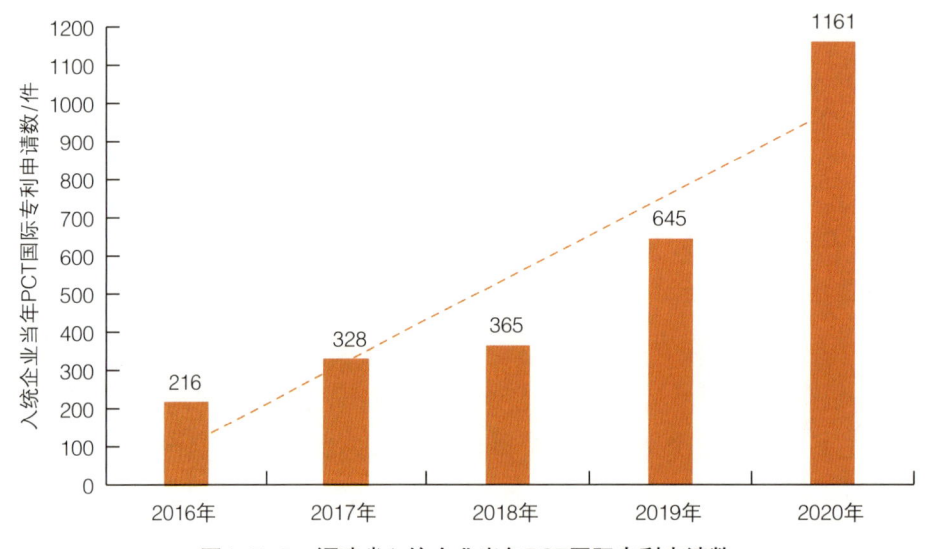

图4-7-9 福建省入统企业当年PCT国际专利申请数

坚持深化改革，扩大开放。自贸试验区累计推出196项全国首创举措，各方面建设取得积极成效，获得习近平总书记的批示肯定。"海丝"核心区建设走深走实，进口规模提升到全国第7位，出口规模保持全国第6位，实际使用外资、对外投资分别年均增长5.9%和7.4%，国际友城达115对。台胞台企登陆的第一家园加快建设，台湾百大企业超过一半在闽落户，农业利用台资项目数和实际到资规模保持大陆首位，台胞入闽超过1400万人次。由此可见，福建省的发展活力潜力充分激发。

专栏4-7-3　海丝核心区建设

于2018年年底开行的"丝路海运"，是中国首个以航运为主题的"一带一路"国际综合物流服务平台，已成为"海丝"沿线港口、国际航商、跨国物流企业等共商、共建、共享的合作平台。据介绍，"丝路海运"航线已增至80条，覆盖27个国家的99个港口。近年来，福建深入推进"海丝"核心区建设。"丝路海运"持续拓展就是福建"海丝"核心区建设走深走实的生动实践。

2021年，福建已累计发运中欧班列1046列，货值239.2亿元。"海丝"与"陆丝"在福建的无缝衔接，形成了跨越海峡、横跨欧亚的国际物流新通道。

当下，福建"海丝"核心区建设提升行动正在实施，数字丝路、丝路投资、丝路贸易、丝路海运、丝路飞翔等八大标志性工程成效明显。据官方披露，福建对"一带一路"沿线国家和地区进出口额不断扩大，2021年前10个月达5229.9亿元，同比增长32.4%。

"海丝"扬帆远航，福建对外交往合作的道路越走越宽。从福建省"十四五"规划纲要可见，福建未来5年将从"突出国际合作重点""提升互联互通水平""加强经贸产业合作""深化人文交流"等4个方面发力，高质量建设"海丝"核心区，加快建设开放强省。以"海丝"核心区建设为牵引，全面提升对外开放水平，福建将进一步塑造国际合作和竞争新优势。

资料来源：中国新闻网。

值得注意的是，福建省在委托研发、技术引进、消化吸收再创新等方面仍表现不稳定，由图4-7-10可知，2016—2018年，福建省入统企业产学研合作经费与引进技术消化吸收再创新费用支出总额从29.7亿元增加至58.7亿元，但在2019年该值出现突然下降，下滑至34.1亿元，这也说明了福建省入统企业在整合国内外创新资源进行开放式创新，以及企业外部研发投入强度等方面仍需加强，表现不够稳定。这也可能是福建省在2019年，整体促进开放创新方面呈现不稳定态势的主要因素之一。

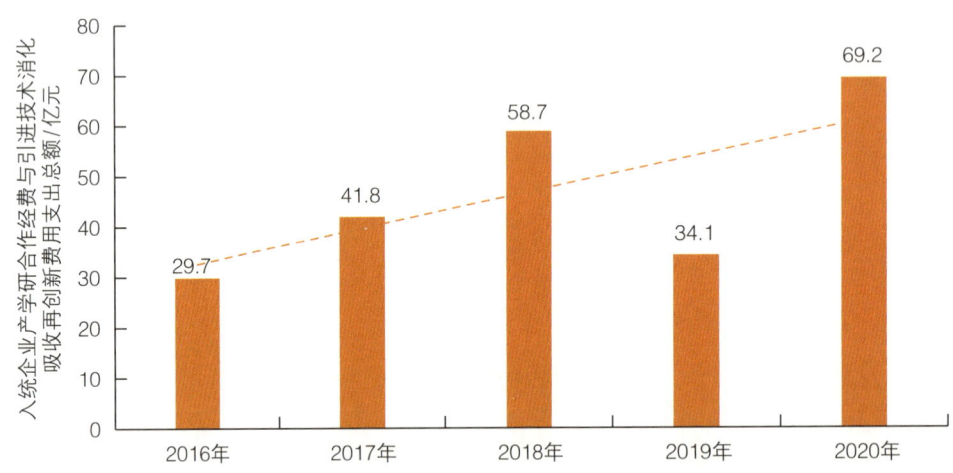

图4-7-10　福建省入统企业产学研合作经费与引进技术消化吸收再创新费用支出总额

4.7.5　经济结构持续优化，数字经济蓬勃发展

经济实力跃上新台阶，福建省地区生产总值跃上4万亿元台阶，2020年达4.39万亿元。根据图4-7-11可知，2016—2020年，福建省入统企业营业收入从8929.51亿元增长至13 789.57亿元，年均增长率为11.48%，这说明福建省入统企业的经济发展持续向好，究其原因，很大程度取决于福建省经济结构持续优化，主导产业做大做强，其中产值超百亿工业企业达47家，千亿产业集群数量实现翻番。在此过程中，高新区可认为是地区经济高质量发展重要引擎之一，福建省内各高新区的产业发展及经济结构优化，对带动福建省经济实力提升具有重要支撑作用。

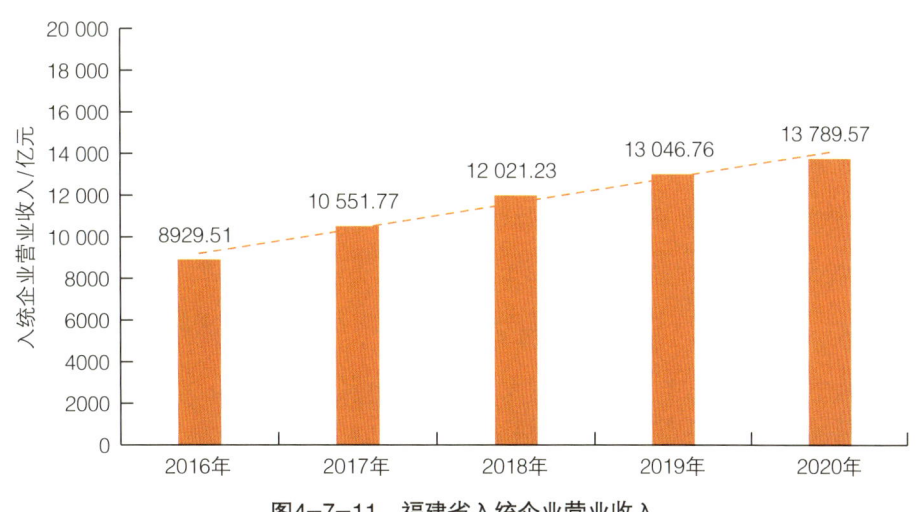

图4-7-11 福建省入统企业营业收入

专栏 4-7-4 福建省内各高新区产业高质量发展

借助产业发展，充分发挥福建省内7个国家高新区、3个省级高新区的支撑引领效应，促进福建省区域经济高质量发展。

福州国家高新区以数字经济为特色主导，重点培育光电信息、生物技术、先进制造等产业，推动人工智能、5G及工业物联网、区块链等三大新兴产业发展，加快"云、大、物、移、智、链"等系统布局，打造以信息技术服务与现代服务业为支撑的产业发展格局。

厦门国家火炬高新区重点打造集成电路产业集群，以人工智能、物联网等特种芯片设计制造为主攻方向，形成覆盖"芯片研发设计、制造、封装、测试、装备与材料"的完整产业链，打造具有国内龙头地位的应用型芯片集聚地。

漳州国家高新区围绕大装备制造、新一代信息技术和大健康等主导产业领域，聚焦数字应用和生物医药，培育自主创新发展产业集群，打造产城融合、宜居宜业新城区。

泉州国家高新区以机械装备、电子信息等为主导产业，推动新一代信息技术、太阳能光伏、集成电路等新兴产业快速发展，推动创新资源向高新区集聚，打造产业转型升级示范区。

> 三明国家高新区主要发展高端装备、生物医药、新材料、高端纺织、食品等产业，紧抓数字化、智能化转型机遇，培育具有自主创新发展的产业集群，打造成为闽西北创新驱动发展示范区。
>
> 莆田国家高新区重点打造新一代电子信息、精密机械制造、食品加工为主导的三大产业集群，聚焦首位产业（电子信息）和主攻产业（高端装备、新能源、食品），填平补齐产业链，打造产业服务综合体，努力建设高质量发展先行示范区。
>
> 龙岩国家高新区巩固提升机械装备主导产业，培育壮大新一代信息技术、新材料、新医药三大战略性新兴产业集群，构建先进制造业和现代服务业融合发展的现代产业体系。
>
> 泉州半导体省级高新区重点发展集成电路、化合物半导体、光电三大产业，形成具有国际竞争力的半导体产业集群。
>
> 南平省级高新区重点发展新能源新材料、食品加工、新型轻纺、机电制造、现代物流等产业，形成一批具有较强研发创新能力的高新技术企业集群，努力建设成为闽北区域高新技术产业发展示范区。
>
> 武平省级高新区重点发展新型显示与智能制造、新材料、先进制造业、农林产品精深加工等产业，努力建设成为高水平的产业园区。
>
> 资料来源：《福建省"十四五"科技创新发展专项规划》。

数字经济蓬勃发展。借助于福厦泉国家自主创新示范区和国家创新型省份获批建设，战略性新兴产业增加值超6000亿元，数字经济增加值占地区生产总值的比重达45%左右，新业态、新模式成为经济发展新亮点。福建全省数字经济规模达2.01万亿元，占全省GDP的比重为45.7%。数字经济核心产业规模不断壮大，产业数字化深度推进，新业态、新模式、新产品不断涌现，国家数字经济创新发展试验区（福建）建设扎实推进。其中，7家互联网企业入选全国行业百强，涌现出一批独角兽、瞪羚等数字创新企业，通过国家"两化"融合管理体系贯标评定，企业数量居全国第2位。

根据图4-7-12可知，2018—2020年，福建省万元工业增加值能耗从2.42吨标准煤降至1.86吨标准煤，这说明了福建省近年来生态文明先导效应显现，国家生态文明试验区建设扎实推进。具体而言，PM2.5浓度下降至20微克/米³，生态环境质量保持优良。社区城市空气优良天数比例达98.8%，高于全国平均水平11.8个百分点；主要流域优良水质比例达97.9%，高于全国平均水平14.5个百分点，水质综合合格率达99.9%；市县生活垃圾无害化处理率达100%，污水处理率达94.9%。此外，森林覆盖率达66.8%，继续保持全国首位，福建省内九市一区全部晋级为国家森林城市。

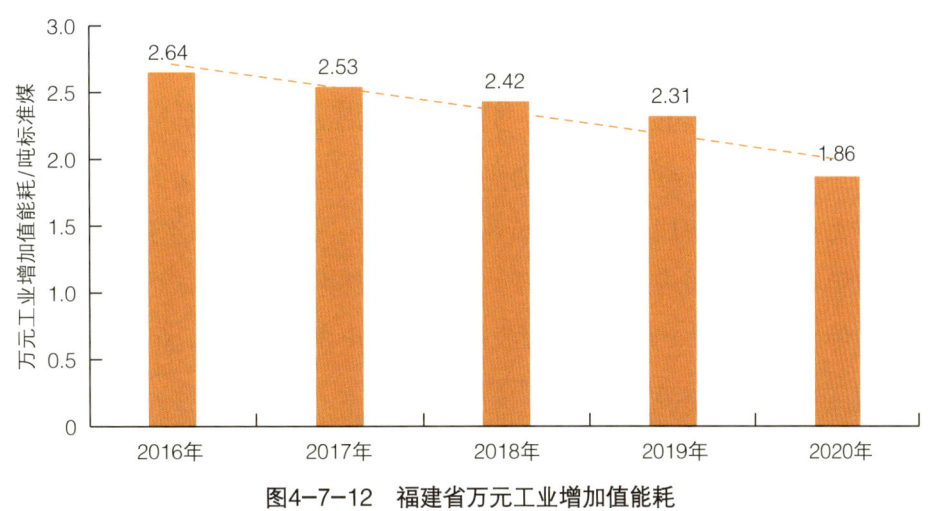

图4-7-12 福建省万元工业增加值能耗

"十三五"期间，全社会研发投入年均增长18.4%，比全国平均水平高出6.2个百分点。而每万人口发明专利拥有量和技术市场合同交易额翻一番多。由图4-7-13可知，2016—2020年，福建省入统企业当年技术合同成交额从39.17亿元上升至89.65亿元，年均增长率高达23.00%。高成长也助推福州、厦门、泉州、龙岩和晋江、福清进入国家创新型城市与创新型县（市）行列。2021年，福建省高新技术产业化效益指数居全国第4位，科技促进经济社会发展指数居全国第9位，科技创新环境指数居全国第9位，公民具备科学素质比例居全国第7位。

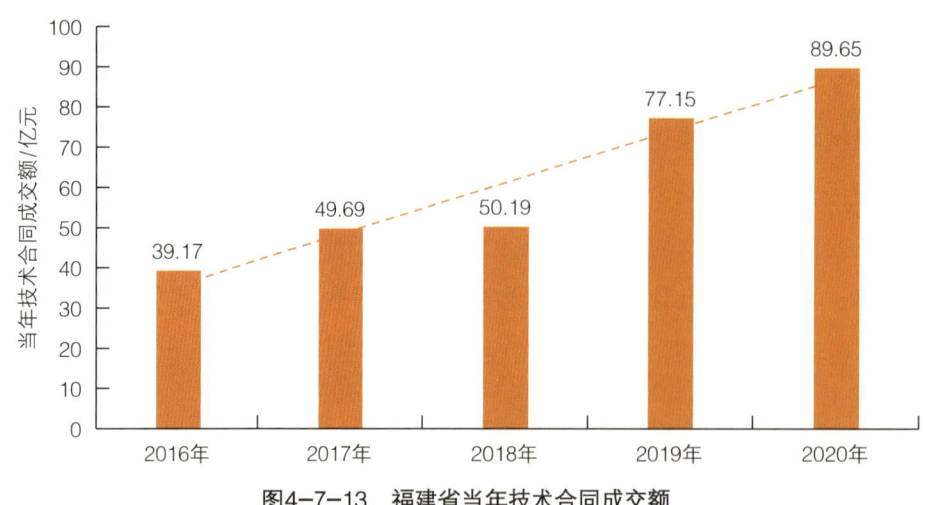

图4-7-13　福建省当年技术合同成交额

4.7.6　创新效益能级显著提升，引领示范效应持续发挥

坚持优化结构转型升级。福建省加快构建现代产业体系，工业增加值跃升至全国第6位，三大主导产业增加值年均增长8.4%，实现"机器换工"约7万台（套）。海洋生产总值年均增长10%左右，特色现代农业产业体系更加完善，农产品质量安全合格率稳定在98%以上。第三产业高质量发展，占GDP的比重从41.6%提高到47.5%。战略性新兴产业增加值占全省地区生产总值的比重为13%。同时，在政策方面，针对企业研发投入不足，福建省陆续出台企业研发分段补助、研发费用加计扣除、科技小巨人企业研发奖励、科技贷等政策，最大限度激发出企业的创业创新的潜能。例如，2019年，福建省国家高新技术企业享受所得税优惠105亿元，高新技术企业工业产值突破7000亿元，研发投入占全省企业研发投入的2/3，创造了全省近50%的发明专利，已跃然成为福建省科技创新、研发投入和成果应用的主力军。2020年，福建省高新技术产业化效益指数居全国第7位，科技促进经济社会发展指数居全国第8位。

2016—2020年，全社会研发经费投入增速均高于全国平均增速。创新机制助力医疗卫生事业"创双高"，累计资助科技创新联合资金项目451个、金额达1.6亿元。省自然科学基金联合资助规模不断扩大，立项经费从5年前的2895万元逐步增加到1.38亿元，增长3.8倍。由图4-7-14可知，2016—2020年，福建省入统企业当年发明专利授权数占全省的比例从33.1%增长至43.4%，这表明随着研发投入的增加，高新技术企业在知识成果产出效果方面更显著。

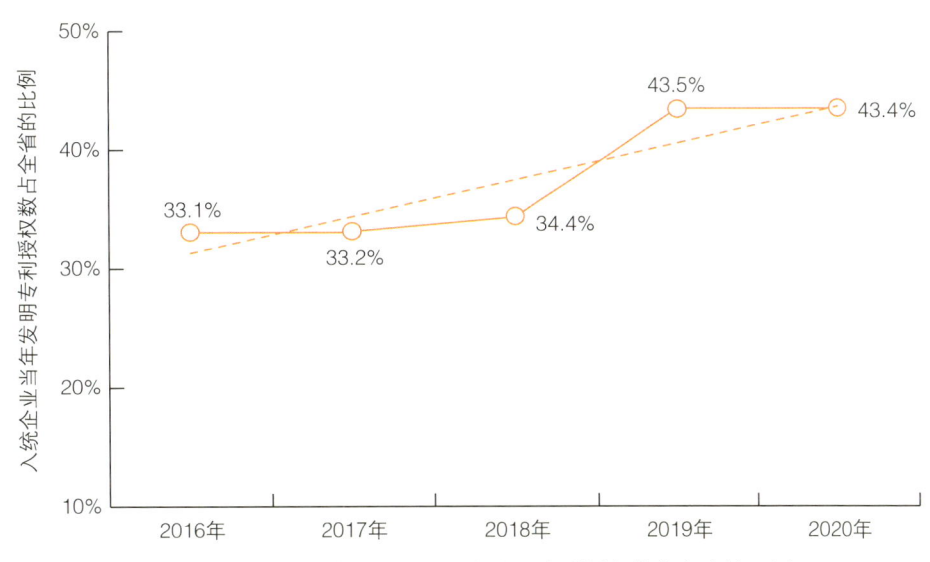

图4-7-14 福建省入统企业当年发明专利授权数占全省的比例

4.7.7 小结

本节结合优化创业生态、营造创新环境、促进开放创新、推动创新发展及发挥示范作用5个分指数，从创业、创新、开放、经济及引领5个方面，全面阐释了福建省在"十三五"期间创新发展概况。整体而言，"十三五"期间，福建省火炬高新年度总指数年均增长率为10.20%，略低于全国总指数年均增长率（10.94%），特别是在2019—2020年，福建火炬指数增幅低于全国火炬指数。

在优化创新生态方面，培育壮大创新型企业群体，"十三五"期间，福建积极构建高技术企业成长加速机制，出台《福建省省级高新技术企业扶持办法》，设立省级高新技术企业培育库。实施分类辅导及重点扶持，鼓励企业研发机构参与政府支持的技术研发项目，并对运行绩效评估及补助给予奖励。壮大由科技型企业、高新技术企业及创新型企业构成的创新企业群体，培育出有国际竞争力的科技创新型领军企业。同时，强化精准施策及靶向服务，注重打造科技"小巨人"、制造业单项冠军和"专精特新"等一批创新型成长企业。完善科技型中小企业评价监测机制，大幅提升科技型中小企业数量。此外，加强科技人才队伍建设，福建省积极引进紧缺的国（境）外高层次人才及团队。全省22人入选国家杰青、优青，64人入选国家"高端外国专家引进计划"，13人入选国家外国青年人才计划。10名在闽外国专家荣获第十一届福建省"友谊奖"。

在营造创新环境方面，创新政策环境营造更加优化，"十三五"时期，福建省委九届十六次全会、十届八次和十次全会先后审议通过《关于实施创新驱动发展战略建设创新型省份的决定》《关于营造有利于创新创业创造良好发展环境的实施意见》《福建省全方位推动高质量发展超越科技创新行动计划》。福建省政府及相关职能部门围绕深化科技计划管理、促进科技成果转化、扩大科研机构和人员自主权、加强科研诚信建设等，相继出台了50多份政策性文件，为推动实施创新驱动发展战略搭建了系统集成的政策体系。同时，创新支撑更加有力。发展由产业需求拉动、以技术应用为导向的网络化协同创新模式，形成产学研用创新利益共同体，打造新型研发机构和创新组织。

在促进开放创新方面，区域协同更加有效。福建省依托推动建设福厦泉国家自主创新示范区，带动闽东北、闽西南两大协同发展区科技创新联动发展。同时，科技合作更加开放。通过完善省部、省院会商共建工作机制，福建省主动对接高端创新资源，中科院海西研究院三期、机械科学总院海西分院、国家海洋局海岛研究中心、国家专利审查协作福建中心等一批国字号研究机构在福建落地建设，国家技术转移海峡中心、国家技术转移人才培养基地揭牌运作。加强与发达地区开展合作交流，北京石墨烯研究院福建产学研协同创新中心、三明中关村科技园及三明中关村科技产业基地建设加快推进。此外，积极参与"科技伙伴计划"，推进中以、中新、中俄等"一带一路"建设的双边或多边政府间科技合作，促进高新技术在福建落地转化。

然而，值得注意的是，福建省在委托研发、技术引进、消化吸收再创新等方面，表现出不稳定态势。例如，2016—2020年，福建省入统企业产学研合作经费与引进技术消化吸收再创新费用支出总额从29.7亿元增加至58.7亿元，但在2019年该值出现突然下降，下滑至34.1亿元，这可能是导致"促进开放创新"分指数在2019年出现显著下滑的内在因素之一。

在推动创新发展方面，"十三五"期间，福建省经济实力跃上新台阶，2020年达4.39万亿元。数字经济蓬勃发展。借助于福厦泉国家自主创新示范区和国家创新型省份获批建设，战略性新兴产业增加值超6000亿元，数字经济增加值占地区生产总值的比重达 45% 左右，新业态、新模式成为经济发展新亮点。此外，生态文明先导效应显现，国家生态文明试验区建设扎实推进。生态环境质量保持优良。

在发挥示范作用方面，"十三五"时期，福建省加快构建现代产业体系，工业增加值跃升至全国第 6 位，三大主导产业增加值年均增长 8.4%。第三产业高质量发展，占 GDP 的比重从 41.6% 提高到 47.5%。战略性新兴产业增加值占全省地区生产总值的比重为 13%。同时，福建高新技术产业化效益指数居全国第 7 位，科技促进经济社会发展指数居全国第 8 位。此外，针对企业研发投入不足的问题，福建省陆续出台企业研发分段补助、研发费用加计扣除、科技"小巨人"企业研发奖励、科技贷等政策，最大限度激发企业的创业创新的潜能。例如，2019 年，福建省国家高新技术企业享受所得税优惠 105 亿元，高新技术企业工业产值突破 7000 亿元，研发投入占全省企业研发投入的 2/3，创造了全省近 50% 的发明专利，已跃然成为福建省科技创新、研发投入和成果应用的主力军。

4.8 山东

"十三五"时期，面对错综复杂的国际形势、艰巨繁重的改革发展稳定任务，特别是受新冠肺炎疫情严重冲击，山东省深入贯彻习近平总书记对山东工作的重要指示要求，统筹推进"五位一体"总体布局，协调推进"四个全面"战略布局，锚定"走在前列、全面开创"，坚持稳中求进工作总基调，坚持新发展理念，深化供给侧结构性改革，实施八大发展战略，推进九大改革攻坚，培育"十强"优势产业，通过谋战略、打基础、强筋骨、抓改革、优环境，为山东省经济社会高质量发展提供了有力科技支撑。

4.8.1 指数总览

总体而言，以 2016 年为基数，"十三五"期间，山东省火炬高新年度总指数从 2016 年的 100.0 增长至 2020 年的 162.5，同时期全国总指数从 2016 年的 100.0 增长至 2020 年的 151.3，由此可知，山东省火炬高新年度总指数年均增长率为 12.91%，高于全国总指数年均增长率（10.91%），具体如图 4-8-1 所示。

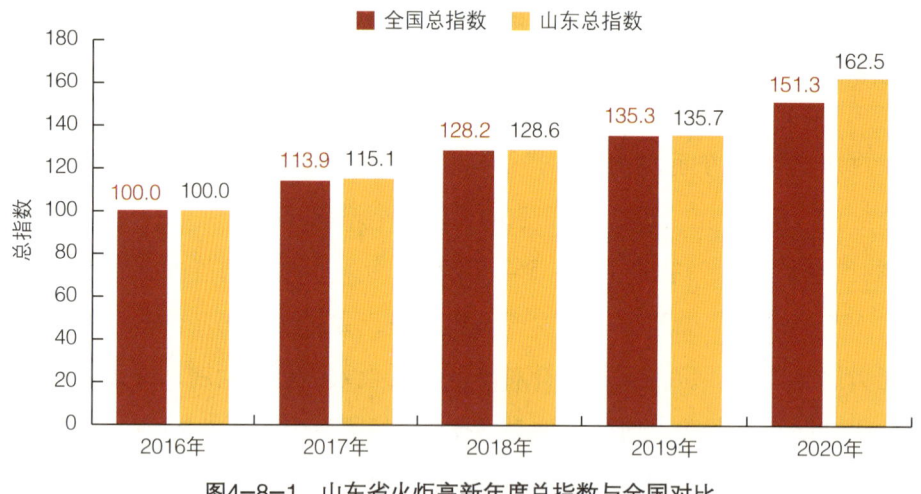

图4-8-1 山东省火炬高新年度总指数与全国对比

"十三五"时期，整体上，优化创新生态、营造创新环境、促进开放创新、推动创新发展、发挥示范作用这5个分指数均呈现上升趋势，但优化创新生态分指数在2019年出现显著下降趋势，整体上升并不稳定，5个分指数具体情况如图4-8-2所示。

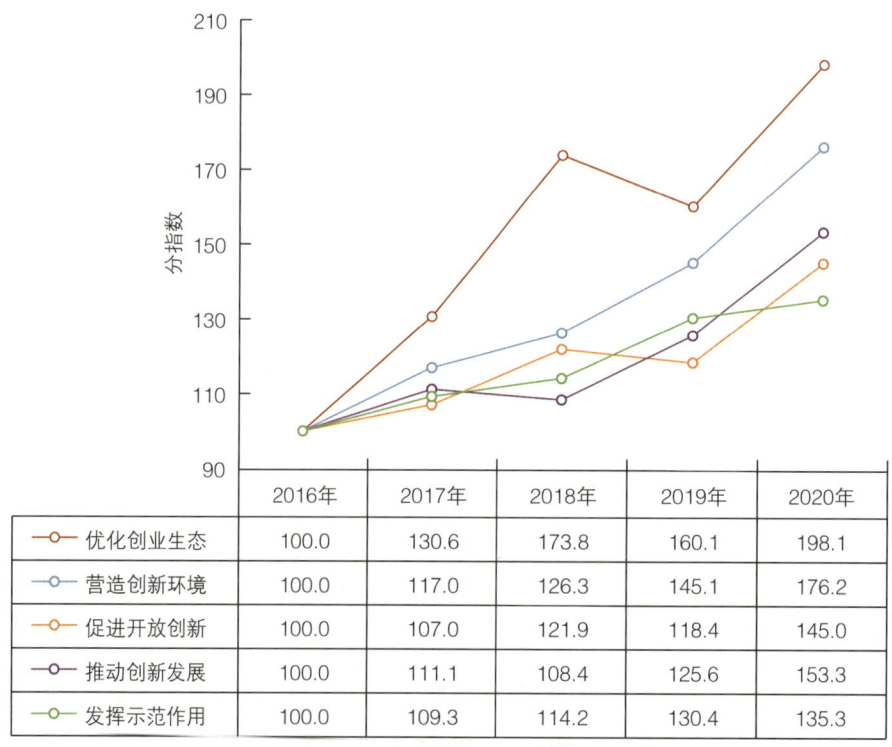

	2016年	2017年	2018年	2019年	2020年
优化创业生态	100.0	130.6	173.8	160.1	198.1
营造创新环境	100.0	117.0	126.3	145.1	176.2
促进开放创新	100.0	107.0	121.9	118.4	145.0
推动创新发展	100.0	111.1	108.4	125.6	153.3
发挥示范作用	100.0	109.3	114.2	130.4	135.3

图4-8-2 山东省火炬高新5个分指数变化趋势

4.8.2 科技发展财政环境不断优化，科技企业培育持续强化

科技发展财政环境不断优化。自2020年起，每年设立不少于120亿元的科技创新发展资金，组建山东省科技创新战略咨询专家委员会和13个领域咨询专家委员会。根据图4-8-3可知，2016—2020年，山东省入统企业当年获得的风险投资额从5.37亿元增长至36.80亿元，年均增长率高达61.80%，这说明山东省在科技金融及风险投资方面近年来成效显著，在推动产业发展，特别是独角兽等企业培育方面成绩卓越。

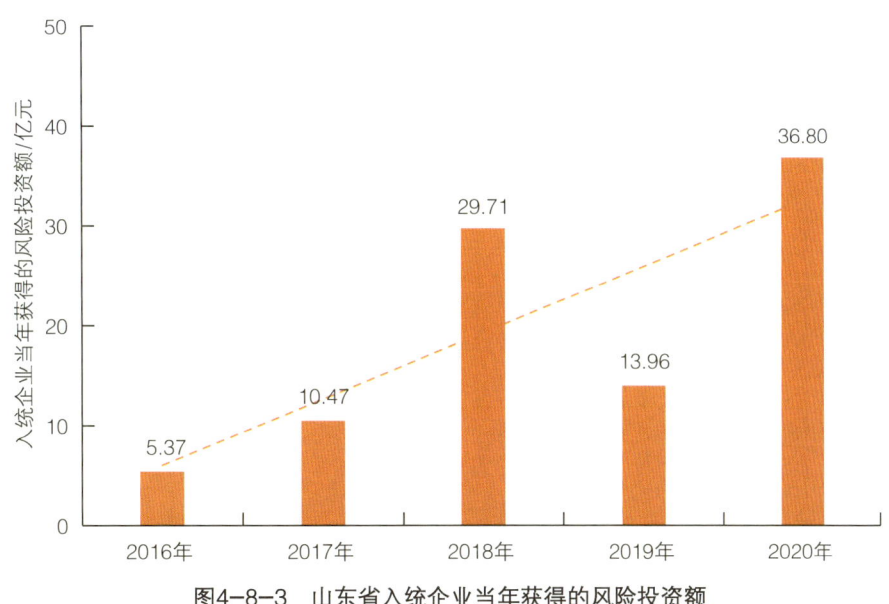

图4-8-3 山东省入统企业当年获得的风险投资额

2016—2020年，山东省入统企业当年获得的风险投资额虽整体呈现上升趋势，但在2019年出现显著下降，从2018年的29.71亿元下降至13.96亿元，整体"缩水"超过一半，这说明山东省的科技金融及风险投资发展状况并不稳定，这也可能是优化创新生态分指数在2019年出现"跳水"的内在因素之一，针对于此，山东省更应在"源于技术，成于资本"方面夯实基础，从而推动产业形成，以及提升出现独角兽企业的潜力。

大力培育创新型企业。"十三五"时期，山东以省级以上创新型（试点）企业为重点，支持优势企业建立及完善有利于创新的体制机制，配置优质资源，加快发展成为具有全球影响力的创新型企业。例如，实施"小升高"培育计划，大力实施科技

型中小企业培育工程，建立科技型小微企业后备库，完善遴选、培育、认定的推进机制，促进量大面广的科技型中小企业加速成长为高新技术企业，科技强企方阵初具规模。截至2020年年底，山东省拥有省级以上科技企业孵化器225个，省级以上众创空间419个，其中，国家级科技企业孵化器98个，国家级众创空间242个，分别居全国第3位、第2位，山东省科技企业孵化器、众创空间在孵企业超过2.5万家，为培育高新技术企业提供源头力量。根据图4-8-4可知，2018—2020年，山东省入库的科技型中小企业数从1859家上升至4703家，增长了1.5倍，说明山东省近年来在企业新生力量培育方面效果突出。

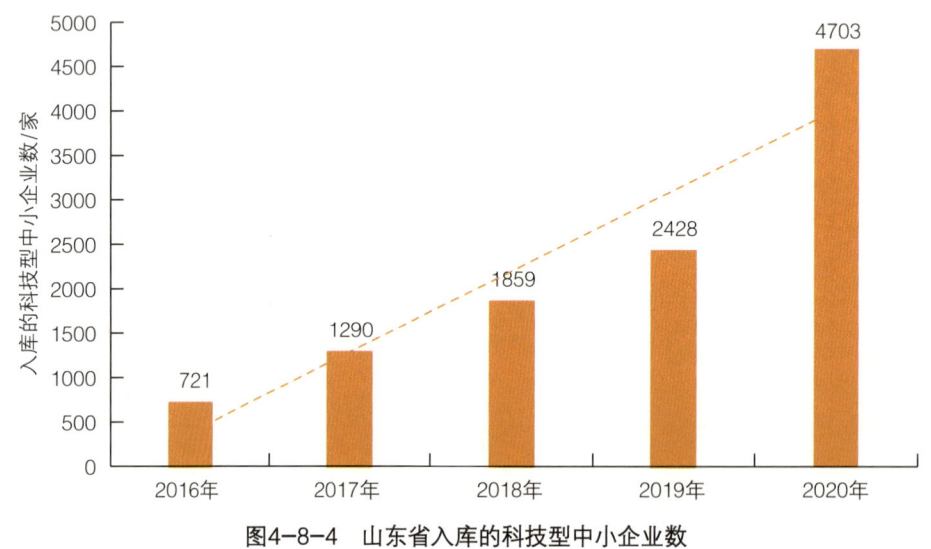

图4-8-4 山东省入库的科技型中小企业数

创新人才高地加快隆起。加强科技人才队伍建设，坚持把人才资源作为第一资源，加大创新型人才培养及引进力度，充分激发人才创新动力及活力，打造创新创业人才高地，为山东省科技创新能力提升及经济社会发展提供强大人才支撑。根据图4-8-5可知，2016—2020年，山东省入统企业从业人员中大专及以上学历占比整体呈现上升趋势，从48.1%上升至49.1%。这说明了山东省入统企业在从业人员结构方面不断优化。例如，深入实施科技人才推进计划，出台"人才兴鲁32条"等政策，完善包括创新创业扶持、青年人才培养、杰出青年接力、拔尖人才支持的人才培养计划体系，构建从新苗人才到领军人才的多层次科技人才培养开发体系，促进青年优秀人才脱颖而出。特别是，围绕重大人才需求，发挥泰山学者、泰山产业领军人才工程等作用，加大海内外高层次人才引进力度。例如，扩展政府间国际科技合作框架下的科技创新人才国际化培养渠道，培养引进具有国际视野、了解国际前沿及国际规则的海外高层次科技人才。截至 2020 年年底，山东省两院院士和海外学术机构院士达到 98 人、国家杰出青年科学基金获得者 118 人、国家级和省级领军人才 4145 人。

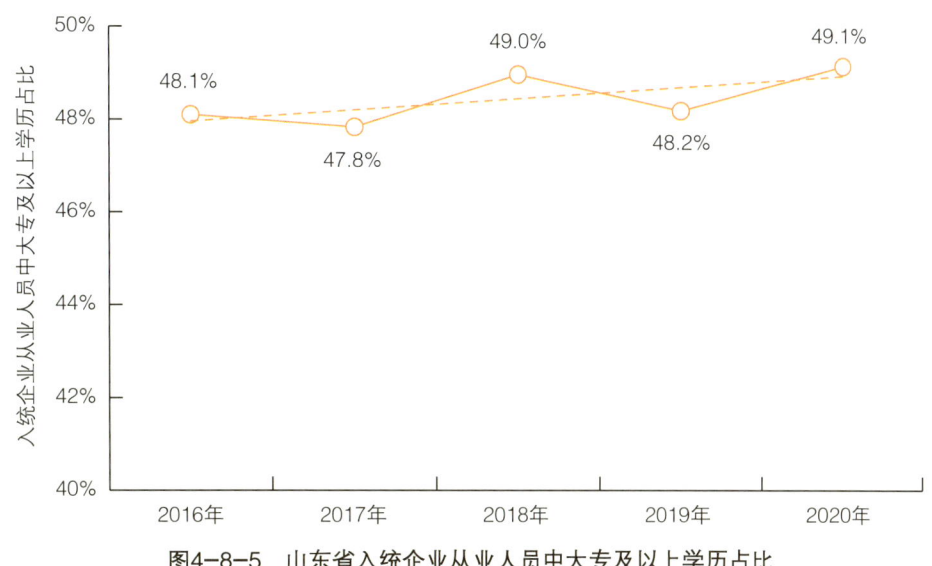

图 4-8-5　山东省入统企业从业人员中大专及以上学历占比

持续深化科技体制改革，科研人员创新活力进一步激发。优化科技计划管理，形成了符合科技创新规律，布局合理、定位明确、支撑有力的省科技计划布局体系。创新重大科技创新项目组织管理方式，探索竞争立项、定向委托、组阁揭榜等新型组织模式，加快推行科技攻关"揭榜制"、首席专家"组阁制"。深化科技领域"放管服"改革，以深化项目评审、人才评价、机构评估改革为突破口，积极构建突出质效、贡献导向的分类评价体系。

4.8.3　加强基础研究及关键技术攻关，大力实施高新技术企业培育工程

全面加强基础研究和关键技术攻关，科技支撑经济社会高质量发展能力显著增强。"十三五"时期，山东省瞄准省内重点领域、重点产业发展中的关键科学问题和未来产业发展变革性技术，积极对接国家战略需求，强化基础研究和应用研究衔接融合。"十三五"以来，山东省基础研究经费增长近 1 倍，组织实施一批重大基础研究项目，在人工智能、新一代信息技术、生物技术、新材料、新能源等领域取得一批重

大成果，海洋、农业等领域的科技创新能力全国领先。聚焦"十强"产业，组织实施重大科技创新工程项目近 1000 项。根据图 4-8-6 可知，2016—2020 年，山东省入统企业当年发明专利授权数从 7787 件增加至 16 564 件，年均增长率为 20.77%。这说明山东省在开展原创性活动方面稳步提升，成果产出逐年增加。抢占制高点，促进原始创新能力显著提升，为科技进步提供支撑。

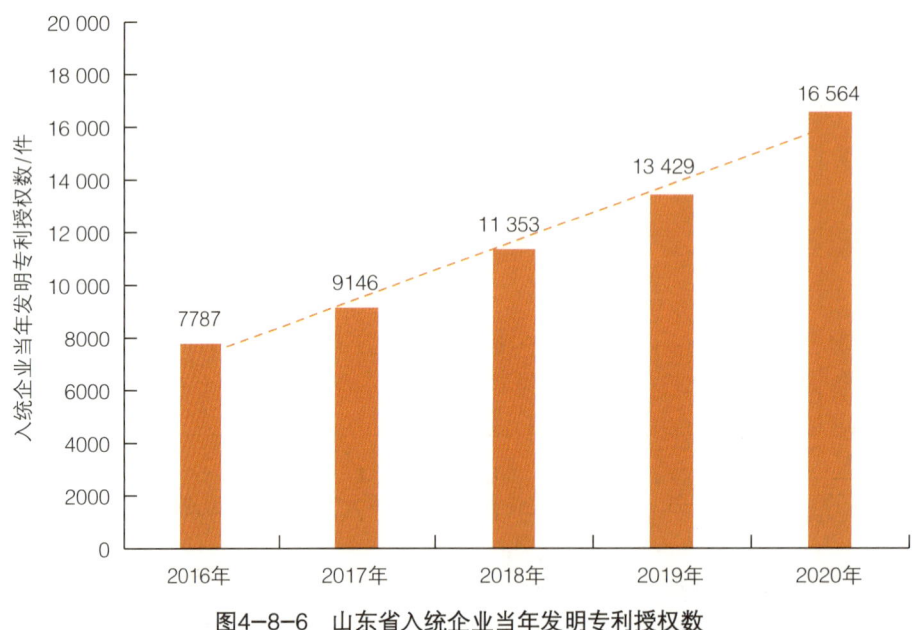

图4-8-6　山东省入统企业当年发明专利授权数

大力实施高新技术企业培育工程。"十三五"以来，山东省高新技术企业数实现大幅增长，2020 年达到 1.46 万家，是 2016 年的 3.17 倍，年均增幅达 33.44%（图4-8-7）。这说明山东省注重创新型企业培育，特别是大力实施创新型领军企业培育工程，支持创新型领军企业牵头承担国家级和省级重大科技项目，在这过程中涌现出了一批诸如潍柴、中车、海尔、浪潮等创新型领军企业。同时，大力实施科技型企业上市培育计划，建立科创板上市企业培育库，积极推荐创新型企业到科创板上市，截至 2020 年年底，累计共 9 家高新技术企业登陆科创板，市值达 1691.6 亿元。

图4-8-7 山东省高新技术企业数

集聚优质科技创新资源,着力打造战略科技力量。围绕新材料、信息技术、现代农业、先进制造、机器人、交通装备、绿色化工等重点领域,依托重点龙头企业布局建设一批在产业技术创新中发挥核心引领作用的技术创新中心,支撑引领产业创新发展。根据图4-8-8可知,2016—2020年,山东省高新区内重要的研发机构数从356个增加至742个,年均增长率为20.15%。这说明山东省特别是高新区积极培育及引进各种研发载体,提升园区研发实力,着重增强以企业为主体的技术创新体系构建,

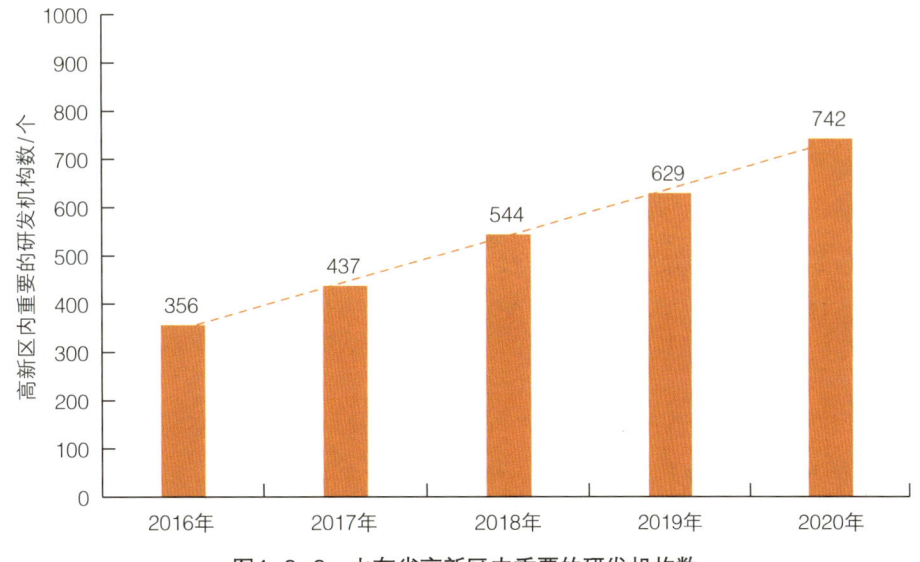

图4-8-8 山东省高新区内重要的研发机构数

有助于提升研发及科技成果转化水平。其中的典型代表是，在"十三五"期间，山东产业技术研究院、山东高等技术研究院、山东能源研究院"新三大院"相继成立，以中科院海洋大科学研究中心、中国工程科技发展战略山东研究院、中科院济南科创城为代表的国家战略创新力量落户山东，有力推动了创新资源向山东汇聚。

专栏 4-8-1 "新三大院"

1. 山东产业技术研究院

根据《山东省人民政府关于建立山东产业技术研究院推动创新发展的框架意见》（鲁政字〔2019〕26号）文件精神，山东产业技术研究院（简称产研院）于2019年7月30日正式揭牌成立。山东产研院将着力破除制约科技创新的思想障碍和制度藩篱，推动管理机制创新与技术创新深度融合，促进技术创新集群式突破，建设以需求为导向、运行机制灵活高效、研发体系健全、对接国际水平的新型研发机构，打造带动全省创新驱动发展的核心引擎和制度创新的示范样板，创新产业技术，造福山东人民。

山东产研院面向世界科技发展前沿，面向国家新旧动能转换综合试验区建设重大战略，面向山东经济社会发展科技需求，聚焦产业前沿技术、关键核心技术与产业共性技术问题，高标准建设产研院中央研究院和中央孵化器，通过人才＋项目＋平台＋投资的模式，广泛与国内外高水平大学、科研机构、行业龙头企业开展合作，引进高端人才和创新团队，突破产业核心技术，打通科技成果向现实生产力转化的通道，创造新产业、服务战略产业、改造提升传统产业，全面支撑山东产业创新发展和新旧动能转换。旨在打造"政产学研金服用"创新创业共同体示范样板，带动全省创新驱动发展的核心引擎，提升山东经济发展质量和竞争力，实现新旧动能转换的重要战略支点。

2. 山东高等技术研究院

山东高等技术研究院是山东省人民政府举办的以高度国际化为特征的新型科研机构，旨在引领和推动区域基础科学研究，服务国家战略。研究院具有充分的自主权，遵循科研规律，尊重科学文化，为杰出学者、特别是青年学者提供最好的条件，在基础研究领域开展创造性工作。研究院总体规模1200人，在济南市规划建设15万平方米的基础设施，谋划建设2～3个大科学装置。争取用20～30年的时间，成为世界先进科研机构。

3. 山东能源研究院

建设山东能源研究院是省委、省政府面向国际国内能源发展大势和山东省能源产业高质量发展而提出的重要举措，对于抢占国际能源科技竞争制高点，支撑国家能源创新体系建设，提升山东省能源科技创新能力，服务山东省能源产业高质量转型发展及支持中科院洁净能源创新研究院发展、争创国家实验室都具有重要的意义。

山东能源研究院面向国家能源战略需求和世界能源科技前沿，立足山东能源产业发展重大需求，开展洁净能源科技基础性、前瞻性和重大关键技术的创新研究，创新"政产学研金服用"深度融合的体制机制，形成集前沿技术研发、人才集聚培育、优势产业育成和科技创新服务于一体的国际水平新型研发机构，持续为山东能源产业高质量发展提供强大技术支撑。

山东能源研究院由山东省、中科院、青岛市三方共建，依托中科院青岛能源所等单位，在中科院洁净能源创新研究院的基础上，联合省内外能源领域科研单位、高校和企业共建。实行领导小组领导下的院长负责制。院长由中科院青岛能源所所长担任，山东省委派一名领导担任副院长或者副书记。按照中科院下属研究机构进行管理，并积极探索构建"政产学研金服用"深度融合的新型研发机构。

资料来源：山东产业技术研究院官网，山东高等技术研究院官网，山东能源研究院官网。

坚定不移建设创新型省份，创新引领作用显著增强。全面实施省级大科学计划、大科学工程规划，省级创新创业共同体达到30个，中科院济南科创城和中科院海洋大科学研究中心加快建设，启动首批5个省实验室。深化科教融合，按照优势互补、协同创新原则，推动科研院所与高等院校建立紧密合作关系，集聚资源优势，强化目标导向研究及自由探索相互衔接，形成发展合力，整合组建了新的齐鲁工业大学、山东第一医科大学。深化产学研协同创新机制。围绕重点领域和重点产业发展，完善产业技术创新战略联盟建设布局。支持行业龙头企业与科研院所、高校和中介服务机构联合组建产业技术创新战略联盟，联合培养人才、共享科研设施，按照企业主导、院校协作、多元投资、成果分享的原则，合作开展核心关键和产业共性技术开发。改革完善产业技术创新战略联盟的形成和运行机制，深化产学研、上下中游、大中小企业的紧密合作，推动基于产业链的链合创新，促进产业链和创新链的深度融合。推广西王集团和中国科学院合作模式，推动企业与高校、科研院所、科研人员以股权为纽带，建立长期稳定的合作关系。总体而言，山东省区域创新能力位居全国第6位，青岛、济南分别跻身全国创新型城市第10位和第14位。

> **专栏 4-8-2　中科院济南科创城**
>
> 2020年10月29日，山东省、济南市与中国科学院签署共建中科院济南科创城合作协议，中科院济南科创城建设迈入新阶段。当前，山东正积极推进新旧动能转换，加快创新型省份建设，着力以科技创新助推经济高质量发展。济南区位条件优越、人才资源密集，是科技创新的沃土。近年来，济南一直与中科院保持着紧密的合作，"中科系"的创新集聚效应正逐步显现。
>
> 引进院所涉及众多前沿技术领域，如新一代信息技术、生物医药、航空航天、电磁技术、先进制造等众多前沿技术领域，初步实现了多领域、多产业、多主体共同发展的良好局面，为推动山东省、济南市实施新旧动能转换重大工程和创建综合性国家科学中心提供了有力支撑。
>
> 一大批创新成果进入产业化。中科院空天信息创新研究院、苏州医工所、植物基因编辑、产业技术协同创新中心、深圳先研院、量子技术研究院等项目，正在积极进行研发平台或产业园区建设，一批重大创新成果相继进入产业化阶段；电工所、理化所、微生物所、工程热物理所、计算所、高能物理所等项目已基本完成规划设计。
>
> 落地项目向中科院济南科创城快速集聚。电工所、理化所、生态环境中心、空间应用中心4个项目已入驻和即将入驻济南科创城一期，其他6个院所和今后将落地中科院的院所原则上均向中科院济南科创城集聚，成为山东省、济南市的

创新策源地。"中科系"院所项目先后落地,对打造"科创济南"、创建综合性国家科学中心、推动省会高质量发展发挥强劲支撑作用。

此外,为打通科技成果转化"最后一公里",由济南市、省科技厅、国科控股联合共建的山东中科院产业技术协同创新中心在"科技 金融"的创新路径上不断发力。在具体实施上,国科控股将与济南共建济南国科科创母基金,服务中科院济南科创城建设,设立国科(济南)成果转化创投基金,重点投资协同创新中心引进的科技企业,打造济南"科技 金融"的中科院模板。

资料来源:中国科学院官网,腾讯网。

4.8.4 放大区位优势创新机制合作,高能级开放平台取得关键突破

放大区位优势,创新机制合作。山东半岛城市群战略位势加快提升,济南、青岛核心城市辐射带动能力显著增强,全面启动省会、胶东、鲁南三大经济圈建设,菏泽、鲁西崛起成效突出,完成济南、莱芜行政区划调整。与日韩地方经贸合作更加深入。一是实现地方经贸合作机制化。与日韩先后建立高层省部合作机制、司局级定期磋商机制、第三方市场合作机制、经济咨询顾问会议制度等9个方面机制化安排,推动制度型开放先行先试。与韩国釜山开展通关流程创新合作,把区位优势转化为合作机制优势。抢抓RCEP(《区域全面经济伙伴关系协定》)签署机遇,实施《深化与日韩经贸合作先期行动计划》,在货物贸易、服务贸易、物流运输等方面先行先试。二是实现合作平台建设高端化。济南、青岛、烟台依托自贸区片区规划建设中日产业园。中韩(烟台)产业园、威海中韩自贸区地方经济合作示范区等国家级合作平台发挥了独特优势。青岛、济南、威海开展新一轮国家服务贸易创新发展试点,淄博博山区、济南齐鲁软件园、山东中医药大学被认定为国家文化、数字、中医药服务出口基地。2019年,中韩(烟台)产业园新增韩资项目45个,总投资3.2亿美元。三是实现高能级经贸活动举办常态化。"十三五"期间,山东省委、省政府领导多次出访日韩,连续3年举办山东日韩商务周,创新举办"对话山东—日本·山东产业合作交流"等活动,山东与日韩经贸联系愈发密切,合作更加深入。

深入推动制度创新改革,高能级开放平台取得关键性突破。各类重大开放平台叠加聚集,自贸试验区获批以来,112项试点任务已实施104项,探索形成60项制度创

新成果，36项在全省复制推广，9项具有全国首创性。《中国（山东）自由贸易试验区条例》正式发布，为自贸试验区改革创新提供坚实法制保障。上合示范区"四大中心"建设稳步推进，建成运行青岛·上合国家客厅，推进跨境集装箱"海公铁"多式联运工程。全国首创"负面清单"放权模式，"清单"外其他行政权力事项全部下放至自贸试验区和上合示范区。高能级活动接连举办，举办首届跨国公司领导人青岛峰会，"香港山东周"、儒商大会等平台影响力不断增强，创新举办"山东与世界500强连线"等系列重大活动，吸引海内外客商投资山东、创业山东。

利用外资结构明显优化。主动对接国家"一带一路"倡议，深化与沿线国家高层次、多形式、宽领域的科技合作，第一、第二、第三产业实际使用外资比重由"十二五"末的1.6∶52.7∶45.7调整为2019年的0.8∶32.1∶67.1，高技术产业实际使用外资占比提高1.3个百分点。引进重大外资项目增多，对世界500强企业吸引力增强，"十三五"期间，56家世界500强企业在山东省新投资企业173家，其中美国思科、IBM、雅培、江森自控、谷歌、日本软银等16家世界500强企业首次落户山东。截至2020年年底，已有219家世界500强企业在山东省投资兴业，山东已经成为外商投资的热土。

就山东省内高新区而言，由图4-8-9可知，2016—2020年，山东省高新区当年实际利用外资金额经历了先下降后增长的趋势，在2020年达到296.68亿元，在"十三五"时期，超过了2016年的最高水平（280.78亿元）。

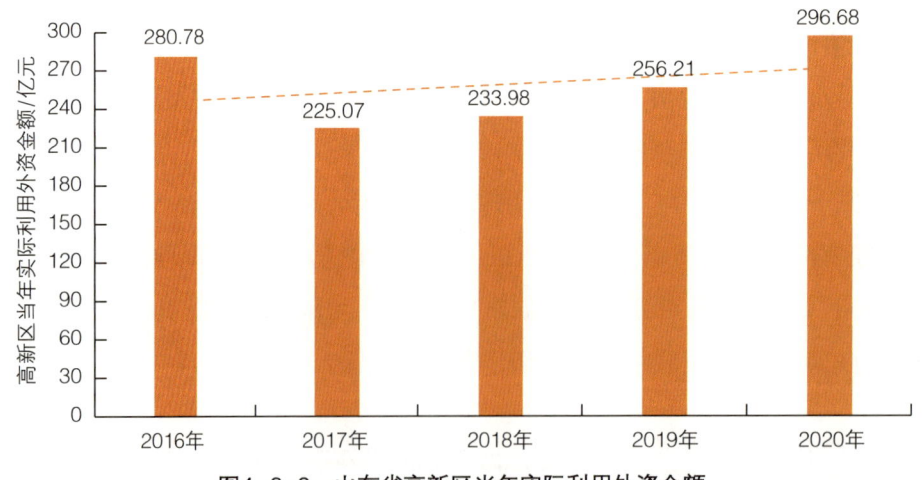

图4-8-9　山东省高新区当年实际利用外资金额

积极融入"一带一路"建设，主动服务国家开放大局。积极参与"丝路明珠"工程，创新"丝路电商"，加强与沿线国家基础设施建设和国际产能合作。执行好与以色列、白俄罗斯等国家的科技合作协议，重点加强与德国、俄罗斯、乌克兰、印度在先进制造、新材料、海洋工程装备、软件技术等领域的技术合作与人才交流，突出技术引进消化吸收再创新。发挥技术优势，加强与中西亚、南亚、东南亚等发展中国家在农业、能源、海洋资源开发、信息通信、高端装备制造等领域的合作，推广应用科技成果，推动成熟技术向海外转移转化。充分利用国家扶持边疆民族地区的特殊政策，支持山东省骨干企业借助科技会展平台参与合作，布局建设科技园区或产业基地，面向中亚、阿拉伯、东盟和欧盟国家开展以农业、制造业为主的技术与投资贸易合作，实现优势产业"走出去"。"十三五"期间，对"一带一路"沿线国家累计实际投资额较"十二五"期间增长2.4倍，占全国的比重提高4个百分点。国际物流大通道更加畅通。整合"齐鲁号"欧亚班列，运营线路直达"一带一路"沿线14个国家、42个城市。大力发展"多式联运"，建立中（鲁）韩、中（鲁）日欧亚国际物流通道统一服务平台，开行日韩陆海快线，加速推进中韩陆海联运甩挂运输常态化运行，畅通"东联日韩、西接欧亚"的国际物流大通道。境外经贸合作区建设成效显著。实施境外经贸合作区高质量发展3年行动计划，拓展"合作区+"发展功能。

专栏4-8-3 山东半岛国家自主创新示范区

山东半岛国家自主创新示范区（简称自创区）是国务院批准的第13个国家自主创新示范区，依托济南、青岛、淄博、潍坊、烟台、威海6个国家高新技术产业开发区建设。

"十三五"时期，山东省以深化改革与机制创新为动力，着力增强自创区自主创新能力，突出区域特色和产业特色，推进区域协同发展，构建符合创新规律的新机制和创新创业生态环境，自创区对全省高质量发展的示范带动作用日益凸显。自创区的总体定位是"以蓝色经济引领转型升级的自主创新示范区"，具体定位是"四区一中心"，即全球海洋科技创新中心、体制机制创新先行区、经济转型升级样板区、创新创业生态示范区、开放协同创新引领区。山东省政府成立山东半岛国家自主创新示范区建设工作领导小组，组长由省政府主要领导担任，副组长由省政府常务副省长、省政府分管领导担任，成员由省政府办公厅、省发展改革委、省科技厅、省工业和信息化厅、省财政厅、省自然资源厅、省市场监管局、省地方金融监管局、省税务局主要负责同志组成。领导小组办公室设在省科技厅，承担领导小组日常工作，省科技厅主要负责同志兼任领导小组办公室主任。

2016年9月，山东省出台了《中共山东省委山东省人民政府关于加快山东半岛国家自主创新示范区建设发展的实施意见》（鲁发〔2016〕30号），对自创区建设发展做出顶层设计和安排部署。为加快自创区建设进程，2016年11月，省财政厅、省科技厅联合出台了《山东半岛国家自主创新示范区发展建设资金管理办法》，并于2019年9月进行了修订，聚焦打造专业化"名片"园区、重大科技创新平台、国际科技成果转移转化中心3个重点，充分发挥好自创区引领示范作用。

"十三五"期间，自创区内各高新区针对加快自创区建设、科技创新、产业发展等分别制定出台政策文件，形成了各具特色的自创区创新政策体系。在空间规划上，各高新区多采取一区多园模式，如济南高新区已形成中心区、高新东区、临空经济区、章锦、创新谷共五大片区，总面积318平方公里；青岛高新区包括胶州湾北部主园区、青岛高科技工业园、青岛新技术产业开发试验区、青岛科技街等10个片区，总开发面积467平方公里，在辐射带动方面发挥了积极作用。在产业规划上，各高新区立足特色产业、突出地方优势，分别确立了新一代信息技术、高端装备制造、生物医药等战略性新兴产业作为主导产业。

资料来源：科技部火炬中心官网。

4.8.5 持续优化开放型经济结构，生态文明建设不断加强

持续优化开放型经济结构，开放型经济实现高质量发展。"十三五"时期，外部环境风险与挑战显著增多，国内新老矛盾交织，特别是中美经贸摩擦和新冠肺炎疫情对开放工作造成较大冲击。面对"百年未有之大变局"，山东省坚决顶住压力，全力稳外贸稳外资，开放指标实现量的稳步增长和质的持续优化。一方面是主要指标稳步

增长。"十三五"时期，全省货物进出口规模持续提升，2019年实现进出口2.04万亿元，2016—2019年，年均增长率为8.2%，高于全国年均增速，占全国比重由"十二五"末的6.1%提高到2020年前11个月的6.8%。实际使用外资规模连创历史新高，2019年达到146.9亿美元，2016—2019年，年均增长率为13.8%，规模跃居全国第四。另一方面是外贸大省地位进一步巩固。实施"境外百展计划"，明确20国市场"一国一策"精耕细作，调整优化国际市场布局。成功创建全国唯一的出口农产品质量安全示范省，农产品出口连续21年领跑全国。新业态新模式跑出"加速度"，7市获批国家跨境电子商务综合试验区，3地获批国家市场采购贸易试点，跨境电商进出口、市场采购贸易分别年均增长86.7%、405.7%。

突出顶层设计，构建起高质量开放的"四梁八柱"。山东省委、省政府坚决贯彻落实习近平总书记重要指示要求，坚持以开放促改革，以开放求发展，多次专题研究开放工作，搭建起山东对外开放大框架。2017年突出"谋篇布局"，召开全省开放型经济发展大会，出台具体意见，对推动新一轮高水平对外开放作出部署。2018年突出"双招双引"，召开全省"双招双引"大会，举办首届儒商大会、青年企业家创新发展国际峰会、外交部"蓝厅"推介会等重大活动，积极搭建平台，发出"选择山东、共赢未来"的邀请，吸引海内外客商投资山东、创业山东。2019年突出"制度创新"，把"打造对外开放新高地"作为八大发展战略之一，山东省委十一届九次全会对开发区改革创新作出部署，全面推进开发区体制机制改革。2020年突出"全面突破"，把"开放倒逼改革"作为九大改革攻坚行动的重要内容，以开放助力疫情防控，促进复工复产，推动内外贸并进，畅通国内国际"双循环"，坚决稳住外贸外资基本盘。山东省委十一届十一次全会专题研究"打造对外开放新高地"，出台《关于深化改革创新打造对外开放新高地的意见》，推出45条实打实的政策措施，构建起山东高水平扩大开放的"四梁八柱"。

生态环境明显改善。山东省集中打好8场标志性重大战役，"绿水青山就是金山银山"发展理念更加深入人心。开展污染源头防治，推动"四减四增"3年行动。坚决淘汰落后动能，"十三五"时期，压减粗钢产能2110万吨、生铁970万吨、焦化2800万吨，关闭退出煤炭产能3767万吨，全面完成煤炭消费总量压减任务。深入开展化工产业安全生产转型升级专项行动,全省化工园区由199个压减到84个,关闭退出不达标化工企业2000多家。推行河长制、湖长制、湾长制、林长制,深入推进长岛海洋生态文明综合试验区、泰山区域山水林田湖草生态保护修复、黄河三角洲湿地生态系统保护治理工程建设。全省万元地区生产总值能耗比2015年累计下降19%,PM2.5浓度下降37%,优良天数比例提高14.2个百分点,国控断面地表水达到或好于Ⅲ类水体比例为73.5%,劣Ⅴ类水体、设区市建成区黑臭水体全部消除,近岸海域水质优良面积比例达到94.1%,森林覆盖率预计达到20%以上,新增水土流失治理面积6782平方公里。值得注意的是,由图4-8-10可知,2018—2020年山东省高新区万元工业增加值能耗从6.4吨标准煤降低至4.9吨标准煤,2016—2020年的年均增长率达到了-6.82%。这表明了山东省高新区内实现低碳经济发展的成效。

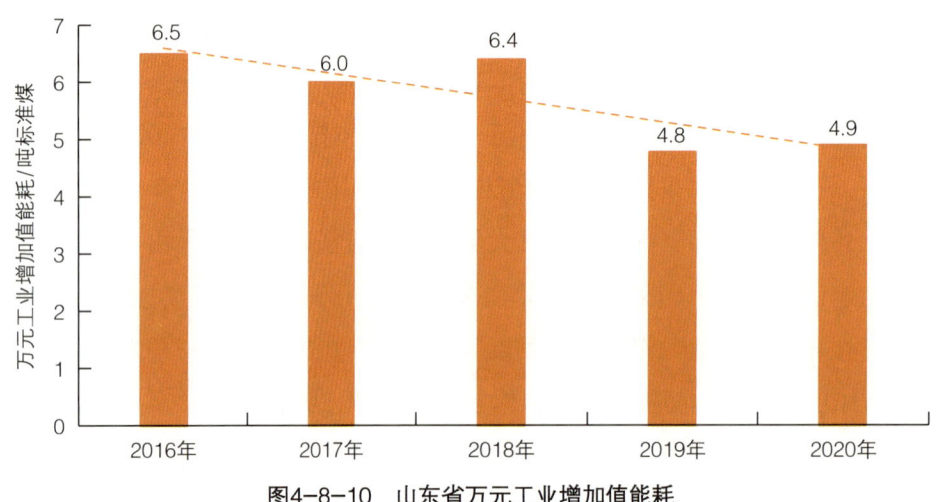

图4-8-10　山东省万元工业增加值能耗

4.8.6　新旧动能加速转换,发展质效明显提升

加速新旧动能转换。"十三五"时期,山东省"四新"经济增加值占地区生产总值的比重达到30.2%,高新技术产业产值占规模以上工业总产值的45.1%,比2015年提高12.6个百分点。其中,上市公司新增102家,达到334家,市值过千亿元的有8家,独角兽企业有13家。同时,大力实施科技型企业上市培育计划,建立科创板上市企业培育库,积极推荐创新型企业到科创板上市,共9家高新技术企业登陆科创板,市值达1691.6亿元。

值得注意的是，由图4-8-11可知，"十三五"时期，入统的上市企业数占全省的比例整体呈现略微下降趋势，这表明山东省具有发展实力的高新技术企业培育建设仍不够稳定，需加强巩固。

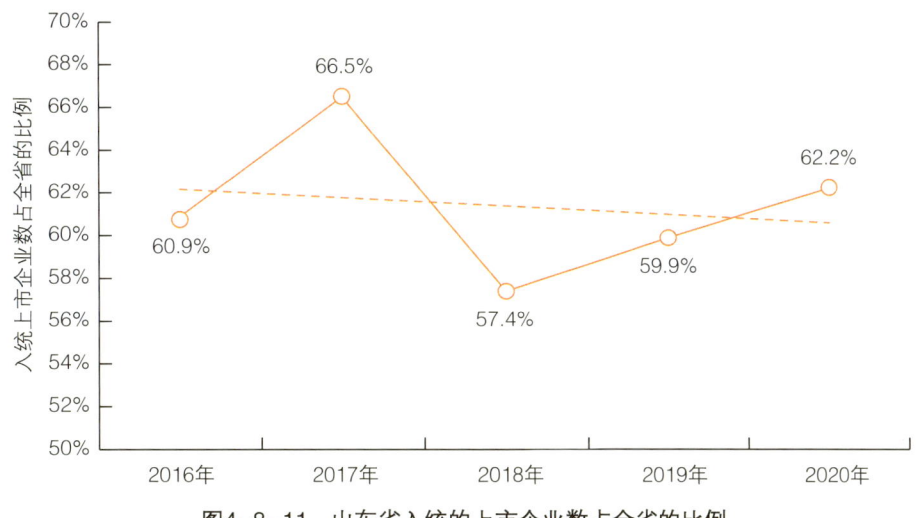

图4-8-11　山东省入统的上市企业数占全省的比例

发展质效明显提升。"十三五"时期，山东省地区生产总值连续突破6万亿元和7万亿元大关，2020年更是达到了73 129亿元，位居全国第三，人均生产总值超过1万美元，三次产业结构优化调整为7.3∶39.1∶53.6。累计实现城镇新增就业647万人，登记失业率控制在4%以内。一般公共预算收入达6560亿元，比2015年增长18.6%。居民人均可支配收入32 886元，值得注意的是，根据图4-8-12可知，2016—

图4-8-12　山东省高新区从业人员平均工资

2020年，山东省高新区从业人员平均工资从8.0万元增加到14.0万元，年均增长率达到15.02%。

由图4-8-13可知，2016—2020年，山东省入统企业全员劳动生产率整体呈现上升趋势，从26.0万元/人增加至29.1万元/人，提升了3.1万元/人，这表明了山东省入统企业不断提升生产效率的同时，企业效能稳步增强，并且从业人员的报酬也逐年提升，幸福感加强。此外，山东省深入推进海洋强省"十大行动"，海洋生产总值占地区生产总值比重、占全国海洋生产总值比重分别达到1/5和1/6。

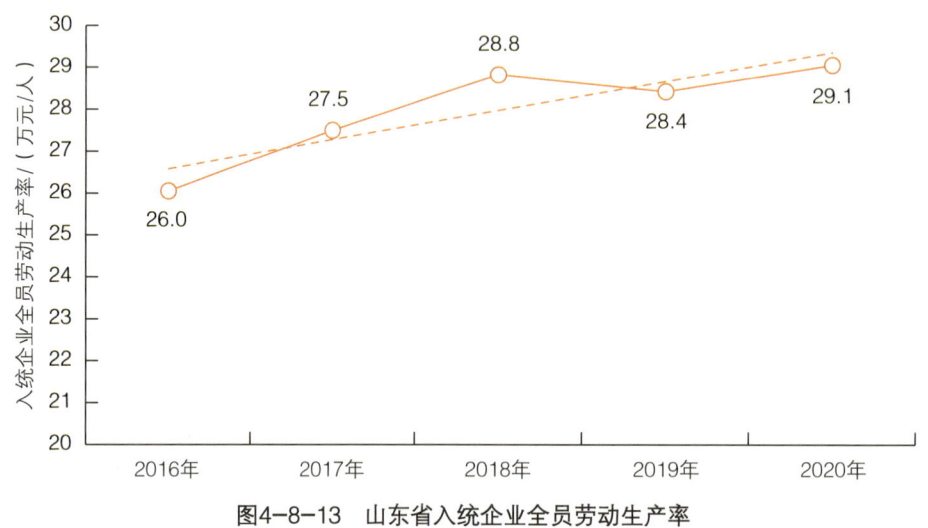

图4-8-13　山东省入统企业全员劳动生产率

4.8.7　小结

本节从创业、创新、开放、经济及引领5个方面，结合优化创业生态、营造创新环境、促进开放创新、推动创新发展及发挥示范作用5个分指数，全面阐释了山东省在"十三五"期间创新发展概况。整体而言，"十三五"期间，山东省火炬高新年度总指数从2016年的100.0增长至2020年的162.5，同时期全国总指数从2016年的100.0增长至2020年的151.3，山东省火炬高新年度总指数年均增长率为12.91%，高于全国总指数平均增长率（10.91%）。

在优化创业生态方面，科技发展财政环境不断优化，自2020年起每年设立不少于120亿元的科技创新发展资金，组建山东省科技创新战略咨询专家委员会和13个领域咨询专家委员会。2016—2020年，山东省入统企业当年获得的风险投资额虽整体呈现上升趋势，但在2019年出现显著下降，相比于2018年整体"缩水"超过一半，这说明山东省的科技金融及风险投资发展状况并不稳定，这也是优化创新生态分指数在2019年出现"跳水"的内在因素之一。同时，大力培育创新型企业。"十三五"时期，山东以省级以上创新型（试点）企业为重点，支持优势企业建立及完善有利于创新的体制机制，配置优质资源，加快发展具有全球影响力的创新型企业。科技强企方阵初具规模。此外，坚持把人才资源作为第一资源，加大创新型人才培养及引进力度，充分激发人才创新动力及活力，打造创新创业人才高地，为山东省科技创新能力提升及经济社会发展提供强大人才支撑。例如，出台"人才兴鲁32条"等政策，完善包括创新创业扶持、青年人才培养、杰出青年接力、拔尖人才支持的人才培养计划体系，构建从新苗人才到领军人才的多层次科技人才培养开发体系，促进青年优秀人才脱颖而出。围绕重大人才需求，发挥泰山学者、泰山产业领军人才工程等作用，加大海内外高层次人才引进力度。截至2020年年底，山东省两院院士和海外学术机构院士达到98人、国家杰出青年科学基金获得者118人、国家级和省级领军人才4145人。

在营造创新环境方面，全面加强基础研究和关键核心技术攻关。"十三五"时期，山东省瞄准省内重点领域、重点产业发展中的关键科学问题和未来产业发展变革性技术，积极对接国家战略需求，强化基础研究和应用研究衔接融合。组织实施一批重大基础研究项目，在人工智能、新一代信息技术、生物技术、新材料、新能源等领域取得一批重大成果，海洋、农业等领域的科技创新能力全国领先。聚焦"十强"产业，组织实施重大科技创新工程项目近1000项。同时，大力实施高新技术企业培育工程。"十三五"以来，山东省涌现出了一批诸如潍柴、中车、海尔、浪潮等创新型领军企业。建立科创板上市企业培育库，积极推荐创新型企业到科创板上市。此外，集聚优质科技创新资源，围绕新材料、信息技术、现代农业、先进制造、机器人、交通装备、绿色化工等重点领域，依托重点龙头企业布局建设一批在产业技术创新中发挥核心引领作用的技术创新中心，支撑引领产业创新发展。"十三五"期间，山东产业技术研究院、山东高等技术研究院、山东能源研究院"新三大院"相继成立，以中科院海洋大科学研究中心、中国工程科技发展战略山东研究院、中科院济南科创城为代表的国家战略创新力量落户山东，有力推动了创新资源向山东汇聚。

在促进开放创新方面，放大区位优势，创新机制合作。山东半岛城市群战略位势加快提升，济南、青岛核心城市辐射带动能力显著增强，全面启动省会、胶东、鲁南三大经济圈建设，菏泽、鲁西崛起成效突出，完成济南、莱芜行政区划调整。同时，利用外资结构明显优化。一方面，利用地方经贸合作机制化、合作平台高端化、高能级经贸合作常态化等方式，与日韩地方经贸合作更加深入；另一方面，主动对接国家"一带一路"倡议，深化与沿线国家高层次、多形式、宽领域的科技合作，高技术产业实际使用外资占比提高1.3个百分点。积极参与"丝路明珠"工程，创新"丝路电商"，加强与沿线国家基础设施建设和国际产能合作。"十三五"期间对"一带一路"沿线国家累计实际投资额较"十二五"期间增长2.4倍，占全国的比重提高4个百分点。

在推动创新发展方面，持续优化经济结构，实现开放型高质量发展。开放指标实现量的稳步增长和质的持续优化。一方面是主要指标稳步增长。"十三五"时期，全省货物进出口规模持续提升，2019年实现进出口2.04万亿元，2016—2019年，年均增长8.2%，高于全国年均增速。实际使用外资规模连创历史新高，2019年达到146.9亿美元，2016—2019年，年均增长13.8%，规模跃居全国第四。另一方面是外贸大省地位进一步巩固。实施"境外百展计划"，明确20国市场"一国一策"精耕细作，调整优化国际市场布局。同时，生态环境明显改善。山东省集中打好8场标志性重大战役，绿水青山就是金山银山发展理念更加深入人心。开展污染源头防治，推动"四减四增"3年行动。坚决淘汰落后动能。

在发挥示范作用方面，加速新旧动能转换。"十三五"时期，山东省"四新"经济增加值占地区生产总值的比重达到30.2%，高新技术产业产值占规模以上工业总产值的45.1%，比2015年提高12.6个百分点。同时，发展质效明显提升。"十三五"时期，山东省地区生产总值连续突破6万亿元和7万亿元大关，2020年更是达到了73 129亿元，位居全国第三，人均生产总值超过1万美元，三次产业结构优化调整为7.3∶39.1∶53.6。

4.9 河南

4.9.1 指数总览

"十三五"时期,河南省认真贯彻落实习近平总书记关于科技创新的重要论述和视察河南工作的重要讲话与重要指示,科技事业加快发展,创新对经济社会高质量发展的支撑引领作用日渐凸显。创新实力逐渐增强,盾构、新能源客车、光通信芯片、超硬材料等产业的技术水平和市场占有率均居全国首位,高新技术产业增加值占规模以上工业增加值的比重由33.3%提高到43.4%。科技创新为打赢疫情防控阻击战、脱贫攻坚战、污染防治攻坚战提供了有力保障。

从河南省火炬高新年度总指数与全国对比(图4-9-1)可知,河南省火炬高新年度总指数呈现稳定增长的态势,4年数值均略低于全国水平。其中,2019年出现小幅下滑后,2020年河南省火炬高新年度总指数增长至133.2。"十三五"期间,河南省经济实力大幅跃升。2020年,全省生产总值达54 997.07亿元,是"十二五"末的1.36倍,2016—2020年,年均增长6.3%,高于全国平均水平0.6个百分点。工业生产总体平稳。2020年全省规模以上工业增加值是2015年的1.35倍,2016—2020年,年均增长6.2%,高于全国平均水平0.7个百分点。服务业增加值占GDP的比重不断提升,于2018年实现了由"二三一"到"三二一"的历史性转变。

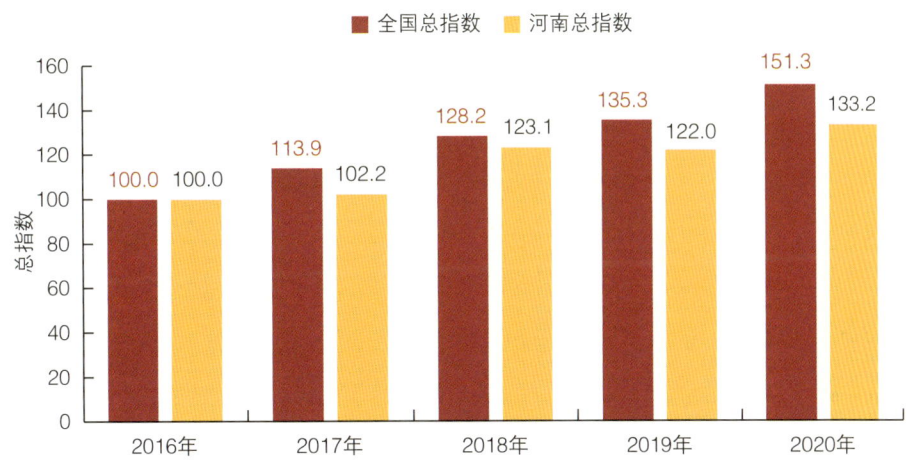

图4-9-1 河南省火炬高新年度总指数与全国对比

图 4-9-2 为河南省火炬高新 5 个分指数的变化趋势。"优化创业生态"指数和"营造创新环境"指数 2016—2020 年基本保持稳定增长的态势，2020 年分别达到 145.1、150.4。"促进开放创新"指数呈波动式增长，2018 年达到峰值 154.6，2019 年出现下降，2020 年又回升至 148.9，高于全国水平。"推动创新发展"指数保持逐年增长，年均增长率为 5.9%。"发挥示范作用"指数波动发展，2017—2020 年指数均低于 100，需要重点关注和加强。

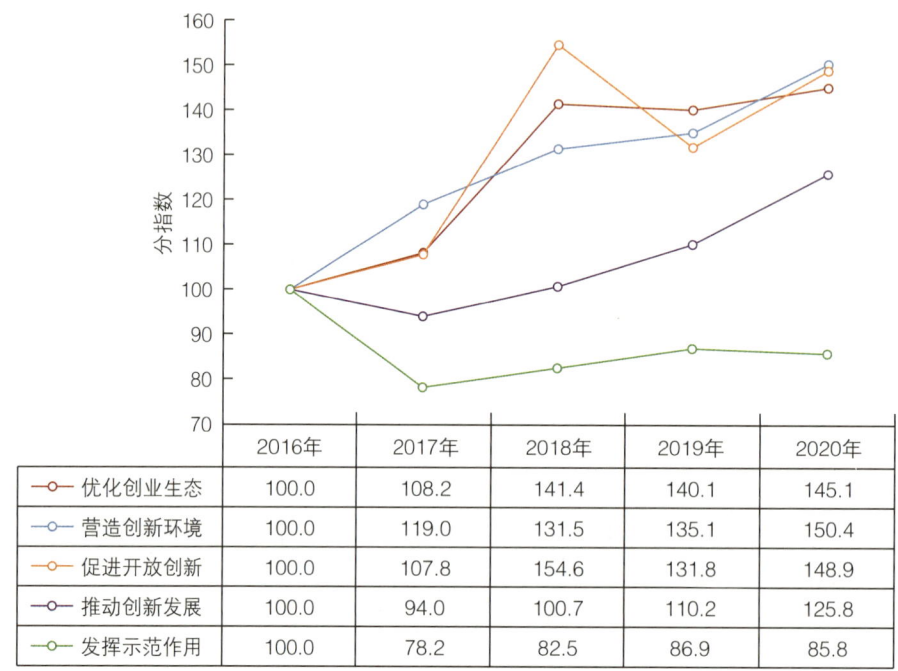

图4-9-2　河南省火炬高新5个分指数变化趋势

近年来，河南省相继公布施行《郑洛新国家自主创新示范区条例》，修订《河南省促进科技成果转化条例》，出台《中共河南省委、河南省人民政府关于贯彻落实〈国家创新驱动发展战略纲要〉的实施意见》《中共河南省委、河南省人民政府关于加快推进郑洛新国家自主创新示范区建设的若干意见》等一系列文件，系统推进科技体制机制改革。积极融入全球创新网络，与 50 多个国家建立了科技合作关系，成功举办中国·河南开放创新暨跨国技术转移大会，创新创业活力日益增强。

4.9.2 实施人才豫军"新政策",打造超一流创业生态

"创新驱动、科教兴省、人才强省"战略为河南"十大战略"之首,写入河南省第十一次党代会报告,并对构建一流创新生态、建设国家创新高地做出了系统安排。2020年,河南综合科技创新水平居全国第17位,比2015年提升3位。全社会研发经费投入超过900亿元,财政科技支出254亿元,高新技术企业6270家,技术合同成交额384.5亿元,分别为2015年的2倍、3倍、4倍和8倍以上。创新体系持续完善。郑洛新国家自主创新示范区成功获批并加快建设,国家超算郑州中心成功创建并投入运营,国家农机装备创新中心、国家生物育种产业创新中心、食管癌防治国家重点实验室、作物逆境适应与改良国家重点实验室等国家级创新平台获批建设。国家科技型中小企业数量居全国第5位。在豫两院院士24人、国家杰出青年科学基金获得者20人、中原学者73人,获国家科技奖励98项。国家级创新载体达到179个,新建省级以上科技企业孵化器等双创载体684个。2016—2020年,全省各类创业服务机构数和各类创业服务机构中在孵企业数都呈现稳步增长的态势(图4-9-3、图4-9-4)。

图4-9-3 河南省各类创业服务机构数

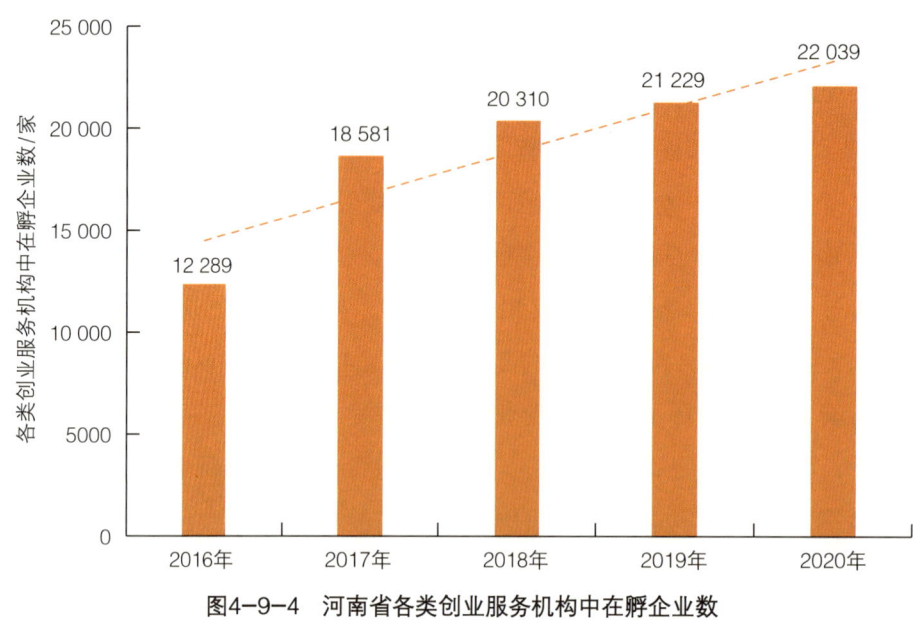

图4-9-4　河南省各类创业服务机构中在孵企业数

创新财政支持方式。出台《河南省支持科技创新发展若干财政政策措施》《关于进一步深化省级财政科研经费管理改革优化科研生态环境的若干意见》，进一步下放科研经费管理权限，让科研经费更好地为科研人员的创造性活动服务。通过"一事一议"支持省实验室、大科学装置、重大科技基础设施建设。采取绩效考核、优秀奖补方式，支持批准建设的中试基地、省产业研究院。运用后补助和贴息等支持方式，支持智慧岛市场化运营融资等。

支持创新主体发展。河南省筹措资金18亿元支持郑州大学、河南大学"双一流"高校建设、实施"双一流"创建工程，引导支持高校在科教兴省战略中发挥主力军作用，加快打造高校创新高地。安排高层次人才资金10.4亿元，落实更积极、更有效、更有吸引力的人才政策，支持打造全链条阶梯式人才培育体系。安排专项经费，支持省科学院重振重建、省农科院做优做强；采用"基础＋增量"的补助方式，鼓励企业加大研发投入。

引导社会资本参与科技创新。省级设立总规模达1500亿元的新兴产业投资引导基金和150亿元的创业投资引导基金；与市县、高校、科研院所等共同出资设立省级科技研发计划联合基金。为更好地发挥财政资金的引导作用，构建多元化的投入机制，河南省设立了省级科技研发计划联合基金，联合有意向的省辖市、高校、科研院所、企业等社会资本共同出资或捐赠设立基金，作为公益性研究经费的补充，主要支持开展基础研究、应用研究、前沿技术研究。

> **专栏 4-9-1 《河南省加快培育创新型企业三年行动计划（2020—2022 年）》**
>
> 2020 年 9 月，河南省科学技术厅等部门联合印发《河南省加快培育创新型企业三年行动计划（2020—2022 年）》，明确了创新型企业今后 3 年的发展目标，围绕实施科技型中小企业"春笋"计划、高新技术企业倍增计划、创新型企业树标引领行动等重点任务，进一步夯实创新型企业发展基础、壮大创新型企业核心骨干力量、带动创新型企业集群发展。
>
> 根据该计划，到 2022 年，河南省建立完善以科技型中小企业为基础、以高新技术企业为支撑、以创新"双百"企业和科技"雏鹰"企业为引领的创新型企业集群培育发展体系，力争全省国家科技型中小企业突破 12 000 家、国家高新技术企业突破 9000 家，筛选培育创新龙头企业和瞪羚企业（科技"小巨人"企业）各 100 家，培育科创板上市企业 5 家左右，培育引进一批独角兽企业，打造形成大中小企业融通创新、蓬勃发展的良好格局，引领带动全省规模以上高新技术产业增加值占全省规模以上工业增加值的比重达 45% 以上。

4.9.3 谋划产业发展"高站位"，锚定中西部创新高地

河南省是工业大省，全省工业规模总量稳居全国第 5 位、中西部地区第 1 位，工业门类齐全、体系完备，拥有 40 个行业大类、197 个行业中类，制造业占规模以上工业比重超过 85%。装备制造、食品制造、新型材料制造、电子制造、汽车制造等五大主导产业优势突出，建成了装备制造、食品 2 个万亿级产业集群，战略性新兴产业发展迅速。2021 年，科技型中小企业数量增长超过 30%，全社会研发投入突破千亿元，技术合同成交额突破 500 亿元。荣获国家科技奖励 17 项。新增省级工业互联网平台 13 个、上云企业 5 万家。5G 网络实现乡镇和农村热点区域全覆盖。设立 1500 亿元新

兴产业投资引导基金，战略性新兴产业对规模以上工业增加值增长贡献率超过40%。

加快企业转型升级，打造具有"链主"地位的产业链。企业实力显著增强。"十三五"期间，全省高新技术企业数快速增长（图4-9-5），2020年，高新技术企业当年所得税减免额达到78.78亿元（图4-9-6）。2020年，河南百亿级制造业企业达到42家，境内外上市企业124家，中小企业数量从43.44万家增长到54.05万家，

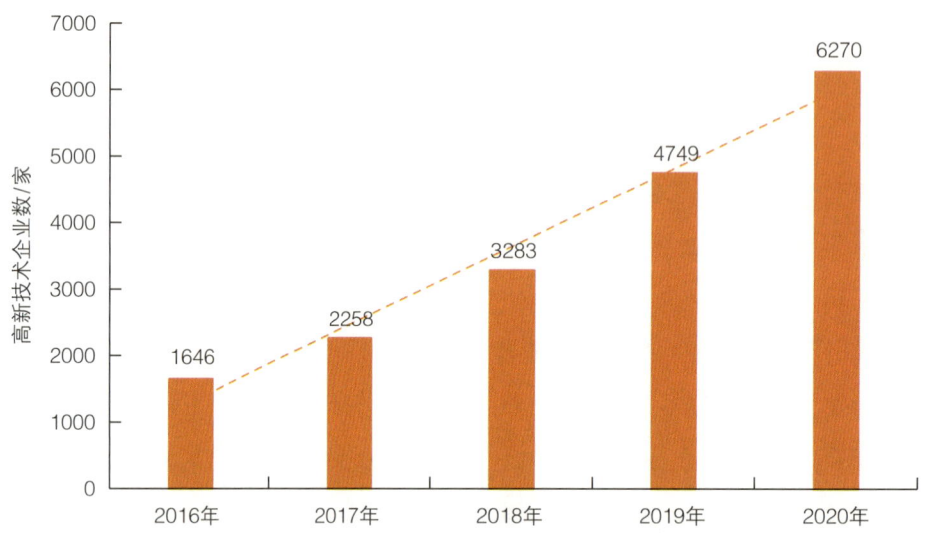

图4-9-5　河南省高新技术企业数

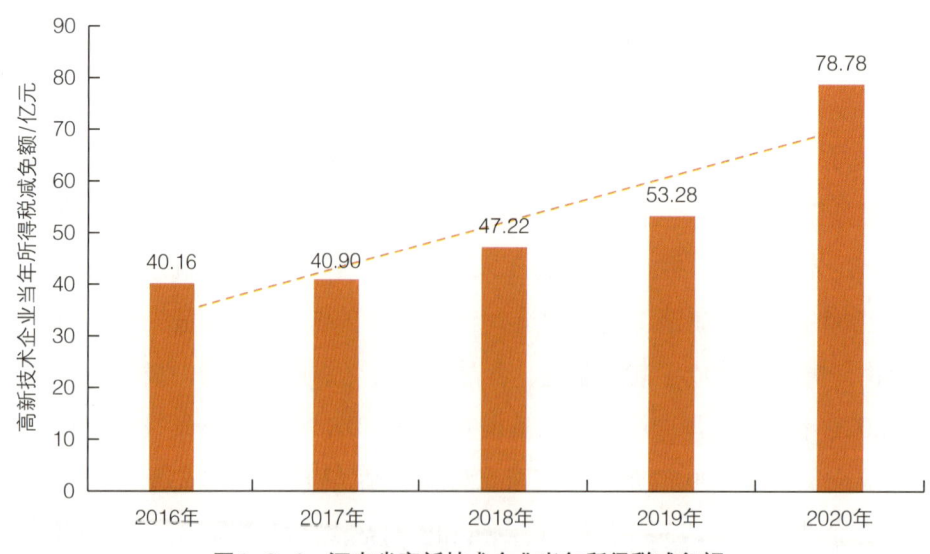

图4-9-6　河南省高新技术企业当年所得税减免额

从业人员数量从 1236.73 万人增加到 1321.02 万人。创建国家级技术创新示范企业 8 家、质量标杆企业 15 家、制造业单项冠军企业 23 家、专精特新"小巨人"企业 92 家。2020 年，重点培育的电子信息、装备制造、汽车及零部件、食品、新材料五大主导产业占规模以上工业增加值的比重达 46.8%，比 2015 年提高 2.8 个百分点。

河南省坚持把制造业高质量发展作为主攻方向，推动产业链、创新链、供应链、要素链、制度链深度耦合，既要做强优势产业基础，又要增强对产业链的掌控能力。依托河南省的优势产业，推动龙头企业在研发设计、技术创新、生产管理、品牌建设等方面取得突破，打造若干具有产业生态主导力和链主地位的"头部"企业。2020 年，高技术制造业、战略性新兴产业占规模以上工业增加值的比重分别达 11.1%、22.4%，比 2015 年分别提高 2.3 个百分点、10.6 个百分点。目前，河南省正加快新一代信息技术、高端装备、智能网联及新能源汽车等新兴产业发展，聚焦关键材料、核心零部件等细分领域，在新兴产业链中培育一批单项冠军企业、独角兽企业、瞪羚企业。围绕氢能、新一代人工智能、量子信息、类脑智能、未来网络、生命健康等未来产业领域，抢滩布局"新赛道"，聚焦进口替代或填补国内空白的前沿领域，加快建设未来产业孵化器、加速器等各类众创空间，快速精准地实现布局。

发展壮大生产性服务业，促进与先进制造业协同发展。"十三五"期间，河南省服务业实现较快增长。2020 年，全省服务业增加值达 26 768.01 亿元，是 2015 年的 1.45 倍，2016—2020 年，年均增长 7.7%，高于 GDP 增速 1.4 个百分点。2020 年，全省服务业增加值占 GDP 比重达 48.7%，比 2015 年提高 8.5 个百分点，三次产业比重由 2015 年的 10.8∶48.4∶40.8 优化为 2020 年的 9.7∶41.6∶48.7。图 4-9-7 是 2021 年河南省第三产业分布情况。近年来，河南加快发展创新研发、工业设计、数据服务、现代物流、电子商务、检验检测、工业软件、金融等生产性服务业，推动生产性服务业向专业化和价值链高端延伸，引导生产性服务业企业发挥创意设计、数据分析、服务流量等优势，加强与制造业融合发展，大力发展服务型制造新模式。表 4-9-1 是 10 家河南省知名高新技术企业及其所属行业。

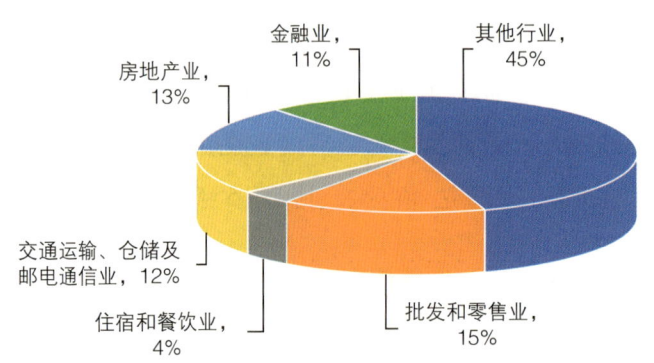

图4-9-7 2021年河南省第三产业分布情况

表4-9-1 河南省知名高新技术企业及其所属行业

序号	企业名称	所属行业
1	中航光电科技股份有限公司	电连接器
2	许继集团有限公司	电力装备
3	郑州宇通客车股份有限公司	汽车制造
4	平高集团有限公司	电力装备
5	许继电气股份有限公司	电力自动化
6	洛阳轴研科技股份有限公司	轴承制造
7	中国航空工业集团公司洛阳电光设备研究所	航空设备
8	中铁工程装备集团有限公司	工程机械
9	中信重工机械股份有限公司	工程机械
10	南平高电气股份有限公司	汽车制造

资料来源：科技部火炬统计。

4.9.4 深化开放合作"高水平"，促进交通圈变经济圈

2021年10月，河南省第十一次党代会提出，实施优势再造战略，推动交通区位优势向枢纽经济优势、产业基础优势向现代产业体系优势、内需规模优势向产业链、供应链协同优势转变，形成高质量发展新动能。2022年1月，河南省"两会"政府工作报告明确提出，构建"通道＋枢纽＋网络"现代物流运行体系，深入实施多式联运示范工程，培育30家左右全国领军型物流企业，争创国家物流枢纽经济示范区。河南省作为内陆省份，要继续深入实施开放带动战略，持续推动全方位开放，加快构建开放型经济新体制，形成全面开放新格局。

招商引资再上新台阶，集群效应明显提升。"十三五"期间，全省累计实际吸收外资 901 亿美元，实际到位省外资金 4.7 万亿元，分别是"十二五"时期的 1.36 倍和 1.57 倍。外资结构不断改善，第一、第二、第三产业吸收外资占比分别为 3%、49.2%、47.8%，先进制造业、现代服务业、新兴产业成为外来投资热点。引资质量不断提高，"十三五"时期，新上超千万美元外资项目 452 个、占比 41%，引进合同利用省外资金超 10 亿元项目 2264 个、占比 8.3%，在豫世界 500 强、中国 500 强企业分别达 189 家、172 家。通过招商引资和承接产业转移，大力引进延链补链强链项目，益海嘉里、百菲萨、华为、浪潮、海康威视、新华三、上汽大数据中心、格力（洛阳）智能工厂等项目陆续布局全省。全省形成装备制造、现代食品 2 个万亿级，电子信息、汽车及零部件、生物医药、新型材料、现代化工 5 个 3000 亿级和现代轻纺、智能家居、软件及信息技术服务等 12 个千亿级产业集群。在各地形成了 127 个百亿级特色产业集群，打造了一批特色鲜明、竞争力强的区域品牌。承接产业转移已经成为河南工业增长的主引擎、结构调整的加速器、转型发展的主抓手。

2016—2020 年，河南省入统企业从业人员中外籍常驻和留学归国人员占比波动较大，2018 年达到峰值 0.77%，2019 年下降到 0.21%（图 4-9-8），说明河南对全球人才的吸引力还较弱，这是河南省火炬高新指数"促进开放创新"呈波动式增长的内在原因之一。

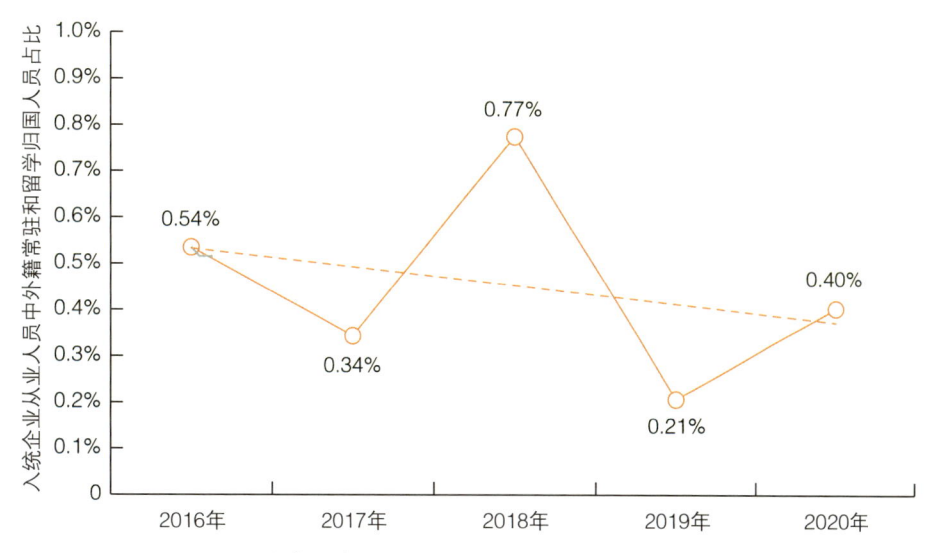

图 4-9-8　河南省入统企业从业人员中外籍常驻和留学归国人员占比

对外贸易实现跨越式发展，打造省级外贸转型升级基地。"十三五"期间，河南省货物贸易进出口总额先后跨越5000亿元、6000亿元两大台阶，最高至6654.8亿元，年均增长7.7%，稳居中部第一、进入全国十强。外贸市场更趋多元，对东盟、欧盟、"一带一路"沿线国家进出口占比分别达到13.0%、12.7%、23.5%。贸易结构不断优化，高新技术产品出口占比达到60.4%，一般贸易占比提升到32.9%。贸易新业态蓬勃发展，"十三五"期间，跨境电商进出口累计交易额达6408.8亿元、年均增长35.3%，获批3个跨境电商综合试验区、4个跨境电商进口试点城市。2021年，全省外贸进出口总值实现历史性跨越，连续突破7000亿元、8000亿元大关，达到8208.1亿元，居全国第十、中部第一，与2020年同期相比，增长22.9%。河南省年度外贸进出口总值已连续5年保持5000亿元以上规模。

对外投资合作有序发展。"十三五"期间，全省累计对外直接投资中方协议额105亿美元，一批重点项目进展顺利。对外承包工程和劳务合作新签合同额年均增长2.7%，5年累计派出劳务人员23.5万人次。累计设立9个境外经贸合作区，中吉亚洲之星农业产业合作区成为国家级园区。组建国际产能合作联盟，成员单位57家，市场主体对外直接投资更趋成熟和回归理性，"走出去"企业国际经营能力显著提升。

国内外合作空间不断拓展。河南省加快实施黄河流域生态保护和高质量发展、促进中部地区崛起等国家战略，主动对接京津冀、长三角、粤港澳大湾区开展务实合作。成功举办多届中国（河南）国际投资贸易洽谈会、全球跨境电商大会、开放创新暨跨国技术转移大会等会议。承办上合组织成员国政府首脑（总理）理事会第14次会议、《区域全面经济伙伴关系协定》（RCEP）第27轮谈判、外交部河南全球推介活动等国际性会议。加强科教文卫、农业等多领域对外合作，已建成181家省级以上国际科技合作平台，建成4个重点国际医学合作项目。2016—2020年，河南入统企业在境外设立的研发机构数呈现波动增长的态势，2019年达到峰值62个，2020年下降为55个（图4-9-9）。反映了河南省企业通过在境外设立研发机构的方式来整合国际创新资源的能力还有待进一步提高。

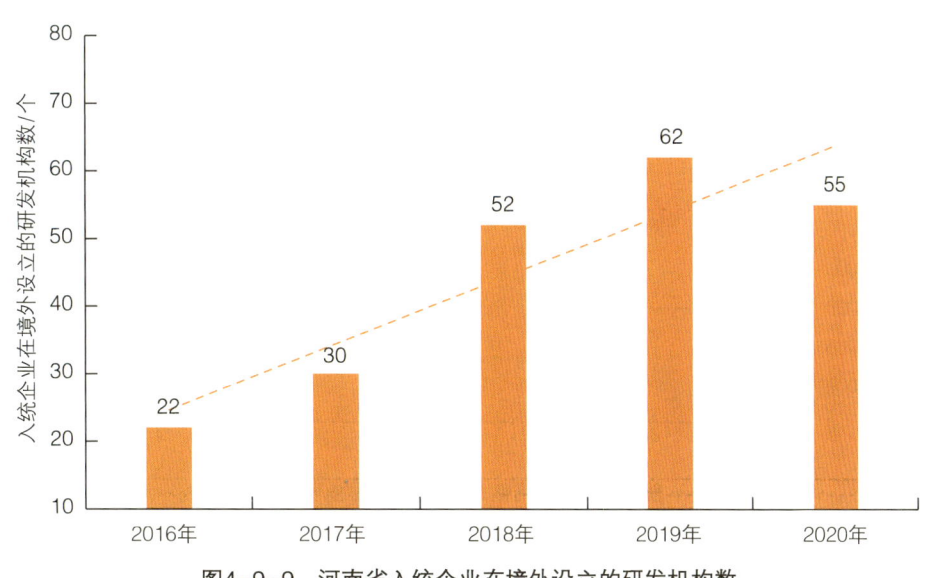

图4-9-9　河南省入统企业在境外设立的研发机构数

4.9.5　推动创新发展"高标准"，助力经济驶入高速道

创新能力大幅提高，经济效益持续提升。全省规模以上工业企业研发投入占营业收入比重由2016年的0.5%提高到2020年的1.41%，全省规模以上高新技术产业增加值平均增长11.7%，占全省规模以上工业增加值的比重从34.9%上升到43.4%，工业企业技术改造投资年均增长42.5%，2017—2020年入统企业营业收入稳步增长，2020年达到16 460.50亿元（图4-9-10）。国家级创新载体达到179个，智能农机创新中心成功创建为国家级制造业创新中心。全省工业增加值从2016年的1.55万亿元提高到2020年的近1.78万亿元，规模总量稳居全国第5位、中西部地区第1位。智能终端、新能源客车、盾构装备、超硬材料等主要产品产量位居全国前列，制造业对支撑全省经济发展起到了顶梁柱、压舱石、定盘星的作用。

赋能提升产业数字化水平，绿色发展进展明显。融合赋能加速渗透，数字赋能作用持续增强，2017—2020年河南省数字化企业营业收入占比稳步增长，2020年达到25.4%（图4-9-11）。

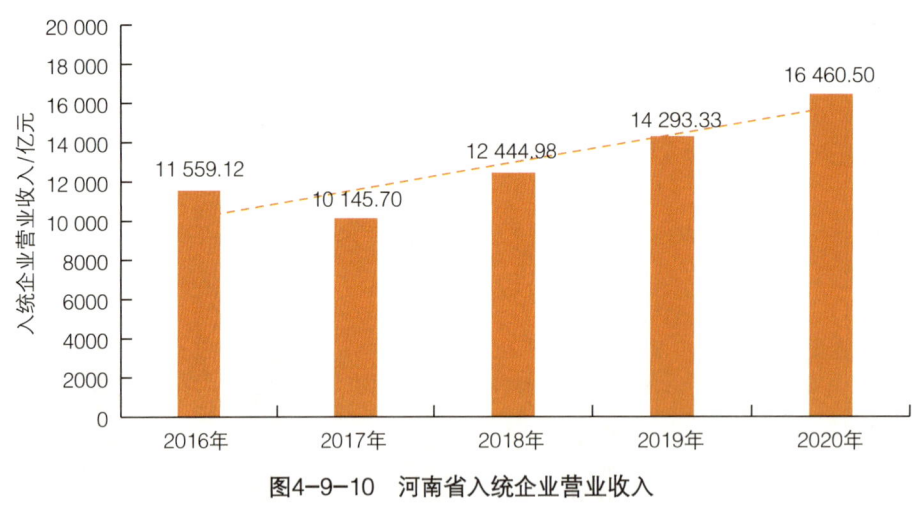

图4-9-10　河南省入统企业营业收入

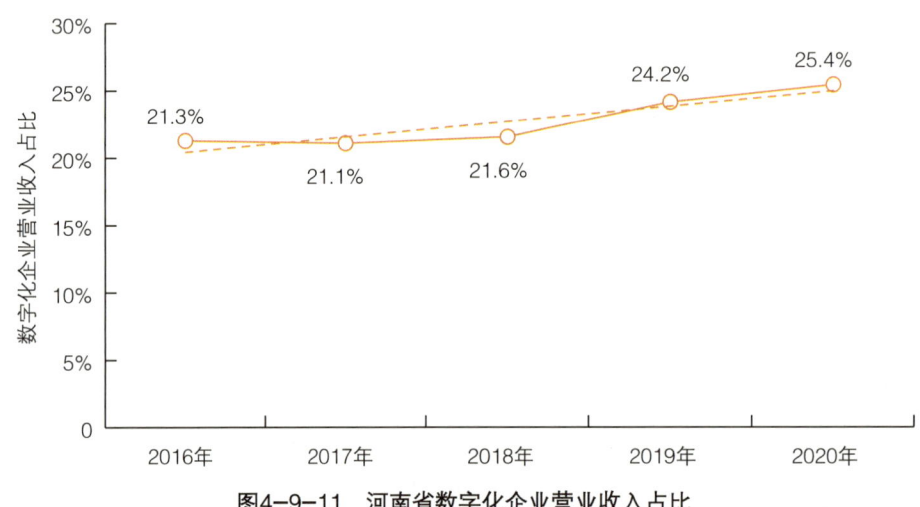

图4-9-11　河南省数字化企业营业收入占比

制造业与新一代信息技术、制造业与现代服务业融合步伐加快，"两化"融合发展指数提高到53.2，创建国家制造业与互联网融合发展试点示范25个、工业互联网试点示范8个、大数据产业发展试点示范13个、服务型制造示范10个，建成省级智能工厂（车间）571个、工业互联网平台25个，累计10万余家企业上云。全省规模以上单位工业增加值能耗累计下降35.75%，创建国家级绿色工厂115个、绿色园区10个、绿色供应链示范企业10家、绿色设计产品32个，9家企业获得国家级能效、水效"领跑者"称号。危化品生产企业"退城入园"稳步推进，水泥、碳素、铸造等领域过剩与落后产能得到有效化解和淘汰。

4.9.6 高新区企业为"新引擎",发挥出引领示范作用

企业成为经济发展和科技创新的主体。河南加强引导企业在创新中的作用,不断加大扶持力度,推动经济不断向高质量发展迈进。近年来,在相关政策的激励下,越来越多的企业成为研发投入的主体、项目组织的主体和科技成果转化的主体。"十三五"期间,河南省入统企业当年研发经费支出额占全省的比例呈现波动下降的趋势,2020年为30.2%,反映了企业研发投入规模对全省的贡献有待进一步加强(图4-9-12)。2016—2020年,河南省入统的上市企业数占全省的比例波动上升,2020年达到63.2%,较2016年上升了7.5%(图4-9-13)。

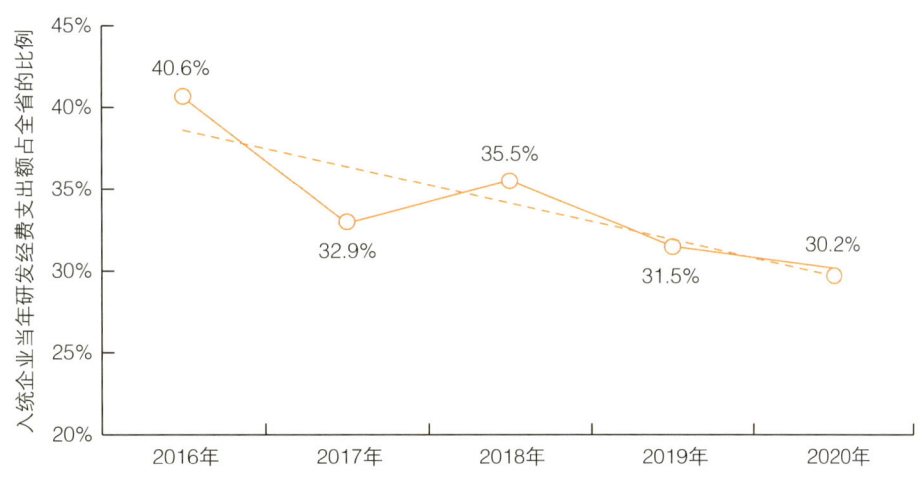

图4-9-12 河南省入统企业当年研发经费支出额占全省的比例

图4-9-13 河南省入统的上市企业数占全省的比例

高新区引领带动全省创新驱动高质量发展。近年来,河南省出台了《关于加快改革创新促进高新技术产业开发区高质量发展的实施意见》,从深化体制机制改革、夯实创新基础、提升产业发展水平、推进开放合作和成果转化、优化空间布局、强化要素资源保障等方面提出了一系列具体政策措施,支持高新区高质量发展;修订了《河南省高新技术产业开发区管理办法》,进一步强化高新区"高"和"新"的定位,不断优化认定审批程序,研究制定高新区考核评价指标体系,加强管理激励,推动高新区争先进位。

河南省高新区不断深化体制机制改革,复制推广自创区以"全员聘任制、绩效考核制、薪酬激励制"为核心的体制机制改革成功经验,深化"放管服效"改革,释放创新活力,大力实施创新驱动发展道路,推动高新区建设连续跃上新台阶。未来将继续延续"打造国家创新高地、重要开放平台、先进制造业研发生产基地"的发展目标,积极争创国家高新区,加快省级高新区布局;开展评价激励,推动高新区争先进位;支持高新区大力实施创新驱动发展战略,围绕产业链部署创新链,围绕创新链布局产业链,推动高新区实现依靠创新驱动的内涵型增长,打造全省创新驱动发展的示范区和高质量发展的先行区,引领带动全省经济加速发展。

专栏 4-9-2　河南高新区

截至2020年年底,河南省32家高新区R&D经费占比达到4.6%,高于全省3个百分点以上;共建高新技术企业2342家、科技型中小企业3801家,分别占全省的36.9%、32.1%;省级以上各类创新平台1369个,占全省的50.2%;省级以上科技企业孵化器61个,占全省的43.9%。河南省高新区总数达到38个,其中国家高新区7个,省级高新区31个,实现了省辖市全覆盖,高新区总数位列全国第四,中部第二。

① 郑州高新区。作为中国中部颇具竞争力的高新技术产业高地,科技资源富聚,郑州高新区拥有国家超算郑州中心、14家创新引领型龙头企业、27个国家级研发机构、381个省级研发机构和893个市级科研平台。先后引进建设浙江大学中

原研究院、中科院微电子所、苏州医工所、中科集成电路与信息系统产业创新研究院等20个市级以上新型研发机构。汇集院士21人，国家"万人计划"专家23人，"百千万人才工程"13人，各类科技人才突破10万人。郑州高新区聚焦智慧产业，坚持智能传感、网络空间安全、大数据、北斗导航等主导产业定位，推动中国郑州智能传感谷建设。

② 洛阳高新区。"十三五"期间，洛阳高新区着力实施创新驱动发展战略，全面提升区域创新体系整体效能，围绕构建现代产业体系，积极培育机器人及智能制造、新能源、新材料、生物医药等新兴产业。加大创新主体培育力度，实施"创新型企业研发平台全覆盖"工程，2020年年底，洛阳高新区已有国家科技型中小企业288家、河南省创新龙头企业7家、市级以上研发平台411个，企业创新能力越来越强，为产业转型升级注入了新活力、新动能。

4.9.7 小结

"十三五"期间，河南省科技事业加快发展，创新对经济社会高质量发展的支撑引领作用日渐凸显。综合科技创新水平居全国第17位，比2015年提升3位。经过5年的努力，河南省科技创新实力进一步提升，创新基础不断夯实，创新成果持续涌现，科技创新支撑经济社会高质量发展的能力显著增强，全省总体科技发展水平稳步提升，基本实现了"十三五"科技发展规划制定的目标。

在优化创业生态方面，创新型企业培育量质齐升。积极落实各项税收、财政和金融政策，强化对企业的激励引导作用。支持力度不断加大，高新技术企业享受所得税优惠累计达220亿元；首次高新技术企业认定奖补、企业研发补助省市累计投入52.5亿元；开展"科技贷"业务，累计放款39.16亿元，设立3支总规模19亿元的科创类政府投资基金。新建设创业孵化载体333家。

在营造创新环境方面，政策保障不断完善，颁布实施成果转化条例、自创区条例，出台一系列重大科技创新政策。自创区管理体制和人事薪酬制度改革成效显著，并逐步在全省国家高新区推广。高端平台机构不断壮大。国家超级计算郑州中心通过验收并投入运营，计算能力居国际前列，黄河模拟器、作物分子设计育种、高性能天气预报等一批重大应用部署实施。科技体制机制改革持续深化。完善高层次人才团队培养机制，新入选的国家相关人才计划数量再创新高。

在促进开放创新方面，科技开放合作迈出新步伐。加强与国家自然基金委对接，实施区域创新发展联合基金，争取国家自然基金资助项目首次突破千项，总经费达4.94亿元。推动省政府分别和西安交大、中科院上海药物研究所等签署全面战略合作协议。积极做好外国人来华工作管理服务，实行许可申请材料容缺受理，发放外国人工作许可1386个。

在推动创新发展方面，河南省启动创新引领专项，重大科技专项的实施取得了一系列标志性突破。创新支撑经济社会发展能力不断增强。关键核心技术实现新突破，盾构、新能源客车、光通信无源芯片、超硬材料、流感疫苗等产业的技术水平和市场占有率均居全国首位。高新技术产业化水平进入全国前十，农业科技整体实力稳居全国第一方阵，小麦、玉米、花生、芝麻、棉花等品种选育居全国领先水平。

在发挥示范作用方面，河南省"十三五"时期支持高新区聚焦高新技术产业和战略性新兴产业等战略重点领域，建设覆盖全产业链条的科研孵化园区，承接国家、省重大科技项目，开展应用示范，发展新技术、新产品、新业态、新模式，不断壮大新兴产业集群。河南省高新区经济社会发展实现质效双升，为全省全市创新驱动发展、探索新路做出示范，已成为高质量发展的主阵地、主战场、主引擎。

4.10 湖北

4.10.1 指数总览

2020年，湖北省扛住了疫后恢复重振的历史性大考，全力应对百年不遇疫情、严重洪涝灾害和严峻外部环境的多重冲击，主要经济指标逐月逐季向好。地区生产总值恢复到上年的95%以上。进出口逆势增长8.8%。城镇新增就业75万人。市场主体净增29.4万户，办税市场主体净增22万户。新增规模以上工业企业1352家、境内上市公司9家。高新技术企业突破1万家。大疫大灾之年，湖北省稳住了经济基本盘，守住了民生和社会稳定底线，为未来高质量发展打下重要基础。

图4-10-1为湖北省火炬高新年度总指数与全国对比，2016—2020年湖北省火炬高新年度总指数呈现先上升后下降的态势，且均高于全国火炬高新年度总指数。2019年该指数上升到峰值145.5，2020年回落至129.5。"十三五"期间发展为湖北省开启高质量发展新征程奠定了坚实基础。受新冠肺炎疫情影响，湖北"十三五"规划部分指标没有完成，但疫情影响的是湖北省经济发展的节奏而不是趋势，湖北省拥有多年积累的综合优势，经济发展依然长期向好。"十四五"期间，湖北省要继续贯彻新发展理念，服务构建新发展格局，加快"建成支点、走在前列、谱写新篇"进程。

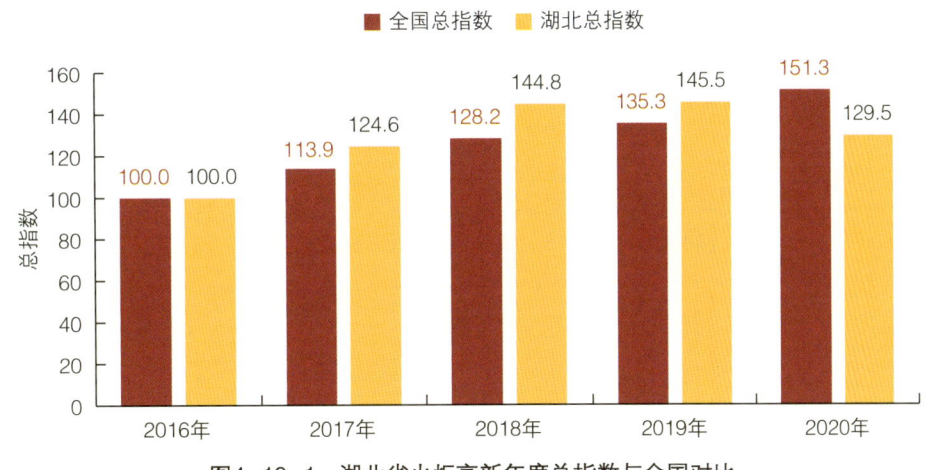

图4-10-1　湖北省火炬高新年度总指数与全国对比

图4-10-2为湖北省火炬高新5个分指数的测算结果。其中，"优化创业生态""促进开放创新"指数2016—2018年大幅上升，2018年分别达到峰值177.1和166.1。"优化创业生态"指数2019年、2020年出现小幅下滑，而"促进开放创新"指数下降幅度较大，反映了湖北省需要进一步优化创业生态，强化创新深化开放。2016—2020年"营造创新环境"指数呈现稳定增长态势，年均增长率为13.3%，高于全国水平。"推动创新发展""发挥示范作用"指数均表现为先上升后下降的趋势，且波动幅度较小，说明湖北省推动创新发展和发挥示范作用方面发展潜力较大。

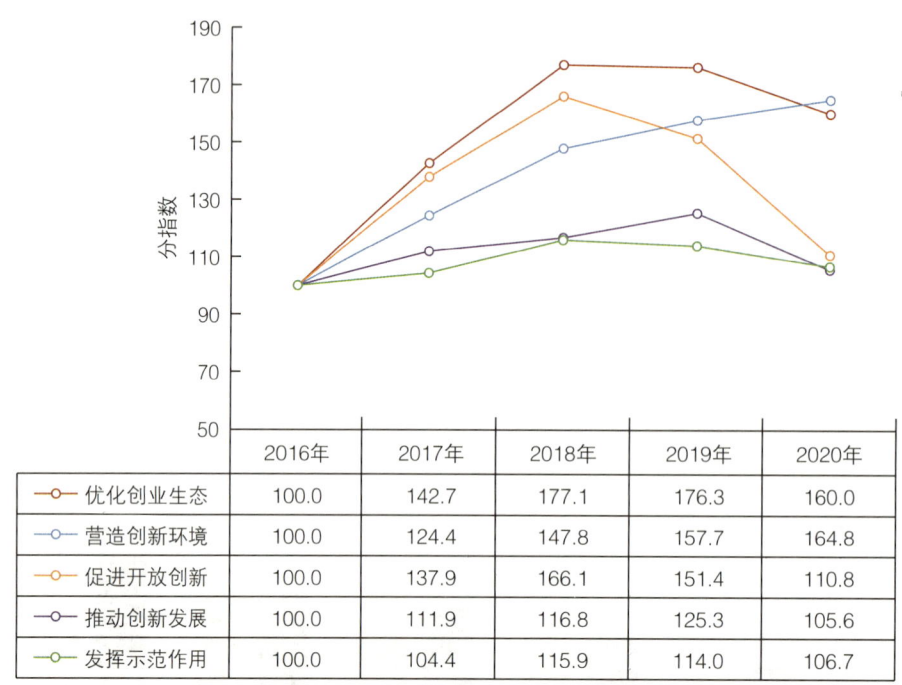

图 4-10-2　湖北省火炬高新 5 个分指数变化趋势

近年来，湖北省为贯彻落实创新驱动发展战略，先后推出系列改革举措和法规政策，极大地激发了社会创新创业活力。2018 年 10 月 12 日，中共湖北省委、湖北省人民政府发布《中共湖北省委、湖北省人民政府关于加强科技创新引领高质量发展的若干意见》（鄂发〔2018〕28 号）。2020 年 5 月 19 日，湖北省人民政府办公厅印发《省人民政府办公厅关于印发加快推进科技创新促进经济稳定增长若干措施的通知》（鄂政办发〔2020〕26 号），发挥科技创新的引领支撑作用，着力加强应用技术研究和成果转化，促进创新链与产业链双向融合，推动高新技术企业、产业、园区加快发展。为进一步促进湖北高新技术产业开发区高质量发展，2021 年 1 月 20 日，湖北省人民政府印发《省人民政府关于印发促进湖北高新技术产业开发区高质量发展若干措施的通知》（鄂政发〔2020〕28 号）。湖北省委十一届八次全会提出，构建"一主引领、两翼驱动、全域协同"区域发展布局，高标准建设光谷科技创新大走廊。2021 年 6 月 21 日，湖北省委十一届九次全会审议通过《中共湖北省委、湖北省人民政府关于新时代推动湖北高质量发展加快建成中部地区崛起重要战略支点的实施意见》，明确提出要强化"六大功能"，实现"六大目标"。

4.10.2 优化创业生态"高质量",厚植双创沃土激活发展动能

科教资源持续积累。全省拥有129所高校。中科院武汉分院系统、中船重工系统、长江水利系统等中央驻汉科研机构20多个,拥有两院院士73人,R&D研究人员28.55万人,在校大学生176万人。建有国家产业创新中心1个、国家制造业创新中心2个、国家临床医学研究中心1个、国家重点实验室29个、国家工程技术研究中心(实验室)62个、国家企业技术中心77个、国家级引智基地34个、国家级国际科技合作基地36个、国家技术转移示范机构20个、国家级科技企业孵化器63个、国家级众创空间83个等众多国家级创新平台。近年来,湖北省各类创业服务机构数持续增长,2020年达到599个(图4-10-3)。

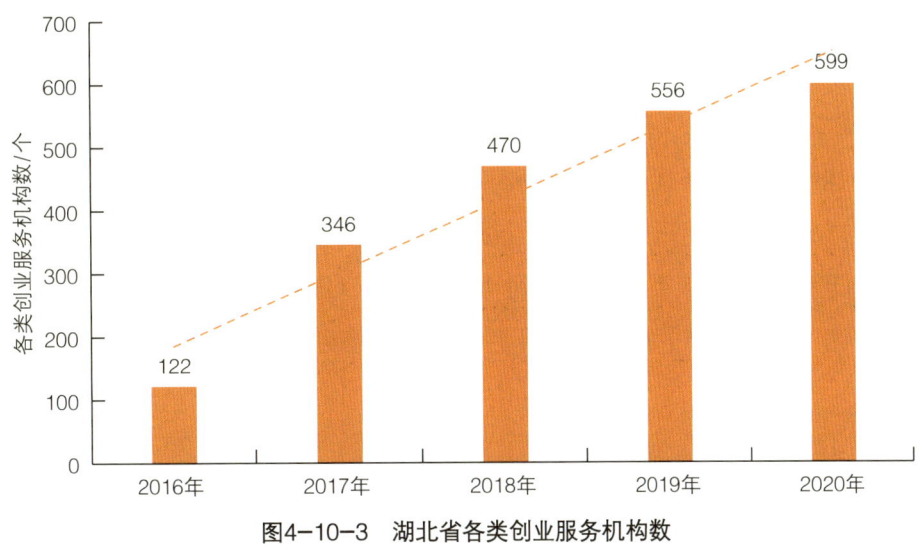

图4-10-3 湖北省各类创业服务机构数

专栏4-10-1 "千企万人"支持计划入选企业引进武汉"城市合伙人"

根据《武汉市"千企万人"支持计划实施办法》,武汉市将争取用5年左右时间,重点在信息技术、生命健康、智能制造三大战略性新兴产业领域,遴选支持1000家左右企业,引进和培育10 000名左右创新型高层次人才。

①入选企业每引进1名武汉"城市合伙人",可获20万～100万元奖励;

②每引进1名国内外顶尖人才,给予企业100万元奖励;

③每引进1名国家级产业领军人才,给予企业50万元奖励;

④每引进1名省市级产业高端人才,给予企业20万元奖励。

引进人才需与企业签订3年以上的聘用合同(合作协议),以柔性方式引进的人才,每年在汉工作时间不少于6个月。每引进1个科技研发团队(5人及以上),给予企业30万元奖励。这项计划有助于武汉市产业企业引进、培育紧缺人才,充分发挥人才在经济转型升级和创新驱动发展中的引领支撑作用。

创业环境还需进一步优化。湖北省科技厅在2021年制定出台"优化科技营商环境19条",大力开展"清、减、降"专项行动,39个事项实现"零跑动"。突出重点,分类推进国家科技成果赋权、科技成果评价、科技人才评价等改革试点,在湖北实验室系统推进"不定级别""不定编制""一室一策"等体制机制改革,加快探索"定向委托""揭榜挂帅""赛马择优""绩效考核"等科技项目管理改革,进一步为科技人员"松绑""减负""放权"。"十三五"时期,湖北省入统企业当年获得的风险投资额出现先上升后下降的趋势,2020年该指标达到40.58亿元(图4-10-4)。这是造成湖北火炬高新指数"优化创业生态"指数先上升后下降变化趋势的内在因素之一。

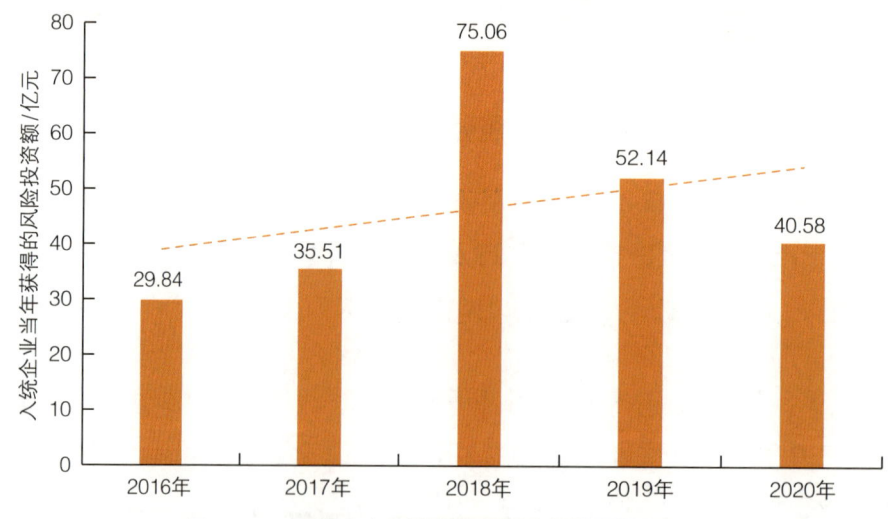

图4-10-4　湖北省入统企业当年获得的风险投资额

4.10.3 打造创新生态"高标准",建设全国科技强省蹄疾步稳

创新实力不断增强。截至 2021 年,全省建有 7 个湖北实验室、1 个国家光电研究中心,以及脉冲强磁场、精密重力测量、极低频探地(WEM)工程系统等 3 个国家重大科技基础设施,参照国家重大科技基础设施建设运行的生物安全(P4)实验室。"一流学科""A 类学科"等数量排名全国第 4～5 位;获国家科技奖励数稳定排名全国第 4～5 位;在通信、激光、材料、遥感、生物、农业、桥梁,以及航空航天、船舶、海工装备等领域科技创新实力突出,产出了"珞珈一号"全球首颗专业夜光遥感卫星、高精度消费类北斗导航定位芯片、超大容量超长距离超高速率光通信系统等一流水平的重大科技成果。2016—2020 年,湖北省高新区内重要的研发机构数稳步增长,2020 年达到 548 个(图 4-10-5)。

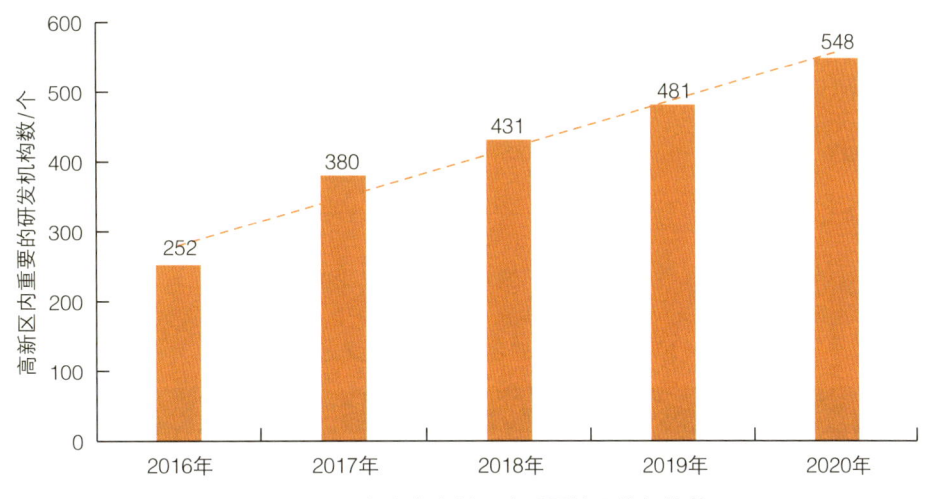

图 4-10-5 湖北省高新区内重要的研发机构数

创新水平逐步提升。2020 年,湖北省区域科技创新综合水平居全国第 8 位,全省科技进步贡献率达到 60.33%,高新技术产业增加值达 8684.1 亿元,占全省 GDP 的比重达到 19.99%,有效发明专利拥有量为 88 748 件,每万人口发明专利拥有量约为 15.37 件,较上年年底增长 24%。湖北实施高价值知识产权培育工程,针对湖北十大重点产业,深入研判各领域"卡脖子"关键技术,重点予以支持引导。截至 2020 年年底,湖北高价值发明专利达 2.8 万件,烽火通信、鼎龙控股、高德红外等一批企业运用专利技术打开市场,形成竞争优势。

2020年全省高新技术企业数为10 266家（图4-10-6）。湖北省高新技术企业以不到1%的全省企业法人数，贡献全省近20%的企业营业利润、30%以上的专利申请量、40%以上的专利授权量和60%以上的高新技术产业增加值。湖北省百强高企年均投入研发费用3.5亿元，是全省高新技术企业年均研发费用的33倍；平均拥有科研人员661人，是全省高企平均拥有科研人员的19倍；平均拥有有效发明专利169件，是全省高企平均拥有发明专利数量的36倍。表4-10-1是10家湖北省知名高新技术企业及其所属行业。

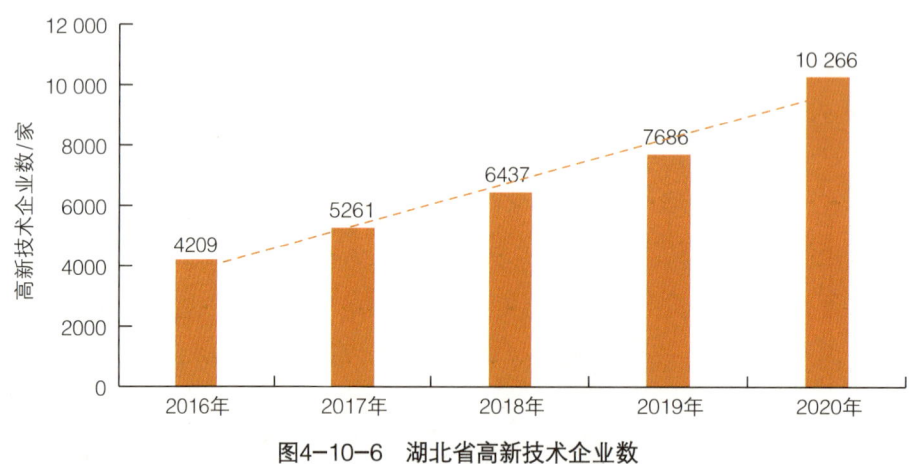

图4-10-6 湖北省高新技术企业数

表4-10-1 湖北省知名高新技术企业及其所属行业

序号	企业名称	所属行业
1	烽火通信科技股份有限公司	信息技术
2	中冶南方工程技术有限公司	工程机械
3	中铁第四勘察设计院集团有限公司	勘探
4	中国一冶集团有限公司	建筑、制造
5	武汉船用机械有限责任公司	船舶制造
6	国网电力科学研究院武汉南瑞有限责任公司	电力装备
7	武汉斗鱼网络科技有限公司	互联网软件
8	中交第二航务工程局有限公司	土木工程
9	武汉邮电科学研究院	通信设备
10	武汉新芯集成电路制造有限公司	半导体研发

资料来源：科技部火炬统计。

4.10.4 谋划开放发展"新布局",打造中部崛起重要战略支点

构建新型区域发展布局。湖北省是全国第5个获批的国家创新型试点省份,立足湖北省情,适应国家区域政策调整变化,湖北省提出着力构建"一主引领、两翼驱动、全域协同"的区域发展布局。

一主引领:大武汉加速迈向强武汉。武汉中心城市的创新优势领跑全省,在湖北省科技创新中占据主导地位,创新优势非常突出,发挥引领作用关键在于武汉市"强功能"。两翼驱动:"扇面式"发展形成雁阵效应。从以城市点轴式发展模式,优化提升为城市群块状组团、辐射带动的模式,以襄阳、宜昌两个省域副中心为"两翼"的重要引擎,正驱动雁阵效应逐渐形成。

开放合作需要继续深化。重点领域和关键环节改革纵深推进,优化营商环境取得积极进展,"互联网+放管服"改革成效显著,非行政许可审批事项全面取消,机构改革取得重大成效,省域治理效能明显提升。积极融入共建"一带一路",对外开放不断扩大,货物进出口总额年均增长8.7%。2016—2020年,湖北省入统企业在境外设立的研发机构数呈现先升后降的趋势,2018年达到峰值153个(图4-10-7)。2020年入统企业当年PCT国际专利申请数为1221件,较2019年减少718件(图4-10-8)。反映了湖北省整合国际创新资源及国际创新竞争能力有减弱的趋势,还需要加强。

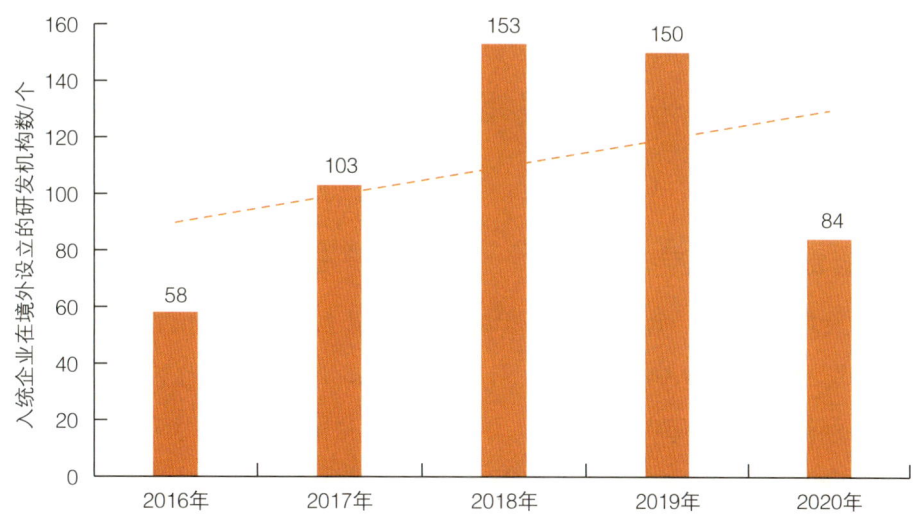

图4-10-7　湖北省入统企业在境外设立的研发机构数

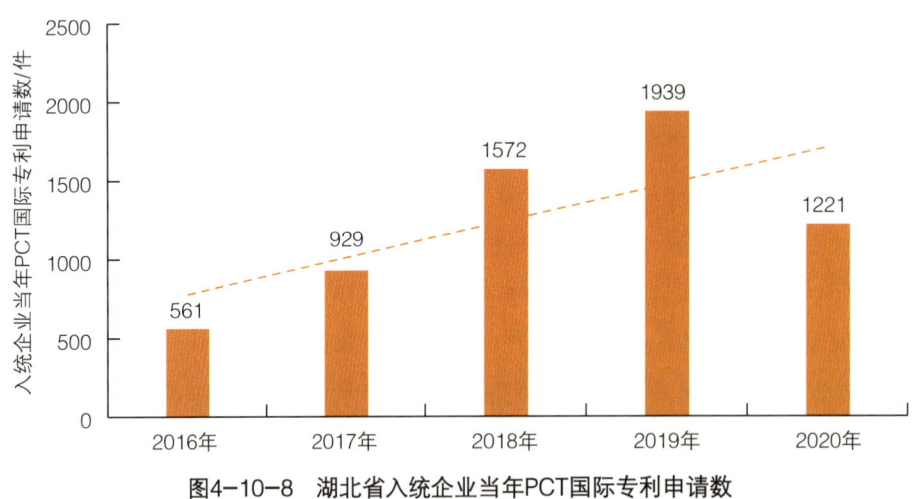

图4-10-8 湖北省入统企业当年PCT国际专利申请数

> **专栏 4-10-2　光谷科技创新大走廊**
>
> 光谷科技创新大走廊是湖北省东南部的一条"彩带",集聚了近百所高校、73名两院院士,拥有3个国家重大科技基础设施、1个国家研究中心、20余个国家重点实验室、30余个产业技术研究院;同时拥有4个国家级高新区、2个国家级经开区,高新技术企业近5000家,约占全省的60%。目前,已初步形成"源头创新—技术开发—成果转化—新兴产业"全链条创新体系。力争到2025年,东湖科学城科技创新达到世界先进水平;到2035年,"大走廊"建成全球创新网络的重要枢纽,东湖科学城建设成为全球创新高地。高标准建设光谷科技创新大走廊,围绕科技高水平自立自强,构建科技强省"四梁八柱",是湖北锚定高质量发展的一个缩影。

4.10.5　推动创新发展"新产业",助力经济发展走在全国前列

产业发展增质提效。全省2016—2019年规模以上工业增加值增速均高于全国平均水平,分别同比增长8.0%、7.4%、7.1%、7.8%,2020年同比下降6.1%。规模以上工业收入保持稳定,2020年为4.07万亿元,居全国第9位。5年来,共建成4个国家战略性新兴产业集群、17个国家新型工业化产业示范基地、2个全国应急产业示范基地、114个省级重点成长型产业集群。2016—2020年,全省规模以上工业企业

利润总额分别增长9.6%、10.0%、19.0%、4.0%、-8.3%，2020年营业收入利润率6.18%，高于全国0.1个百分点，居中部地区第2位。"十三五"期间全省研发经费投入由561.7亿元增至957.88亿元，科研机构由2245个增至3678个，区域科技创新能力由全国第10位提高到第8位。技术合同成交金额达1686.95亿元，居全国第7位。2016—2020年湖北省入统企业营业收入逐步提升，2020年达到33 995.0亿元（图4-10-9）。

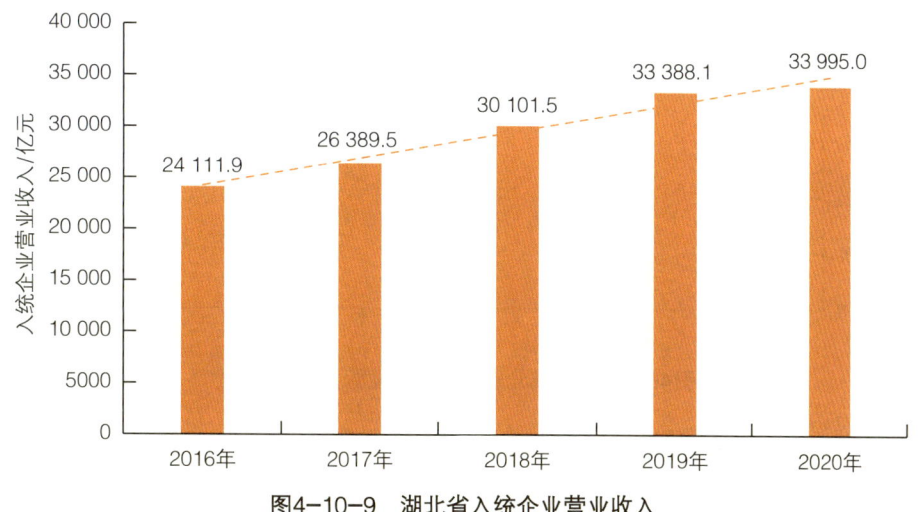

图4-10-9　湖北省入统企业营业收入

产业结构持续优化。2020年全省高技术制造业增加值增长4.1%，增速高于规模以上工业10.2个百分点，占规模以上工业增加值的比重达10.2%。2020年全省战略性新兴产业产值达到2.5万亿元，"十三五"期间年均增长11%，高于GDP增速5.9个百分点。2020年全省营收过百亿元工业企业达26家，国家制造业单项冠军企业（产品）22家（个），省级隐形冠军示范企业196家。

数字经济和绿色发展加快推进部署。全省加快数字基础设施建设，5G宏基站达到3.1万个；中部地区唯一的国家工业互联网标识解析顶级节点落户武汉，顶级节点标识注册量达到20.96亿个。建成15个企业级工业互联网平台。实施"万企上云"工程，2020年全省上云工业企业达3.2万家。数字经济规模达1.75万亿元，占GDP的比重达40.2%，2018—2020年，湖北省数字化企业营业收入占比稳步增长，2020年达到12.7%，但仍低于全国20%的平均水平（图4-10-10）。深入推进长江大保护，累计完成沿江化工企业"关改搬转"417家。持续推进绿色制造，创建全国示范绿色产品33个、绿色供应链管理企业6家、绿色工厂53家、绿色园区2家，完成对699家高耗能行业企业实施国家重大工业节能专项监察，单位工业增加值能耗下降22.0%。

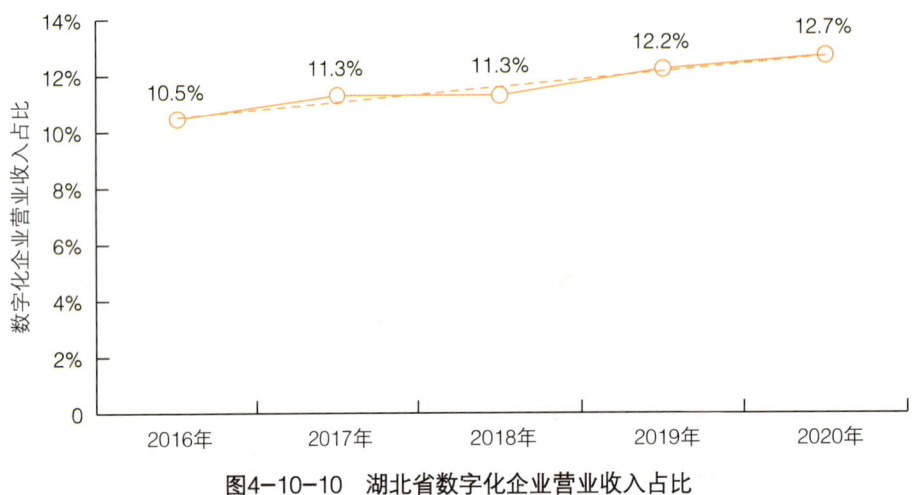

图4-10-10　湖北省数字化企业营业收入占比

4.10.6　高新区和企业培育"新动能"，开启湖北高质量发展崭新篇章

企业活力与竞争力持续提升。2021年湖北省规模以上工业企业利润同比增长27%，显示全省工业生产全面恢复常态。2021年全省规模以上工业企业实现营收49 215.7亿元，总量居中部地区第2位、全国第9位，同比增长19.3%，实现利润总额3189.5亿元，同比增长27%，比2019年增长16.5%，两年平均增长7.9%。2019—2020年湖北省入统企业当年研发经费支出额占全省的比例较前3年有所下降，2020年该指标为75.2%（图4-10-11）。2016—2020年湖北省入统的上市企业数占全省的比例呈现先增后降的态势，2018年达到峰值67.0%（图4-10-12）。反映了湖北企业研发投入规模对全省的贡献和高质量企业群体对全省的贡献需要加强提升。

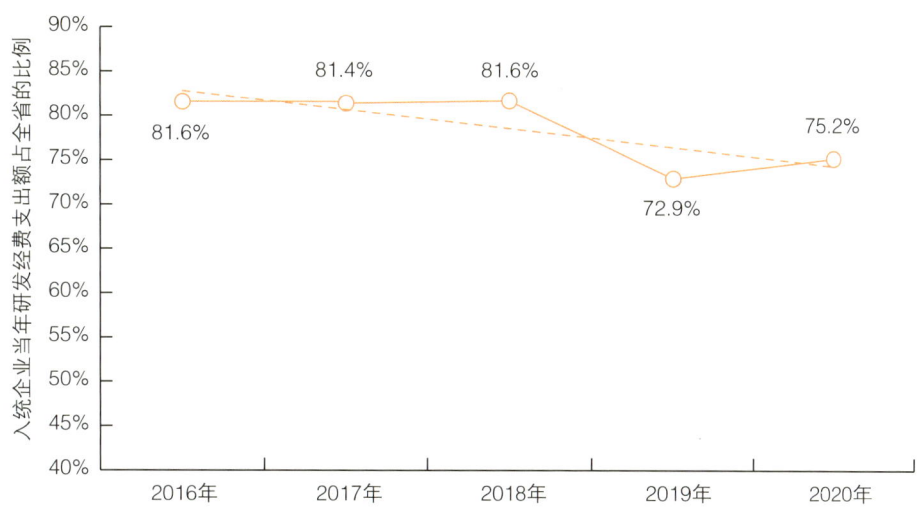

图4-10-11　湖北省入统企业当年研发经费支出额占全省的比例

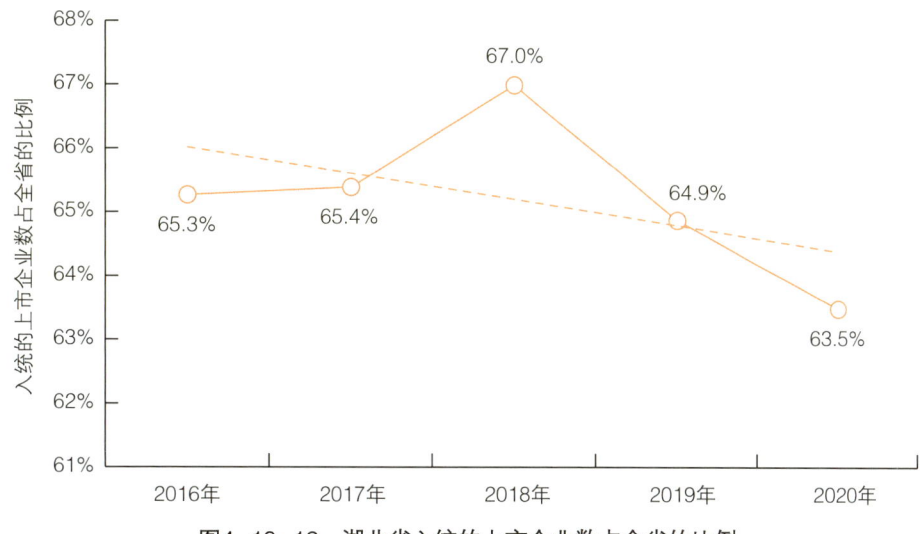

图4-10-12　湖北省入统的上市企业数占全省的比例

高新区已成为区域经济社会发展的"最有力支撑"。近年来，湖北省新增国家高新区5个，总数达12个，数量居全国第4位，新增省级高新区7个，总数达20个，高新区在湖北全省实施创新驱动发展战略中发挥了重要引领作用。一是在调结构、转动能上发挥了重要作用。高新技术产业增加值超过3100亿元，占湖北全省的35.1%，2016—2020年平均增速达2.8%。湖北全省高新区工商注册企业数超过25万家，其中国家高新区超过22万家；湖北全省国家高新区"四上"企业数达9369家，"四上"

企业营业收入达 2.6 万亿元。湖北全省高新区拥有规模以上工业企业数 7240 家，其中国家高新区 4133 家。国家高新区规模以上工业企业中高新技术企业数达 1930 家，占规模以上工业企业的 46.7%。二是在疫情防控阻击战和复工复产保卫战中发挥了主力军作用。面对突如其来的新冠肺炎疫情，湖北全省高新区多措并举打造抗疫复工"高新方案"，相继出台专项政策，保障防疫物资供应，有序推进企业复工复产，保障社会平稳运行，成为引领湖北全省经济社会复苏发展的主要排头兵。

专栏 4-10-3　湖北高新区

湖北全省高新区瞄准发展前沿，在集成电路、新型显示、高端装备制造、生物医药、前沿新材料等领域加速布局，人工智能、智能网联汽车、智慧医疗等新业态不断涌现，已成为湖北全省高新技术产业发展的主战场和新兴产业培育的策源地。东湖高新区依托雄厚的光电子产业基础，延伸拓展出"芯屏端网"世界级产业集群；襄阳高新区乘用车、十堰高新区商用车、随州高新区专用车等汽车产业有力支撑湖北"汽车产业走廊"建设；宜昌高新区精细化工、荆门高新区资源循环利用、孝感高新区智能装备、咸宁高新区智能机电等特色产业集群竞争力持续提升。核心关键技术不断突破，长江存储 128 层闪存芯片研发成功，三江航天系列产品应用于国家航空航天领域，东风猛士汽车应用于国防军队建设，在服务国家和全省发展战略上做出贡献。创新型企业培育不断强化，截至 2020 年年底，湖北全省高新区拥有高新技术企业 6829 家，占湖北全省的 65.7%，成为湖北全省高新技术企业的重要聚集区。

4.10.7　小结

"十三五"期间，湖北省坚持以促进科教资源优势转化为发展优势为主线，以强化创新体系和创新能力建设为重点，以深化科技体制改革为动力，推动科技创新和经济社会发展深度融合，努力塑造更多依靠创新驱动、更多发挥先发优势的引领型发展，全省"十三五"科技规划重点任务基本完成，国家创新型省份建设取得重要进展，为全省经济社会发展提供了有力科技支撑，为"十四五"谱写科技强省建设新篇章奠定了良好基础。

在优化创业生态方面，湖北省"十三五"时期产业生态进一步完善，龙头企业领军作用持续发挥，产业转型升级加快，为湖北疫后重振和高质量发展添动力、增活力。湖北省凭借丰富的科教资源、完整的产业链，围绕信息基础设施、5G技术应用、智慧城市等领域，进一步加大了在鄂研发制造布局、供应链采购力度，打造产业生态创新平台，推动了全产业链要素向湖北集聚。

在营造创新环境方面，科技创新创业环境不断改善。全省全社会研发经费投入持续增长，全社会研发经费支出占GDP的比重居全国第8位、中部地区第1位。制定出台《湖北省自主创新促进条例》《湖北省实施〈中华人民共和国促进科技成果转化法〉办法》《中共湖北省委、湖北省人民政府关于加强科技创新引领高质量发展的若干意见》等科技法规政策，深入推进科技体制改革，逐步优化科研诚信生态，持续营造尊重科学、尊重知识、尊重人才、崇尚创新的社会氛围。

在促进开放创新方面，湖北省深度融入"一带一路"建设，以长江经济带发展为依托，充分发挥中国（湖北）自由贸易试验区示范引领作用，着力推进湖北开放向提升能级、优化结构、拓展深度发展，加快形成全面开放新格局。湖北不断创新贸易方式，对外贸易实现新发展，跨境电商就是生力军之一。外贸结构继续优化，高技术产品出口成为亮点。外贸市场主体继续增加，内生动力持续释放。外贸新业态、新方式不断涌现，服务贸易成为对外贸易发展的重要引擎。

在推动创新发展方面，全省科技创新综合实力不断增强，创新驱动发展实效持续提升，科技创新体系更加完善，重大创新成果加速涌现，科技政策环境更加优化。在稳步推进全省复工复产基础上，继续深入实施新一轮创新驱动发展战略，全面实施"一芯驱动、两带支撑、三区协同"区域和产业发展布局，着力打造湖北省"双创"升级版，为实现经济高质量发展提供坚强支撑和强大动力，是新时代湖北省国民经济和社会发展的必然选择和重中之重。

在发挥示范作用方面，湖北省高新区产业基础高级化、产业链现代化水平明显提高，引领带动能力显著增强。突出企业创新的主体地位，创新要素向企业聚集加快，企业特别是头部创新型企业的引领作用进一步发挥，企业牵头承担国家和省重大科技专项数量逐渐增加。加快培育更多细分领域"小巨人"企业、"隐形冠军"企业和行业龙头企业。

4.11 湖南

4.11.1 指数总览

"十三五"期间，湖南省坚持稳中求进工作总基调，深入实施创新引领开放崛起战略，加快优化创新生态，加速推进技术攻坚，培育壮大发展新动能，超级计算机、超高产杂交稻、超高速列车、中低速磁浮等标志性创新成果领跑世界。全省经济社会发展取得全方位成就，综合实力大幅提升，为高质量发展打下坚实基础。

图4-11-1为湖南省火炬高新年度总指数与全国对比，可以看出，2016—2020年湖南省火炬高新年度总指数呈现快速增长的态势，从2016年基期的100.0上升到2020年的180.0，5年间上涨幅度达80.0，年均增长率为15.83%，高出全国年均增长率4.92个百分点。湖南省坚持稳中求进工作总基调，深入实施创新引领开放崛起战略，统筹疫情防控和经济社会发展，长株潭一体化和湘赣边区域合作示范区建设稳步推进，地区生产总值增长3.8%，总量突破4万亿元，规模工业增加值增长4.8%，固定资产投资增长7.6%，进出口总额增长12.3%，城乡居民人均可支配收入分别增长4.7%、7.7%，地方一般公共预算收入实现正增长，呈现稳中有进、稳中向好、稳中提质的良好态势。

图4-11-1　湖南省火炬高新年度总指数与全国对比

图4-11-2为湖南省火炬高新5个分指数的测算结果。其中,"优化创业生态"指数呈现快速增长趋势,2020年达到256.6,2016—2020年年均增长率为26.57%,高出全国水平10.25个百分点,创业生态加快优化。"推动创新发展""营造创新环境"指数稳定增长,2016—2020年年均增长率分别为15.80%和12.26%,均高于全国水平,反映了湖南省持续优化科技创新环境,不断增强创新发展新动能。"促进开放创新"指数2016—2019年快速增长,2020年出现回落,年平均增长率为16.69%,说明湖南省开放创新工作还需要进一步加强。2016—2020年"发挥示范作用"指数呈现波动发展的趋势,2020年该指数为99.4,需要进一步激发全省示范作用的潜力。

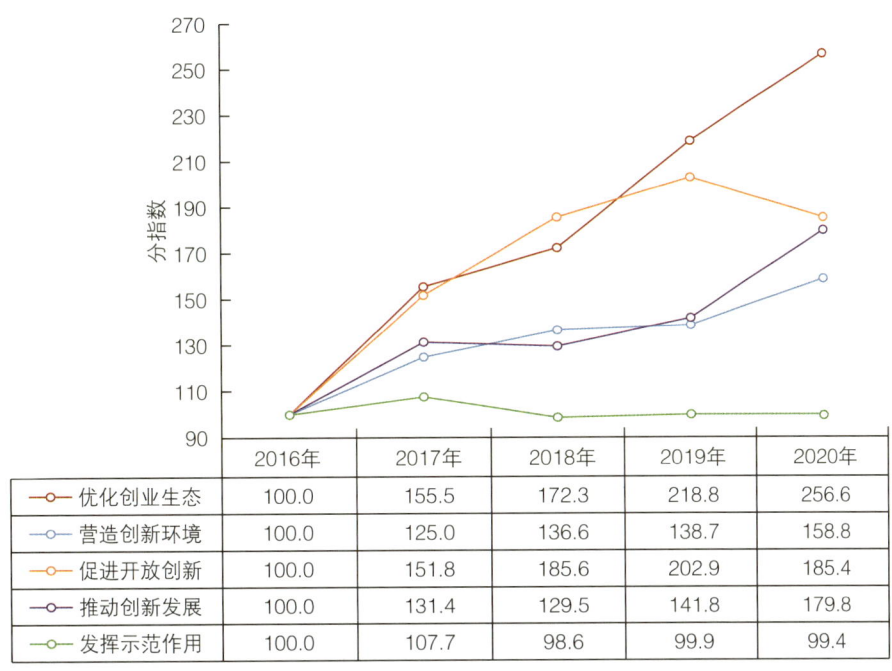

图4-11-2　湖南省火炬高新5个分指数变化趋势

2016年以来,湖南省积极对接国家科技发展战略,扎实落实科技政策,努力营造一流创新生态。2016年12月2日,湖南省人民政府印发《湖南省人民政府关于印发〈湖南省"十三五"科技创新规划〉的通知》(湘政发〔2016〕27号)。2018年10月,科技部批复湖南省建设创新型省份,2018年12月30日,湖南省人民政府印发《湖南省人民政府关于印发〈湖南省创新型省份建设实施方案〉的通知》(湘政发〔2018〕35号),深入实施创新引领开放崛起战略,支撑高质量发展和富饶美丽幸福新湖南建设。2020年12月31日，湖南省科技厅印发《湖南省科学技术厅关于印发〈湖南省技术创新中心建设实施方案〉的通知》（湘科发〔2020〕122号）。2021年10月11日，湖南省科技厅、湖南省发展改革委印发《湖南省科学技术厅　湖南省发展和改革委员会关于印发〈湖南省省级高新技术产业开发区认定和管理办法〉的通知》（湘科发〔2021〕121号），进一步实施"三高四新"战略，提升关键领域技术创新能力，支撑经济高质量发展。"十三五"期间，湖南省全面改革释放了新活力，推出了140项重大改革举措，市场化改革步伐加快。不安全的、落后的、环保不达标的产能基本出清，六大高耗能产业占比下降1.8个百分点。机构改革任务全面完成，"一件事一次办"[①]成为全国政务服务知名品牌。

4.11.2 以"新模式"为关键，建设创新创业生态高地

2021年1月1日，《湖南省实施〈中华人民共和国中小企业促进法〉办法》。湖南省自立自强提升创新发展水平，实施科技成果转化、高新技术企业经济贡献奖励、科研人员股权和分红激励等举措，培育壮大发展新动能。据统计，"十三五"期间，湖南省中小企业总体数量增长近1.3倍，注册资本金增长近1.8倍。全省中小企业技术创新"破零倍增"三年行动实施3个季度内，150家中小企业实现"破零"。

科技领军人才支持服务体系不断完善。2016—2020年来，湖南省累计推送入选两院院士等国家级重大人才项目专家345人，11家院士专家工作站落户湖南省，放眼海内外引进各类"卡脖子""补短板"人才2100多人、创新团队300多个，培养支持高层次创新创业人才342人、企业团队106个，技术合同成交额增长50%，科技进步贡献率达60%。不断完善人才政策体系，加大人才引进培育力度，实施芙蓉人才行动计划和6项人才工程；落实高层次人才医疗保健、购房、子女入学、配偶随迁等待遇，出台"职称评审绿色通道十条""民企职称评审十条"等制度措施。2020年，湖南省出台《关于推动返乡入乡创业高质量发展的意见》（发改就业〔2020〕104号），切实破除体制机制障碍，加大资金、土地、人才等要素保障力度，形成支持返乡入乡创业合力。

---

① 2019年4月9日，湖南省政府常务会议审议通过《"一件事一次办"改革工作实施方案》及首批100项"一件事一次办"事项目录表，标志着湖南省正式启动"一件事一次办"改革。

科技创新平台加快建设。木本油料资源利用国家重点实验室、国家应用数学中心等重大创新平台落户湖南省，郴州"水资源可持续利用与绿色发展"经验模式加快探索，超4000家企业聚集岳麓山国家大学科技城，1600家企业落户马栏山视频文创产业园。湖南省建成了由1个省枢纽平台、14个市州窗口平台、20个产业集群窗口平台和100个县级窗口平台组成的中小企业公共服务平台网络，培育83个省级中小微企业创业创新基地和316个省级核心服务机构。中小企业公共服务平台注册企业已达14.87万家，注册服务机构9447个，发布服务项目2.64万项，组织服务活动1.12万次。

创业服务工作大力推进。创业服务机构是支撑创业的重要平台。2016—2020年湖南省各类创业服务机构数逐年递增。2019年各类创业服务机构数比2018年增加13个，2020年出现大幅提升，比2019年增加114个（图4-11-3），反映了湖南省大力推进创业服务平台建设，创新创业环境不断优化，创新创业活力有所提升。"双创"活动周湖南省分会场活动已连续举办6年，湖南省创新创业大赛已连续举办8年，推介了"双创"典型案例，全省创新创业蓬勃发展局面加速形成。

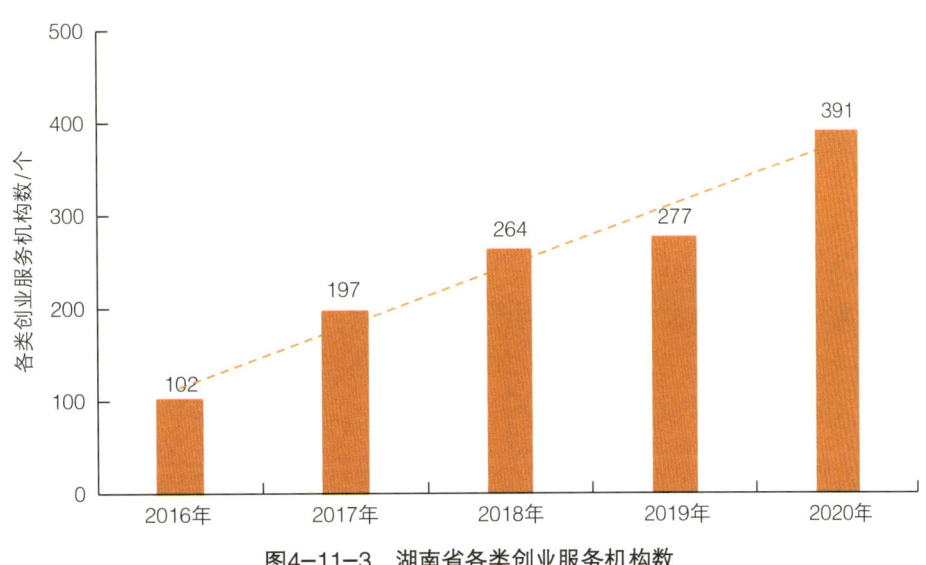

图4-11-3　湖南省各类创业服务机构数

拓宽融资渠道支持企业发展。在中小企业融资服务方面，湖南省建设了平台"湘企融"。在全国率先建立产融合作制造业企业"白名单"制度，3批2681家"白名单"企业共获得银行新增贷款约600亿元。持续开展降低实体经济企业成本专项行动，出台"金融十二条"等政策,引导更多信贷资金投向实体经济企业和中小微企业。2016年入统企业当年获得的风险投资额为2.34亿元,2019年实现爆发式增长,2020年达到45.09亿元,是2016年的19.3倍(图4-11-4),反映了湖南省企业的质量提升速度迅猛,创业生态活力蓬勃涌动,这也直接推动了湖南火炬高新指数"优化创业生态"指数快速增长。

图4-11-4 湖南省入统企业当年获得的风险投资额

专栏4-11-1 《湖南省高新技术发展条例》的发布和修订

湖南省将高企培育与发展作为重要内容,明确资格认定、创办、融资、知识产权保护、政府采购等规定,强化高企发展的法治保障。

①推行高企认定后补助政策。为支持鼓励企业申报高企、自主创新,全省各市州、县市区相继实施高企认定奖补政策,对首次和再次获批的高企分别给予5万~50万元的奖补。长沙市对首次获批高企给予研发经费10%的补贴,最高20万元,优先支持高企申报科技项目,对于获得立项的高企增加10万元的补贴。

②实施企业研发奖补政策。2018年,湖南省财政厅、湖南省科技厅、湖南省统计局、湖南省税务局印发《湖南省支持企业研发财政奖补办法》。2018年,对869家企业上一年度享受研发费用加计扣除政策的实际研发投入新增部分的10%予以补助。其中高企为705家,占比为81.1%,奖补总金额为3.09亿元,占比为83.3%。

③落实税收优惠政策。2017年,全省高企享受所得税减免41.01亿元,较上年增长31.65%;研发费用加计扣除政策减免税19.9亿元,较上年增长9.8%。2018

年启动科技型中小企业评价工作以来，全省共评价入库企业 2539 家，其中 2098 家享受了 75% 研发费用加计扣除政策，受惠面 82.6%。

4.11.3 以"新产业"为动力，建设中部科技创新高地

大力培育新产业新技术，走转型创新发展之路。2016 年以来，湖南省重点培育 20 条工业新兴优势产业链，形成了一批优势产业集群。为加强应对国际供应链断裂风险项目建设，湖南省全力推进 20 条工业新兴优势产业链建链补链延链强链，蓝思视窗面板、中车株洲所 IGBT 二期、邵阳彩虹盖板玻璃等项目竣工，工程机械、轨道交通装备、电子信息等产业链自主可控能力增强，进口替代步伐加快。技术攻坚加快推进。启动实施一批"卡脖子"重大科研攻关和战略性新兴产业技术攻关，牵头承接国家重大科技项目 18 个。工业技改投资、高新技术产业投资分别增长 6.9%、25.4%，"两机"重大专项等重点项目加快推进。数字经济加快布局，5G 通信、人工智能、工业互联网、大数据等快速发展，移动互联网产业营业收入增长 22%，高新技术产业增加值接近万亿，省级以上产业园区规模工业增加值占比达 67.2%。创新为三湘大地注入了无限生机与活力，壮实了产业骨架，坚实了高质量发展步伐。"十三五"期间，湖南省入统企业当年发明专利授权数波动上升，该指标 2020 年是 2016 年的 1.6 倍（图 4-11-5），说明了湖南省企业的高质量创新成果量质齐升。

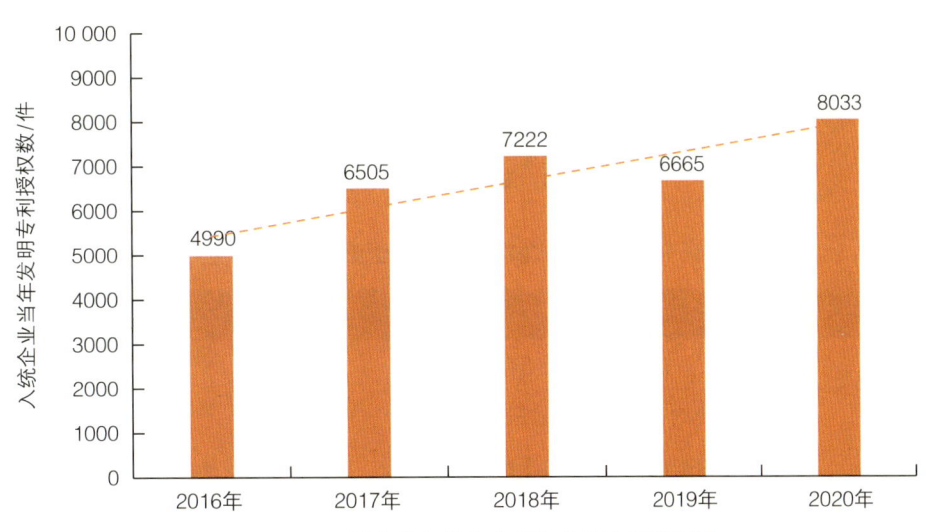

图4-11-5　湖南省入统企业当年发明专利授权数

高新技术企业不断发展壮大，科技型企业培育量质齐升。作为支撑区域高质量发展的主力军、排头兵，高新技术企业对促进全省产业转型升级、催生新技术新产品新业态意义重大。近年来，湖南省不断完善高新区、双创载体绩效评价体系中的高新技术企业培育指标。截至"十三五"末，高新技术企业在省内14个市州、122个县市区均有布局。在全省四大区域、各市州的分布总体呈较均衡态势，在高新区、市辖区的数量分布较为集中，其中省级及以上高新区内高新技术企业占总数的45%以上，主要集中在先进制造与自动化、新材料和电子信息3个领域，占全省高新技术企业总数的近六成，领域内龙头企业已达国际一流水平。2016—2020年湖南省高新技术企业数保持强劲增长的势头（图4-11-6），2020年达到8525家，是2016年的3.9倍，排名上升至全国第10位、中部地区第2位。表4-11-1是10家湖南省知名高新技术企业及其所属行业。

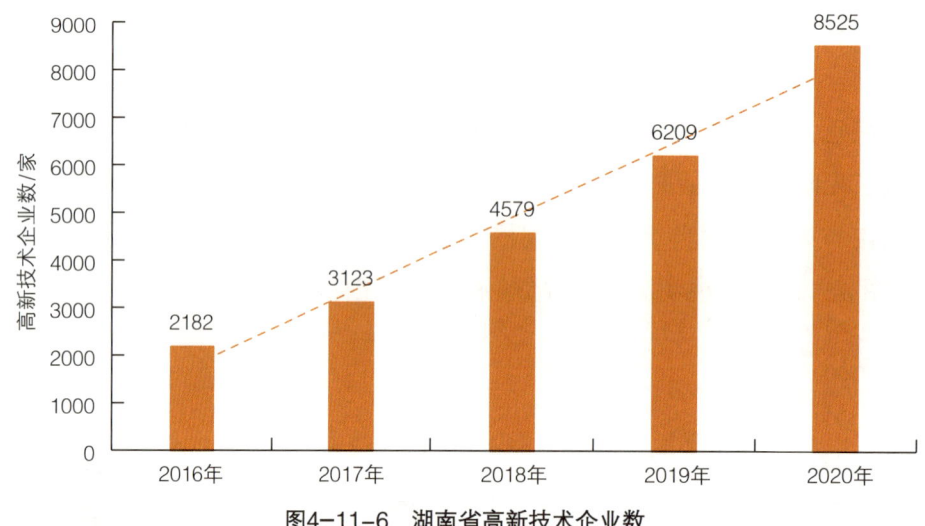

图4-11-6　湖南省高新技术企业数

表4-11-1　湖南省知名高新技术企业及其所属行业

序号	企业名称	所属行业
1	中联重科股份有限公司	工程机械
2	株洲时代新材料科技股份有限公司	新材料
3	南车株洲电力机车有限公司	轨道交通
4	中国南方航空工业（集团）有限公司	航空制造

续表

序号	企业名称	所属行业
5	中冶长天国际工程有限责任公司	工程制造
6	楚天科技股份有限公司	医疗设备
7	株洲千金药业股份有限公司	医药
8	湘能华磊光电股份有限公司	LED 芯片
9	长沙中联重科环卫机械有限公司	机械制造
10	中国铁建重工集团有限公司	机械装备

资料来源：科技部火炬统计。

> **专栏 4-11-2　湖南省知名高企案例：中联重科股份有限公司**
>
> 中联重科股份有限公司（简称中联重科）创立于 1992 年，主要从事工程机械、农业机械等高新技术装备的研发制造，是一家持续创新的全球化企业。公司生产具有完全自主知识产权的 11 个大类、70 个产品系列、568 个品种的主导产品，为全球产品链最齐备的工程机械企业。公司的两大业务板块混凝土机械和起重机械均居全球前两位。公司注册资本 78.085 亿元。2016 年 8 月，在"2016 中国企业 500 强"中排名第 255 位。2019 年 8 月，连续 14 年上榜"亚洲品牌 500 强"，列第 126 位。2018 年 10 月，在"2018 年中国大陆创新企业百强"中位列梯级 I。2019 年 9 月 1 日，在"2019 中国制造业企业 500 强"榜单中列第 265 位。在"'一带一路'中国企业 100 强"中排名第 84 位。2019 年 12 月，中联重科入选"2019 中国品牌强国盛典榜样 100 品牌"。2019 年 12 月 18 日，在《人民日报》"中国品牌发展指数 100 榜单"中排名第 45 位。2020 年 9 月 16 日，在由中国机械工业联合会、中国汽车工业协会主办的"第 16 届中国机械工业百强企业名单"中排名第 8 位。

4.11.4　以"新布局"为突破，建设内陆改革开放高地

区域发展战略成效显著。湖南省创新开放形成新局面，创新型省份建设加快推进，2020 年科技进步贡献率提高到 60%。长株潭国家自主创新示范区、岳麓山国家大

学科技城、马栏山视频文创产业园集聚引领作用强劲，郴州成功获批国家可持续发展议程创新示范区。区域发展更趋协调。长株潭一体化进程加快，三市地区生产总值占全省比重达41.7%；洞庭湖区绿色发展水平提升，岳阳获批长江经济带绿色发展示范区；湘南湘西承接产业转移形成示范效应，湘西地区农村居民人均可支配收入增幅高于全省平均水平1.8个百分点。

外贸外资创新发展。"十三五"期间，湖南省实施"五大开放行动"，全面融入"一带一路"，国际航线实现五大洲全覆盖，国际经贸"朋友圈"拓展至200多个国家和地区，在湘投资的世界500强企业达178家。对外经济合作国别（地区）发展到94个，国际友好城市达100对。中国（湖南）自由贸易试验区成功获批，中非经贸博览会、世界计算机大会永久落户湖南省。深入实施促进外贸创新发展"六大举措"，积极开展"万企融网闯国际""走进中国商飞"等经贸对接活动。国际及地区定期全货机航线达10条，中欧班列运营能力进入全国第一方阵。"十三五"期间，湖南省入统企业在境外设立的研发机构数保持稳步上升的趋势，2020年达到67个（图4-11-7），入统企业在境外设立的研发机构可以吸引当地的高端技术人才，充分利用海外的技术资源，更好地和当地高技术企业、高校及研究机构开展合作。2020年湖南省入统企业产学研合作经费与引进技术消化吸收再创新费用支出总额较2019年下降了8.9亿元（图4-11-8）。说明湖南省企业通过技术合作的方式来开展创新合作与交流能力还有进一步提升的空间。

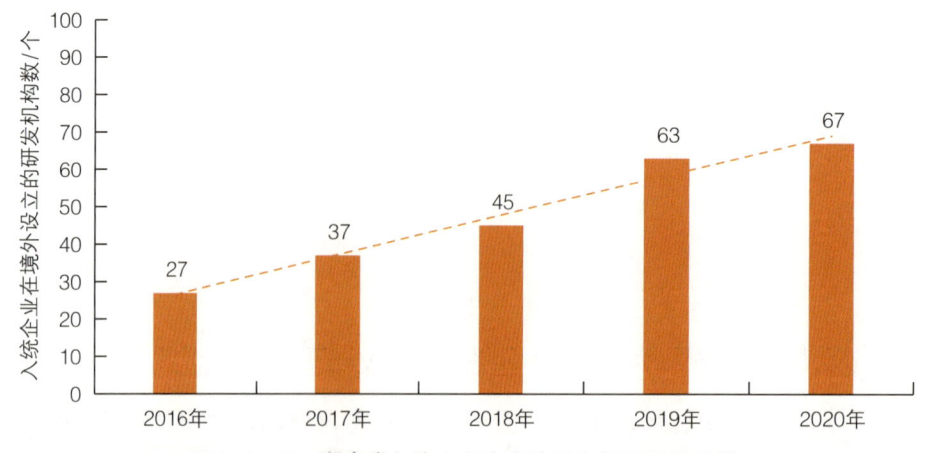

图4-11-7 湖南省入统企业在境外设立的研发机构数

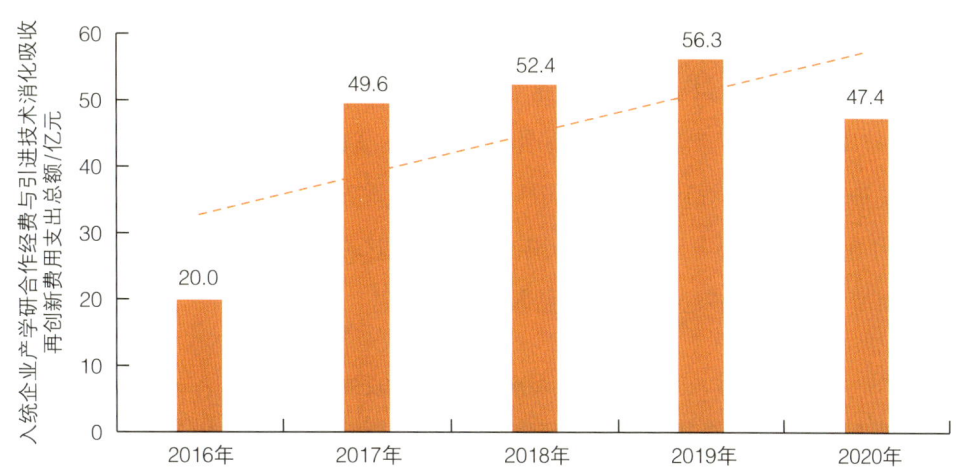

图4-11-8 湖南省入统企业产学研合作经费与引进技术消化吸收再创新费用支出总额

长株潭成为带动湖南省发展的增长极。长株潭城市群聚集了湖南省60%以上的创业平台、70%以上的高新技术企业、80%以上的高校院所、85%以上的科研成果，涌现了超级计算机、超高产杂交稻、中低速磁浮等先进科技成果和新材料、新能源等新兴产业，打造了"科创谷""动力谷""智造谷"三大名片，区域科技创新成绩瞩目。争创国家区域科技创新中心，对于进一步激活催生长株潭城市群高质量发展的动力活力和动能优势、引领湖南省经济持续快速增长、开创中部地区崛起新局面、推动长江中游城市群协同发展具有重要意义。

4.11.5 以"新制造"为基础，建设国家先进制造高地

2020年9月，习近平总书记在湖南省考察时指出，湖南省要将打造国家重要先进制造业高地摆在各项任务要求之首。2021年湖南省工业经济运行延续稳中加固、稳中提质、稳中向好的态势和趋势，高技术制造业、装备制造业增加值同比分别增长22.6%、22.0%；规模工业企业营业收入同比增长21.1%，利润总额同比增长30.8%。工程机械、轨道交通装备、中小航空发动机及航空航天装备等成为湖南省制造乃至中国制造的靓丽名片，全省制造业竞争力实现较大提升。

科技创新为先进制造业发展"强筋壮骨"。湖南省以制造业创新中心为核心节点，以企业技术中心、研发机构和创新联合体为支撑，构建多层次产业技术创新体系。继获批国家先进轨道交通装备创新中心后，湖南省正积极创建工程机械国家制造业创新

中心，并已建成 10 家省级制造业创新中心、326 家企业技术中心。湖南省以国家战略和省内产业发展需求为导向，组织企业参与国家产业基础再造和制造业高质量发展专项的"揭榜挂帅"，实施"产品创新强基项目"128 个，取得一系列突破性成果。实施"十大技术攻关项目"（表 4-11-2）和大飞机起降系统、空天运载装备等省科技重大专项，轨道交通用 6500 伏 IGBT 芯片、航天航空用抗辐射芯片、液相外延设备、超高温轻质复合材料等一批关键核心技术及产品取得突破。

表4-11-2 湖南省十大技术攻关项目

序号	项目名称
1	东映碳材高性能碳纤
2	汇思光电、湖南省大学硅基量子点激光器
3	湘潭大学碳基生物等先进传感器件
4	中创空天、中南大学等高端装备用特种合金
5	中电 48 所、楚微半导体 8 英寸集成电路成套装备
6	顶立科技、大合新材料等第三代半导体
7	中联重科、三一重工等高端液压元器件
8	湘江树图、天河国云区块链底层技术
9	铁建重工大型掘进机主轴承
10	山河智能工程机械数字样机及孪生技术等科技攻关

入统企业收入规模增长情况较好，创新经济成效显著。2020 年湖南省坚持稳社会预期、保市场主体，减税降费 630 亿元以上，金融让利 165 亿元，净增"四上"企业 3700 家，新获批国家专精特新"小巨人"企业 60 家，新增 A 股上市公司 13 家，内外双循环、上下游贯通的发展格局渐露雏形，拓展了空间，增强了后劲。2016—2020 年，湖南省入统企业营业收入逐年递增（图 4-11-9），2020 年该指标达到 22 437.85 亿元，较 2016 年增长了 61%。

图4-11-9 湖南省入统企业营业收入

三大世界级产业集群基本成形。长沙工程机械、株洲先进轨道交通装备成功入围首批国家先进制造业集群决赛。工程机械产业集群经过调整焕发出新的更强活力，2019年、2020年连创新高，三一重工、中联重科、铁建重工、山河智能入围全球工程机械制造业企业50强；三一重工市值超过日本小松，跃居行业全球第二。轨道交通装备产业集群成长为该领域全球最大的产业集群，全国该领域唯一的国家制造业创新中心落户湖南省，电力机车产品占全球市场份额的27%，居全球第一。航空动力产业集群主导产品国内市场占有率75%以上，第四代涡轴、涡桨发动机填补国内空白，飞机起落架及机轮刹车系统进入国产大飞机配套系统。

以"四化"建设推动制造业转型升级。湖南省出台数字经济发展规划、移动互联网政策3.0、"两上三化"行动等政策，2021年累计培育企业级、行业级、区域级工业互联网平台超过120个，到2021年9月底，累计带动全省中小企业"上云"38.3万家，产业智能化升级提速。淘汰落后产能，关闭退出沿江化工企业31家、异地迁建3家，研究制定有色、建材等产业降碳方案，产业绿色化改造持续发力。推动中车株机、三一集团、中联重科等企业从装备提供商向一体化服务商转变；推动生产性服务业向专业化和价值链高端延伸，全省工业互联网平台累计研发工业APP超过1.2万个，连接工业设备超过300万台，产业服务化转型逐步见效。开展工业品牌培育试点示范，建立品牌培育工作机制，实施品牌培育系列行业标准，加大工业品牌宣传力度，累计认定省级工业品牌培育示范企业67家，坚持产业品牌化发展久久为功，

"十四五"期间计划每年培育消费品工业"三品"标杆企业100家。2016—2020年，湖南省数字化企业营业收入占比在4.3%～6.1%波动（图4-11-10），较全国20%的水平还存在较大差距。

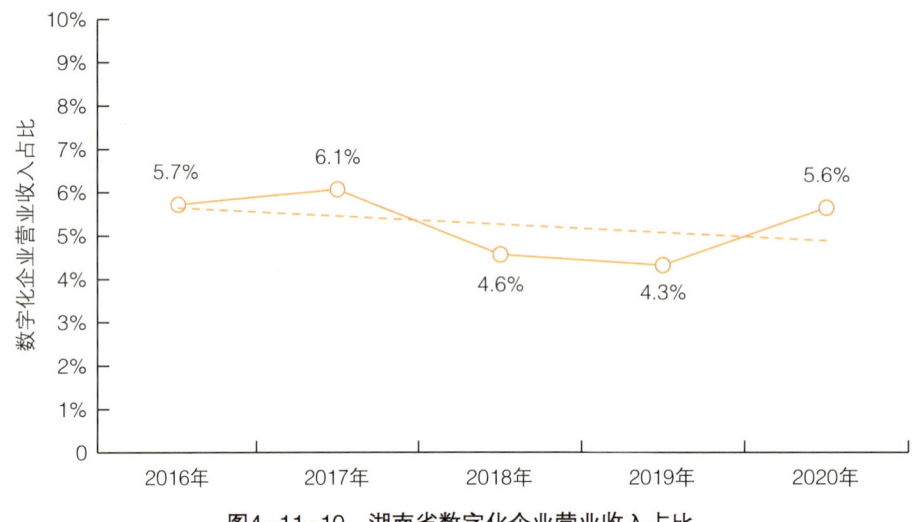

图4-11-10　湖南省数字化企业营业收入占比

4.11.6　以高新区和企业为抓手，建设长株潭崛起新高地

推动企业高质量发展。深入推进"双创"活动，截至2020年9月底，全省企业数117.4万家，比2015年年底增加66.4万家，注册资本金9.4万亿元，是2015年年底的2.8倍。"十三五"期间湖南省入统的上市企业数占全省的比例由2016年的53.8%上升到2020年的62.4%（图4-11-11）。截至2020年年底，全省已培育1018家省级专精特新"小巨人"企业、70家国家级专精特新"小巨人"企业、6家"小巨人"企业成功登陆科创板。全省70%以上的"小巨人"企业参与工业"四基"创新，80%以上的"小巨人"企业参与制造强省及20个工业新兴优势产业链建设。加强中小企业技术创新，启动实施中小企业技术创新"破零倍增"三年行动，2020年前三季度全省976家企业参与"破零倍增"三年行动，150家企业实现"破零"。"破零"企业新增发明专利申请量910件，新增发明专利授权量266件，实现发明专利产品销售额35亿元，发明专利产品利润3.7亿元。2016—2020年湖南省入统企业当年发明专利授权数占全省的比例出现先上升后下降的趋势，2020年较2019年下降了8.5个百分点（图4-11-12）。

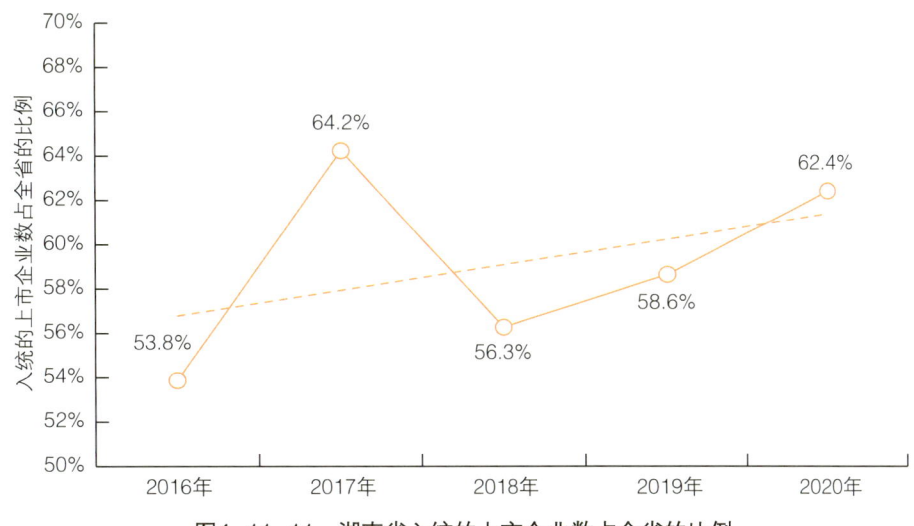

图4-11-11 湖南省入统的上市企业数占全省的比例

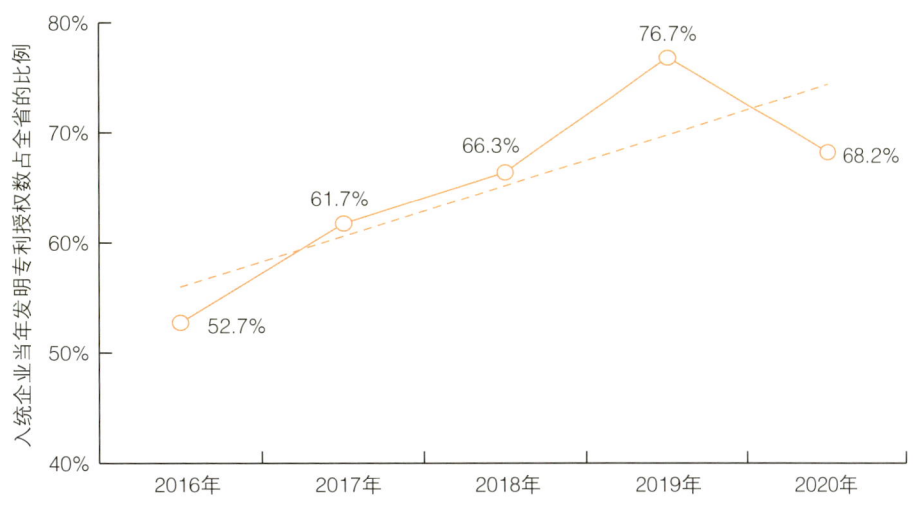

图4-11-12 湖南省入统企业当年发明专利授权数占全省的比例

高新区活力充盈增长强劲。截至2020年年底，湖南省共有44个国家级及省级高新区，其中国家级高新区8个、省级高新区36个。2020年，44个高新区实现技工贸总收入22 574.3亿元、高新技术产业主营业务收入12 172.4亿元，高新区经济规模不断壮大，成为湖南省国民经济重要战略支撑；截至2020年年底，全省高新区拥有省级及以上研发平台1230个，共建有165个省级及以上科技企业孵化器和众创空间，拥有高新技术企业3734家、主板上市企业64家、科创板上市企业6家，创新环境持续优化，形成促进科技企业成长的双创体系。

> **专栏 4-11-3　湖南高新区**
>
> 长沙高新区形成了先进装备制造、新一代信息技术（移动互联网）、新能源与节能环保的"两主一特"产业聚集区和新材料、生物医药与健康、现代服务业等优势产业集群，综合实力在国家级高新区中排名第 14 位，国家级研发机构数量全国排名第 3 位。株洲高新区瞄准"中国动力谷"的战略目标，拥有全球最大的轨道交通产业集群、国内唯一的中小航空发动机研制基地，构建了"3+5+2"现代产业体系，现有在孵企业（含团队）近 1500 家（个）、省级以上专精特新"小巨人"企业 70 家，其中国家级"小巨人"企业 25 家。衡阳高新区 2020 年新增了省级以上工程研究中心、工程技术研究中心、重点实验室及企业技术中心 37 个，万人拥有发明专利 21.2 件，是全市平均水平的 8 倍，新增高新技术企业 117 家，新增科技型中小企业 386 家。

4.11.7　小结

"十三五"期间，湖南省创新成果不断涌现，创新动能更加强劲，以建设创新型省份为统揽，着力打造科技创新基地，推动构建开放合作的创新生态，科技第一生产力的潜力不断释放，创新第一动力的作用更加显现。

在优化创业生态方面，湖南着力优化营商环境，打造良好的创业生态，大众创业、万众创新向纵深发展，极大激发了创业主体的活力。在打造"一件事一次办"服务品牌的同时，持续开展降低实体经济企业成本专项行动，出台"金融十二条"等政策，引导更多信贷资金投向实体经济企业和中小微企业。

在营造创新环境方面，良好的环境是科技创新的催化剂。湖南省积极落实国家"三评"改革措施，出台首个省级层面专门针对科技人才评价的政策文件，为科技人才松绑赋能。用真金白银实施财政奖补引导，撬动各类创新主体加大创新投入。研发奖补政策实现对企业、高校、科研院所三大创新主体全覆盖。建设了潇湘科技要素大市场和科技金融服务中心，吸纳了 146 家技术转移服务机构和金融机构入驻。充分发挥了财政资金的激励作用、导向作用和杠杆放大作用。

在促进开放创新方面，湖南积极融入世界，推动更高水平对外开放。与200多个国家和地区建立了贸易关系，173家世界500强企业在湖南有投资或项目；1500多家湖南企业走向世界，杂交水稻、工程机械、轨道交通"走出去"受到各国人民的欢迎。

在推动创新发展方面，以建设创新型省份为统揽，以长株潭国家自主创新示范区建设为重点，湖南充分发挥创新引领作用。高新技术产业增加值占GDP比重达23.8%，研发投入增速连续3年保持15%以上，总量居全国第十，高新技术企业总数突破7500家。郴州获批国家可持续发展议程创新示范区，长株衡三市获批国家创新型城市，岳麓山国家大学科学城、马栏山视频文创产业园这"两山"成为"新经济"增长极。

在发挥示范作用方面，湖南省高新区综合实力不断增强，转型升级明显提升，项目推进快速有序。湖南省高新区是湖南高端产业发展的主阵地、创新发展的主引擎，近年来以创新引领融合发展，以一流的定位、一流的产业、一流的人才、一流的环境在推动湖南省发展中发挥龙头示范作用。

4.12 广东

4.12.1 指数总览

面对多重影响和挑战，广东省在完成"十三五"规划主要任务的基础上，积极融入国家科技战略大局，扎实推进"1+1+9"工作部署，决胜全面建成小康社会取得决定性成就，高质量发展迈出坚实步伐。全省经济综合实力迈上新的大台阶，地区生产总值从2015年的7.5万亿元增加到2020年的超过11万亿元，连续32年居全国首位，年均增长6%，区域创新综合能力领先全国，现代产业体系加快形成。

图4-12-1为广东省火炬高新年度总指数与全国对比，可以看出，2016—2020年广东省火炬高新年度总指数稳步提升，已经从2016年基期的100.0上升到2020年的146.8，上涨幅度达46.8。"十三五"期间，广东省积极融入国家科技战略大局，努力实现高水平科技自立自强，各类创新主体蓬勃发展，创新环境不断优化，广东省火炬高新年度总指数年均增长率为10.1%，与全国水平基本持平。

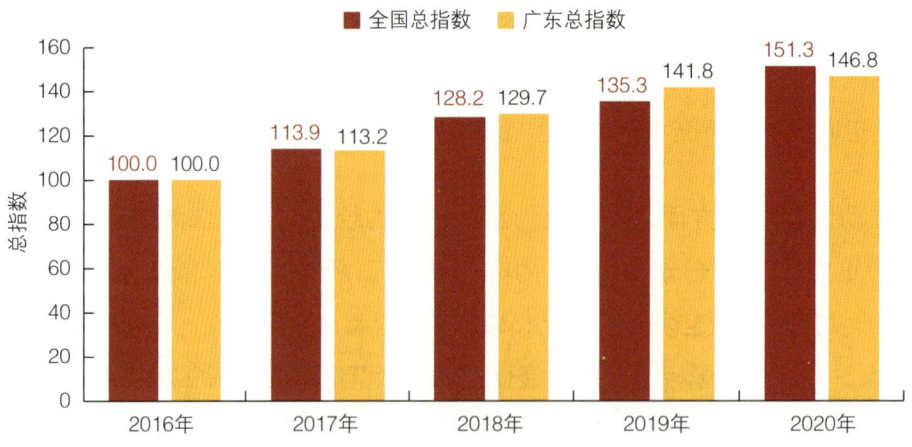

图4-12-1 广东省火炬高新年度总指数与全国对比

图4-12-2为广东省火炬高新5个分指数的测算结果。其中，"营造创新环境"指数呈快速增长态势，年均增长率为12.8%，2020年达到161.7，创新环境加速优

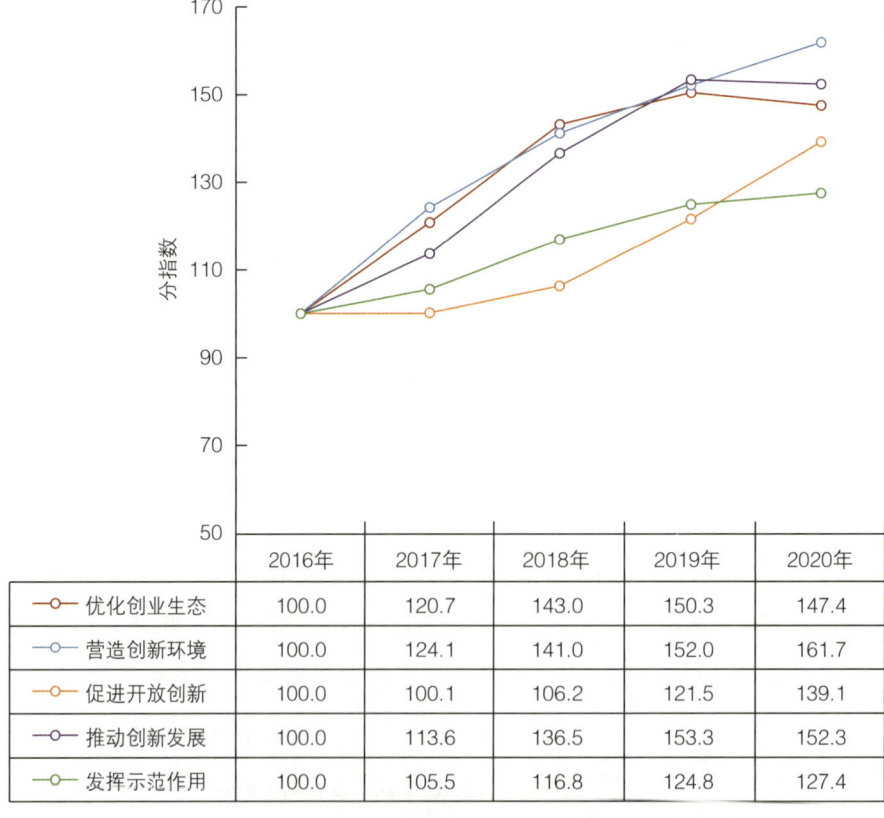

图4-12-2 广东省火炬高新5个分指数变化趋势

化。"优化创业生态""推动创新发展"指数2016—2019年增长速度较快，2020年均有所回落，年均增长率分别为10.2%、11.1%，创新发展土壤加强厚植，创新创业生态持续优化。"促进开放创新"指数2018—2020年增速较快，2020年达到139.1，高质量发展新动能不断激发。"发挥示范作用"指数2016—2020年增长较平稳，年均增长率为6.2%，高于全国"发挥示范作用"指数水平。

2016年以来，国务院及广东省深入推动实施了一系列重大发展战略和重大政策举措促进科技创新，推动全省经济高质量发展。2016年3月，国务院印发《国务院关于深化泛珠三角区域合作的指导意见》（国发〔2016〕18号），进一步提升泛珠三角区域在全国改革发展大局中的地位和作用。2016年4月，广东省印发《珠三角国家自主创新示范区建设实施方案（2016—2020年）》。2019年1月，广东省人民政府印发《广东省人民政府印发关于进一步促进科技创新若干政策措施的通知》（粤府〔2019〕1号）。2019年3月，广东省人民政府提出《广东省人民政府关于促进高新技术产业开发区高质量发展的意见》（粤府〔2019〕28号），有效激发高新区新一轮创新发展活力，促进高新区高质量发展，充分发挥高新区引领、示范和辐射作用。2021年12月，广东省科技厅印发《广东省科学技术厅关于印发〈广东省科技孵化育成体系高质量发展专项行动计划（2021—2025年）〉的通知》（粤科高字〔2021〕222号），进一步推动广东科技孵化育成体系构建新格局、实现新提升。

4.12.2 推动产业转型升级全链条发展，服务创业"高质量"

"十三五"时期，广东省现代产业体系初步形成。深入推进供给侧结构性改革，产业继续向中高端水平迈进，初步形成以先进制造业为支撑、现代服务业为主导的现代产业体系。

支柱产业不断壮大，战略性新兴产业发展迅猛。形成电子信息、绿色石化、智能家电等万亿级产业集群。5G产业、数字经济规模均居全国首位。现代物流业、电子商务业、健康服务业快速发展，新兴服务产业和跨境电商、市场采购贸易等新业态新模式蓬勃发展。2020年，三次产业比重调整为4.3∶39.2∶56.5，先进制造业增加值占规模以上工业增加值比重达56.1%。图4-12-3是2020年广东省第三产业分布情况。在服务业方面,广东省全年规模以上服务业企业实现营业收入34 023.46亿元,比上年增长1.5%,现代服务业增加值占服务业增加值比重达64.7%。其中,战略性新兴服务业营业收入增长6.3%,高技术服务业营业收入增长10.1%,新经济增加值占地区生产总值比重达25.2%。广东省海洋经济综合试验区基本建成,海洋经济持续稳步发展,连续25年居全国首位。表4-12-1是广东省20个战略性产业集群。

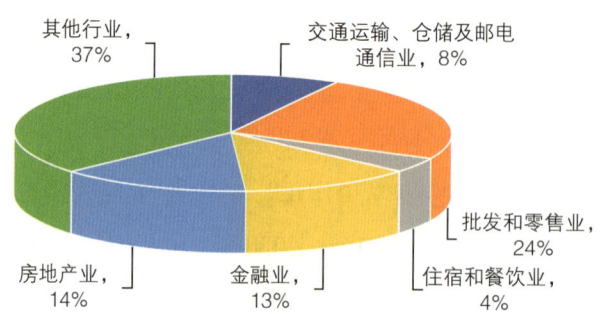

图4-12-3　2020年广东省第三产业分布情况

表4-12-1　广东省20个战略性产业集群

序号	十大战略性支柱产业集群	序号	十大战略性新兴产业集群
1	新一代电子信息	1	半导体与集成电路
2	绿色石化	2	高端装备制造
3	智能家电	3	智能机器人
4	汽车	4	区块链与量子信息
5	先进材料	5	前沿新材料
6	现代轻工纺织	6	新能源
7	软件与信息服务	7	激光与增材制造
8	超高清视频显示	8	数字创意
9	生物医药与健康	9	安全应急与环保
10	现代农业与食品	10	精密仪器设备

资料来源:《广东省人民政府关于培育发展战略性支柱产业集群和战略性新兴产业集群的意见》(粤府函〔2020〕82号)。

创业生态加速优化,创业质量显著提升。广东省坚持实施创新驱动发展战略,出台各类孵化器规划、指导和支持政策,设立孵化育成体系专项,全面推动孵化器体系建设和发展。2019年12月广东省科技厅公布的科技统计数据显示,全省21个地市已经实现孵化器全覆盖，全省共有962个创新创业孵化器，孵化器总面积达1949.17万平方米。2016—2020年广东省各类创业服务机构中在孵企业数呈现稳步增长的趋势，2020年达到54 445家（图4-12-4）。孵化器作为区域经济创新发展的重要力量，在调整粤港澳大湾区产业结构、创造区域经济新增长极、促进产业集群发展等方面发挥着重要的引导、辐射和带动作用。

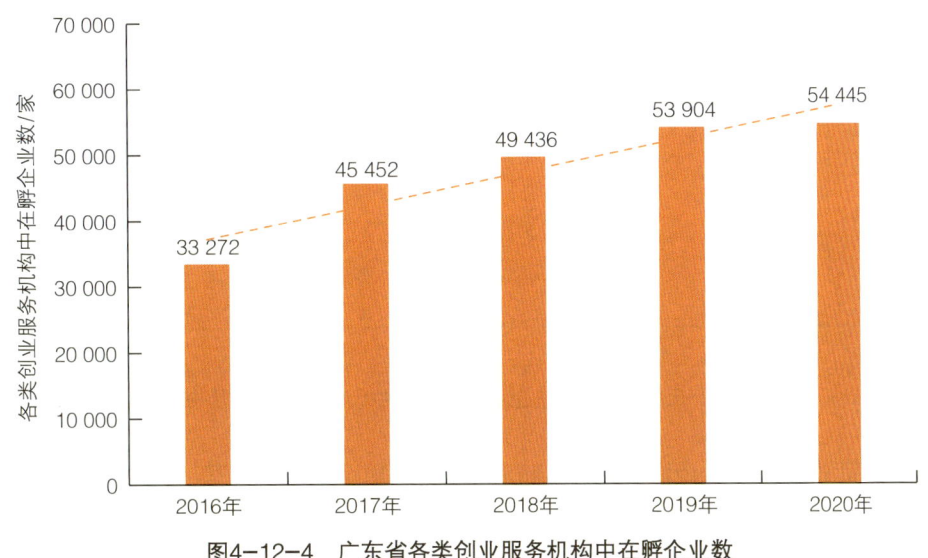

图4-12-4　广东省各类创业服务机构中在孵企业数

着力打造创新型人才主力军。创新型人才是推动经济社会发展、建设创新型国家的核心战略资源。全面加强创新型人才队伍建设、打造创新型人才高地，是广东省应对激烈的国际竞争、提高自主创新创业能力、实现经济社会高质量发展的必然要求。近年来，广东省贯彻落实人才强国战略部署，加快推进人才工作的改革发展，大力推动创新型人才队伍建设，为全省经济社会高质量发展提供人才支撑。截至2020年年底，在粤两院院士达102人，引进121个创新创业团队。2019年，广东省R&D人员折合全时当量达80.3万人年，居全国首位，超过西部地区12个省（区、市）之和，是东北三省总量的4.3倍，在基数庞大的基础上，2015—2019年的年均增长率也达到了12.49%，远超全国平均水平。

目前，广东省在创新型人才队伍建设中还存在技术型和高精尖人才不足、人才的原始创新能力不足等问题。2019年北京市和上海市R&D研究人员全时当量占比均超过50%，而广东省为34.9%。2016—2020年广东省入统企业从业人员中大专及以上学历占比在42%上下浮动（图4-12-5），2020年全国和北京市该指标数值分别为51.2%和81.2%。

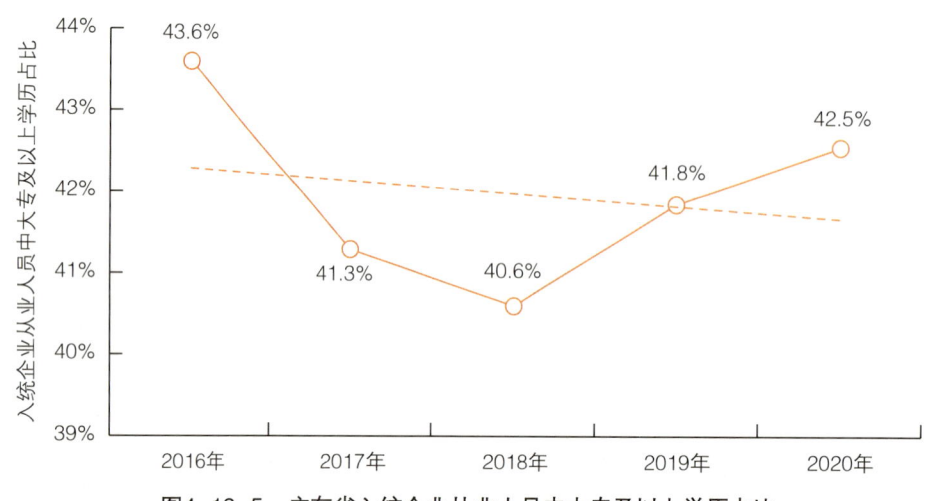

图4-12-5 广东省入统企业从业人员中大专及以上学历占比

4.12.3 营造高度全面开放式创新环境，加速企业"高成长"

高企数量全国第一，创新引领全省经济发展。高企是开展研发创新活动的主力军。近年来，在科技部火炬中心的指导下，广东省围绕高企的高质量认定、高质量发展，积极加强高企的认定管理工作，推动高企实现快速发展。高新技术企业是广东区域创新能力提升的"发动机"、经济高质量发展的"顶梁柱"。"十三五"期间，广东省高企数量呈现高速发展态势，自2016年超越北京首次成为全国第一后，实现了五连冠，2020年广东省高企存量近5.3万家（图4-12-6），是2016年的近3倍，各项经营指标全部实现正向增长，营业收入达9.2万亿元，同比增长11%；净利润近6900亿元，同比增长21%；出口总额突破1.7万亿元，同比增长13%。广东省高企的快速发展趋势与广东省火炬高新指数中"营造创新环境"指数快速增长趋势相吻合。

截至2021年年底，广东省累计培育国家级专精特新"小巨人"企业429家、省级专精特新企业2704家，其中2021年分别新增288家和1459家。2016—2020年，广东省入统企业营业收入大幅提高，2020年该指标达到108 030.96亿元，年均增长率为17.25%，反映了广东省创新经济成效显著。

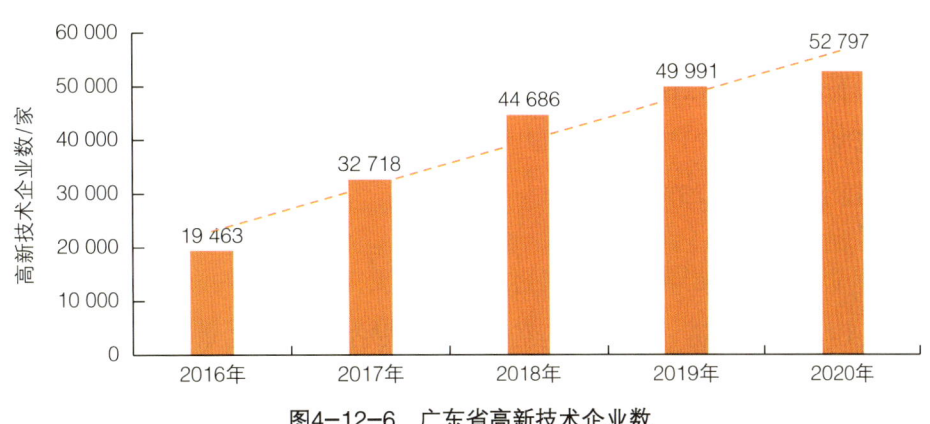

图4-12-6　广东省高新技术企业数

专栏 4-12-1　广东省知名高企案例：深圳市大疆创新科技有限公司

深圳市大疆创新科技有限公司（简称大疆）成立于2006年，已发展成为空间智能时代的技术、影像和教育方案引领者。成立16年来，大疆的业务从无人机系统拓展至多元化产品体系，在无人机、手持影像系统、机器人教育等多个领域，成为全球领先的品牌，以一流的技术产品重新定义了"中国制造"的内涵，并在更多前沿领域不断革新产品与解决方案。2015年12月，大疆推出智能农业喷洒防治无人机——大疆MG-1农业植保机，正式进入农业无人机领域。2019年10月，大疆发布"御"Mavic Mini航拍小飞机，拥有可折叠、249克的机身重量、1200万像素、30分钟的单块电池续航时间等设计。

以创新为本，以人才及合作伙伴为根基，思考客户需求并解决问题，大疆得到了全球市场的尊重和肯定。公司员工14 000余人，在7个国家设有18家分支机构，销售与服务网络覆盖全球100多个国家和地区。2015年2月，美国著名商业杂志《快公司》评选出2015年十大消费类电子产品创新型公司，大疆是唯一一家中国本土企业，在谷歌、特斯拉之后位列第三。

"2021胡润中国500强"[①] 榜单显示，广东省共有87家企业上榜，位列第一，总价值约14.5万亿元，9家公司价值超3000亿元，5家公司价值超5000亿元，2家公

[①] 胡润百富是追踪记录中国企业家群体变化的权威机构，是由出生于欧洲卢森堡的英国注册会计师胡润先生于1999年创立的，是中国推出的第一份财富排行榜，也是现在国内财经榜单中影响最大的一个榜单。

司价值超 1 万亿元。腾讯控股价值最高达 3.9 万亿元，华为位列第二，价值达 1 万亿元。中国平安保险、比亚迪、海天调味食品、美的集团、迈瑞生物医疗电子、顺丰控股、立讯精密、小鹏汽车进入广东前十。此外，117 家总部位于粤港澳大湾区的企业进入 500 强，占全国的 23%。

加速建设重大科技创新载体和平台。粤港澳大湾区国际科技创新中心、综合性国家科学中心建设扎实推进，鹏城实验室、广州实验室两大国之重器顺利运作，省实验室产业支撑和聚力引才效果显著，散裂中子源二期等 5 项重大科技基础设施纳入国家"十四五"规划，获批建设粤港澳大湾区国家技术创新中心、国家新型显示技术创新中心、国家第三代半导体技术创新中心、国家 5G 中高频器件创新中心，省重点领域研发计划和基础研究重大项目取得突破性进展。中国（东莞）散裂中子源正式运行，未来网络试验设施、江门中微子实验站、惠州加速器驱动嬗变系统和强流重离子加速器装置等一批国家重大科技基础设施加快建设，粤港澳大湾区综合性国家科学中心获批建设。国家重点实验室和省重点实验室总数分别达 30 个、396 个。科技产业创新平台建设成效显著，累计获国家批复建设国家级创新中心 3 个、国家工程研究中心（工程实验室）22 个、国家地方联合工程研究中心 45 个。

新型研发机构是深化产学研合作、推动科技成果转化的核心载体，也是广东省区域创新体系的重要组成部分。2021 年，广东省安排 2021 年省级财政资金 1817 万元，支持 5 项新型研发机构初创期建设，省级新型研发机构达 251 个。

研发投入水平和研发产出能力显著提升。全省研发经费支出占地区生产总值比重由 2015 年的 2.41% 提高到 2020 年的 2.90%；知识产权综合实力连续 8 年居全国首位；科技进步贡献率达 60%，基本达到创新型地区水平。2016—2020 年，广东省入统企业当年发明专利授权数保持强劲的增长趋势，年均增长率为 19%。2020 年，该指标达到 77 470 件（图 4-12-7）。每万人口发明专利拥有量达 28.04 件，比全国平均水平高 12.24 件，反映了广东省企业的高质量创新成果加速涌现，自主创新能力快速提升，同时这也是广东省火炬高新指数"营造创新环境"快速增长的原因之一。

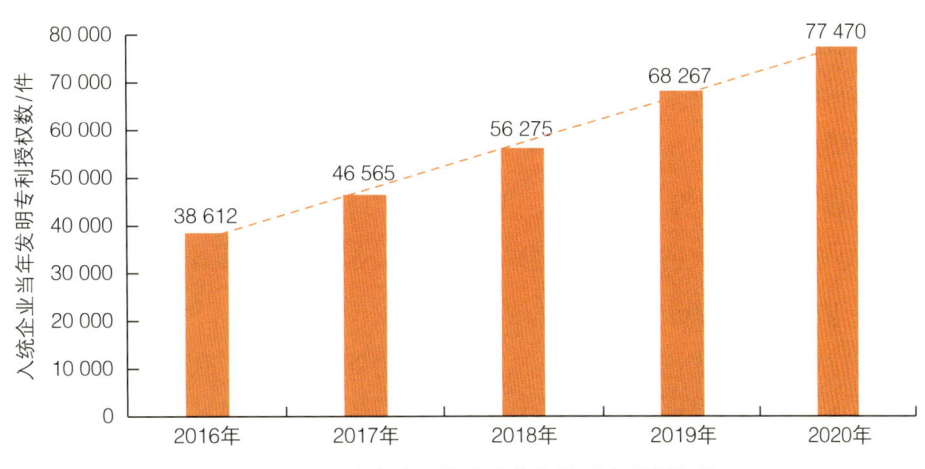

图4-12-7 广东省入统企业当年发明专利授权数

专栏 4-12-2　广东省出资 71 亿元设立创新创业基金

2018 年经广东省委、省政府批准，由省财政出资 71 亿元设立的广东省创新创业基金已完成工商注册登记并正式运营。基金组建后将按照"同股同权"的原则吸引社会资本共同出资，预计将带动超过 280 亿元的社会资本，基金总体规模将达 350 亿元，重点投向天使创业孵化培育、新兴产业前沿科技创新、区域科技产业创新、文化媒体科技融合、集成电路创新、重大科技成果产业化、产业技术升级等创新创业重点领域。此外，为进一步引导资本要素支持科技型企业发展，广东省对创业投资机构、天使投资个人采取股权投资方式，直接投资种子期、初创期科技型企业满 2 年的，可给予税收抵扣优惠；支持科技型企业按照新的高新技术企业认定管理办法，向税务主管机关备案并申报享受税收优惠。

这是广东省政策性基金出资方式和管理模式改革的重大举措。截至 2018 年年底，全省通过政策性创业基金扶持项目 125 个（其中子基金 29 支，直投项目 96 个），总投资 58.91 亿元，带动社会资本 165 亿元，财政资金放大效应达 3.7 倍。大力支持了科顺防水、珠海欧比特、东方园林、游族网络、凯盛科技、华阳集团等一批省内科技型企业 IPO 上市，晶科电子等 15 家企业在"新三板"挂牌，2018 年计划申报 IPO 项目达 12 个，为做大做强实业经济、实现高质量发展注入了强大动力，也为探索设立更大规模的创新创业基金提供了有益经验。

4.12.4　加强区域合作携手共建大湾区，深化开放"高水平"

外贸进出口总值连续 35 年位居全国第一。广东省作为全国外贸第一大省，近年来外贸格局持续优化，一般贸易进出口超过加工贸易，占全省进出口总额比重由 2015 年的 42.1% 提升至 2020 年的 51.2%，民营企业出口占全省出口总额比重由 39.0% 提升至 55.1%，成为第一大贸易主体。参与"一带一路"建设成果丰硕，"十三五"时期，全省对"一带一路"沿线国家进出口总额累计达 7.9 万亿元，年均增长 7.5%，2020 年对"一带一路"沿线国家进出口总额占全省比重达 24.8%。对外投资合作实现新发展，2016—2020 年累计对外实际投资 693.3 亿美元。

开放创新和国际竞争力增强。积极开展国际科技合作，是实现科技创新互利共赢的重要手段之一。近年来，广东省高度重视国际科技合作和交流，以世界眼光谋划广东的发展，积极开展全方位、多层次、广视角的国际科技合作工作。2020 年广东省入统企业在境外设立的研发机构数为 494 个，是 2016 年的 2.3 倍（图 4-12-8）。2016—2020 年广东省入统企业当年 PCT 国际专利申请数持续增长（图 4-12-9），2020 年入统企业当年 PCT 国际专利申请数约占全国总量的 41%，全省有效发明专利量、PCT 国际专利申请量保持全国首位。这两个指标的发展趋势助力广东省火炬高新指数"促进开放创新"指数快速增长。

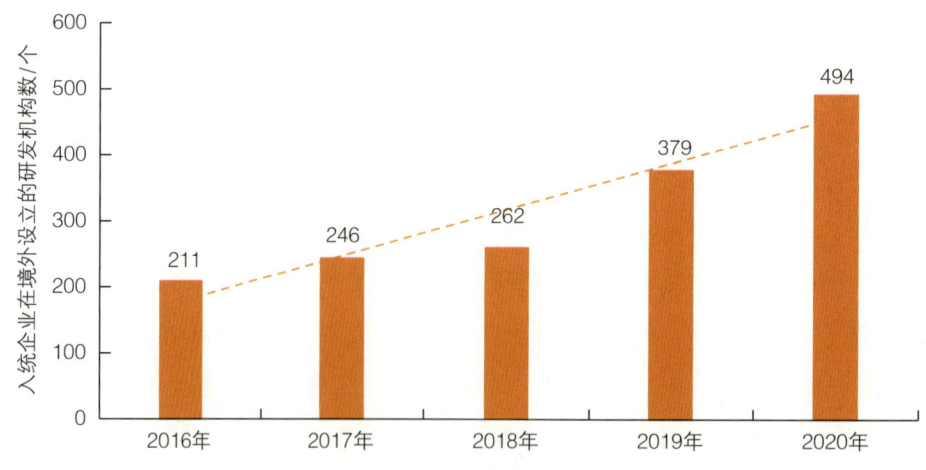

图 4-12-8　广东省入统企业在境外设立的研发机构数

图4-12-9　广东省入统企业当年PCT国际专利申请数

加快构建"一核一带一区"区域发展格局。广东省按照构建"一核一带一区"区域发展格局的战略部署，打破过去把粤东、粤西、粤北作为同类地区的思维定式，根据"全省一盘棋"理念及不同区域之间的资源禀赋差异，因地制宜推动不同地区差异化发展。北部生态发展区绿色发展优势凸显，现代农业、休闲旅游、绿色低碳产业等加快发展。加大对粤东、粤西、粤北公共资源支持力度，建设5个省实验室、9家高水平医院、8所高校，"数字政府"服务能力与珠三角实现同步提升。珠三角核心区发展能级不断提升，广州、深圳辐射带动作用显著增强，佛山进入万亿元城市行列，东莞经济总量接近万亿元。支持沿海经济带发展海上风电、核电、绿色石化、海工装备等产业，引进巴斯夫、埃克森美孚、中海壳牌等百亿美元重大项目。

聚焦粤港澳大湾区建设发展。粤港澳大湾区，包括香港特别行政区、澳门特别行政区和广东省广州市、深圳市、珠海市、佛山市、惠州市、东莞市、中山市、江门市、肇庆市（以下称"珠三角九市"），总面积5.6万平方公里，是中国开放程度最高、经济活力最强的区域之一，在国家发展大局中具有重要战略地位。建设粤港澳大湾区，既是新时代推动形成全面开放新格局的新尝试，也是推动"一国两制"事业发展的新实践。推进粤港澳大湾区建设，是以习近平同志为核心的党中央做出的重大决策，是习近平总书记亲自谋划、亲自部署、亲自推动的国家战略。2019年2月18日，中共中央、国务院印发《粤港澳大湾区发展规划纲要》。按照规划纲要，粤港澳大湾区不仅要建成充满活力的世界级城市群、国际科技创新中心、"一带一路"建设的重要支撑、内地与港澳深度合作示范区，还要打造成宜居宜业宜游的优质生活圈，成为高质量发展的典范。

以香港、澳门、广州、深圳四大中心城市作为区域发展的核心引擎;"十三五"期间,粤港澳三地已经有了紧密的科技创新合作,"钱过境、人往来、税平衡"等改革举措不断深化,科技计划、重大科技基础设施等积极向港澳开放。省财政科研资金直接过境拨付1.5亿元,约9000名境外高端紧缺人才已享受到粤港澳大湾区个人所得税优惠政策。

粤港澳大湾区国家重大战略全面实施,深圳先行示范区开局良好。广东被赋予建设粤港澳大湾区、支持深圳建设中国特色社会主义先行示范区重大战略部署的历史使命。国际科技创新中心建设进展顺利,广深港澳科技创新走廊加快形成,光明科学城、松山湖科学城综合性国家科学中心先行启动区建设稳步推进。大力推动规则衔接、机制对接,实施境外高端紧缺人才个人所得税优惠、科研资金跨境使用、与港澳共建青年创新创业基地等政策措施,"湾区通"工程取得明显成效。广州南沙、深圳前海、珠海横琴等重大合作平台加快建设,新注册港资企业1.3万家、澳资企业3280家。深交所创业板注册制、广州期货交易所等重大改革落地实施。

4.12.5 跑出创新加速度对标世界一流,谋划部署"高站位"

创新发展引领经济增长。1978—1988年,广东省经济总量落后于上海、江苏、山东、辽宁等地区。1989年,广东省GDP首度坐上全国第一宝座。30多年来,广东省GDP总量从1989年的1400亿元增长到2020年的11万亿元,无论是增长速度还是发展质量,均是首屈一指。"十三五"期间,广东省GDP从7.5万亿元提升到11万亿元,年均增速高达6%[①],目前广东省经济增速仍未出现大幅放缓趋势。2021年,广东省GDP达12.4万亿元,同比增长8.0%,两年平均增长5.1%,连续33年位居全国第一,成为中国首个12万亿GDP大省,拥有深圳、广州、佛山、东莞4座万亿元城市。放到全球来看,广东省GDP总量超越90%以上的国家,媲美世界前十大经济体。

2016—2020年,广东省入统企业营业收入逐年增长,2020年达到108 030.96亿元(图4-12-10)。2016—2020年,广东省当年技术合同成交额呈现大幅增长趋势,其中2019年出现爆发式增长,2020年的当年技术合同成交额达到1684.40亿元,是2016年的8.8倍(图4-12-11),反映了广东省产学研合作交流的规模和活跃度发展势头迅猛。

---

① 本数值是以四舍五入前的统计数据计算得出,结果可能与四舍五入后的数值计算结果存在差异。全书同。

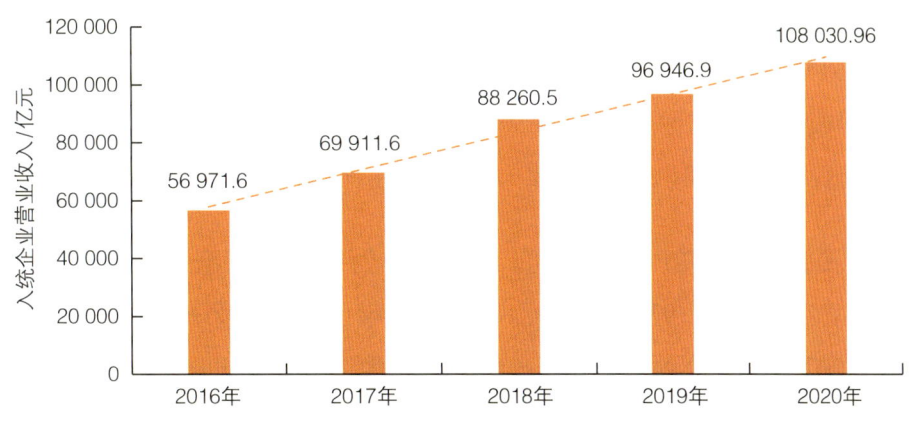

图4-12-10　广东省入统企业营业收入

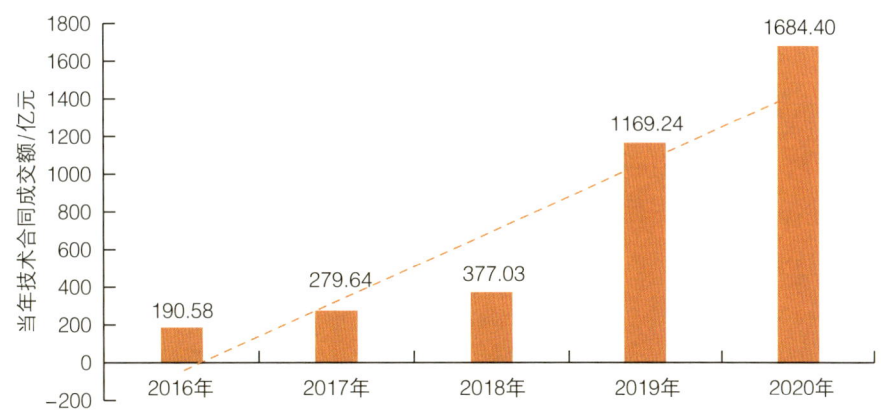

图4-12-11　广东省当年技术合同成交额

广东省发展情况与江苏省对比。尽管经济体量仍与广东相差逾8000亿元，但江苏省增速更高，且社会消费品零售总额、进出口两项增速均高于广东省。2021年，广东省第二产业增加值增速达到8.7%，高于第三产业（7.5%），推动其第二产业增加值占GDP比重达40.38%，比2020年提高约1.2个百分点；江苏省第二产业增加值增速同样以10.1%在三次产业中领先，其第二产业增加值占比增加1.4个百分点，至44.49%。

广东省与江苏省都是工业大省，工业实力不分伯仲，但支柱产业却不尽相同。江苏省以电子、电气机械及器材制造、化工、通用设备制造、钢铁、汽车、纺织、专用设备制造、金属制品、非金属矿物制品等为支柱产业，十大产业增加值占全省比重约为七成。广东省则以新一代电子信息技术、汽车、绿色石化、智能家电、先进材料、现代轻工纺织、软件与信息服务、超高清视频显示、生物医药、现代农业与食品等为支柱产业。同时，广东省在半导体、智能机器人、集成电路、新能源等方面的探索也走在全国前列。截至 2021 年年底，全国九成以上的无人机、半数以上的彩电、四成多的手机、三成左右的空调、1/4 的工业机器人、20% 左右的冰箱和集成电路出自广东省。

广东省发展情况与美国加州对比。广东省作为我国经济第一强省，2021 年 GDP 达 12.4 万亿元，约合 1.92 万亿美元，连续 33 年位居全国第一。加州作为美国经济最强州，2021 年 GDP 约为 3.2 万亿美元。就地区而言，美国加州地区的 GDP 是全球第一。虽然广东省的 GDP 与加州还有一定的差距，但是与美国其他地区相比仍占有一定的优势，广东省 GDP 高于纽约州（1.89 万亿美元），仅次于得克萨斯州（1.96 万亿美元），但是广东的经济增速高于得克萨斯州。

从人口来看，广东省 2021 年人口约 1.2 亿，加州人口在 4000 万左右。从面积看，广东省约为 17.97 万平方公里，加州高达 42 万平方公里。两者分别作为两国经济实力最强的地区。从产业占比看，广东省的第三产业占比有 56%，而美国加州的第三产业占比已经达到了 81%，广东省还是有很大的发展空间。加州最主要的几个经济部门是金融服务、贸易、运输、公用事业和教育卫生服务。加州的金融服务产值占 GDP 的比重约为 8%，广东省的这一占比为 9%，广东省在金融领域的发展与加州不相上下。广东省的外贸 GDP 占比约为 67%，而加州的这项数据只有 19%。从居民生活看，加州人均 GDP 已经超过 8 万美元，广东省约为 1.5 万美元，相差较大。

加州以高新技术产业知名，苹果、微软、谷歌、Meta（原 Facebook）等知名高科技企业云集，硅谷就坐落于加州。此外，加州的斯坦福大学、加州大学、加州理工大学等名校在全球极具影响力。广东省作为我国改革开放的先行者，制造业和加工贸易发达，近些年经济转型升级，动能转换取得明显成效，华为、大疆、腾讯等高技术企业越来越多。从世界 500 强企业数量来看，美国加州拥有近 50 家，包括众多知名高科技企业。广东省则拥有 16 家，包括华为、正威、腾讯、美的、格力等一批科技及制造巨头，深圳被称为中国的"硅谷"，年轻人口占比极高，科技创新实力逐年提升，广东未来的发展潜力巨大。

虽然目前广东省经济实力与美国加州存在一定的差距,但是广东省的优势在于增长速度较快。近 10 年来广东省已经不断缩小与加州之间的差距,未来 10 年差距还会继续缩小。广东省未来将在高科技及高端制造产业领域持续发力,不断取得突破再创佳绩。

4.12.6 发挥示范作用争当全国火车头,发展经济"高效益"

广东省企业对全省贡献较大,发挥示范作用明显。目前广东省仍然处在深化市场化改革和扩大高水平开放的重要时期,需要在参与国际大循环的过程中通过开放来促改革、促发展。广东省是中国高端制造业和现代服务业密集的地区,未来在科技创新、产业转型升级、促进居民消费结构升级等方面将发挥重要的引领和示范作用。同时,在国内国际双循环相互促进的过程中,在推动中国的制度型开放方面,将为全国其他地区积累可复制、可推广的经验。2016—2020 年,广东省入统企业当年发明专利授权数占全省的比例由 68.6% 提升到 80.9%(图 4-12-12)。2016—2020 年,广东省入统企业出口额占全省出口的比例持续增长,2020 年达到 45.8%,比 2016 年增长 16.1 个百分点,2017—2020 年广东省该指标均高于全国水平(图 4-12-13),体现了广东省入统企业出口对全省贡献较大,国际影响力和竞争力逐渐增强。

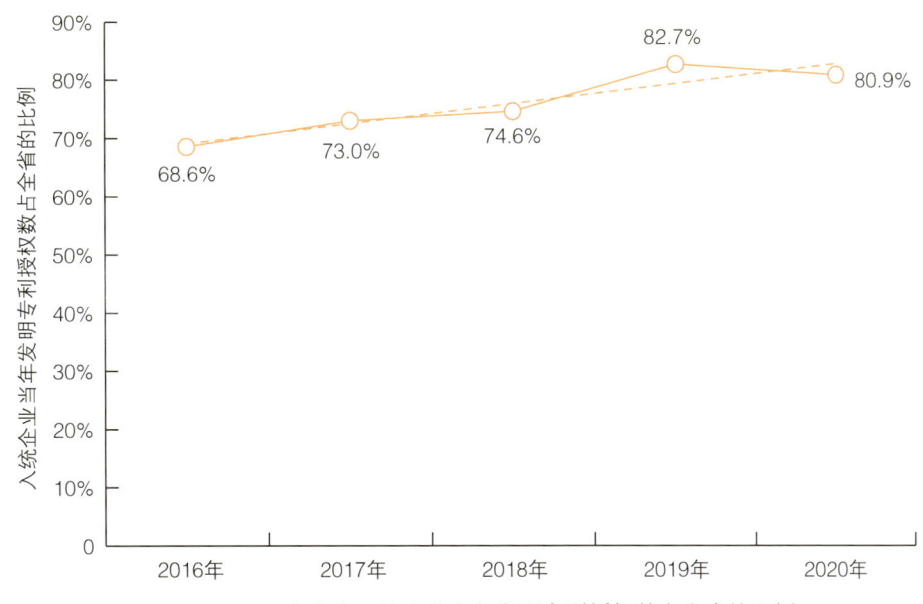

图4-12-12 广东省入统企业当年发明专利授权数占全省的比例

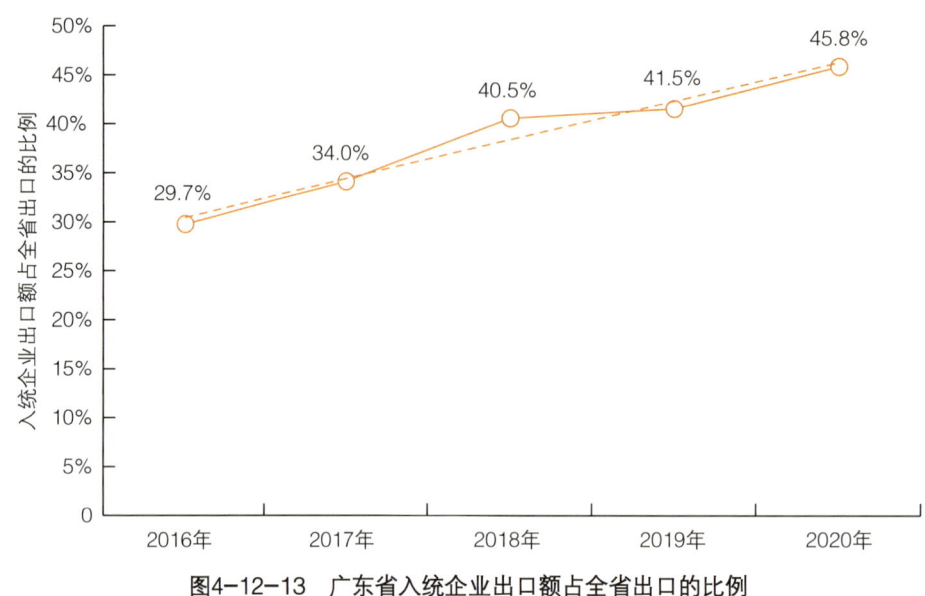

图4-12-13　广东省入统企业出口额占全省出口的比例

广东高新区整体表现出强劲的发展态势。截至2021年年底，广东省共有高新区40个，其中国家高新区14个（位居全国第二）。在"十三五"期间，广东省近1/3的国家高新区连续5年实现全国排名稳步上升。深圳高新区保持全国前三，广州高新区从2016年的第12位上升到2020年的第6位，稳居国家高新区第一梯队；珠海、佛山、惠州高新区以创新驱动引领产业转型升级，排名跃升明显，稳定在全国前30位，逐步成为在全国具有一定影响力的国家高新区；中山高新区排名强势触底反弹，2020年排名第46位，较上一年提升10位，成为全省排名提高最快的园区之一。

总体来看，全省国家高新区在科技型龙头企业培育、创新成果产出、创新创业平台建设、国际化发展水平等方面表现突出。2019年，全省高新区培育高新技术企业11 177家，国家高新区高新技术企业占纳入统计企业总数的比例达68.32%。高新区新兴产业培育能力不断增强，建有国家创新型产业集群14个，超60%的高新区建立了省级以上创新型产业集群，涌现出人工智能、量子通信、数字经济等新产业新业态，广州生物医药、东莞机器人与智能装备等创新型产业集群加快培育，深圳下一代互联网产业集群具有较强的国际竞争力。

专栏 4-12-3　广东省高新区

广东省力推科技创新，初步形成以广州、深圳为龙头，珠三角地区七市国家高新区为支撑，辐射带动粤东、粤西、粤北地区协同发展的创新格局。

高新区发展各具特色，成为地市创新驱动发展示范区和高质量发展先行区。从各地市高新区评价导向看，园区优势各异，各自都有着突出表现。深圳高新区在龙头科技企业培育和国际化发展等方面表现突出，支持大疆、柔宇、奥比中光等一大批重点高新技术企业创新发展，推进建设鹏城实验室等重大创新载体，全面推进世界一流高科技园区建设。广州高新区以高质量的企业群体推动产业结构转型升级，2021年拥有高新技术企业超3500家、科技型中小企业2万多家、各类科研机构超1000个；高新区科技投入达71.6亿元，支持力度居全国高新区前列。珠海高新区"一区多园"体制机制改革成效显著，通过统筹分园区主导产业发展、创新资源集聚、园区品牌打造，逐步形成高新区发展"一盘棋"。佛山高新区在龙头型科技企业培育等方面优势明显，2020年高新技术企业存量达到2931家，占全市（5718家）的51.26%，评选认定制造业、单打冠军企业80家、瞪羚企业72家、种子独角兽企业4家。惠州高新区在营造创新创业生态方面表现突出，拥有国家级孵化器5个、国家级众创空间8个、高新技术企业516家、省级新型研发机构8个、省级以上创新平台126个。

4.12.7　小结

"十三五"期间，广东省科技创新、产业升级并进，全面开放新格局加快形成，开放水平和质量明显提升，坚持创新驱动发展，新经济发展壮大，以数字经济、新一代信息技术等为代表的新经济快速发展，加快形成国际一流湾区和世界级城市群。

在优化创业生态方面，优化创业政务环境，实行市场准入负面清单制度，构建全链条创新创业孵化育成体系。负面清单以外的行业、领域、业务等，各类市场主体皆可依法平等进入。深化商事制度改革，统筹推进"证照分离""多证合一"改革，进一步压缩开办企业环节和时间。实施孵化育成体系提质增效行动，加快构建"众创空间—孵化器—加速器—科技园"全链条孵化育成体系。大力建设专业孵化器群，引导孵化器、众创空间建立专业化服务体系，支持骨干企业、高校、科研院所围绕细分领域建设平台型众创空间。推动创业投资机构与孵化器、众创空间全面对接，实现全省孵化器和众创空间科技金融服务的全覆盖。

在营造创新环境方面，得益于广东政策利好，广东经济增长质量与效益稳步提升，效率变革成效显著。动力变革愈发强劲，新旧动能加速转换。2016—2020年，广东经济持续迸发活力，新一代信息技术、高端装备制造、绿色低碳、生物医药、数字经济、新材料、海洋经济等战略性新兴产业发展强劲，各产业转型升级的步伐明显加快。广东须持续构建完善的制度体系，创造有利于各类资本、人才等创新资源发挥效用的制度环境，从而推动从引进消化吸收再创新向源头创新、基础创新的转变。

在促进开放创新方面，外贸进出口总额连续35年居全国首位。"十三五"时期，广东累计完成进出口总额是"十二五"时期的1.1倍，一般贸易、民营企业进出口规模扩大。出口产品技术含量提升，机电产品出口年均增速快于出口平均增速，其中集成电路出口年均增长明显。外贸新业态新模式蓬勃发展，跨境电商进出口规模连续5年居全国第一。积极扩展外贸发展新空间，"十三五"时期对"一带一路"沿线国家货物贸易进出口占进出口总额的比重增长明显。举全省之力建设粤港澳大湾区，支持深圳建设中国特色社会主义先行示范区，以核心城市带动城市群发展。广州、深圳"双城"联动，佛山、东莞两地制造业中心地位进一步巩固。

在推动创新发展方面，广东省科技创新能力大幅跃升。全省研发经费支出占地区生产总值比重得到提升，区域创新综合能力跃居全国第一，有效发明专利量、PCT国际专利申请量保持全国首位。布局建设10个省实验室，积极创建国家实验室，实施九大重点领域研发计划，基础与应用基础研究能力显著提升。

在发挥示范作用方面，广东省高新区和企业始终瞄准创新驱动和高质量发展的目标定位，发挥高新区和企业优势，着力提升经济支撑能力。广东省高新区不断深化体制机制改革，优化创新创业环境，加快对外开放，为全省经济高质量发展注入强劲的"高新"动力。尤其是新冠肺炎疫情发生以来，全省各高新区主动担当、积极作为，积极推动华大基因、菲鹏生物等创新型企业科技战疫，加快病毒检测、疫苗药品等疫情防治领域的新技术、新产品研发应用，体现了新时代的"高新"担当和强大的硬核实力。

4.13 广西

"十三五"时期,广西坚持以习近平新时代中国特色社会主义思想为指导,深入实施创新驱动发展战略,坚持"前端聚焦、中间协同、后端转化",以科技创新持续催生新动能,推进科技体制机制改革,推动科技创新迈上新台阶、实现新提升。

4.13.1 指数总览

图4-13-1为广西火炬高新年度总指数与全国对比,可以看出,2016—2020年广西火炬高新年度总指数呈现持续增长的态势,从2016年基期的100.0上升到2020年的154.3,5年间上涨幅度达54.3,高于全国平均水平。广西火炬高新年度总指数年均增长率为11.45%,高出全国年均增长率0.54个百分点,2020年增幅明显。

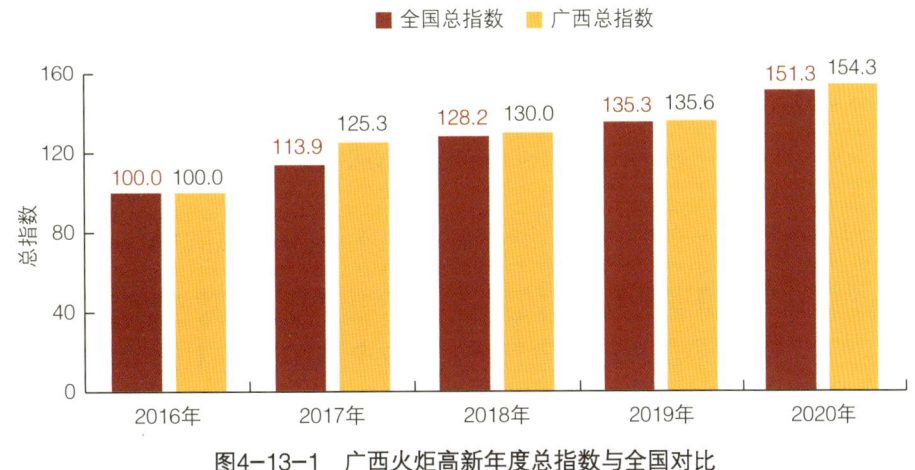

图4-13-1 广西火炬高新年度总指数与全国对比

图4-13-2为广西火炬高新5个分指数的测算结果。其中,"优化创业生态"指数在2018年后呈直线上升趋势,2020年达到211.1,2016—2020年年均增长率为20.54%,对广西火炬高新指数增长的贡献最大,创业生态呈加速优化态势。"促进开放创新"指数整体波动较大,2019年下降至126.9,2020年实现反弹。"推动创新发展""营造创新环境"指数基本呈上升趋势,相对比较平稳。近几年,"营造创新环境"指数增速高于"推动创新发展"指数,有追赶之势。2016—2020年"发挥示范作用"指数整体为下降趋势,需要持续激发全区示范作用工作潜力。

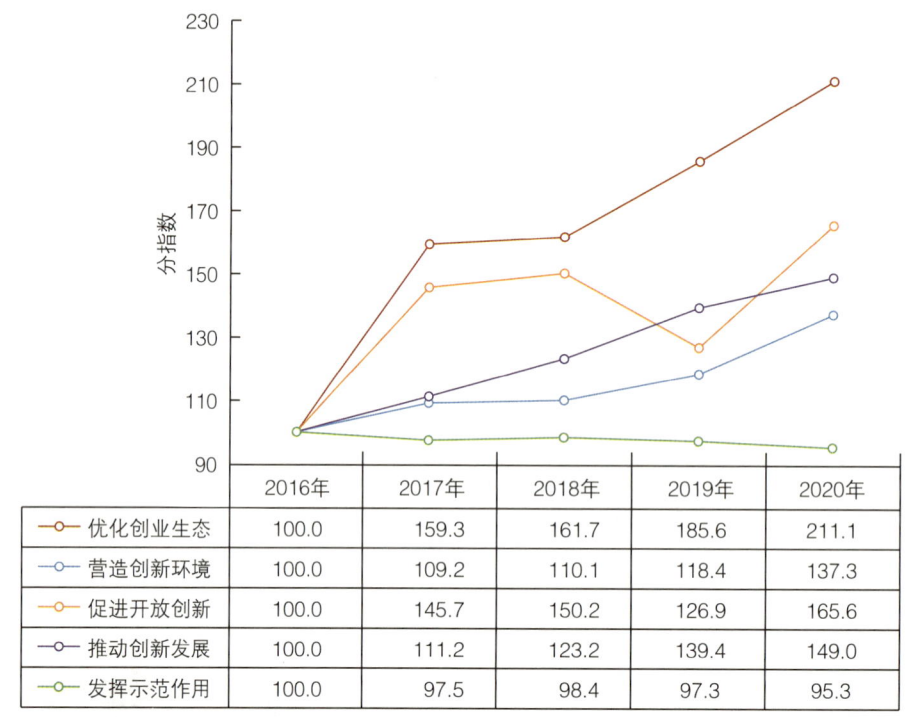

图4-13-2　广西火炬高新5个分指数变化趋势

4.13.2　科技企业培育生态逐步形成，人才结构持续优化

科技创新发展战略实现新提升。制定出台《中共广西壮族自治区委员会　广西壮族自治区人民政府关于实施创新驱动发展战略的决定》(桂发〔2016〕23号)、《广西壮族自治区人民政府关于印发广西科技创新"十四五"规划的通知》(桂政发〔2019〕39号)、《自治区党委办公厅　自治区人民政府办公厅印发〈关于进一步深化科技体制改革推动科技创新促进广西高质量发展的若干措施〉的通知》(厅发〔2020〕29号)(简称"广西科改33条")等政策文件，构建了科技创新从战略到行动的完整体系。经过5年努力，2020年全区科技进步贡献率达到55.52%，比2015年提高7.52个百分点。

企业创新活力实现新提升。广西启动科研项目经费"包干制"改革试点工作，实施创新项目企业牵头制，激发企业创新活力，广西科技重大专项和重点研发计划项目企业牵头承担率达到52.7%，2020年企业研发投入财政奖补经费与企业研发经费投入比例接近1∶21。完善科技型企业全生命周期梯次培育体系，实施瞪羚企业培育计划，推动各类创新要素向企业集聚。如图 4-13-3 和图 4-13-4 所示，2020 年入库的科技型中小企业数达 1243 家、瞪羚企业达 107 家。瞪羚企业作为成长速度快、创新能力强、专业领域新、发展潜力大的高成长型企业，是地方创新能力提升和经济增长动力转换的重要力量，为深入贯彻落实创新驱动发展战略，强化企业创新主体地位，自治区科技厅于 2017 年开展瞪羚企业培育工作，以高新技术企业为遴选对象，每年认定一批，资格有效期为 3 年，培养出以桂林智神信息技术股份有限公司为代表的一批优秀企业。

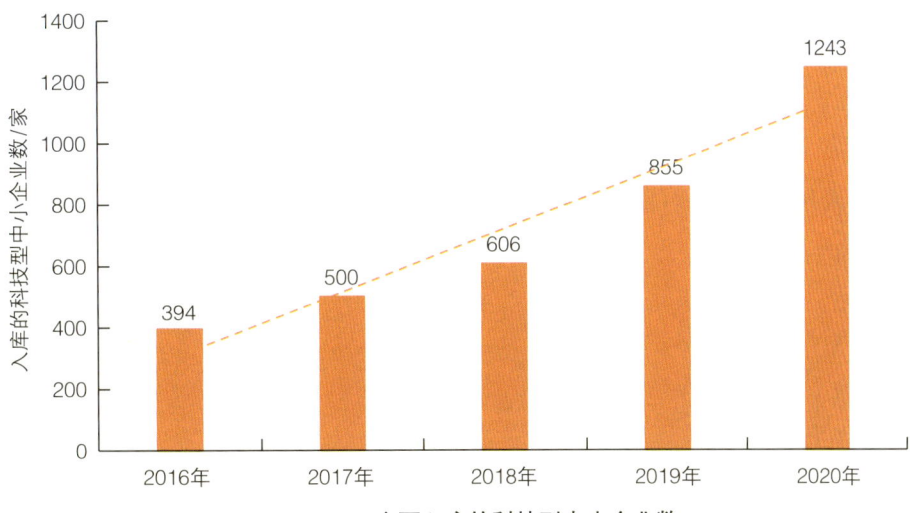

图4-13-3　广西入库的科技型中小企业数

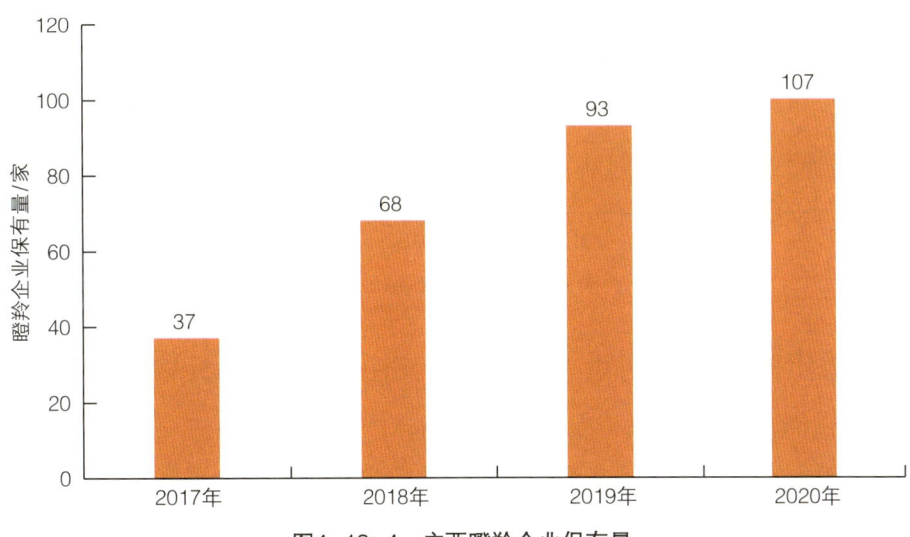

图4-13-4　广西瞪羚企业保有量

高学历人才比重实现新提升。广西以更宽广的视野、更开放的胸襟，加快聚集一大批"高精尖缺"创新人才。不断扩大人才薪酬制度改革试点范围，搭建"人才飞地"，实施高层次人才"一站式"服务平台建设优化提升工程。2015—2019年全区R&D人员从6.5万人增加到8.2万人，增幅达到26.2%，年均增长6.0%。R&D人员折合全时当量由38 534.7人年增长到47 420.1人年，年均增长5.3%；其中，基础研究人员从6909.4人年增加到8436.1人年，增长22.1%；应用研究人员从9464.3人年增加到10 922.7人年，增长15.4%；试验发展人员从22 161.0人年增加到28 060.5人年，增长26.6%。博士、硕士等高学历人才在R&D人员中的占比由30.7%提升至32.3%，带动科技水平进一步提升。"十三五"期间，广西构建形成五大类自治区高层次人才认定体系，持续推进广西院士后备人选培养工程、八桂学者制度和特聘专家制度，入统企业从业人员中大专及以上学历占比持续上升（图4-13-5）。2019年，广西国家"五类"人才数量达73人，为2015年的3.17倍。

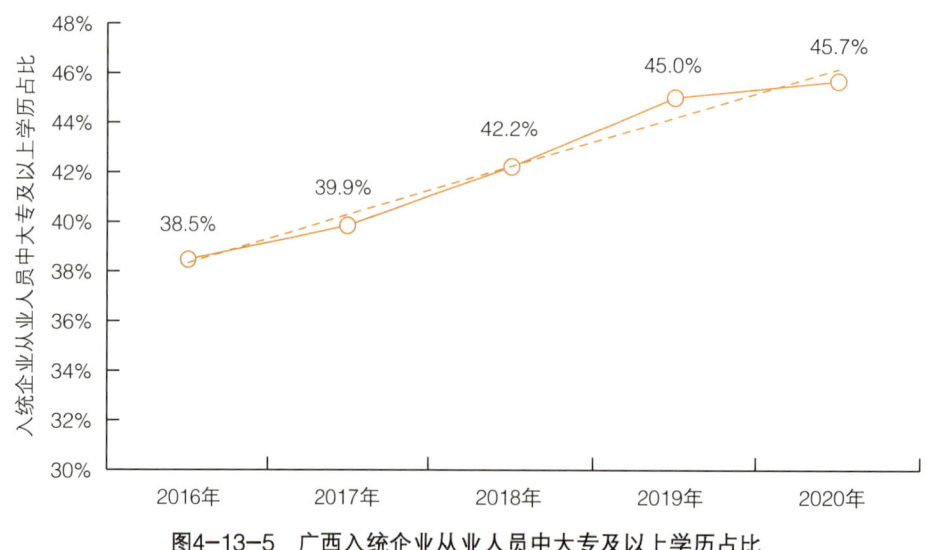

图4-13-5　广西入统企业从业人员中大专及以上学历占比

4.13.3　稳步推进研发创新平台建设，高企成为创新先锋

扎实推进创新平台建设。"十三五"期间，广西组织实施"三百二千"科技创新工程，突破重大技术132项，高新区内重要的研发机构数持续增长，2020年达到177个，促进重大科技成果转化1827项。出台《广西新型研发机构认定管理办法》，118个自治区级以上重点实验室、241个自治区级以上工程技术研究中心为提升企业创新

创造活力保驾护航。图4-13-6是2016—2020年广西高新区内重要的研发机构数情况。成立运营广西产业技术研究院，初步形成"产研院＋投资公司＋专业研究所"的格局。高等院校和科研机构R&D经费合计支出从2015年的24.3亿元增长到2019年的43.2亿元，年均增长15.5%，其中高等院校2019年R&D经费支出达到23.7亿元，比2015年增长110.8%，年均增长20.5%，高于全社会R&D经费支出年均增速8.4个百分点，占全社会研发投入的比重为14.2%，较2015年上升3.6个百分点，为全区科技创新提供了强有力的资金补充。

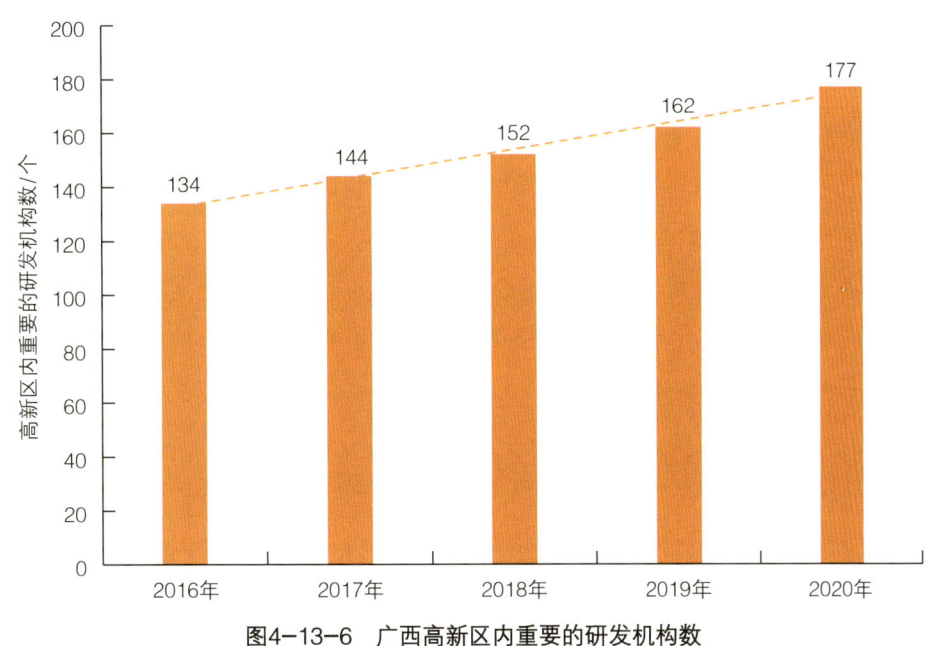

图4-13-6 广西高新区内重要的研发机构数

专栏4-13-1 《广西促进新型研发机构发展的若干措施》

自治区科学技术行政部门通过部门预算安排专项资金，用于支持新型研发机构的建设运营、研发活动、成果转化、技术服务和孵化企业等工作。鼓励各设区市视财力状况安排专项资金，扶持本地新型研发机构建设发展。

中央企业、大型国有企业或世界500强企业、行业龙头企业，双一流高校或国家级科研机构在广西设立高端新型研发机构并达到国内一流水平、在行业领域内享有知名声誉的，自治区财政给予单个机构不超过500万元的奖补。对重点、特殊的新型研发机构，可通过"一事一议"方式给予支持。

支持新型研发机构承接高校、科研院所的科技成果进行二次开发并实施转化，对新型研发机构科技成果在本地转化或实现产业化并形成税收收入的，前3年由新型研发机构注册所在地人民政府按产业化税收带来的地方财力分享部分的40%给予成果研发团队奖补。区外新型研发机构科技成果在广西转移转化的，可享受广西科技成果转移转化的相关补助和奖励政策。

鼓励新型研发机构联合高校、企业组建产业技术创新联盟，加强产学研一体化融合发展；鼓励新型研发机构与高校、科研院所及军工企业开展军民科技协同创新，共同开展自治区级及以上级别的国防重大专项、核心技术攻关等。企业委托新型研发机构进行技术研发所发生的支出，可按规定将费用实际发生额的80%计入委托方研发费用并计算加计扣除。

鼓励各地采用创新券的方式支持企业和科研人员向新型研发机构购买研发创新等服务；支持新型研发机构以创新券的方式使用高校、科研院所科技创新资源和为市场主体提供创新服务。

资料来源：广西壮族自治区科技厅。

资本成为企业创新发展新动力。2020年年底，自治区科技厅联合财政厅设立规模为1亿元的广西创新驱动发展投资基金，通过出资多支科创子基金撬动更多的社会资本参与，集聚科技金融资源力促企业换道超车。实施高新技术企业"倍增""再倍增"计划，高新技术企业数从2016年的813家增至2020年的2739家（图4-13-7）。表4-13-1是10家广西知名高新技术企业及其所属行业。广西高新区落实高新技术企业认定奖励政策，2020年新冠肺炎疫情初期，提前对2019年新认定的870家高新技术企业下达奖补资金7660万元，支持企业战"疫"。开展2019年度企业研发经费投入奖补申报，1087家企业申请高新技术企业、瞪羚企业专项研发奖补，申请资金共1.7亿元。继续实施科技创新券政策，对企业购买科技研发服务给予补助，疫情期间，允许企业使用科技创新券抵付部分银行信贷利息。

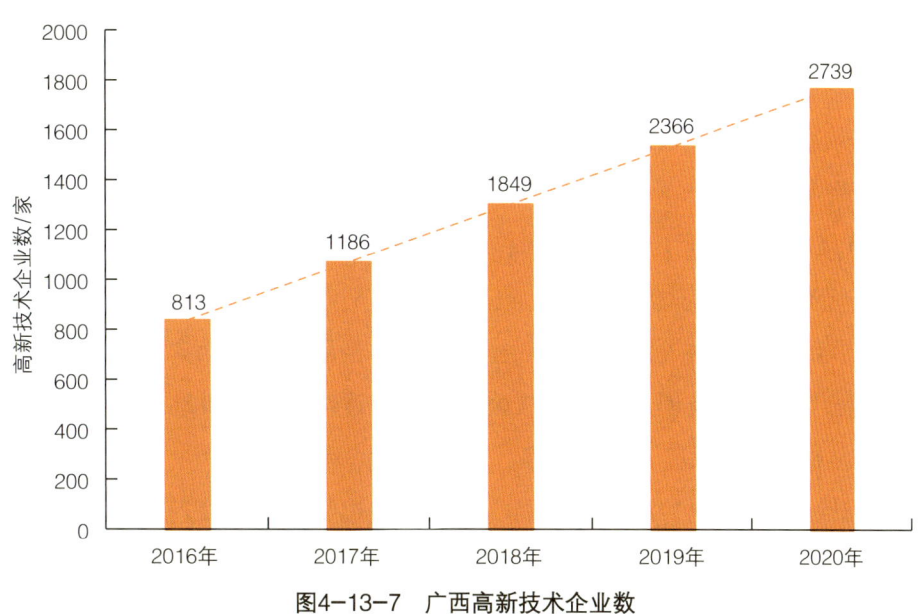

图4-13-7 广西高新技术企业数

表4-13-1 广西知名高新技术企业及其所属行业

序号	企业名称	所属行业
1	广西玉柴机器股份有限公司	先进制造
2	广西交科集团有限公司	高技术服务
3	上汽通用五菱汽车股份有限公司	汽车制造
4	桂林南药股份有限公司	医药
5	广西博世科环保科技股份有限公司	资源环境
6	广西华纳新材料科技有限公司	新材料
7	桂林三金药业股份有限公司	医药
8	北海石基信息技术有限公司	电子信息
9	广西交投科技有限公司	高技术服务
10	广西中粮生物质能源有限公司	新能源

4.13.4 抢抓东盟新机遇共享新通道,突破开放合作堵点

科技开放合作进入开拓期。广西加快推进东盟科技创新合作区建设,跨国技术转移协作网络覆盖东盟十国,建立了 15 个联合实验室及创新中心、12 个农业科技园区。自 2000 年起,东盟已连续 21 年保持广西第一大贸易伙伴地位。"十三五"期间,广西与东盟贸易规模年均增长 5.6%,高于全国 2.8 个百分点。广西正打造科技创新领域开放发展新局面,融入国内国际双循环新发展格局。打造面向东盟的区域创新中心,连接中国与东盟科技创新合作的战略支点地位逐渐突显。推动与泰国、老挝、柬埔寨、缅甸、越南、文莱、印度尼西亚、马来西亚、菲律宾等 9 个东盟国家分别建立了双边技术转移工作机制,形成了稳固的政府间多边交流合作渠道。建立了中国与东盟国家的跨国技术转移协作网络,培育了一批科技创新合作伙伴,协作网络覆盖东盟十国和部分"一带一路"共建国家。连续举办 16 届中国—东盟博览会先进技术展和 7 届中国—东盟技术转移与创新合作大会,促成了我国与东盟国家的一系列技术转移与合作。近年来,广西入统企业在境外设立的研发机构数保持相对平稳,2019 年和 2020 年均保持在 23 个(图 4-13-8)。

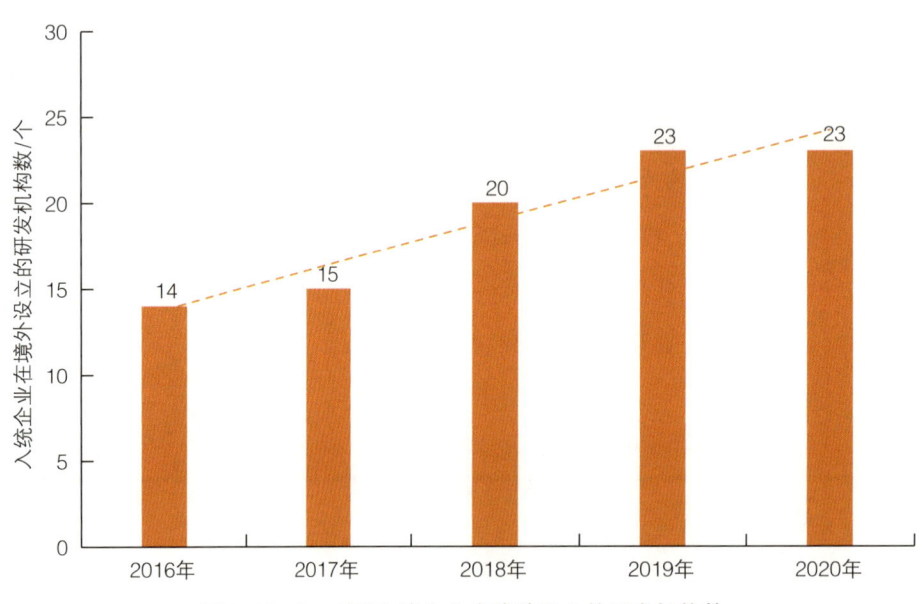

图 4-13-8 广西入统企业在境外设立的研发机构数

专栏 4-13-2 中国（广西）自由贸易试验区

中国（广西）自由贸易试验区于 2019 年 8 月成立，是我国在少数民族地区设立的第一个自由贸易试验区，毗邻东盟、沿海沿边。2019 年以来，自治区财政厅深入贯彻落实习近平总书记关于自由贸易试验区建设的系列重要指示讲话精神和赋予广西"三大定位"新使命、"五个扎实"新要求，积极发挥财政职能作用，累计投入 52.76 亿元（含债券资金）全力保障自由贸易试验区建设，成效明显。

截至 2020 年年底，中国（广西）自由贸易试验区成效显著。国家赋予中国（广西）自由贸易试验区的 120 项改革试点任务总实施率达 92.5%，高质量完成其中的 93 项，完成率达 78%；2020 年片区新设企业约 1.73 万家，新设企业活跃度（纳税申报率）达 93%；2020 年实际利用外资约 3.7 亿美元，约占全区总额的 27%，新增内资企业注册资本 3057 亿元；进出口总额约 1580 亿美元，约占全区总额的 32%；形成一批制度型改革创新成果，多项国家级改革加快获批在自由贸易试验区试点，自评和推荐一批改革试点经验和最佳实践案例，形成 44 项在全区可复制可推广的制度创新成果。

资料来源：《人民日报》。

图 4-13-9 显示广西高新区外资利用水平有所下降。2016 年以来，广西通过构建全球化招商体系，成功吸引谷歌、宜家家居、富士重工等世界 500 强企业投资，引进

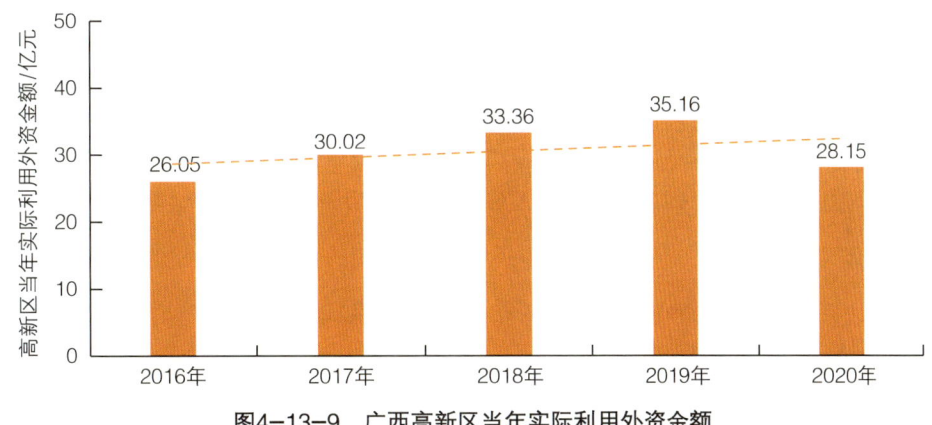

图 4-13-9 广西高新区当年实际利用外资金额

合同外资1000万美元以上重大项目89个。"十四五"时期，需要打造连接中国与东盟科技创新合作的战略支点，加速融入国际国内创新网络步伐。

4.13.5 节能降碳推动绿色创新发展，技术引领产业升级

节能降碳成为发展亮点。"十三五"以来，广西深入贯彻习近平生态文明思想，牢固树立创新、协调、绿色、开放、共享的发展理念，优化调整产业结构，能源利用绿色化水平明显提高，重点领域节能降碳取得一定成效，万元工业增加值能耗连年下降，2020年万元工业增加值消耗为0.56吨标准煤（图4-13-10），林业碳汇稳步增长，全区绿色发展迈上新台阶。

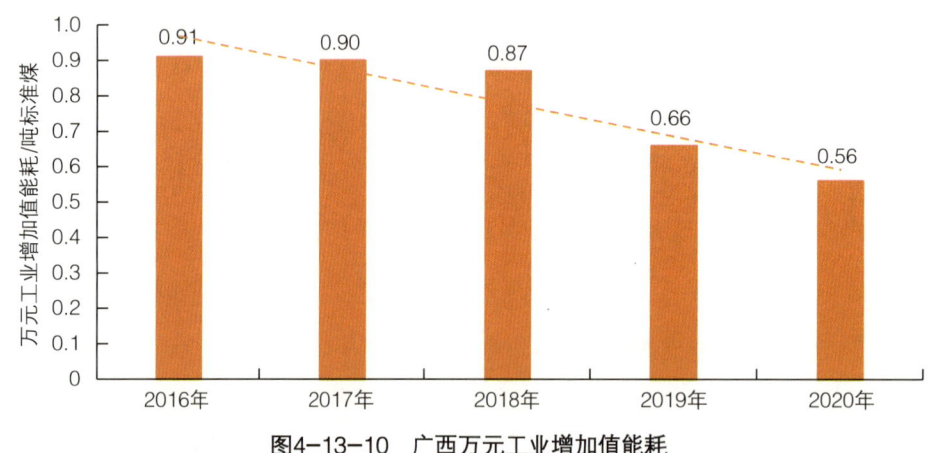

图4-13-10 广西万元工业增加值能耗

专栏4-13-3 广西：以节能降碳推动绿色发展迈上新台阶

1. 稳步控制二氧化碳排放增长

印发《广西节能减排降碳和能源消费总量控制"十三五"规划》《广西"十三五"控制温室气体排放工作实施方案》，每年发布能耗双控及控制温室气体排放工作要点，分解落实重点任务。积极推动召开自治区应对气候变化及节能减排工作领导小组会议，定期召开厅际联席会议，研究部署重点工作。出台《广西2019—2020年降碳工作推进方案》《推进广西"十三五"控制温室气体排放工作攻坚行动方案》，多措并举控制二氧化碳排放过快增长。

2.产业结构调整取得积极进展

制定《广西壮族自治区发展和改革委员会关于广西优化主导产业布局基本思路的通知》，引导各地结合实际确立主导产业。推动传统产业转型升级，持续壮大先进制造业和战略性新兴产业，积极打造了汽车、电子信息等10个千亿级工业产业集群，形成了蔬菜、优质家畜等6个千亿级特色农业产业集群，年旅游总消费突破万亿元。2020年，新能源汽车产能达23万辆、在建产能达26万辆，近500种新能源汽车车型纳入工业和信息化部《道路机动车辆生产企业及产品公告》。

3.能源利用绿色化水平明显提高

"十三五"新增投产核电109万千瓦、可再生能源930万千瓦，非水可再生能源发电装机占全区发电总装机的19.9%，较2015年提高14个百分点。2018—2020年实现清洁能源全额消纳，核电、风电利用小时位居全国前列。天然气管道总里程达2683公里，消费量占能源消费总量的7%，较2015年提高3.5倍。

4.重点领域节能降碳取得一定成效

工业领域，累计淘汰落后炼钢产能42万吨、铁合金产能11.55万吨、铅冶炼产能25.28万吨、水泥产能90万吨；实施资源循环利用、能效提升、清洁生产等工业绿色发展项目379项，组织15个国家级开发区、50个自治区级开发区开展园区循环化改造，推动南宁、钦州等一批国家资源循环利用、"城市矿产"等示范基地建设。交通运输领域，全区公交专用道里程突破300公里，轨道交通运营里程达130公里，14个设区市城区及46个县城实现交通一卡通互联互通；新能源公交车保有量达9398辆，占公交车总量的63%；累计注销淘汰老旧运输车辆6万余辆，拆解老旧船舶751艘；持续推进"公转水""公转铁"，公路、水路、铁路货物周转量比例由2017年的53.25∶31.37∶15.38调整到2020年的35.93∶46.37∶17.67。建筑领域，全区城镇新建民用建筑全面执行建筑节能强制性标准，完成既有公共建筑节能改造面积1050万平方米，建设装配式建筑产业示范基地39家、示范项目111个，支持4个城市开展装配式建筑试点建设；"十三五"增加节能民用建筑面积2.62亿平方米，城镇绿色建筑占新建建筑比重从2015年的17.46%升至2020年的57.62%。农业领域，加快可再生能源开发利用,推进农村沼气、太阳能等可再生能源工程建设,建成规模化大型沼气工程53个、生物天然气试点工程1个、太阳能光伏公共照明(发电)示范村821个。

5. 林业碳汇稳步增长

实施珠江防护林、沿海防护林、退耕还林等重点工程,全区森林资源总量稳步增长,森林碳汇规模逐渐扩大。2020年,全区森林面积达2.23亿亩[①],较2015年增加300万亩;森林蓄积量突破9亿米^3,较2015年增加1.56亿米^3;森林覆盖率62.5%,较2015年提高0.3个百分点;森林碳储量超过4.2亿吨,森林碳汇功能不断增强;累计建立自然保护地223处,总面积3384万亩,基本形成覆盖全区的自然保护网络。

6. 基础建设取得一定进展

以科技项目为载体,加强控制温室气体排放科技创新,"十三五"共有22个项目获科技专项资金支持。建设广西重点企(事)业单位温室气体排放报告平台,按年度开展企业温室气体排放报告、核查及监测计划制订工作,组织43家符合条件的发电企业参与全国碳市场运行。推进低碳产品认证,"十三五"共有22家企业获42张低碳产品认证证书,数量位居全国第三。

7. 节能宣传工作成效喜人

"十三五"以来,广西紧紧围绕"节能有我,绿色共享""工业低碳发展"的宗旨,组织开展形式多样的宣传活动。积极开展节能宣传周和低碳日能源紧缺体验活动,着力打造新能源汽车体验中心,开展"寻找万名环保妈妈"活动,举办"壮美广西 绿色低碳"公共机构低碳节能全民健身活动,举办节能减排新产品新技术展示会,通过传统与创新相结合的宣传方式,营造了节能降碳浓厚氛围。

资料来源:广西壮族自治区发展改革委。

---

① 1亩约等于667平方米。

专栏 4-13-4　积极布局"光伏＋储能"分布式电源推动"两个一体化"发展

广西壮族自治区人民政府发布《广西北部湾经济区高质量发展"十四五"规划》，规划要求：强化清洁低碳能源基础设施建设，大力发展清洁低碳能源。建设沿海清洁电源基地，探索新型能源开发利用，推进抽水蓄能和新型储能规模化，形成清洁电源规模化应用示范，增强能源多元化供给能力。以海上风电、核电、陆上风电、光伏发电、生物质发电、清洁煤电、气电为重点，布局一批沿海清洁电源。合理布局天然气发电，适时建设北海等地高效天然气发电项目，支持页岩气等非常规天然气开采利用，加快生物天然气示范利用及推广。

积极参与南海油气和天然气水合物试采，统筹推进氢能"制储输用"全链条发展。加大海洋能研究开发力度，探索发展潮汐能、盐差能等海洋能发电。建设一批抽水蓄能和新型储能工程，开展"新能源＋储能"应用，积极布局"光伏＋储能"分布式电源，推动源网荷储一体化和多能互补发展。积极构建以新能源为主体的新型电力系统，提高电网对高比例可再生能源的消纳和调控能力。强化清洁低碳能源开发利用国际合作，共同推动区域能源转型，积极参与清洁能源合作中心建设。

资料来源：广西壮族自治区人民政府。

专栏 4-13-5　广西低碳产品认证证书位居全国第二

在广西市场监管部门的大力帮扶推动下，广西绿色建材产品认证实现了零的突破，一家陶瓷生产企业成为广西首批获得中国绿色建材产品认证证书的企业。至此，2021 年上半年广西新增 8 张低碳产品认证证书，总数达 49 张，位居全国第二。

2021 年以来，广西壮族自治区市场监管局在党史学习教育"我为群众办实事"实践活动中，积极为民办实事、办好事，创新运用国际通行的第三方认证手段，积极引导帮扶广西各类高耗能生产企业改进生产技术、节能减排，促进广西传统产业转型升级、绿色发展。

加大宣传、培训、推广工作力度，营造绿色认证良好发展环境。以全方位、多角度、深层次、广覆盖的方式开展宣传、培训，大力弘扬生态绿色文化，传播绿色发展理念，普及绿色产品认证、低碳产品认证、有机产品认证知识，宣传绿色认证相关政策、措施和成果。构建多部门联合推动工作机制，确定全区绿色认证一年、三年发展目标、重点领域、重点地域和重点举措。围绕绿色产品认证实施要求，帮扶企业针对生产设施、生产环境，着力进行技术改造、提升资源节约和环保水平。积极推进绿色建材的生产和采信应用，增强绿色认证产品新供给，推动全产业链绿色发展。通过减少能源资源消耗，降低二氧化碳排放，持续提升产品品质和健康消费安全指数，促进了生态环境保护和可持续发展。

大力推行低碳产品认证，助力实现碳达峰、碳中和目标。以低碳认证手段倒逼推动全区高耗能企业节能降碳，引领水泥、铝型材、陶瓷砖、平板玻璃等传统优势产业转型升级，向绿色生产转型，提升产业核心竞争力，有效减少能源消耗和温室气体排放，促进资源可循环再利用，助推广西传统优势产业走高质量发展之路，已帮助广西24家企业获得50张低碳产品认证，为"碳达峰、碳中和"目标贡献认证力量。据统计，截至2020年年底，全区通过低碳产品认证减少二氧化碳排放约385万吨。

全面推动中国环境标志产品认证、中国绿色建材产品认证，促进广西绿色经济发展。在全区范围内大力推广实施ISO 14000环境管理体系认证、中国环境标志产品认证工作，聚焦企业产品的资源属性指标、能源属性指标、环境属性指标的提档升级，推动企业的环境质量管理水平、产品质量和品牌影响力得到进一步提升，向绿色生产转型。截至2021年6月底，广西共获得环境管理体系认证证书3434张，2021年上半年新增600张；共推动企业获得中国环境标志产品认证证书111张，2021年新增16张。企业通过申请获得环境标志产品认证，极大地推动了产品结构、生产工艺和技术水平的提升。

资料来源：广西壮族自治区市场监管局。

科技成果转化水平明显提升。为最大限度地解放和激发科技作为第一生产力、创新作为第一发展动力所蕴藏的巨大潜能，广西围绕发展痛点和堵点，加快深化体制机制改革。2020年制定出台"广西科改33条"，近90个政策点全面推进自主创新：对单位引进高层次人才实行"一项一策"、清单式管理和年薪制；启动省级"杰青"项目经费"包干制"试点；对国家级高新区实施综合排名奖励机制。深化科技计划管理改革走在全国前列，对分散在10多个部门的130多个科技专项进行优化整合，形成新五类计划体系。加快建立完善科技成果评价体制机制，打通科技成果转化"最后一公里"，加速科技成果从实验室到厂房、从书柜走向货架的步伐。广西当年技术合同成交额由2016年的5.11亿元增长至2020年的23.25亿元（图4-13-11）。

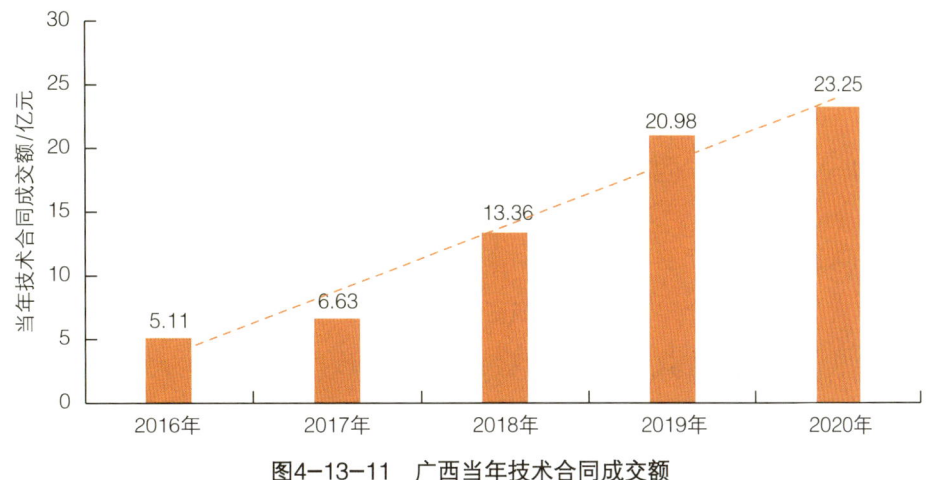

图4-13-11　广西当年技术合同成交额

4.13.6　高新产业核心引擎动力减弱，继续强化示范作用

专利产出质量的引领作用减弱。"十三五"期间，广西入统企业当年发明专利授权数占全区的比例持续下降，从2016年的5.2%下降到2020年的2.5%（图4-13-12）。2019年和2020年，广西入统企业当年发明专利授权数增长动力不足，低于2018年1928件的水平，创新产出增长态势较弱，对全自治区的支撑引领作用明显减弱，需要继续强化。

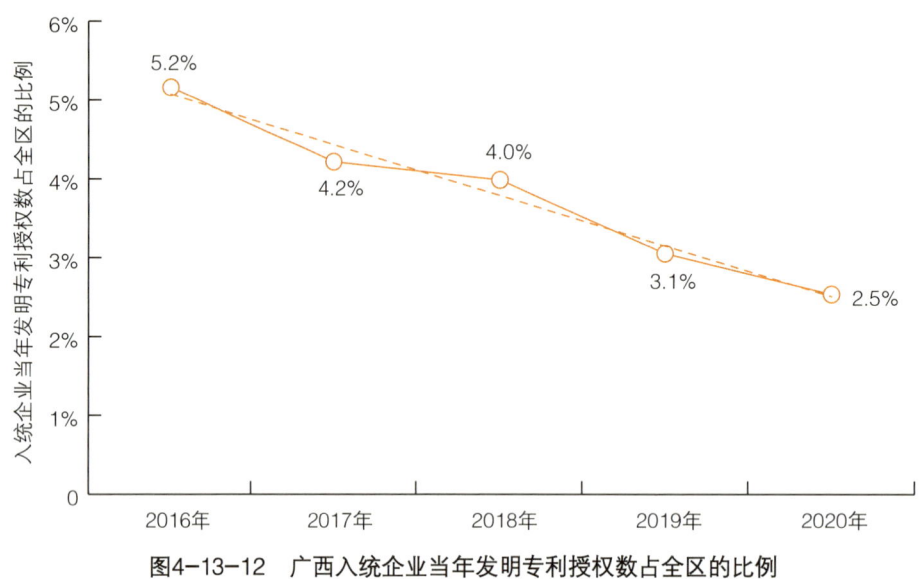

图4-13-12 广西入统企业当年发明专利授权数占全区的比例

专栏4-13-6 《广西壮族自治区知识产权保护和运用"十四五"规划》

打造高标准知识产权服务。推动知识产权服务业集聚发展。在南宁、柳州、桂林、梧州等地高标准建设知识产权服务业集聚区，形成城市知识产权运营服务体系核心承载区。发展壮大知识产权人才队伍。加大自治区级知识产权人才培养认定工作力度，推进全区人才资源共享。至2025年，新建自治区级知识产权培训基地10家。加强知识产权文化建设。加强知识产权文化基础设施建设，建立"互联网+"知识产权保护云博物馆。建设知识产权智库，提升广西在知识产权领域的文化软实力。

健全知识产权管理体制。进一步优化自治区知识产权战略实施工作厅际联席会议制度，优化区域知识产权资源配置。围绕全区各地特色化发展需求，按照"一极三核多点"空间布局，实施差别化区域知识产权发展政策，引导知识产权高端资源实现合理集聚与有效辐射。落实强首府战略，在南宁建设面向中国—东盟/RCEP国际知识产权总部基地，将南宁打造成面向东盟/RCEP国际合作型的知识产权增长极中心城市。将柳州打造成产业驱动型知识产权核心城市，将梧州打造成面向粤港澳大湾区合作引进型知识产权核心城市。

加强高价值知识产权政策支持。取消专利申请阶段的资助，减少对专利授权的资助，加大对专利转化运用、行政保护和公共服务的支持力度。至2025年，建设25个高价值专利培育示范中心，培育高价值专利2000件以上。发挥专利引领产业发展作用。推广应用专利导航指南系列国家标准，推动专利导航融入各类主体创新决策过程。围绕全区战略性新兴产业和重点产业集群，组织实施一批专利导航项目。至2025年，实施专利导航项目25项以上。培育发展专利密集型产业。引导各地高新技术产业开发区、经济技术开发区等园区围绕主导产业打造专利密集型产业，依托专利密集优势显著改善产业竞争格局，推动产业加快向中高端转型升级。至2025年，建立专利密集型产业集聚区10个以上。实施商标品牌强桂战略。推进广西商标品牌建设，加强驰名商标保护。推动产品创新发展传承好传统品牌，让传统品牌和老字号焕发新的生机。

资料来源：中国知识产权维权援助网。

上市企业的龙头带动作用不突出。2018年以来，广西入统的上市企业数占全区的比例持续下降，从2018年的48.6%下降到2020年的45.9%（图4-13-13）。

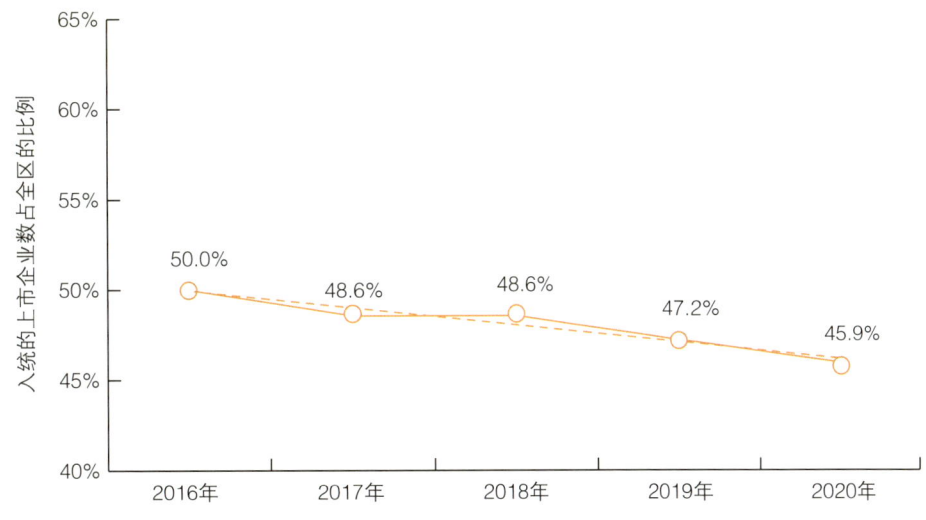

图4-13-13 广西入统的上市企业数占全区的比例

具体来看，2016年以来，广西入统的上市企业数量一直保持在17家，全自治区的上市企业基本以每年1家的速度在增长，总体动力不强，可能是因为广西竞争力还不够强劲，在高科技领域缺乏亮点和优质的企业，上市还需继续努力。

4.13.7 小结

"十三五"期间，广西坚持贯彻落实中央部署的改革任务与广西自主开展特色改革任务相结合，坚持问题导向、目标导向、结果导向，坚持顶层设计与基层探索相结合，坚持以供给侧结构性改革为主线，推动有利于创造新供给、释放新需求的体制机制创新，出台了一批突破性、关键性、牵引性的重大改革举措，完成了75项经济体制领域重点改革任务，形成了一批制度成果和实践成果，改革红利持续释放，有力推动了经济持续健康发展，为"十四五"持续深化经济体制改革打下了良好基础。

在优化创业生态方面，科技创新体制改革取得积极进展。广西深入实施创新驱动发展战略，出台"1+8"系列政策文件和"广西科改33条"。设立50亿元的创新驱动发展专项资金，实施"三百二千"科技创新工程，发行科技创新券，在全国率先推行首席技术官（CTO）培训计划。组建了产业技术研究院，推行科技项目"揭榜制"等新政。在广西大学和广西科学院开展了薪酬改革试点工作，完善以增加知识价值为导向的激励机制，每万人口发明专利拥有量增速位居全国前列。桂林市成为国家首批3个可持续发展议程创新示范区之一，全区高新区总数达到14个（其中国家级高新区4个），国家级农业科技园区达到6个。

在营造创新环境方面，环境建设持续改善。出台《广西壮族自治区优化营商环境条例》，广西部分指标接近国际国内先进水平。全面深化商事制度改革，推行政府权责清单制度，行政许可事项持续精简，跨境贸易便利度不断提高，"放管服"改革成效显著，98.8%的行政审批事项和公共服务事项实现"最多跑一次"。率先实现全区不动产登记"1个工作日办结"，在全国首创建设用地审批"三级联审"改革，在全国最早实现自治区、市、县三级社会保险"五险合一"经办及推行"一门式"改革、"一网式"服务。"双随机、一公开"跨部门联合监管实现全覆盖，涉企检查减少了95%。

在促进开放创新方面，开放合作阔步向前。"十三五"期间，广西全区进出口总额年均增长8.8%，对东盟进出口额占外贸总值的50.7%。推动西部陆海新通道加快建设，2020年北部湾港集装箱吞吐量突破500万标箱。积极争取推动中国（广西）自由贸易试验区、面向东盟的金融开放门户、中国—东盟信息港等多个"国字号"平台获批并加快建设。中国—东盟博览会逐步成为推进区域经济一体化的务实平台，"南宁渠道"国际影响力不断扩大。区域发展活力增强，强首府战略加快实施，北钦防一体化稳步推进，北部湾经济区、珠江—西江经济带、桂林国际旅游胜地、左右江革命老区协调发展。

在推动创新发展方面，绿色创新推动产业升级。近年来，广西把绿色发展贯穿于经济社会发展全过程，变生态优势为经济优势、发展优势，实现绿水青山向金山银山的转变。"十三五"以来，在国家大力支持下，广西依托沿海沿江沿边独特区位优势，主动融入国家"一带一路"建设，坚持不懈推动绿色低碳发展，以年均3.8%的能源消费增速支撑年均6.7%的经济增长，化石能源消费占能源消费总量低于全国平均水平约16个百分点；全区非化石能源发电装机占比达55%，远高于全国平均水平；全区森林碳储量超过4.2亿吨，森林碳汇功能不断增强。

在发挥示范作用方面，高新产业引领带动作用减弱。广西入统企业对全自治区的示范作用持续走低，在专利产出、上市企业培育、劳动产出等方面的引领、辐射和带动都有所下降。"十四五"时期，广西需要充分发挥国家高新区和高新技术企业的支撑作用，加快带动全区实现高质量发展。

4.14 四川

"十三五"期间，四川锁定加快建成国家创新驱动发展先行省和具有全国影响力的科技创新中心目标，以改革为动力，以人才为支撑，以政策为保障，坚持以供给侧结构性改革为主线，深入推进"一干多支、五区协同""四向拓展、全域开放"等战略部署，推动四川高质量发展，走出了一条独具四川特色的创新发展之路。强力推动成渝地区双城经济圈建设，全省经济实力持续壮大，质量效益稳步提升，改革与创新激发出前所未有的活力。

4.14.1 指数总览

图 4-14-1 为四川省火炬高新年度总指数与全国对比，可以看出，2016—2020年四川省火炬高新年度总指数呈现持续增长的态势，从 2016 年基期的 100.0 上升到 2020 年的 159.6，5 年间上涨幅度达 59.6，高于全国平均水平，年均增长率为12.40%，高出全国年均增长率 1.49 个百分点。

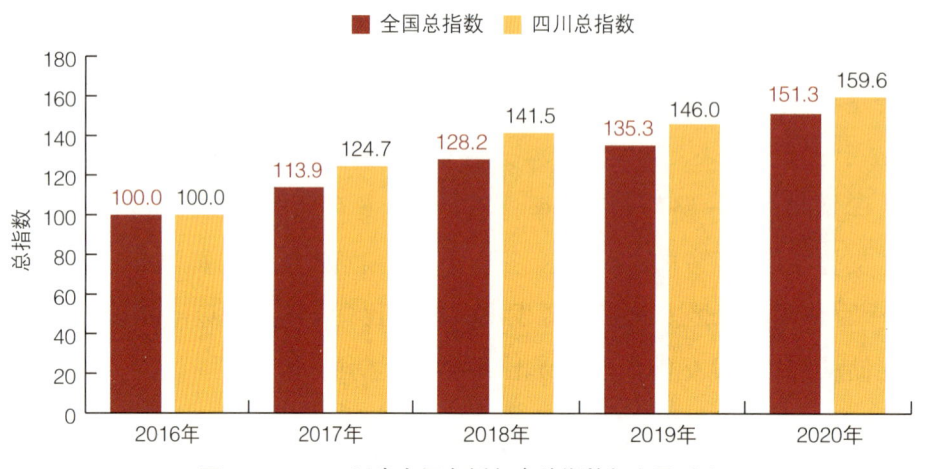

图4-14-1　四川省火炬高新年度总指数与全国对比

图 4-14-2 为四川省火炬高新 5 个分指数的测算结果。其中，"优化创业生态"指数呈直线上升趋势，2020 年达到 205.6，2016—2020 年年均增长率为 19.75%。"优化创业生态"指数高出全国水平 3.43 个百分点，在 15 个省（区、市）中排名第二，仅次于湖南，创业生态加速优化。"营造创新环境"指数升中有降，2016—2019 年持续上升，2020 年有所下降，总体来看，高于全国水平（154.5）。四川省不断优化科技创新环境，创新发展新动能持续增强。"推动创新发展"指数呈阶梯式发展，由 2016年基期的 100.0 增长到 2020 年的 153.2，创新发展能力实现可持续上升。"促进开放创新"指数整体变化较大，2019 年下降至 113.4，2020 年实现反弹，四川省开放创新工作还需要进一步加强。"发挥示范作用"指数呈现平稳上升的态势，2020 年该指数达到 117.5，需要持续激发全省示范作用工作潜力。

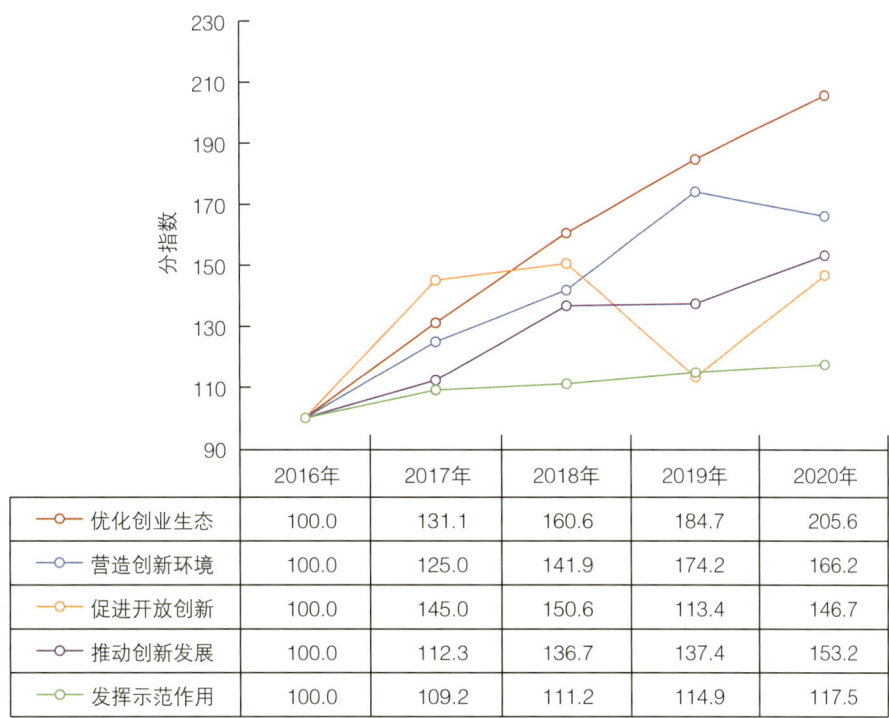

图4-14-2 四川省火炬高新5个分指数变化趋势

4.14.2 双创引擎动力更加强劲,有力撬动发展新动能

党的十八大以来,四川省体制机制改革进一步深化,研发投入持续增加,创新活力竞相迸发,重大成果不断涌现,区域竞争能力显著增强,推动四川经济结构优化调整、发展动能加速转化,为新时代治蜀兴川注入强大动力。

创新创业服务助力科技成果转化。近年来,四川省经信厅积极推动各市(州)贯彻落实国家和省政府要求,分层推进各地区创建小型微型企业创业创新示范基地建设取得实效。截至2020年12月,四川已培育认定210余个(次)省级小型微型企业创业创新示范基地,并成功推荐26个(次)省级小型微型企业创业创新示范基地成为国家级小型微型企业创业创新示范基地,在孕育原始创新、推动学科发展和解决重大紧迫需求方面发挥重要支撑作用。图4-14-3为四川省2016—2020年各类创业服务机构数的变化情况。2016—2020年四川省各类创业服务机构数实现可持续快速增长,2020年增长最快,增速达29.89%。双创平台等全面升级,"创业天府·菁蓉汇""磨子桥创业街区""蓉创茶馆"等成为全国知名双创品牌,双创示范基地数量居西部地区第一。

在各机构的努力下，企业孵化不断加速成势，各类创业服务机构在孵企业实现了可持续增长，发展潜力巨大，为四川产业基础高级化、产业链现代化再次注入了强劲"动能"。

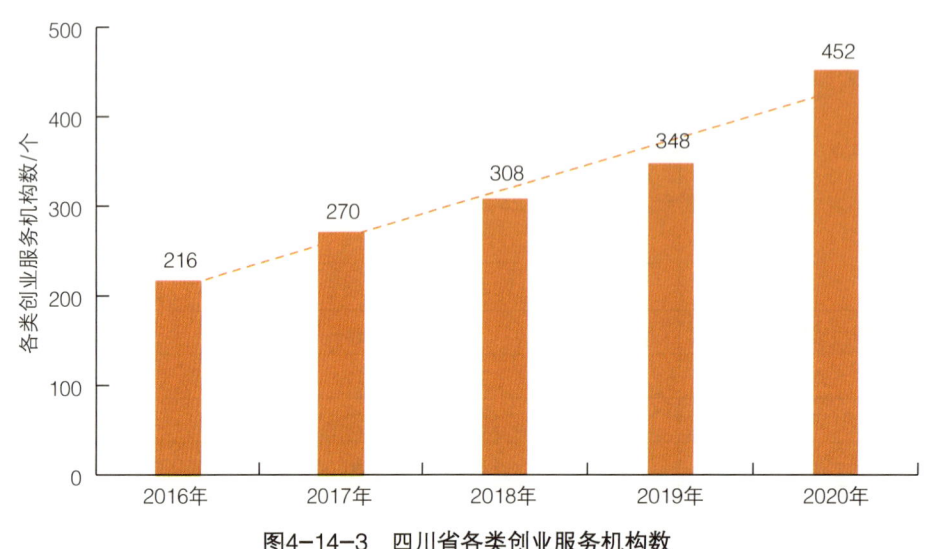

图4-14-3　四川省各类创业服务机构数

科技企业成为科技创新重要力量。四川省科技厅、财政厅、发展改革委、经信厅、教育厅、国资委、税务局、统计局、成都海关等九部门联合印发《关于促进全社会加大研发投入支撑高质量发展的意见》，出台12条政策举措促进加大研发投入，首次提出企业研发投入后补助、院所基本科研业务费奖励等创新性政策。企业创新主体地位全面强化，从创新投入和创新活跃度来看，四川企业创新能力居西部地区前列。图4-14-4为四川省2016—2020年入库的科技型中小企业数变化情况。2016—2020年四川省入库的科技型中小企业数增势强劲，年均增长66.04%，创新活力十足。随着创新资源加速向企业集聚，全省依托企业布局建设了一批工程技术研究中心、实验室等，认定了一大批企业技术中心。2020年年末，全省建成企业国家重点实验室（工程实验室）29个、企业国家工程技术研究中心15个、国家企业技术中心89个，认定国家技术创新示范企业31家，创新能力已成为企业发展壮大的核心竞争力。表4-14-1是10家四川省知名高新技术企业及其所属行业。

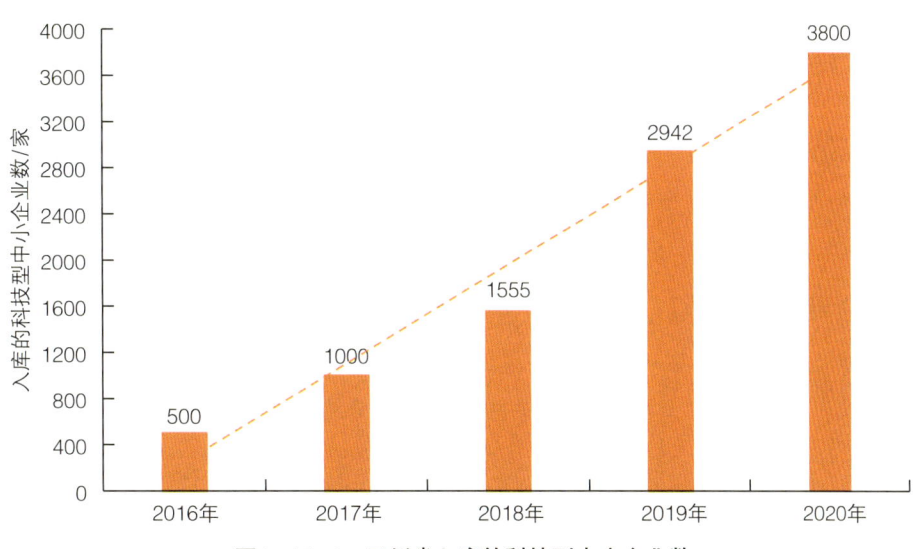

图4-14-4 四川省入库的科技型中小企业数

表4-14-1 四川省知名高新技术企业及其所属行业

序号	企业名称	所属行业
1	四川长虹电器股份有限公司	家电
2	宜宾丝丽雅股份有限公司	酒业
3	四川九洲电器集团有限责任公司	计算机、通信
4	四川科伦药业股份有限公司	医药
5	中国电建集团成都勘测设计研究院有限公司	勘察设计
6	成都芯源系统有限公司	集成电路
7	东方电气集团东方汽轮机有限公司	货运
8	中国五冶集团有限公司	建筑
9	成都易态科技有限公司	新材料
10	成都振中电气有限公司	电器机械

资料来源：科技部火炬统计。

> **专栏 4-14-1　2020 年四川省科技型中小企业培育举措**
>
> 　　2020 年，四川省安排中小专技术创新项目 153 项、资金 3000 万元，实施科技型中小企业发展提质升级行动，大力支持中小企业开展评价入库。同时，针对疫情，向科技部推荐了 46 家优秀科技型中小微企业，争取到了"科技助力经济 2020"重点专项资金 3000 万元。
>
> 　　突出重点。2020 年第一批省级科技计划项目，聚焦的是全省"5+1"现代工业、"10+3"现代农业、"4+6"现代服务业等重点产业发展科技需求，支持企业牵头的科技项目资金 12.90 亿元，其中支持中小企业科技项目资金 9.87 亿元，占比 76.51%。
>
> 　　四川省相关部门针对科技型中小企业科技创新，推出了"研发投入后补助"模式，先由企业进行研发投入，再向科技和财政主管部门申请补助。
>
> 　　2020 年，四川省开展的双创活动周、创新创业大赛、创新挑战赛等一系列活动，不仅吸引了约 4000 家（个）企业和创业团队报名参赛，一大批企业晋级全国赛，而且通过四川赛区平台获得投资的项目超过 220 项，实现投融资金额超 14 亿元。
>
> 　　为了发挥省创新创业投资引导基金、省科技成果转化投资引导基金的引导作用，吸引社会资本共同支持中小企业创新创业和科技成果转移转化，2020 年四川省正式启动了"天府科创贷"试点，联合 12 个银行金融机构，向四川省科技型中小企业提供了超过 12 亿元的专项贷款。
>
> 　　2020 年，四川省安排科技创新券后补助 692.26 万元，扩大了科技创新券规模和适用范围，以科技创新券撬动创新极点，凝聚创新资源，提升创新效能，降低创新成本，增强创新后劲。
>
> 　　资料来源：科技部。

科技和资本结合成为创新动力。近年来，四川省高度重视科技金融工作，不断创新科技金融结合新机制、新模式，切实增强金融服务科技创新驱动发展能力，加快国家创新驱动发展先行省和西部金融中心建设，为助力成渝地区建设具有全国影响力的科技创新中心提供了有力支撑。与 2016 年和 2017 年相比，2018—2020 年四川省入统企业当年获得的风险投资额增长较快，科技金融和风险投资发展水平进入了新的台阶，提高了独角兽企业诞生的潜力。

产学研合作成效显著。党的十八大以来，四川省出台了多项政策措施促进产学研融通合作，取得了明显成效。2020年年末，建成产学研协同的省级产业技术研究院36家。据统计，在2020年开展创新合作的6721家企业中，将高等学校作为合作对象的企业占31.1%，将研究机构作为合作对象的企业占17.2%；企业对研究机构和高等学校的外部研发经费支出分别为9.2亿元、3.9亿元，呈逐年增长态势。2020年，四川省创新人才增长迅猛，实现了20万人的突破。其中，入统企业从业人员中大专及以上学历占比持续增长，人才结构逐步优化，2020年在省（区、市）排名中位列第五；入统企业每万人当年研发人员全时当量数整体保持增长态势，研发人员投入逐步加大。

4.14.3 软环境建设迈入深水区，亟须创新突破促发展

"十三五"期间，四川省加快创新环境建设，在营商环境优化、创新主体培育、"放管服"等方面取得了巨大成绩。但是，2020年在新冠肺炎疫情的影响下，四川省创新突破进入瓶颈。

研发平台光环转移，四川省高新区研发机构建设出现缩水。图4-14-5为2016—2020年四川省高新区内重要的研发机构数变化情况。2016—2019年四川省高新区内重要的研发机构数持续上升，2020年明显下降，可能受疫情影响，研发平台数量锐减。

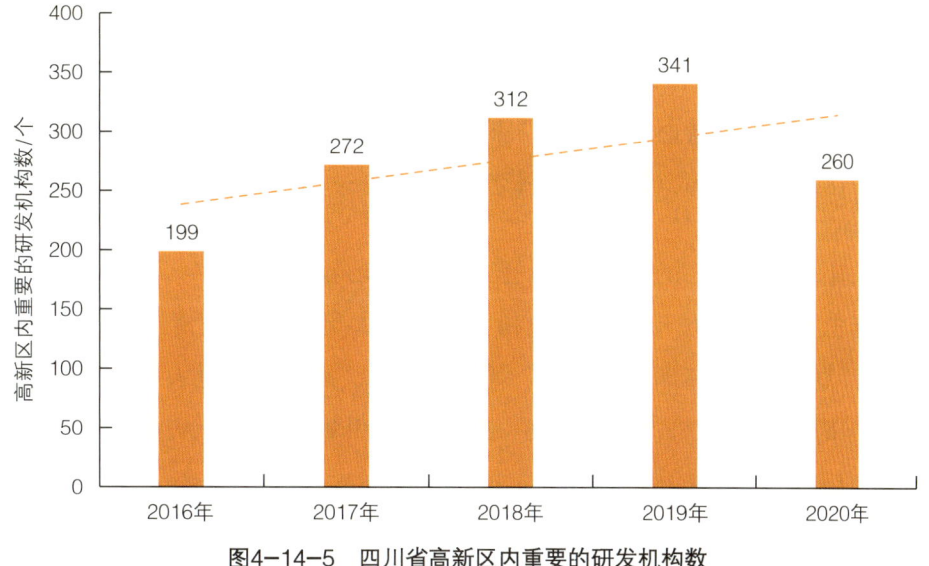

图4-14-5　四川省高新区内重要的研发机构数

高企支持力度衰减，四川省高新技术企业当年所得税减免额波动较大。图4-14-6为2016—2020年四川省高新技术企业当年所得税减免额变化情况。2019年，四川省高新技术企业当年所得税减免额显著增长，2020年趋于正常。

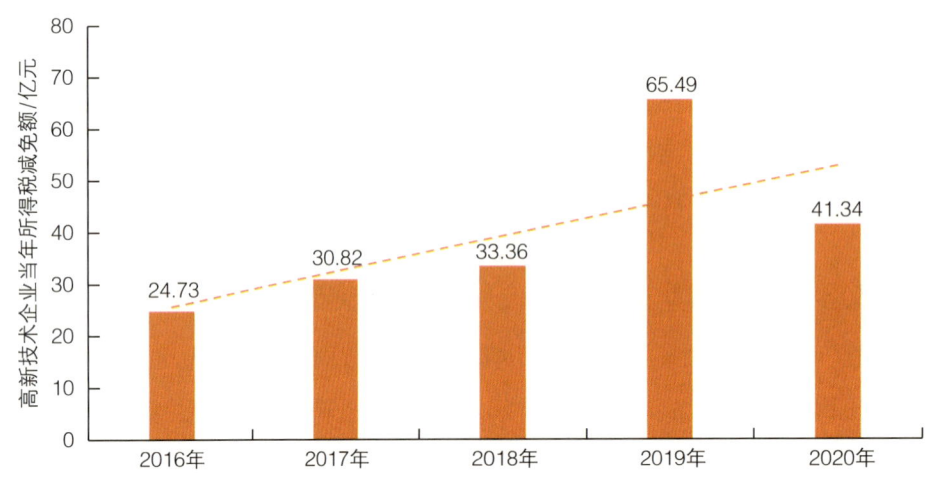

图4-14-6　四川省高新技术企业当年所得税减免额

4.14.4 "一带一路"引领全域拓展，筑就国际合作新优势

四川主动布局和融入全球创新网络，成功获批中国（四川）自由贸易试验区，国际科研合作水平持续提升。2020年年末，四川与全球156个国家建立了科研合作关系，拥有国家级国际科技合作基地22个、省级国际科技合作基地64个，在新材料、生物医药、新能源汽车等优势和特色领域组织实施了一大批国家级、省级国际科技创新合作项目，在川落户世界500强企业达到347家。2020年，四川省入统企业出口额占全省出口的比例为78.79%，在省（区、市）排名中位列第三，对全省的引领带动作用较大。

国际人才推动全球创新。引才引智工作成效显著，图4-14-7为2016—2020年四川省入统企业从业人员中外籍常驻和留学归国人员占比变化情况。四川省实施了"天府万人计划""天府高端引智计划"等人才计划，高新区从业人员平均工资保持了10.38%的年均增速，态势良好。2016—2020年四川省入统企业从业人员中外籍常驻和留学归国人员占比持续上升，2020年达到了0.53%。出台《四川省"一带一路"科技创新行动计划》，成功举（承）办一系列与"一带一路"沿线国家的科技合作交流、论坛峰会等活动，"一带一路"科技创新合作加快推进。

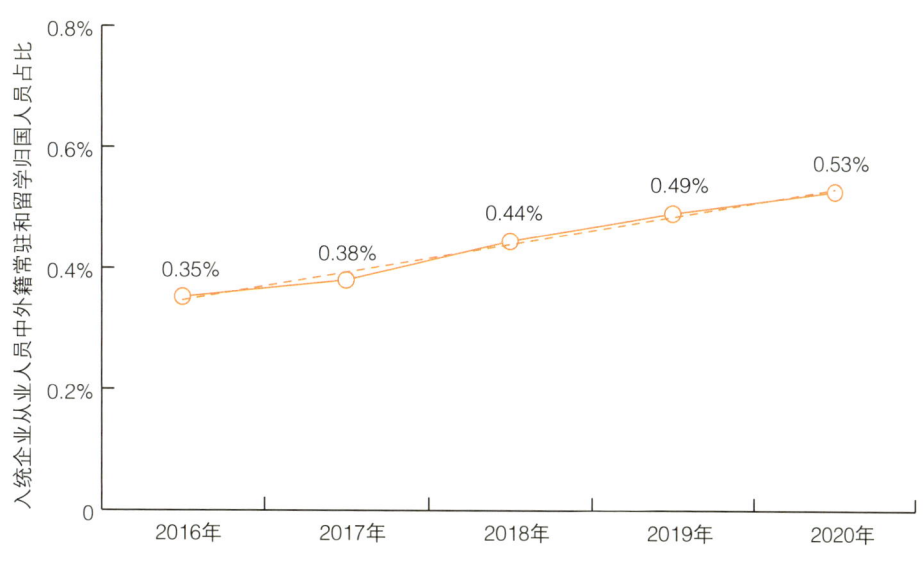

图4-14-7　四川省入统企业从业人员中外籍常驻和留学归国人员占比

专栏 4-14-2　天府万人计划

四川启动实施"天府万人计划"。根据计划，2018—2027年，省层面重点支持100名左右杰出人才、1200名左右领军人才和1000名左右青年拔尖人才，示范带动各市（州）支持培养10 000名左右各类高层次人才。

根据确定目标，"天府万人计划"分杰出人才、领军人才、青年拔尖人才3个类别、12个项目实施。其中，杰出人才类别设天府杰出科学家项目，领军人才类别设天府创新领军人才、天府创业领军人才、天府文化领军人才、天府名师、天府名医、天府工匠、天府农业大师、天府金融英才等项目，青年拔尖人才类别设天府科技菁英、天府社科菁英、天府金融菁英等项目。对于入选者，四川也配套制定了11条特殊支持政策。

天府创新领军人才项目，计划支持200人，每批20人左右。基本条件：主持省部级重大科研任务、领衔高层次创新团队、领导国家级创新基地和重点学科建设的科技人才和科研管理人才，其科学研究工作具有重大创新性和产业转化前景。

天府创业领军人才项目，计划支持200人，每批20人左右。基本条件：运用自主知识产权创办科技型企业的科技人才，或具有卓越经营管理才能的高级管理人才，其创业项目符合四川省战略性新兴产业发展方向并处于领先地位，具有高成长性和产业化前景。以近5年创办企业的主要创始人为主。

天府文化领军人才项目，计划支持100人，每批10人左右。基本条件：拥护党的领导，坚持中国特色社会主义，政治坚定、德艺双馨，具有开拓创新精神，在哲学社会科学、新闻出版、文化艺术、文博事业、文化产业和国际文化交流合作等领域取得重要成果、做出突出贡献，知名度较高，社会影响力较大。

天府名师项目，计划支持200人，每批20人左右。基本条件：忠诚于党和人民的教育事业，全面贯彻党的教育方针，长期从事一线教学工作，为人师表、师德高尚，在教育思想和教学方法上有重要创新，在教学成果、培养学生等方面贡献突出，在教育领域和社会享有较高声望。

天府名医项目，计划支持200人，每批20人左右。基本条件：热爱医疗卫生事业，长期从事临床工作，医术精湛、医德高尚，在重大疾病预防、诊治和医学科技创新、学科专业发展等方面做出突出贡献，在医疗卫生领域和社会享有较高声望。

天府工匠项目，计划支持100人，每批10人左右。基本条件：具有高超技艺和精湛技能，长期在企业和一线岗位工作，为企业新技术新工艺新产品的研发和革新做出突出贡献，或掌握民间传统技能、绝招绝技的知名技艺人才，其技能技艺在本行业领域处于领先水平，行业影响力和知名度高。

天府农业大师项目，计划支持100人，每批10人左右。基本条件：长期在农村基层和农业生产一线工作服务，在农业新产品新技术的研发推广、农业生产等方面业绩突出，为农民增收致富、脱贫奔康做出突出贡献，在本行业和社会具有较大影响。

天府金融英才项目，计划支持100人，每批10人左右。基本条件：具有全球视野、通晓国际规则、熟悉金融运作、善于金融创新，在金融理论研究、金融创新产业化中取得重大成果，为打造西部金融中心做出重要贡献的战略领军人才和高级管理人才。

资料来源：四川省人民政府。

全球竞争力显著提升。2018—2020年四川省入统企业出口额占全省出口的比例虽然较之前有所下降,但是整体表现较好,在省(区、市)排名中居前3位,对全省的出口带动作用较大。图4-14-8为2016—2020年四川省入统企业当年PCT国际专利申请数变化情况。四川省加强"一带一路"联合实验室建设,建立"一带一路"科技创新合作区和国际技术转移中心,成立世界钙华自然遗产研究与保护联盟,开放创新能力明显提升。2020年四川省入统企业当年PCT国际专利申请数实现了增长,进入新的平台期,国际竞争力快速提高。

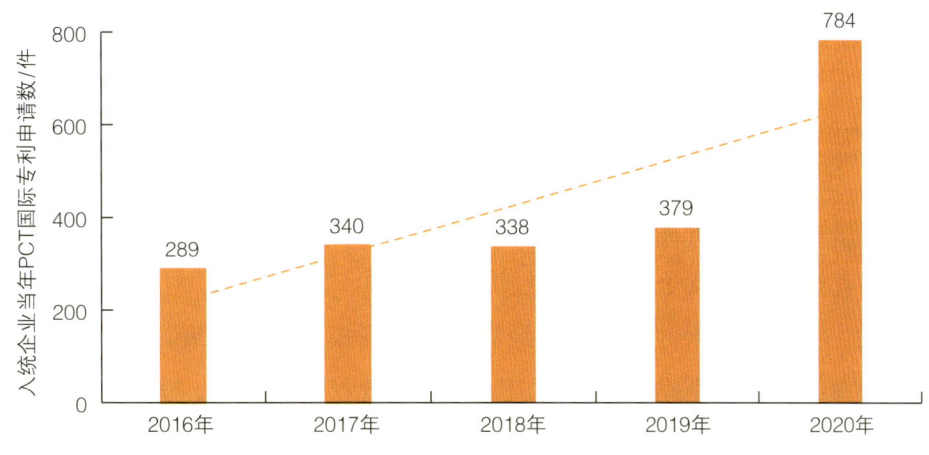

图4-14-8　四川省入统企业当年PCT国际专利申请数

4.14.5　高位推动数字技术崛起,打造内陆开放新高地

四川省特色产业发展强劲,产业集群加速形成。四川着力构建以电子信息、装备制造、食品饮料、先进材料、能源化工5个万亿级支柱产业和数字经济为主体的"5+1"现代产业体系,"5"就是电子信息、装备制造、食品饮料、先进材料、能源化工5个万亿级支柱产业,这是四川现代产业体系的主体支撑;"1"就是数字经济。四川将加强产业前沿关键技术攻关,尤其是加强国外"卡脖子"相关技术突破。打造1~3家国家级研究中心、5~10家重点研究院,围绕电子信息、装备制造、食品饮料、先进材料、能源化工5个万亿级支柱产业和大力发展数字经济的"5+1"现代产业体系,以天府国际机场等118个重大项目建设为载体,推进产业发展,着力打好"央地合作""一带一路""国企市州行""通道建设"4张牌。表4-14-2是2020年四川省规模以上工业高新技术产业六大领域分布情况。

表4-14-2 2020年四川省规模以上工业高新技术产业六大领域分布

六大领域	营业收入			利润总额		
	金额/亿元	占比	同比增长	金额/亿元	占比	同比增长
电子信息业	6830.8	68.2%	28.9%	180.0	35.9%	47.8%
先进制造业	926.0	9.2%	15.2%	70.1	14.0%	25.8%
航空航天业	175.4	1.8%	−2.2%	17.4	3.5%	24.0%
新材料业	733.7	7.3%	8.5%	67.7	13.5%	−0.5%
生物医药与生物农业	1327.8	13.3%	−2.0%	164.9	32.9%	6.5%
核技术及新能源业	24.1	0.2%	−9.0%	1.7	0.3%	−10.2%

资料来源：四川省统计局。

数字化风口再塑行业生态。四川省加快建设网络强省、数字四川、智慧社会，主动打造具有较强核心竞争力的数字经济生态体系。"互联网+"行动深入开展，基于移动互联、物联网、云计算的数字经济新业态新模式蓬勃发展，成为改造提升传统产业、培育经济发展新动能的有力支撑。企业规模持续扩张，贯彻实施大数据战略，关键技术不断突破，重要行业应用不断深化，以5G为代表的新一代信息技术走向实用，催生了一批本土大数据企业、独角兽企业、瞪羚企业，新动能正在撑起发展新天地。2016—2020年四川省入统企业营业收入每年保持15%左右的增速，实现了可持续增长。近年来持续稳定的增长也表明四川高新技术企业支撑引领工业经济高质量发展的作用日益突出，支撑力度稳步增强。图4-14-9为2016—2020年四川省数字化企业营业收入占比变化情况。近几年，四川省按照高质量发展总体要求，围绕"一干多支、五区协同""四向拓展、全域开放"战略部署，以数据为关键要素，以"创新驱动、融合发展，市场主导、重点突破，开放共享、安全规范"为发展原则，以"数字产业化、产业数字化、数字化治理"为发展主线，加快推进数字经济发展，为推动治蜀兴川再上新台阶提供强力支撑。企业利用5G、大数据等新技术开展改造升级的覆盖面持续扩大，"中央厨房""基地+加工+营销"等新模式不断呈现，利用移动社交、新媒体等发展社交电商等新业态的企业数量不断提升。尤其是2020年，四川省数字化企业营业收入占比实现了触底反弹，突破27%，达到近年来发展最高点。四川省首次试点实施中央驻川科研院所科技成果转移转化项目，项目划出专项资金，支持13家承担有四川重要创新改革试点任务的中央驻川科研院所先行先试，申报成功后每个项目可获得100万元专项资金支持。2016—2020年四川省当年技术合同成交额整体保持增长，尤其是2018—2020年进入新的梯度，服务业发展良好。

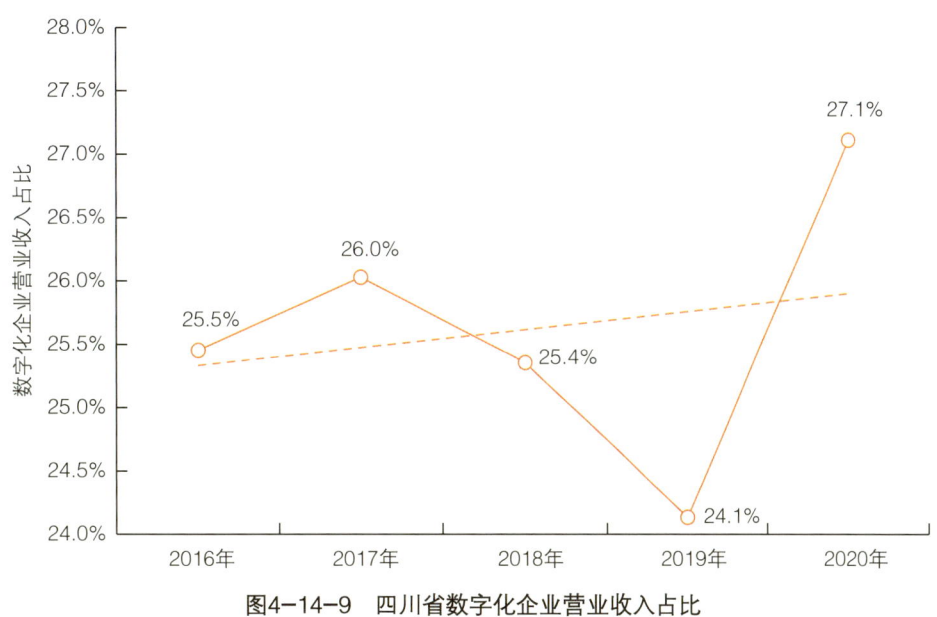

图4-14-9　四川省数字化企业营业收入占比

人才政策精准有力。四川省出台《四川省"天府万人计划"实施办法》，围绕产业发展和自主创新需求，支持培养各类高层次人才，搭建高层次人才队伍建设体系，为推动治蜀兴川再上新台阶、加快建设美丽繁荣和谐四川提供有力人才支撑。2016—2020年四川省入统企业从业人员中大专及以上学历占比持续增长，人才结构逐步优化，2020年在省（区、市）排名中位列第五。入统企业每万人当年研发人员全时当量数整体保持增长态势，研发人员投入逐步加大。图4-14-10为2016—2020年四川省入统企业当年吸纳的就业人数变化情况。2016—2020年四川省入统企业当年吸纳的就业人数增势良好，年均增速为20.09%。2020年增长迅猛，突破20万人。

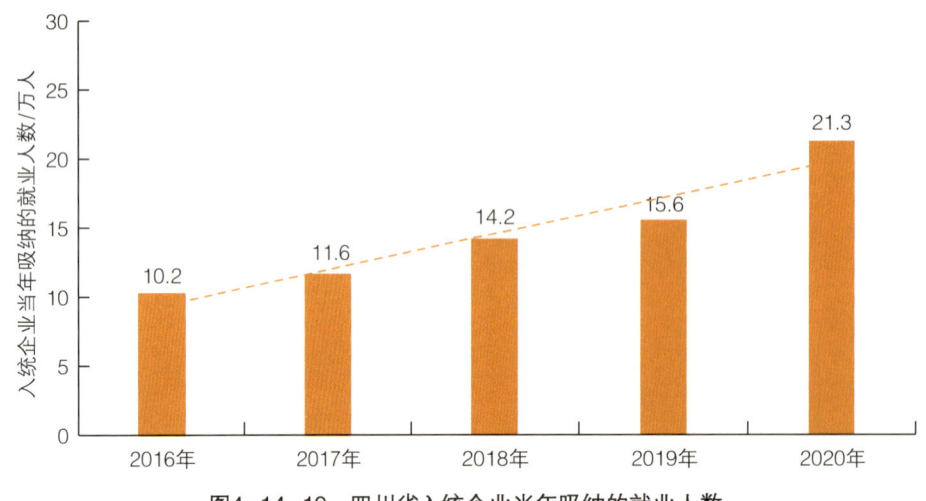

图4-14-10　四川省入统企业当年吸纳的就业人数

4.14.6　加快推进区域融合战略，助力构建发展新格局

区域布局重塑发展新动能。四川省以重大区域发展战略引领创新布局强化成渝地区双城经济圈协同创新，以"一城多园"模式与重庆共建西部科学城，打造成渝绵"创新金三角"，建设全国重要的科技创新和协同创新示范区；支持四川天府新区、成都高新区与重庆两江新区、重庆高新区协同创新，促进万达开、川南渝西、遂潼、高竹等毗邻区域融合创新，推动科研布局互补、创新资源共享、新兴产业互动；支持川渝高校、科研机构和企业共建联合实验室或新型研发机构，联合实施川渝科技创新合作计划，搭建川商渝商创新发展服务平台，形成了良好发展新格局。

新技术创造新效率。图4-14-11为2016—2020年四川省入统企业全员劳动生产率变化情况。2016—2020年四川省入统企业全员劳动生产率保持增长趋势，5年来增长了10.4万元／人，创新效率实现了显著提升。

科技产出推动产业创新。图4-14-12为2016—2020年四川省入统企业当年发明专利授权数占全省的比例变化情况。2016—2020年四川省入统企业当年发明专利授权数占全省的比例整体上保持增长趋势，2019—2020年进入新的阶段，引领带动全省创新成果的产出。

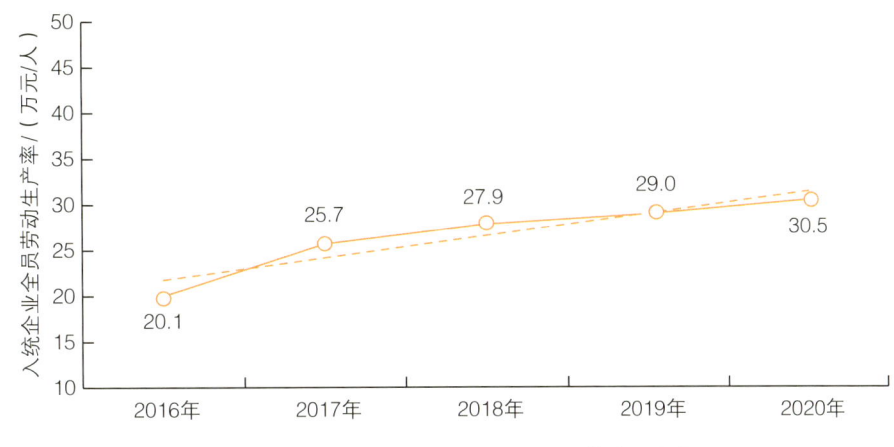

图4-14-11　四川省入统企业全员劳动生产率

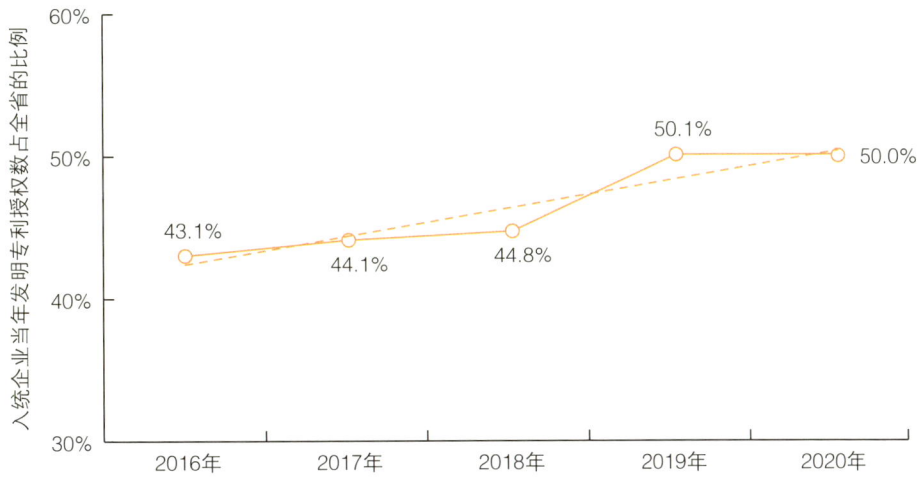

图4-14-12　四川省入统企业当年发明专利授权数占全省的比例

4.14.7　小结

"十三五"期间，四川省深入实施创新驱动发展战略，推进全面创新改革试验，抢抓成渝地区双城经济圈建设重大战略机遇，深入推进科技创新和体制机制创新，不断激发创新创造活力，综合实力显著提升。

在优化创业生态方面，全面优化创新创业服务，科技创新动能逐步释放。四川省针对中小微企业服务需求，整合各类优质创业创新服务资源，以多种形式为中小微企业提供专业化、特色化服务，构建从孵化到产业化的全链条企业培育能力，分层推进小型微型企业创业创新示范基地建设，通过高质量的服务促进小微企业高质量发展并取得实效。"十三五"期间，四川省各类创业服务机构数实现翻倍增长，入库的科技型中小企业数年均增长800多家，人才结构显著优化，入统企业从业人员中大专及以上学历占比达到55.8%。

在营造创新环境方面，环境建设进入改革期，亟须破除体制机制障碍。成都作为四川省会，立足全省创新突破，营商环境经历了从1.0版到4.0版的不断升级迭代，从夯实体系基础到突出改革创新，成都营商环境建设正以势不可挡的步伐，迈向改革的深水区，全省创新发展受到一定影响。2020年，四川省研发机构建设进入瓶颈，高新区内重要的研发机构数锐减。2019—2020年，四川省高新技术企业当年所得税减免额有所下降，对于高新技术企业的支持力度有所减弱。

在促进开放创新方面，开放活力逐步释放，国际地位显著提升。四川省把中国（四川）自由贸易试验区建设作为融入"一带一路"建设、长江经济带发展和西部大开发的战略引擎，经过近几年的探索实践，自贸区制度创新蹄疾步稳，改革红利加快释放，创新活力持续迸发，四川立体全面开放新格局正在加快形成。2020年，四川国际科研合作水平加快提升，入统企业产学研合作经费与引进技术消化吸收再创新费用支出总额实现回升，当年PCT国际专利申请数迅猛增长。

在推动创新发展方面，数字经济发展为推动治蜀兴川再上新台阶提供强力支撑。四川作为较早对数字经济核心产业开展研究的省份之一，早在2019年就提出推动"芯屏端软智网"等数字核心产业全产业链发展。近几年，四川数字产业化和产业数字化取得显著成效，数字经济对地区生产总值贡献率大幅提升。2020年，四川省数字化企业营业收入占比大幅提升，关键技术不断突破，入统企业当年吸纳的就业人数增势良好，为"十四五"高质量发展奠定良好开端。

在发挥示范作用方面，开展成渝经济圈协同创新，形成区域发展新格局。四川省聚力重点区域率先突破，持续强化川渝两地各地区、各领域和各层级协同合作力度，不断将国家战略转化为推动两地发展的实际行动，着力健全完善规划政策体系，推动重点任务加快落地，加强体制机制集成创新，成渝地区双城经济圈建设加快成势见效。2020年,四川省入统的上市企业数占全省的比例破局增长,出口带动作用进一步凸显,创新引领加速发展。

4.15 陕西

"十三五"期间,陕西省聚焦创新能力提升、结构优化升级、产业融合发展、优质企业培育和产业集聚发展等重点工作任务,固根基、扬优势、补短板、强弱项,推动制造业为全省经济实现量的合理增长和质的稳步提升提供强有力支撑。

4.15.1 指数总览

图4-15-1显示2016—2020年陕西省火炬高新年度总指数呈现先增长后下降的趋势,2019年达到最高,为137.6,2020年降至131.9,总体低于全国水平。表明陕西省扎实推进创新型省份建设工作,科技创新能力不断增强,但创新发展中的不平衡不充分问题仍然突出,创新潜能释放不足,创新驱动高质量发展任重道远。

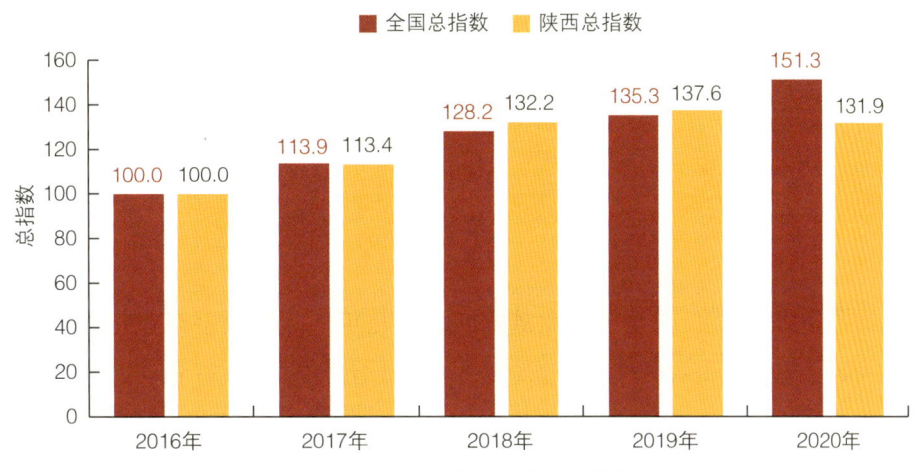

图4-15-1 陕西省火炬高新年度总指数与全国对比

从图4-15-2分指数变化趋势来看,"十三五"期间,"优化创业生态"指数呈现倒U形增长,在2019年达到最佳,为193.3。"营造创新环境"指数和"促进开放创新"指数在"十三五"期间呈现稳定增长趋势,年均增长率分别为9.72%和6.61%。"陕鼓模式"在全国示范推广,带动中国工业在转型中高质量发展。陕西作为国家"一带一路"倡议的重要节点,"一带一路"建设已初见成效。"十三五"期间,"推动创新发展"指数与"发挥示范作用"指数呈现先升后降趋势,陕西省仍需持续深入实施创新驱动发展战略,以推动创新资源开放共享为突破口,围绕产业链部署创新链、围绕创新链布局产业链,推动经济高质量发展迈出更大步伐。

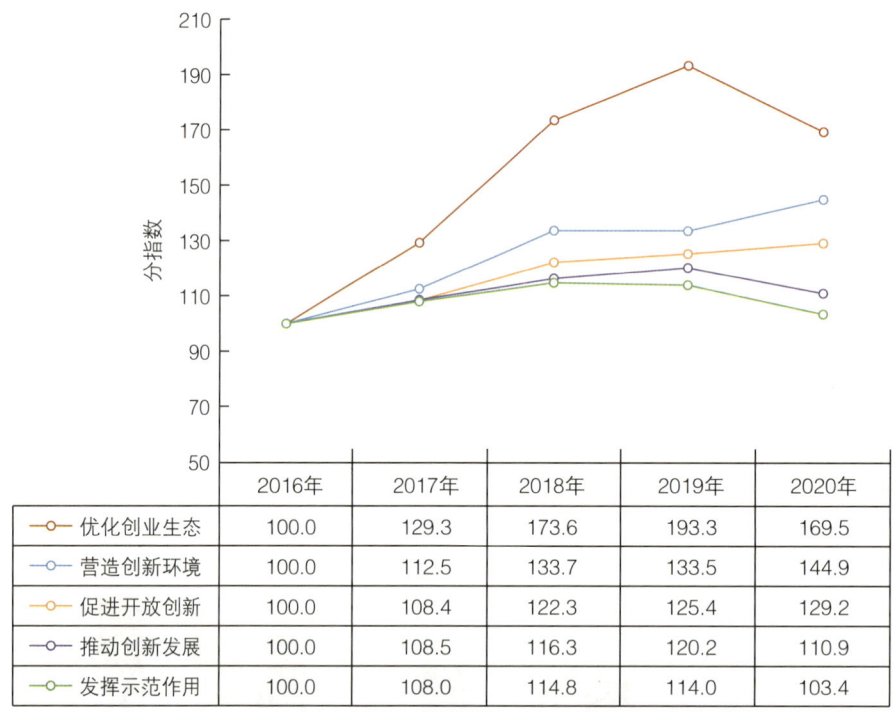

图4-15-2　陕西省火炬高新5个分指数变化趋势

4.15.2　坚持科技创新与制度创新"双轮驱动",增强发展新动力

2015年2月,习近平总书记来陕视察时,针对科技创新工作,指出"陕西是科教大省,是我国重要的国防科技工业基地,科教资源富集,创新综合实力雄厚","要把这些资源充分挖掘好、利用好、滋养好,推动科技和经济紧密结合,创新成果和产业发展紧密对接,努力在创新驱动发展方面走在前列"。2020年4月20—23日,习近平总书记在陕考察期间,对陕西省提出了"在创新驱动发展方面迈出更大步伐"的要求。

"十三五"以来，陕西省认真贯彻落实习近平总书记来陕考察重要讲话精神，高度重视科技创新工作，深化科技体制改革，出台《中共陕西省委办公厅　陕西省人民政府办公厅关于印发〈陕西省深化科技体制改革实施方案〉的通知》（陕办发〔2016〕38号），坚持科技创新和体制机制创新"双轮驱动"，大力推进创新创业工作。同时，为全面推进全省大众创业、万众创新，加快推动众创、众包、众扶、众筹等新模式新业态发展，出台了《陕西省人民政府关于大力推进大众创业万众创新工作的实施意见》（陕政发〔2016〕10号）；为加强产业链分工合作、促进产业融合升级、增强企业创新能力等，出台了《陕西省人民政府办公厅关于促进加工贸易创新发展的实施意见》（陕政办发〔2016〕35号）、《陕西省人民政府办公厅关于积极推进供应链创新与应用的实施意见》（陕政办发〔2018〕17号）、《陕西省构建全链条产业技术创新体系推动产业创新发展若干措施》（陕发改高技〔2019〕280号）等系列政策文件；为培育壮大新经济发展新动能，推动创新驱动引领高质量发展，出台了《陕西省人民政府办公厅关于创新管理优化服务培育壮大经济发展新动能加快新旧动能接续转换的实施意见》（陕政办发〔2017〕101号）和《中共陕西省委办公厅　陕西省人民政府办公厅关于创新驱动引领高质量发展的若干政策措施》（陕办发〔2020〕9号）等多项政策，新发展动力持续增强，推动陕西经济步入快车道。

4.15.3 以产业结构调整与自主创新为抓手，培育发展新增长点

"十三五"时期，陕西省聚力推进"三去一降一补"，及时出台工业稳增长、促投资、降成本各项措施，经济增速企稳回升，产业结构不断优化，规模实力不断增强，能源工业稳中有进，传统能源保持平稳增长，清洁能源持续发力；能源化工产业向高端化、高值化迈进；以汽车、光伏、半导体、机床等为重点的现代制造业迅速发展；战略性新兴产业呈现快速发展态势，表现出较强的韧性。随着这一时期工业互联网、区块链、大数据、云计算、人工智能等数字技术的加速发展与应用场景的不断深化，陕西省通过数字技术赋能产业转型升级，数字产业化和产业数字化进程加快推进，打造形成"陕鼓模式"，并将服务型制造作为制造业转型升级的重要方向。

专栏 4-15-1 "陕鼓模式"：我国服务型制造转型的引领者

"陕鼓模式"，是陕鼓集团（简称陕鼓）以习近平新时代中国特色社会主义思想为指导，积极践行马克思主义哲学系统论，持续深化服务型制造转型，主动探索国有企业转型升级的创新发展模式，是践行"一带一路"、聚合优势资源、深耕海外市场、积极融入双循环新格局的协同发展模式，是聚力发力"碳达峰""碳中和"目标、创新"能源互联岛"系统解决方案、大力发展长期业务、向着"世界一流智慧绿色能源强企"迈进的高质量发展模式。

陕鼓实现从传统生产型制造向现代服务型制造的转变。在转型发展过程中，基于对用户隐性需求的分析，陕鼓秉承"要为客户找产品，不为产品找客户"的市场价值观，不断通过服务技术创新和服务模式创新，为客户量身打造个性化的系统解决方案，延伸服务领域，拓展服务边界。目前，陕鼓已形成"1+7"的业务模式，为市场和客户提供以分布式能源系统解决方案为圆心的设备、EPC、服务、运营、供应链、智能化、金融等七大增值服务。创新开发了陕鼓"能源互联岛"技术和系统方案，在陕鼓的临潼工业园区，陕鼓以创新开发的"能源互联岛"技术和系统解决方案，成功打造了全球透平行业万元产值耗能最低、排放最少的智能制造基地，实现了土地集约、运营集约、功能集约、设备集约，实现综合能效指标最优。"能源互联岛"系统解决方案荣获了第六届"中国工业大奖"，这也是陕鼓第二次获此大奖。陕鼓把智能作为发展的主攻方向。加速产业数字化和数字产业化，加快建设数字陕西，赋能制造业高质量发展；把绿色作为发展的基本遵循。以智慧绿色的分布式能源系统解决方案助力"碳达峰""碳中和"目标实现；把开放作为发展的关键路径。深度融入共建"一带一路"，积极参与国内国际双循环，进一步扩大对内对外双向开放；把改革作为发展的根本保障。全面深化体制机制改革，完善政策体系，营造良好的市场环境和制度环境，增强企业发展的动力和活力。

"陕鼓模式"下的服务型制造转型取得了积极成效，陕鼓主要经济指标接近或超过国际一流企业，并连续 10 余年经营绩效排名全行业第一。"陕鼓模式"也被多次写入陕西省、西安市政府工作报告，《陕西省"十四五"制造业高质量发展规划》中明确指出，要将"陕鼓模式"在全国示范推广。

"十三五"期间,陕西省多措并举,加大科技企业培育力度,将科技型中小企业作为高新技术企业的培育对象,分类指导、梯次培育,逐步形成"科技型中小企业—高新技术企业—瞪羚企业—拟上市企业"的企业培育路径,全省高新技术企业规模进一步扩大。2020 年,陕西省高新技术企业数达 6126 家,较 2016 年增加了 4315 家(图 4-15-3),高新技术企业当年所得税减免额大幅提升(图 4-15-4)。表 4-15-1 是 10 家陕西省知名高新技术企业及其所属行业。

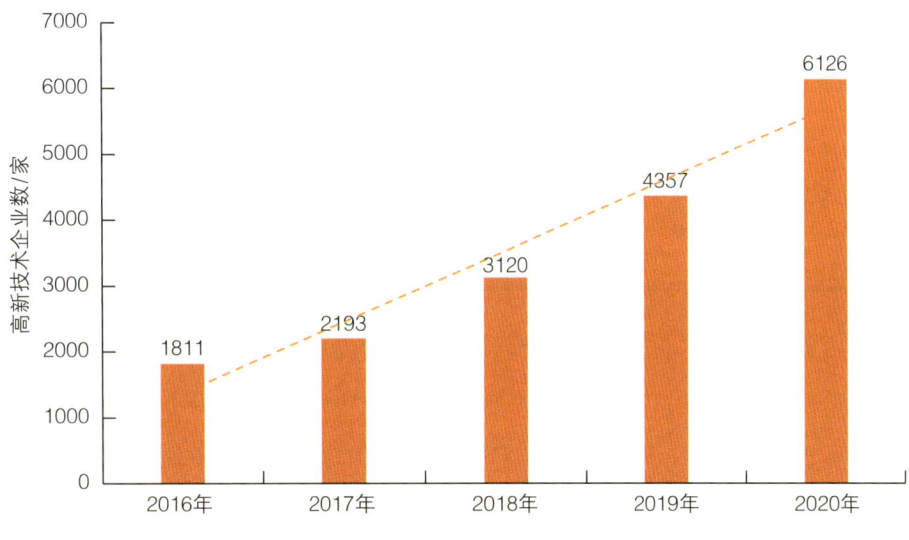

图 4-15-3　陕西省高新技术企业数

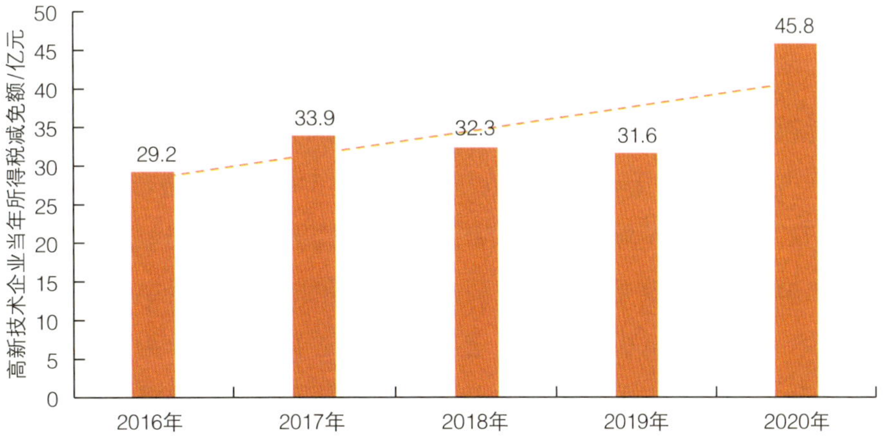

图 4-15-4　陕西省高新技术企业当年所得税减免额

表4-15-1　陕西省知名高新技术企业及其所属行业

序号	企业名称	所属行业
1	中国航空工业集团公司西安飞机设计研究所	航天器研制
2	陕西美邦农药有限公司	医药
3	陕西上格之路生物科学有限公司	生物科学
4	中国重型机械研究院股份公司	机械制造
5	西安空间无线电技术研究所	卫星通信
6	西安诺瓦电子科技有限公司	LED显示屏
7	宝鸡石油机械有限责任公司	石油机械装备
8	陕西韦尔奇作物保护有限公司	消杀产品
9	金堆城钼业股份有限公司	冶炼加工
10	陕西汤普森生物科技有限公司	医药

虽然陕西省高新技术企业数逐年提升，但从全国和区域分布来看，陕西省仍然存在高新技术企业总量偏少、区域发展不够均衡、优质企业欠缺等不足。同时，全省工业大企业大集团相对较多，"专精特新"中小企业和民营企业数量偏少，市场主体活力仍待加强。据统计，2020年，关中地区高新技术企业数量约占全省的95%，其中西安市约占全省的85%。陕南、陕北各市及关中地区的咸阳市、渭南市高新技术企业数量都偏少。企业分布不均导致高新技术企业科技创新引领不足，难以形成区域集群发展优势。

此外，随着西安市、咸阳市电子信息产业集群的发展壮大，电子信息类高新技术企业聚集效应明显、创新活跃；随着国家航空航天事业的战略布局与发展，西安地区集中了大量航空航天领域科技创新资源；随着传统制造业转型升级，先进制造与自动化领域创新发展成效显著；随着高技术服务在高质量发展中所起的作用越来越重要，高技术服务业得以快速发展。这些领域形成了一定的产业优势，集群化发展效应不断显现，但是生物医药、新材料、节能环保等领域发展相对缓慢，规模相对较小。

4.15.4 研发投入强度全国领先，创新潜能释放有待进一步加强

4.15.4.1 高度重视创新驱动发展，创新创业能力得到提升

"十三五"期间，陕西省入统企业研发经费内部支出从390.47亿元提高至524.35亿元，5年间增长了133.88亿元。与此同时，2016—2020年，陕西入统企业当年研发经费支出占营业收入比例从2.56%上升至2.65%，全国领先（图4-15-5）。一方面，从陕西省入统企业研发经费内部支出可以看出，陕西研发投入距离东部发达省份仍有距离；另一方面，从陕西省入统企业当年研发经费支出占营业收入比例可以看出陕西省对科技创新工作的高度重视，研发投入强度一骑绝尘。

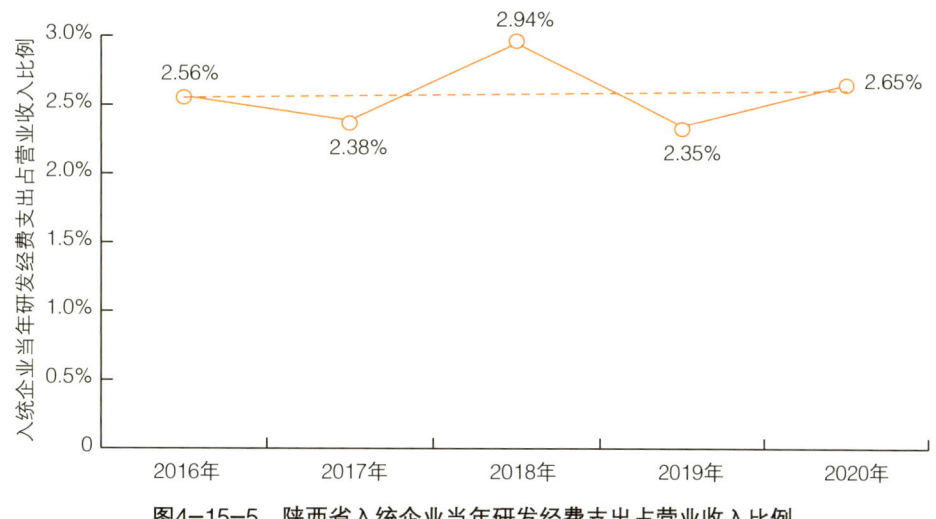

图4-15-5　陕西省入统企业当年研发经费支出占营业收入比例

"十三五"以来，全省围绕大众创新创业需求，着力完善多类型、多层次的创业孵化服务体系，科技企业孵化能力持续夯实。2020年，全省各类创业服务机构数达453个，较2016年增长近1倍（图4-15-6）；全省各类创业服务机构中在孵企业数高达12 029家，较2016年增长了4939家（图4-15-7），服务能力实现新提升。

图4-15-6　陕西省各类创业服务机构数

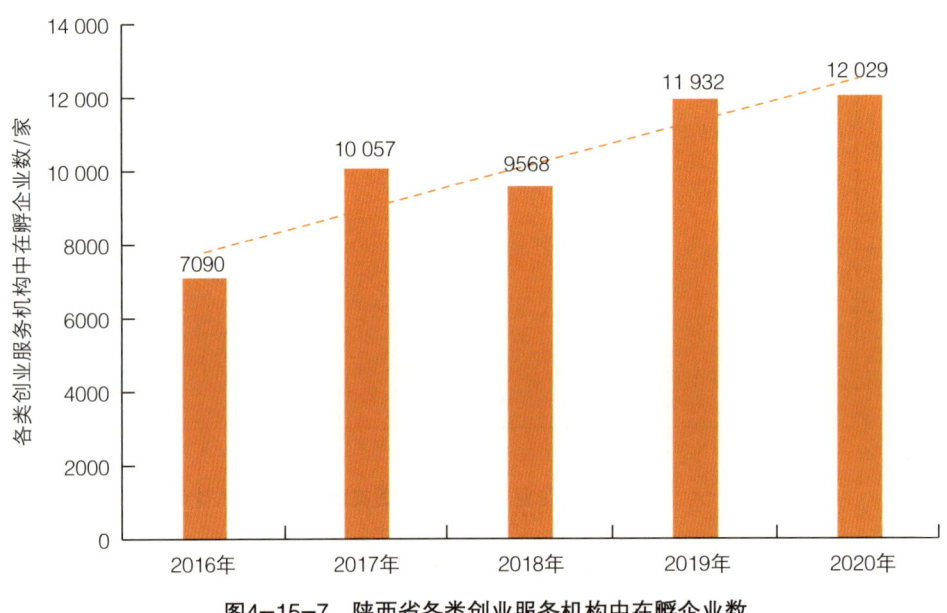

图4-15-7　陕西省各类创业服务机构中在孵企业数

4.15.4.2　创新资源优势还没有较好地转化为创新动能

"十三五"期间，陕西省创新技术成果持续产出，入统企业当年发明专利授权数从4898件提升至5727件（图4-15-8），先后承担航空万吨级铝合金张力拉伸机装备、机器人关节减速器、高端电力装备数字化车间等国家科技重大专项49项，数控锥齿轮磨齿机、高速数控车削中心、大型锻造操作机等一批国际国内领先水平的主机新产品打破国外垄断，实现进口替代，全省科技创新水平稳步增长。

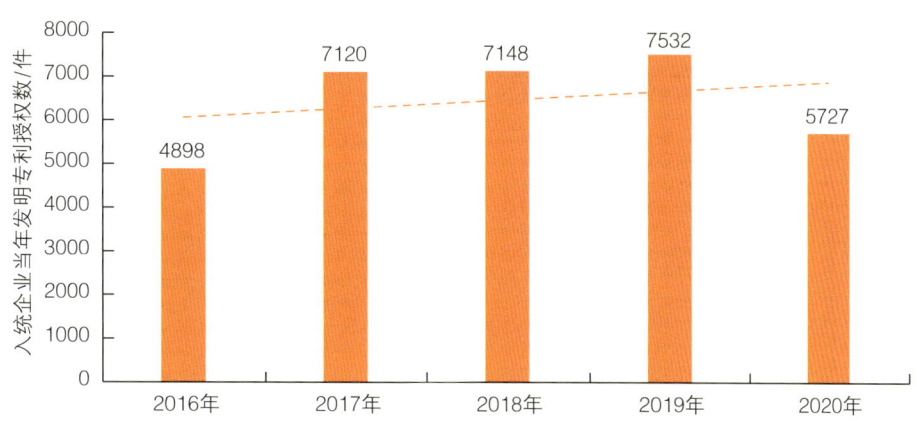

图4-15-8　陕西省入统企业当年发明专利授权数

陕西虽为全国科教资源大省,但科教优势尚未充分转化,新产品投入产出效率远低于全国水平,创新潜力有待进一步释放。2020年,入统企业每万人当年研发人员全时当量数为997.8人年(图4-15-9);规模以上工业企业中开展研发活动的企业占比约为17.8%,低于全国34.2%的平均水平。2020年,全省每万人口发明专利拥有量为14.1件。

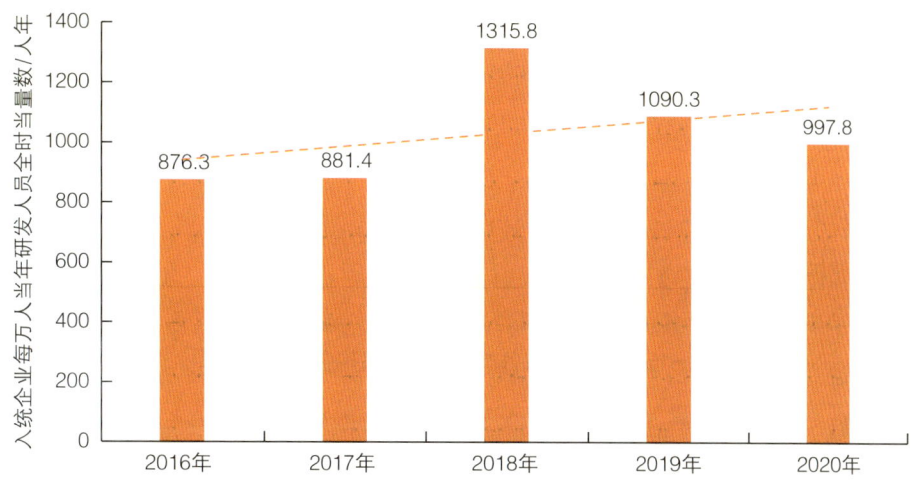

图4-15-9　陕西省入统企业每万人当年研发人员全时当量数

4.15.4.3　创新平台建设持续推进,着力打造创业创新驱动平台

"十三五"期间,陕西省创新平台建设持续推进,建成国家级制造业创新中心(国家增材制造创新中心)1个,筹建省级制造业创新中心24个,认定11个,培育国家企

业技术中心 41 个、省级企业技术中心 405 个、国家级工业设计中心 1 个。据统计，全省 7 个高新区内重要的研发机构数达 438 个，较 2016 年增长了 98 个（图 4-15-10）。

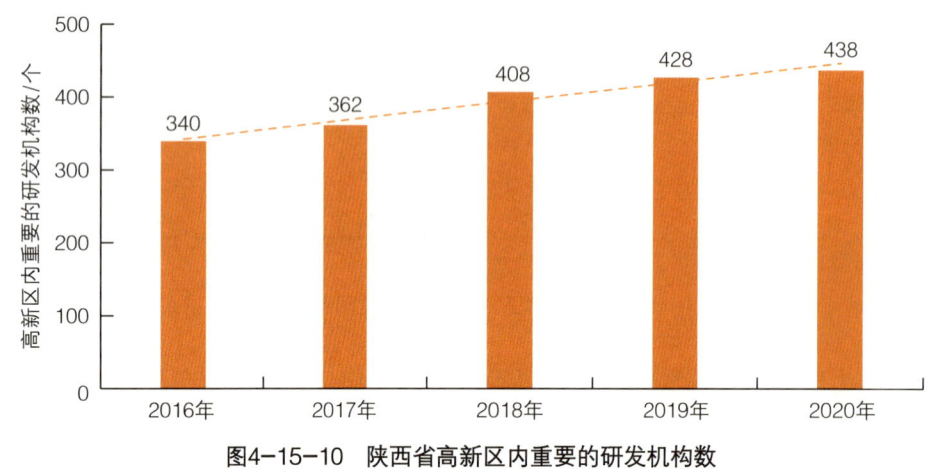

图 4-15-10　陕西省高新区内重要的研发机构数

为加快陕西省从"科教大省"向"科技强省"迈进，2021 年 3 月 30 日，陕西省委、省政府在西咸新区举行秦创原创新驱动平台建设大会，宣告秦创原创新驱动平台正式授牌成立。秦创原创新驱动平台是陕西省创新驱动发展总平台和创新驱动发展总源头，将是打破科技优势与经济发展转化"堵点"的关键之举，将成为陕西省最大的孵化器和科技成果转化特区。

专栏 4-15-2　陕西秦创原创新驱动平台

秦创原创新驱动平台着眼建设立体联动"孵化器"、科技成果产业化"加速器"和两链融合"促进器"三大目标，加快打造具有鲜明特色和竞争力的高水平平台。找准创新链"堵点"、产业链"痛点"，加强创新资源开放集聚和优化配置，着力聚集创新要素、打造创新动能、构建创新生态。做好"软服务"、做强"硬支撑"，深化两链融合，激发创新动能，为高质量发展注入新动能。秦创原创新驱动平台的总窗口设在西部科技创新港和西咸新区，各个高校、科研院所、企业，以及各市都可以参与其中，各得其所、各取所需，共同建设科技创新高地、创新驱动发展总源头。2021 年 3 月 30 日，秦创原创新驱动平台在西咸新区全面启动。平台着力破解科技与经济"两张皮"问题，共享创新资源，集中力量做好创新驱动大文章，促进产业链与创新链融合发展。平台"政策红包"已经覆盖了企业初创期、成长期、成熟期3个阶段，有效推动了科技优势转化为企业竞争力。

4.15.5 融入共建"一带一路"大格局，打造内陆改革开放新高地

陕西省地处黄河中上游，是中国西北地区连接"一带一路"的重要节点。习近平总书记在2020年4月下旬来陕考察时指出，开放不足是制约陕西发展的突出短板，要围绕推进国家治理体系和治理能力现代化全面深化改革，深度融入共建"一带一路"大格局。

"十三五"期间，陕西省全面深化改革开放，积极融入"一带一路"大格局，利用区位优势，依托完善的基础设施、雄厚的科教实力、良好的工业基础、高质量的人力资源，在基础设施互联互通、经贸往来和文化交流等方面先行先试、重点突破，加快打造"航空带动、陆空互动、多式联运"的综合交通体系，致力于将陕西建设成为"丝绸之路经济带"新起点，把区位优势转化为驱动西部经济发展的引擎，着力打造内陆改革开放新高地。图4-15-11显示，2020年陕西省入统企业产学研合作经费与引进技术消化吸收再创新费用支出总额为107.9亿元，较2016年提高了38.5亿元，陕西省持续推动产业技术进步，企业自主创新能力和技术竞争力进一步提高。

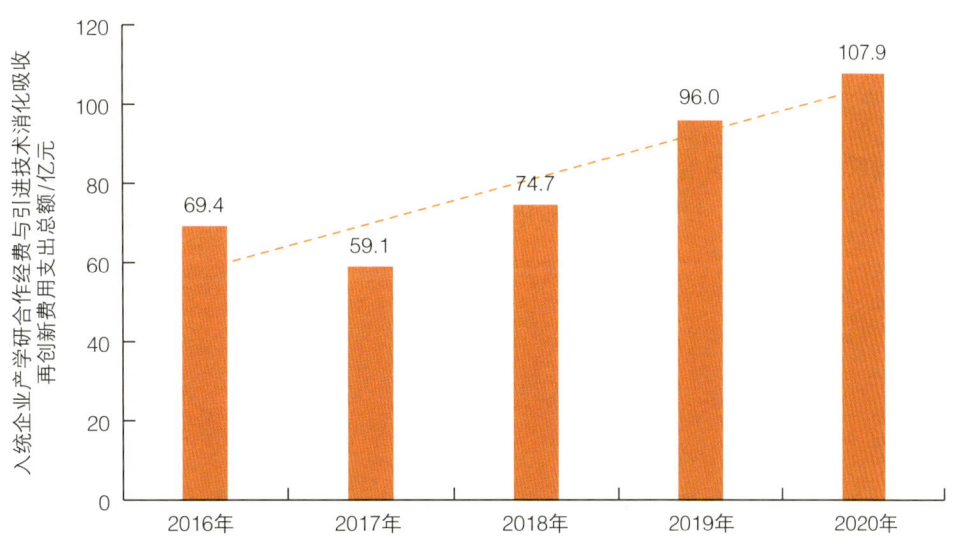

图4-15-11 陕西省入统企业产学研合作经费与引进技术消化吸收再创新费用支出总额

从吸引国际创新人才来看,"十三五"期间,陕西省入统企业从业人员中外籍常驻和留学归国人员占比呈现波动下降趋势,2020年占比为0.96%(图4-15-12),仍然位居全国前列。其中,在科技部发布的2020年度"魅力中国——外籍人才眼中最具吸引力的中国城市"主题活动结果中,西安入选榜单,位列全国各大城市第五。

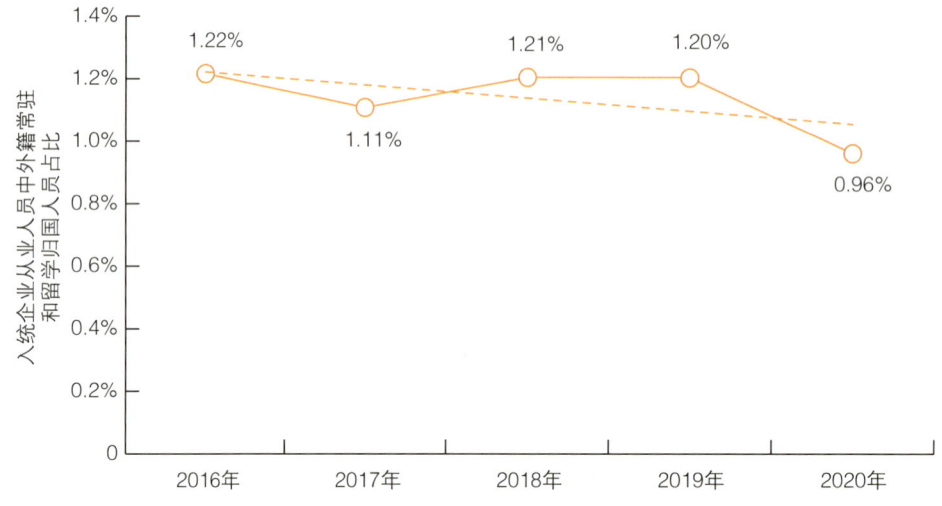

图4-15-12　陕西省入统企业从业人员中外籍常驻和留学归国人员占比

从促进国际成果转移转化来看,图4-15-13显示,"十三五"期间陕西省入统企业当年PCT国际专利申请数保持稳定增长态势,从2016年的55件增长到2020年的256件,但较四川、安徽等地仍有一定差距。

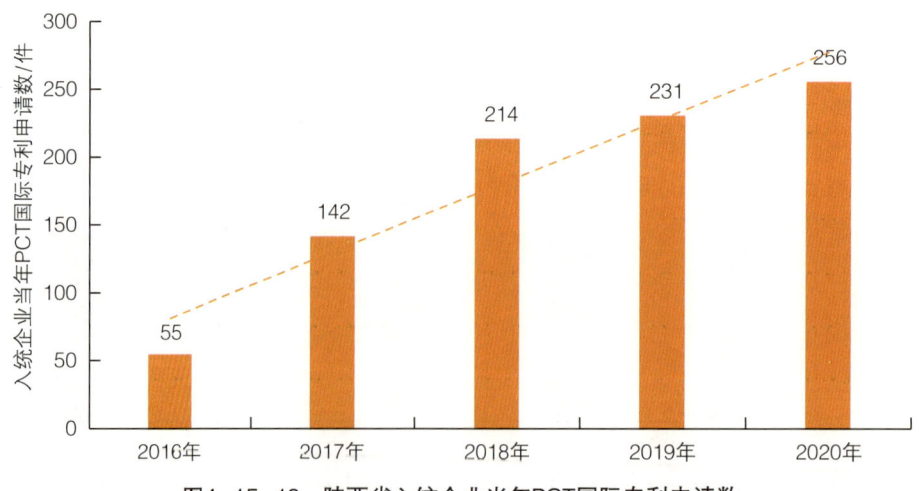

图4-15-13　陕西省入统企业当年PCT国际专利申请数

4.15.6 省内 7 个国家高新区协调推进陕西经济高质量发展

截至 2020 年，陕西省共有西安、宝鸡、安康、咸阳、榆林、渭南、杨凌等 7 个国家高新区，是全省创新驱动高质量发展的重要引擎。"十三五"期间，7 个国家高新区拥有外资研发机构 68 家、外籍常驻人员 4785 人、引进外籍专家 1852 人、外资企业 139 家、港澳台资企业 64 家、留学生创办企业 1228 家。图 4-15-14 显示，高新区内注册企业增长率由 2016 年的 18.79% 增长至 2020 年的 21.10%，提高了 2.31 个百分点，高新区规模效应不断扩大。截至 2021 年，全省共有上市企业 65 家，其中高新区内 39 家，占全省的 60%，高新区成为全省高新技术企业的聚集地。

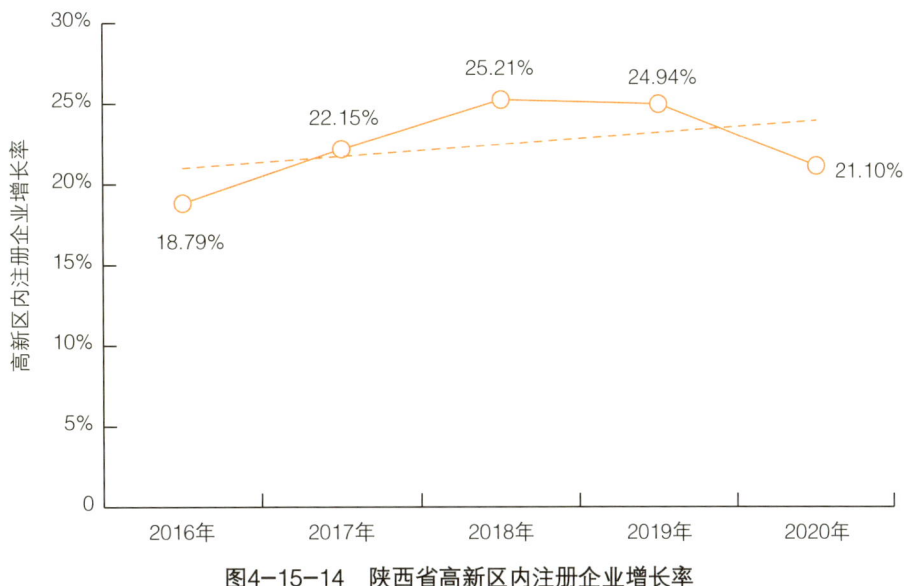

图 4-15-14 陕西省高新区内注册企业增长率

"十三五"期间，高新区当年实际利用外资金额从 2016 年的 145.3 亿元增长至 2020 年的 241.8 亿元，年均增长率达到 13.58%（图 4-15-15）；图 4-15-16 反映了高新区从业人员平均工资变化情况，高新区科技创新与产业竞争力全面提升。

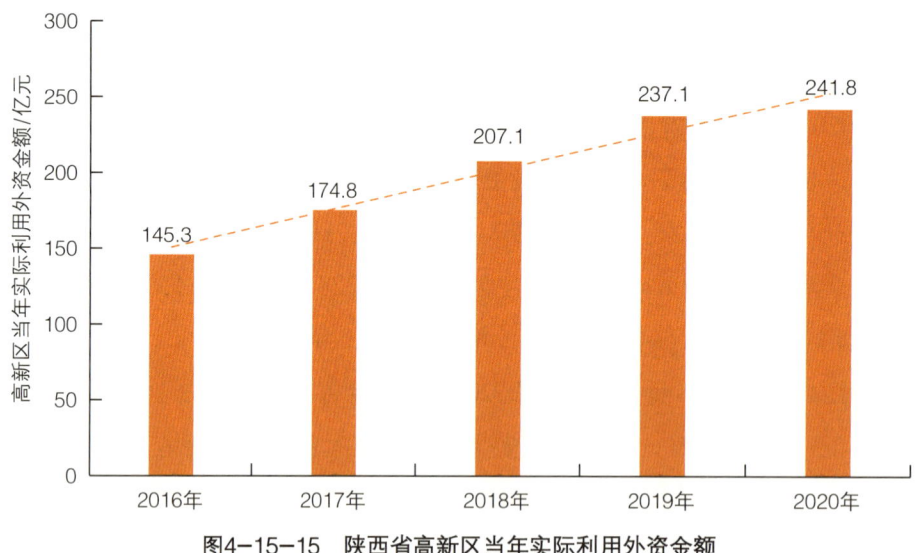

图4-15-15　陕西省高新区当年实际利用外资金额

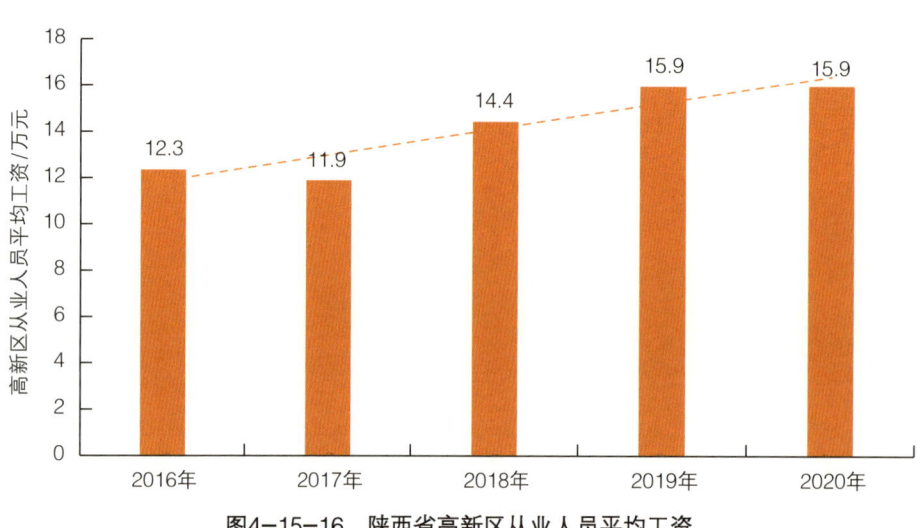

图4-15-16　陕西省高新区从业人员平均工资

4.15.7　小结

"十三五"期间,全省实有市场主体数量居全国第12位;新增上市企业17家;国企净资产和利润总额年均增速分别为12.8%、23.3%,高技术产业、战略性新兴产业年均增速分别达到16.4%和10.2%。全省工业经济保持平稳较快增态势,2020年全部工业增加值达到8860.1亿元,列全国第14位,制造业增加值较2015年增加23.1%。截至2020年年底,全省规模以上工业企业达到7164家,完成营业收入23 435.3亿元,实现利润1942.3亿元,利润率较2015年提高1.0个百分点。

在优化创业生态方面,"十三五"期间,在企业培育政策的引导下,陕西高新技术企业数量快速提升,从 2016 年的 1811 家增长到 2020 年的 6126 家,年均增长 35.62%,尤其是 2018 年以来,年均增长数量超过 1000 家。其中,小微企业发展最为迅速,"十三五"期间,全省高新技术企业中,营业收入小于 2000 万元的小微企业增长迅速,从 2016 年的 808 家增长到 2020 年的 3799 家,年均增长 47.25%,其中营业收入 500 万元以内的企业年均增长 57.09%。

在营造创新环境方面,"十三五"期间,陕西省科技创新能力持续增强。全省高新技术企业科技活动经费从 365.61 亿元增长到 652.03 亿元,年均增长 15.56%;全省高新技术企业科技活动人员从 13.83 万人增长到 21.81 万人,年均增长 12.06%。同时,企业研发机构数量不断增长。2016 年,全省 540 家高新技术企业拥有研发机构 862 个;2020 年,全省 1091 家高新技术企业拥有研发机构 1507 个。机构研发人员从 2016 年的 4 万人增加到 2020 年的 6.35 万人,年均增长 12.25%;机构研发经费从 2016 年的 120 亿元增长到 238 亿元,年均增长 18.67%。

在促进开放创新方面,陕西省把区位优势转化为驱动西部经济发展的引擎,加快融入共建"一带一路"大格局,着力打造内陆改革开放新高地。2020 年,入统企业产学研合作经费与引进技术消化吸收再创新费用支出总额 107.9 亿元,较 2016 年提高了 38.5 亿元,持续推动产业技术进步,企业自主创新能力和技术竞争力进一步提高。

在推动创新发展方面,随着企业科技创新能力不断提升,企业科技创新成果不断涌现,发明专利申请数量年均增长 22.76%。截至 2020 年年底,全省高新技术企业有效发明专利拥有量 2.8 万件,占全省有效发明专利拥有量的 51.29%。

在发挥示范作用方面,陕西省内 7 个国家高新区合力推进全省经济高质量发展。"十三五"期间,高新区科技创新与产业竞争力全面提升。

总体来看,目前陕西省仍然存在企业创新活力不足、创新创业氛围不浓、科技成果转化不畅等突出问题。特别是 2021 年受新冠肺炎疫情的影响,经济下行压力加大,迫切需要激发科技创新活力和潜能,加快转变发展方式、优化经济结构、转换增长动力。

火炬高新指数研究报告

5 总结和展望

在习近平新时代中国特色社会主义思想的指引下，中国创新经济一定会"迎难而上，破浪前行"。当前，我国已转向"创新引领、高质量发展"的新阶段，要实现高质量发展，作为创新驱动发展示范区和高质量发展先行区的国家高新区要深刻把握新时代社会发展特征，深入贯彻新发展理念，以高质量发展为战略目标，实现依靠创新驱动的内涵型增长。

具体任务举措体现在：一是继续加大创新投入，尤其是对关键领域与基础科研领域的投入，鼓励长期坚持和大胆探索，为建设科技强国夯实基础；二是加快前沿技术科技创新，围绕"卡脖子"关键核心技术推进高端创新与高水平创业，发展特色主导型高科技产业，培育打造世界级高科技产业集群，着力推进高新技术产业化；三是积聚高端创新资源，吸引培育一流创新人才，加快关键核心技术创新和成果向现实生产力转化，着力提升自主创新能力；四是支持高新技术企业发展壮大，积极培育高科技中小企业，发挥企业在技术创新中的主体作用，打造科技、教育、产业、金融紧密融合的创新体系；五是要坚持开放创新，拓展发展新空间，增强高新区的辐射带动作用，推动区域协同发展，深度融入全球创新体系，利用全球高端创新资源，加强国际科技交流合作；六是全面深化体制机制改革，加快政府职能转变，建立新型高效的治理机制，提高生产要素配置效率，营造高质量发展环境，激发市场主体活力。

实现创新驱动的内涵型增长，亟须不断强化和完善针对创新创业活动的统计评价和监测体系，依据评价结果建立动态管理机制。科技部火炬中心依据我国创新创业经济发展的现实背景，对双创活动的监测和分析方法进行了系统梳理和深入研究，开拓和发展了创新经济的分析评价与宏观监测统计体系。火炬高新指数的编制是综合分析创新发展基础、监测创新经济走势、反映"十三五"期间创新创业政策成效的一次有益尝试。火炬高新指数测算结果不仅可以在全国层面监测创新经济的运行态势，也可以在地区层面形成对"十三五"期间双创工作的客观反映。基于火炬高新指数的评价分析，便于各级科技部门优化支撑管理工作，切实落实党中央、国务院进一步鼓励创新创业的方针政策。今后，科技部火炬中心将在实践创新驱动发展战略的过程中，不断完善指标体系，长期持续监测，跟踪分析火炬创新创业发展态势，及时反映创新驱动高质量发展情况。

火炬高新指数研究报告

附 录

指标说明

1. 优化创业生态

1.1 高新区内注册企业增长率

该指标衡量国家高新区整体的创业活力和成效。计算公式：国家高新区内当年新注册的企业数／高新区当年工商注册企业数。统计来源：火炬统计中的家高新区综合统计报表。

1.2 入库的科技型中小企业数

该指标衡量全国科技创业主体的培育成效。统计方式：当年在科技部科技型中小企业评价中入库的企业总数。统计来源：全国科技型中小企业信息服务平台。

1.3 全国各类创业服务机构数

创业服务机构是支撑创业的重要平台，该指标反映全国创业服务平台的数量规模。计算公式：全国科技企业孵化器数＋全国大学科技园数＋全国众创空间数。统计来源：火炬统计中的科技企业孵化器报表、大学科技园报表、众创空间报表。

1.4 全国各类创业服务机构中在孵企业数

该指标从孵化成效的角度，衡量创业服务平台的质量。计算公式：全国科技企业孵化器、大学科技园和众创空间3类创业服务机构中在孵企业数之和。统计来源：火炬统计中的科技企业孵化器报表、大学科技园报表、众创空间报表。

1.5 入统企业当年获得的风险投资额

入统企业是指火炬统计的全国高新技术企业和国家高新区内非高新技术企业两类企业群体（以下同）。

风险投资是体现区域创业生态活力的一个重要指标，该指标衡量市场支持创业的资金规模。统计方式：入统企业当年获得创业风险投资机构的风险投资额。统计来源：火炬统计中的国家高新区企业和高新技术企业统计报表。

1.6 入统企业从业人员中大专及以上学历占比

高学历人员是支撑创新创业的潜在人才资源，该指标衡量高学历人员的密度。计算公式：入统企业大专及以上学历人员数／从业人员期末数。统计来源：火炬统计中的国家高新区企业和高新技术企业报表。

2. 营造创新环境

2.1 全国高新技术企业数

高新技术企业是核心的企业创新主体，该指标反映全国高新技术企业的数量规模。统计方式：全国有效期内的高新技术企业数。统计来源：火炬统计中的高新技术企业报表。

2.2 高新区内重要的研发机构数

研发机构是开展技术创新的平台主体，该指标反映国家高新区培育和集聚的研发机构数量规模。计算公式：国家高新区内重要的研发机构数之和，包括国家或行业归口研究院所、国家重点实验室、国家认定企业技术中心、国家认定博士后科研工作站、各类大学、国家工程研究中心、国家工程实验室、国家地方联合工程研究中心（工程实验室）、国家工程技术研究中心、新型产业技术研发机构、其他国家级研发机构。统计来源：火炬统计中的国家高新区综合报表。

2.3 入统企业当年研发经费支出占营业收入比例

一定规模的研发经费投入是企业开展创新工作的基本保障，该指标衡量企业研发投入强度。计算公式：入统企业研发经费内部支出额／营业收入。统计来源：火炬统计中的国家高新区企业和高新技术企业报表。

2.4 入统企业每万人当年研发人员全时当量数

该指标反映企业研发人才投入的规模和强度。计算公式：入统企业研发人员折合全时当量／从业人员期末数。统计来源：火炬统计中的国家高新区企业和高新技术企业报表。

2.5　入统企业当年发明专利授权数

发明专利在 3 种专利中的技术含量最高，能够体现专利的质量，该指标反映了企业的高质量创新成果资源。统计方式：入统企业当年发明专利授权数。统计来源：火炬统计中的国家高新区企业和高新技术企业报表。

2.6　高新技术企业当年所得税减免额

政府的创新政策是影响创新的重要因素，该指标体现的是政府通过税收减免的方式来支持企业创新。统计方式：高新技术企业当年享受的所得税减免额。统计来源：火炬统计中的高新技术企业统计报表。

3. 促进开放创新

3.1　入统企业在境外设立的研发机构数

该指标反映的是企业通过在境外设立研发机构的方式来整合国际创新资源。统计方式：入统企业的期末境外研发机构数。统计来源：火炬统计中的国家高新区企业和高新技术企业统计报表。

3.2　入统企业产学研合作经费与引进技术消化吸收再创新费用支出总额

该指标体现的是企业通过技术合作的方式来开展创新合作与交流。计算公式：入统企业当年委托外单位开展科技活动费用合计＋购买境内技术经费支出＋引进境外技术经费支出＋引进境外技术的消化吸收经费支出。统计来源：火炬统计中的国家高新区企业和高新技术企业统计报表。

3.3　入统企业从业人员中外籍常驻和留学归国人员占比

从业人员的国际化是推动国际创新交流的重要方式，也是提升全球竞争能力的重要因素，该指标反映国家高新区对全球人才的吸引力。计算公式：入统企业从业人员中外籍常驻人员数和留学归国人员数之和／从业人员期末数。统计来源：火炬统计中的国家高新区综合统计报表。

3.4　高新区当年实际利用外资金额

该指标体现的是国家高新区利用国际资本的规模。统计方式：国家高新区当年实际利用外资金额。统计来源：火炬统计中的国家高新区综合统计报表。

3.5　入统企业当年 PCT 国际专利申请数

该指标反映了企业通过积极申报国际专利，提升国际创新竞争能力。统计方式：入统企业当年 PCT 国际专利申请数。统计来源：火炬统计中的国家高新区企业和高新技术企业统计报表。

3.6　入统企业当年形成的国际标准数

该指标反映了企业积极参与国际标准制定，提升行业的国际话语权。统计方式：入统企业当年形成的国际标准数。统计来源：火炬统计中的国家高新区企业和高新技术企业统计报表。

4. 推动创新发展

4.1　高新区地区生产总值占全国的比例

该指标通过国家高新区经济规模的增长情况和国家高新区经济规模对全国的贡献来体现创新经济成效。计算公式：国家高新区当年地区生产总值（GDP）／全国GDP。统计来源：火炬统计中的国家高新区综合统计报表、国家统计局。

4.2　万元工业增加值能耗

该指标通过每万元工业增加值所消耗的能源量来反映能源经济效益，从而体现创新驱动绿色发展成效。该指标为负向指标，指标越小，通常表明能源利用效率越高。计算公式：工业增加值／规模以上工业企业及重点耗能企业综合能源消费量。统计来源：火炬统计中的国家高新区企业统计报表。

4.3 入统企业营业收入

该指标通过入统企业收入规模的增长情况来体现创新经济成效。统计方式：入统企业当年实现的营业收入。统计来源：火炬统计中的国家高新区企业和高新技术企业统计报表。

4.4 数字化企业营业收入占比

该指标通过入统企业中从事数字产品制造业、数字产品服务业、数字技术应用业、数字要素驱动业等 4 类数字化行业企业在入统企业营业收入中的占比情况来反映数字化企业的盈利能力。计算公式：入统企业中 4 类数字化企业营业收入之和／入统企业当年营业收入 ×100%。统计来源：火炬统计中的国家高新区企业和高新技术企业统计报表。

4.5 入统企业当年吸纳的就业人数

该指标体现了企业在推动和解决社会就业方面的成效，这是引领创新经济发展的重要方面。统计方式：入统企业当年新增就业人员数。统计来源：火炬统计中的国家高新区企业和高新技术企业报表。

4.6 当年技术合同成交额

该指标反映了产学研合作交流的规模和活跃度，是创新经济发展的重要体现。统计方式：当年技术合同成交总额。统计来源：火炬统计中的技术市场统计。

5. 发挥示范作用

5.1 入统企业当年研发经费支出额占全国的比例

该指标体现了企业研发投入规模对全国的贡献。计算公式：入统企业研发经费内部支出／全国企业研发经费内部支出。统计来源：火炬统计、国家统计局。

5.2　入统企业当年发明专利授权数占全国的比例

该指标体现了企业专利成果产出规模对全国的贡献。计算公式：入统企业当年发明专利授权数／全国企业发明专利授权数。统计来源：火炬统计、国家统计局、国家知识产权局。

5.3　入统的上市企业数占全国的比例

该指标反映了高质量企业群体对全国的贡献。计算公式：火炬入统的境内上市企业数／全国境内上市公司数。统计来源：火炬统计、国家统计局。

5.4　入统企业出口额占全国出口的比例

该指标反映了入统企业的出口对全国的贡献。计算公式：入统企业出口总额／全国出口总额。统计来源：火炬统计、国家统计局。

5.5　入统企业全员劳动生产率

该指标反映了入统企业的生产效率。计算公式：入统企业核算增加值／从业人员年平均数。统计来源：火炬统计。

5.6　高新区从业人员平均工资

该指标反映了国家高新区从业者薪酬水平。计算公式：国家高新区内企业本年应付职工薪酬／从业人员年平均人数。统计来源：火炬统计。